반도체 초격차

세계 반도체 업계의 '슈퍼 을' ASML WAY

Focus – The ASML Way

Copyright © Marc Hijink
Translated from the English language:
Focus – The ASML Way
First published by Uitgeverij Balans, Amsterdam, 2024
All rights reserved.

This Korean edition was published by EDEN HOUSE in 2025 under license from Uitgeverij Balans arranged through Hobak Agency.

이 책은 호박 에이전시(Hobak Agency)를 통한 저작권자와의 독점 계약으로
이든하우스에서 출간되었습니다. 저작권법에 의해 한국 내에서
보호를 받는 저작물이므로 무단전재와 복제를 금합니다.

반도체 초격차

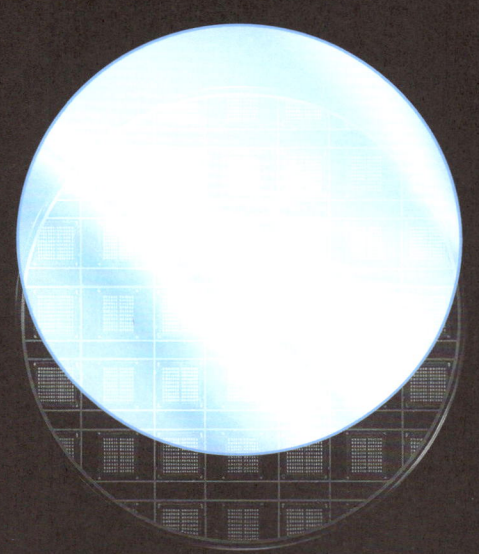

ASML WAY
세계 반도체 업계의 '슈퍼 을'

마르크 헤잉크 지음 | 김장열 번역감수

EDEN HOUSE

마음 먹은 건 무엇이든 만들어내던
나의 아버지에게

| 차례 |

추천의 글　　　　　　　　　　　　　　　　　　　　　**009**
감수자 서문　　　　　　　　　　　　　　　　　　　　**012**
프롤로그 별이 빛나는 하늘　　　　　　　　　　　　　**015**

| 1부 |
좋은 아이디어, 나쁜 계획

01장 리피터　　　　　　　　　　　　　　　　　　　　**040**
02장 추진자　　　　　　　　　　　　　　　　　　　　**044**
03장 유망한 인재　　　　　　　　　　　　　　　　　　**053**
04장 구멍난 모자　　　　　　　　　　　　　　　　　　**061**
05장 거대한 유산　　　　　　　　　　　　　　　　　　**069**
06장 4022 네트워크　　　　　　　　　　　　　　　　　**075**
07장 남쪽에서 온 파트너　　　　　　　　　　　　　　　**082**

| 2부 |
더 빅 보이즈

08장 산을 움직이다　　　　　　　　　　　　　　　　　**092**
09장 머니 프린터　　　　　　　　　　　　　　　　　　**101**
10장 빠른 학습자　　　　　　　　　　　　　　　　　　**110**
11장 더그의 철권　　　　　　　　　　　　　　　　　　**117**
12장 조지 부시의 연민　　　　　　　　　　　　　　　　**124**

13장 두 개의 캐시카우 · · · 133
14장 일본의 복수 · · · 140
15장 자이스의 지혜 · · · 147
16장 살아있는 유기체 · · · 156
17장 간호사 군단 · · · 167

| 3부 |
불가능을 이루다

18장 보이지 않는 독점 · · · 182
19장 작은 액체 방울을 믿지 마라 · · · 189
20장 삼총사 · · · 198
21장 조앤의 손 · · · 208
22장 음과 양 · · · 217
23장 퇴근은 잊어라 · · · 231
24장 모리스와 동료들 · · · 241
25장 존재하지 않는 카메라 · · · 250
26장 달 위의 골프공 · · · 259
27장 부두교적 감각 · · · 267

| 4부 |
무대에 오르다

28장 먼저 쏘고, 나중에 겨냥하기 · · · 288
29장 상인의 정신 · · · 297

30장 워싱턴 D.C.의 죽음의 손아귀　　　　　**313**

31장 코드네임 실종　　　　　**329**

32장 수십억 달러가 쏟아지다　　　　　**350**

33장 펜타곤을 휩쓴 공포　　　　　**363**

| 5부 |

성장통

34장 가족이 전부다　　　　　**386**

35장 5L, 아니 5-Hell에 오신 것을 환영합니다　　　　　**397**

36장 세부사항을 먼저 읽어라　　　　　**409**

37장 내 뒷마당에서는 안 돼　　　　　**426**

38장 퍼즐 한 조각　　　　　**443**

39장 마르틴의 법칙　　　　　**457**

40장 오른쪽을 피하라　　　　　**469**

에필로그 The ASML Way　　　　　**481**

감사의 글　　　　　**497**

| 추천의 글 |

이 책은 세계 반도체 장비 시장에서 ASML이 어떻게 '슈퍼 을'의 위치에 오를 수 있었는지, 그 성장 과정과 동력을 흥미롭게 보여준다. ASML, TSMC와 같은 기업은 어떠한 경영철학과 조직관리하에 오늘날의 독점적인 지위를 갖게 되었는가? 이 질문에 대한 답을 찾아가는 과정에서 우리는 최근 '반도체 초격차의 지위'를 잃어버린 삼성전자의 근본적인 문제점은 무엇인지, 그리고 앞으로 기술 패권을 복원하기 위해 어떤 노력과 투자가 필요한지에 관한 통찰과 전략을 얻을 수 있을 것이다.

박세익, 체슬리투자자문 대표이사, 《투자의 본질》 저자

이 책은 ASML이 전 세계 반도체 장비 시장에서 독보적인 위치를 선점하기까지의 전 과정을 충실히 요약하고 있다. ASML은 기술 혁신, 협업, 공급망 관리, 인재 개발, 중장기적인 비전 등 다양한 요소를 통해 세계 최고가 되었으며, 이러한 전략은 현재에도 지속적인 성장의 원동력이 되고 있다. ASML의 성공 사례는 기술 기반의 삼성전자, 하이닉스 등 국내 기업들에게 지금 같은 어려운 상황을 어떻게 돌파해야 하는지 그 방향과 교훈을 제시한다.

박종훈, 전 KBS 기자, 《트럼프 2.0의 시대》 저자

우리는 디지털 시대에 살고 있다. 그리고 디지털 시대의 모든 기술은 반도체를 통해 구현된다. 메모리와 비메모리, 파운드리, 그리고 장비, 이것이 반도체를 이루는 네 개의 축이며, 그중 ASML은 장비 분야에서 독보적인 회사로, EUV 기술로 독점적 지위를 누리고 있다. 이 책은 반도체 산업에서 유일무이한 기술을 가진 기업으로 성장하기까지 ASML이 견지해온 비즈니스 철학, 최고의 기술을 개발하기 위한 연구와 투자, 지속 성장하기 위한 조직 문화 형성 등의 과정을 한눈에 알 수 있게 하는 훌륭한 지침서다. 특히 반도체 강국의 위상이 흔들리고 있는 현 시점에 꼭 필요한 혜안을 담고 있다.

배재규, 한국투자신탁운용 대표이사

AI 시대 주요 에너지인 반도체의 역사를 다룬 책들은 많다. 그러나 주요 기업의 관점에서 그 기업이 어떻게 성장하고 적응했는지, 그리고 어떻게 오늘날의 자리에 오르게 되었는지를 속속들이 다루는 책을 접하기는 쉽지 않다. 이 책은 그간 베일에 가려졌던 ASML의 이야기를 통해 반도체 산업이라는 큰 그림 속에 숨어 있던 중요한 퍼즐을 찾았다. 읽는 과정에서 보여지는 수많은 디테일들에 흥미를 느끼며 몰입하는 것은 보너스다. "Welcome to ASML World!" 그 자체다.

오건영, 신한은행 WM추진부 단장, 《부의 시나리오》 저자이 책에는 ASML이라는 회사의 성공 전략만 있는 것이 아니다. 저자는 ASML이라는 회사를 통해 미국과 중국, 삼성전자와 TSMC 사이에서 벌어지는 반도체 전쟁의 치열한 전장과 그 전쟁이 일어나는 무대 뒤로 독자들을 안내한다. 10년이 넘는 기간 동안 300여 건의 인터뷰를 하고 3년에 걸쳐 ASML 내부를 직접 취재한 끝에 이 책이 탄생했다. 투자에 도움이 되는 충실한 정보들이 가득하다.

메르, 《1%를 읽는 힘》 저자

| 감수자 서문 |

필자는 구 현대전자 반도체 부문에서 첫 사회생활을 시작해 현재는 증권사 및 자산운용사에서 주로 반도체 등 IT 분야를 분석하고 있다. 지난 30여 년간 반도체 업계를 관찰한 짧지 않은 경험 가운데에서도 이 책에 등장하는 ASML만큼 절대적 기술력을 갖추면서 동시에 수많은 파트너 생태계를 성공적으로 구축하고, 이를 바탕으로 다이내믹한 고성장을 이룬 기업을 마주한 경험은 손에 꼽을 만큼 적다(기억에 없다고 하는 것이 더 적확한 표현일 것이다).

이 책은 이러한 전무후무한 역사를 일군 두 명의 공동 CEO, 마르틴 반 덴 브링크와 페터르 베닝크가 어떻게 다양한 글로벌 인재들을 조합해나갔는지, 그리고 어떻게 최고의 기술 집중력을 가지고 끊임없이 극단의 목표를 향해 조직을 이끌어 ASML을 현재의 위치로 성장시킬 수 있었는지에 대한 매우 광범위한, 그리고 구체적인 보고서이다. 두 사람은 마치 음과 양처럼 서로 다른 성향을 조화롭게 융화시키며 강력한 보르도산 블렌드 와인처럼 ASML의 지치지 않는 문화와 추진력을 만들어냈다.

2021년 《뉴욕타임즈》가 "세계에서 가장 복잡한 기계"라고 소개한 ASML의 리소그래피(Lithography, 노광) 기계는 70여 개의 공급업체에서 온 30만 개 이상의 부품으로 구성되며, 전체 제조 인력의 80퍼센트가 외부 네트워크에서 충원된다. 그리고 이 기계가 멈추지 않고 작동할 수 있도록, 16개국 60개 이상의 지점에서 4만 명이 넘는 ASML 직원이 뛰고 있다.

이토록 복잡한 장치를, 이토록 복잡한 생태계에서 아무런 차질 없이, 그리고 위기 없이 고속도로에서 질주하듯 운용해왔다고 믿는다면 그것은 오산이다. 그 이면에는 ASML의 대담한 인수합병, 깊이 있는 협력, 10~15년을 내다본 투자가 있었다. 그리고 그 과정에는 우리가 상상할 수 없는 실패와 도전이 늘 함께했다.

미국은 반도체 산업을 지원하고 리쇼어링 정책을 추진하며 기술 유출을 막기 위해 규제를 강화하고 있다. 중국은 결코 반도체 굴기를 포기할 생각이 없으며 계속해서 기술 혁신을 선전하고 있다. 이러한 환경에서 반도체 강국인 대한민국은 거대한 도전에 직면해 있다. 이 책은 일개 산업 분야를 넘어 지정학적 힘 겨루기와 결부되어버린 반도체 산업의 현실과 전망을 그려보여주고 있으며, 이는 대한민국 반도체 산업의 미래를 고민하는 이들에게 꼭 필요한 참고자료가 되어줄 것이다.

과거에 반도체는 '산업의 쌀'에 비유되었다. 그리고 AI 시대에 전 산업에서 반도체가 차지하는 역할과 기능은 더 긴요해지고 있다. 반도체는 더 빠르고, 더 (전력에) 민감하고, 더 복잡하게 진화해왔다. 반도체 제조의 핵심 장비업체인 ASML의 성장 과정을 담고 있는 이 책은 그러한 반도체 진화 과정의 초기부터 지금까지의 역사를 아우르면서 핵심 반도체 업계(TSMC, 인텔, 삼성전자)의 동향과 지정학적 충돌(미국의 중국 규제 등)의 현장을 생생하게 취재하고 있다. 이를 통해 일반 독자들 역시 마치 역사 소설을 읽는 기분으로 가슴 뛰는 성장 스토리를 따라가면서 반도체 산업 전반을 이해할 수 있는 시야를 갖게 될 것이다.

ASML이 이 부침과 굴곡이 많은 산업에서도 집중력을 잃지 않고 성장한 핵심 동력은 무엇일까? 서로 다른 양극의 성향을 가진 두 명의 공동 CEO는 대체 어떠한 리더십을 통해 이 유일무이한 반도체 핵심 엔진을 창조하는 혁신을 이룰 수 있었을까? 현재 대한민국 산업의 미래를 고민하는 이들이라면 ASML의 끊임없는 성장의 역사와 그들이 일군 신경영 이야기에 귀를 기울여야 할 것이다.

2025년 1월
김장열

| 프롤로그 |

별이 빛나는 하늘

밴드가 조명을 어둡게 하라는 신호를 보낸다. 오늘 저녁 가장 마법 같은 순간이 곧 시작될 것이다.
"빛을 비춰줄 수 있나요?"
물론이다. 눈 깜짝할 사이에 공간 구석구석에서 휴대폰이 켜지고, 보이지 않는 손들 사이로 불빛이 앞뒤로 흔들린다. 마치 별이 빛나는 거대한 하늘이 펼쳐지는 듯하다.
만약 밴드가 전 세계 모든 스마트폰을 동시에 켜게 할 수 있다면 얼마나 매혹적일지 상상해보라. 약 70억 대의 휴대폰, 전 세계 인구의 85퍼센트가 하나씩 보유하고 있는 셈이다. 이것이 바로 이 책에서 다루는 회사의 규모에 대한 단서다.
이제, 당신이 상상한 것보다 더 큰 것을 생각해보라. 별이 빛나는 하늘이 훨씬 더 광대하게 펼쳐질 수 있다. 밴드가 전 세계 모든 기기에 있는 모든 칩을 켜게 한다고 상상해보라.
모두, 빛을 비춰라!
모두가 빛난다. 모든 노트북, 모든 와이파이 라우터, 그리고 모든 휴대폰 타워의 칩들. 전 세계 자동차, 신호등, 세탁기, 스마

트위치, 헤드폰, 커피머신, 카메라, 그리고 TV 모니터 속에 있는 모든 칩들. 데이터센터, 공장, 병원, 관제탑, 비행기, 기차, 발전소, 그리고 풍력 발전소의 모든 칩들. 목표를 찾고 있는 크루즈미사일과 그것을 요격하려는 레이더 속의 칩들. 새로운 전염병을 해독하는 슈퍼컴퓨터와 백신을 만드는 데이터센터 서버 속의 칩들.

당신의 온라인 행동을 추적하고, 검색 쿼리를 처리하며, 세금 신고서를 제출하고, 좋아하는 음악과 동영상을 재생하는 모든 칩들. 날씨를 예측하고, 당신이 얼마나 걸었는지, 놓친 메시지가 몇 개인지, 그리고 당신의 딸이 어디에서 놀고 있는지를 알려주는 칩들.

마침내, 메모리 칩들이 켜진다. 지난 10년 또는 20년 동안의 모든 이메일, 앱, 사진, 동영상이 저장된 무한한 디지털 메모리. 킬로바이트가 메가바이트가 되고, 메가바이트가 기가바이트가 되며, 기가바이트가 테라바이트로 변한다. 데이터의 폭발이다.

사진을 삭제하거나 메일함을 정리해도 별 차이가 없다. 세상에는 당신의 모든 데이터를 저장할 충분한 칩이 있으니까. 그렇지 않은가?

매년 인텔, TSMC, 삼성전자 같은 제조업체들이 수십억 개의 칩을 생산하며, 각각의 칩은 수십억 개의 스위치로 구성된다. 이들은 실리콘 디스크나 웨이퍼 위에 만들어지는 반도체로, 아주 작은 구조물이다. 실리콘은 가공되기 전 모래 같은 상태일 때는 별

볼일 없지만 일단 가공되면 전도 특성을 바꿀 수 있는 능력을 띤다. 이는 전류를 켜거나 끌 수 있다는 의미로, 즉 '0'을 '1'로 변환할 수 있다는 뜻이다. 칩 산업의 발상지인 실리콘밸리는 이 독특한 소재 덕분에 이름과 명성을 얻게 되었다.

오늘날 이 칩들 중 대부분은 한 회사의 기계를 사용해 만들어진다. ASML. 하지만 40년 전만 해도 이 네덜란드 기업은 고작 40명의 직원, 하나의 실험적인 장치, 그리고 절망적인 사업 계획을 가진 회사에 불과했다. 그들은 자신들의 발명이 이제는 연간 6천억 달러 이상의 가치를 지닌 산업에서 중요한 역할을 하게 되리라고 상상조차 하지 못했다.

더군다나 수요는 계속해서 증가하고 있다. 2030년까지 칩 산업의 매출은 1조 달러를 넘을 것으로 예상된다. 그때쯤이면, ASML의 연간 매출도 2023년의 270억 유로에서 400억, 500억, 혹은 가장 낙관적인 전망에 따르면 600억 유로로 두 배로 껑충 뛸 것이다.

2023년 기준으로, 칩 산업 덕분에 ASML은 유럽에서 가장 가치 있는 첨단 기술 회사로 자리매김 했다. ASML은 16개국 60개 이상의 지점에 42,500명의 직원을 두고 있으며, 단 하나의 목표를 가지고 글로벌 경영을 이어가고 있다. 리소그래피(Lithography, 노광 장치) 기계 시장에서 완전한 지배력을 유지하는 것. 리소그래피 기계란 칩 제조업체들이 칩을 생산하는 데 사용하는 초복합 장치로, ASML은 전체 공급의 90퍼센트 이상을 책임질 뿐만 아니라 최첨단 기술에 대한 독점권도 가지고 있다. 쉽게 보면 이 기계들은 일종의 '시스템'이다. 규모 면에서 ASML의 최첨단 도구를 칩 공장으로 운반하려면 보잉 747 일곱 대가 필요하다. 이 장치들은 크지만 매우 섬세하다. 기계의 분리된 부품들을 이동시키려면 민감한 장비를 정확히 적정 온도로 유지하기 위해 특별히 설계된 금속 인큐베이터가 필요하다.

하지만 이 기계는 무엇이며, 어떻게 작동할까? 간단히 말해 리소그래피 기계는 감광성 실리콘 웨이퍼에 정교한 패턴을 인쇄한다. 기본적으로 이는 매우 정밀한 프로젝터로, 동일한 이미지를 동일한 웨이퍼에 수십만 번 번개처럼 빠르게 투사하여 한 단계씩, 사진 한 장씩 칩으로 가득 찬 웨이퍼가 형성되기 시작한다. 최종적으로 이 칩들 각각은 수십억 개의 작은 집적 회로를 담게 된다. 이 힘든 과정은 수개월이 걸릴 수 있는데, 각 칩은 잠재적으로 수백 개의 다른 층으로 구성되어 있으며, 이 모든 층이 완벽하게 정렬되어야 한다. 조금의 편차라도 전체 칩 생산 라인을 망칠 수 있다. 수십만 달러가 눈 깜짝할 사이에, 혹은 기계가 잠깐 움찔하는 사이에 쓸모없는 실리콘 덩어리로 변할 수 있다.

기계가 투사할 수 있는 빛이 미세할수록, 하나의 표면에 더 많은 트랜지스터(transistor, 칩의 작은 전기 스위치)를 넣을 수 있다. 트랜지스터가 많을수록 칩은 더 빠르고, 더 효율적이며, 더 강력해진다. 1960년대에 칩 제조업체인 인텔의 공동 창립자 고든 무어는 이 과정을 주의 깊게 지켜보고 있었다. 그는 약 2년마다 칩에 넣을 수 있는 트랜지스터의 수가 두 배로 늘어나는 반복적인 패턴을 발견했다. 무어는 수년에 걸쳐 자신의 예측을 조정했지만, 그 패턴은 견고했다. 그의 관찰은 전 세계 과학자와 엔지니어들의 상상력을 자극했고, 이는 '무어의 법칙'으로 알려지게 되었다. 컴퓨팅 파워와 디지털 저장 장치는 점점 더 저렴하고 에너지 효율적으로 변했으며, 그와 함께 컴퓨터와 서버에서부터 휴대폰과 무선 기기, 그리고 거의 모든 상상할 수 있는 장치의 센서에 이르기까지, 칩의 응용 분야도 확대되었다. 자연법칙일 수도 있고, 자기 충족적 예언일 수도 있고, 허구일 수도 있지만, 어쨌든 결과는 언제나 동일하다.

오늘날에도 이 법칙은 여전히 작용하고 있다. 당신의 주머니 속 휴대폰은 몇백 달러에 불과하지만, 그 처리 능력은 나사NASA가 처음 달 착륙을 위해 사용한 모든 컴퓨터의 처리 능력을 합친 것보다 더 크다. 2013년, 애플의 가장 빠른 노트북은 10억 개 이상의 트랜지스터를 가진 중앙 처리 장치를 가지고 있었다. 2023년 말, 그 숫자는 920억 개로 증가했다. 고든 무어는 세상을 떠났지만, 그의 법칙은 여전히 유효하다.

칩의 회로가 줄어들수록, 그것을 만드는 기계는 커진다. 현대의 리소그래피 기계는 10만 개 이상의 부품으로 구성되어 있으며, 모두가 긴밀하게 조율된 춤을 추듯 함께 작동한다. 2021년 《뉴욕타임즈〉는 "ASML의 기계는 세계에서 가장 복잡한 기계"이며, 크기는 시내버스만 하다고 썼다. 그때가 그랬다. 최신 시리즈의 ASML 기계는 더 인상적이다. 이 기계들은 증기 기관차 크기이며, 보이지 않는 작은 빔을 1나노미터, 즉 100만 분의 1밀리미터의 정확도로 겨냥할 수 있다. 이 최신 버전은 아직 완전히 완성되지 않았지만, 첫 번째 기계는 이미 판매되었다. 가격은 4억 유로에 달한다. 그 사양이나 생김새에 대한 설명을 아무리 장황하게 늘어놓는다 해도, ASML의 먼지 없는 클린룸Clean Room 중 하나에 들어가 이 기계를 직접 보는 것에 비할 바는 아니다. 개별 모듈의 크기만으로도 숨이 막힐 정도다. 몇 미터 높이의 금속 프레임, 반짝이는 튜브와 파이프, 주먹만 한 굵기의 케이블, 무거운 자석, 그리고 복잡한 메카트로닉스. 마치 공상과학 영화의 세트장을 걷는 듯한 느낌이 들지만, 이 기계는 실제로 존재한다는 점에서 다르다.

니콘과 캐논 같은 경쟁자들이 최선의 노력을 기울이고 있지만 ASML이 위치한 네덜란드의 작은 마을 펠트호번에서 이루어진 기술적 진보를 따라잡을 수 있는 기업은 없었다. 이로 인해 칩 산업은 네덜란드 회사인 ASML에 크게 의존하게 되었다. 리소그래피 기계는 어떤 칩 공장에서든 가장 중요한 장비이며, 150억 달러가 들어가는 공장 설비 가운데 의심할 여지 없이 가장 큰 투자 항목이다. ASML에서 일하는 것이 약간의 압박감을 동반한다는 것이 쉽게 이해되는 이유이다.

　에너지 전환, 오염을 줄이는 산업, 더 나은 의료 서비스 또는 더 강력한 무기 등을 위해 세계가 계속해서 디지털화됨에 따라 칩에 대한 수요는 폭발적으로 증가하고 있다. ASML 역시 같은 속도로, 그야말로 폭발적으로 성장해야 한다. 매달 수백 명의 새로운 직원을 받아들이고, 늘어나는 물류와 점점 더 복잡해지는 장치들을 제공해야 하는 수백 개의 공급망을 관리하는 등의 과제를 끊임없이 해결해야 한다. ASML 자체가 이제는 관리하기 어려운 초복합 기계가 되어, 지속적인 유지 보수가 필요하게 되었다. 가장 복잡한 기술조차도 결국 사람에게 의존할 수밖에 없다는 사실을 상기시키는 지점이다.

오랫동안 ASML은 눈에 띄지 않은 상태로 운영될 수 있었다. 그저 불가능에 가까운 기계를 개발하는 데 몰두하는, 이해하기 어려운 하이테크 회사 중 하나일 뿐이었다. 리소그래피 기계에서 방출되는 자연의 힘을 제어하기 위해서는 광학, 메카트로닉스, 물리학, 화학 등 생각할 수 있는 모든 과학 분야가 필요하다. 그리고 이러한 것들을 위해 엄청난 컴퓨팅 파워를 요구하는 복잡한 알고리즘의 지원 역시 필요하다. 이는 괴짜들과 과학자들에게는 흥미로운 일이지만, 신문 1면을 장식할 만한 것은 아니었다. 정치인들이 개입하기 전까지는 말이다.

　반도체 산업의 전략적 중요성은 아무리 강조해도 지나치지 않다. 마이크로프로세서가 발명된 지 60년이 지난 지금, 전 세계는 칩에 의해 움직이고 있다. 칩은 현대 사회의 모든 측면에서 없어서는 안 될 자원이다. 그리고 팬데믹 덕분에, 미국, 중국, 유럽연합과 같은 국제 강대국들은 이제 칩에 대한 의존도가 그들의 번영과 안보에 얼마나 중요한지 절실히 인식하게 되었다. 칩이 사라진다면, 우리는 그 중요성을 곧바로 깨닫게 될 것이다.

마이크로소프트의 네덜란드 데이터센터에 있는 컴퓨터들은 완벽한 조화를 이루며 소리를 내고 있다. 으스스한 웅얼거림이 따뜻한 공기를 얼굴에 내뿜는 서버 랙에서 흘러나와 네덜란드 북쪽에 위치한 미덴메이르 해안 간척지에 울려퍼진다. 한 걸음 더 가까이 다가가면, 그 소리가 분명해진다. '시'에 가까운 완벽한 고음이다.

"GPU가 내는 소리입니다"라고, 유지 보수 작업자가 말한다. "AI 소프트웨어를 실행하는 그래픽 칩들이지요."

다음 홀에 가득 찬 데이터서버들에서는 더 낮은 톤으로 '미'에 가까운 소리가 흘러나온다. 컴퓨터들의 합창이 끝없이 이어진다.

이 데이터센터에서만 마이크로소프트는 매달 3천 개의 서버를 새 장비로 교체한다. 비용이 많이 들지만 필요한 예방 조치다. 이 서버들이 다운되면, 클라우드도 함께 다운된다. 클라우드 서비스는 사용자들이 하이퍼스케일러라고 알려진 이 거대한 데이터센터 네트워크가 하루 24시간, 주 7일 완벽하게 작동하고 있다고 신뢰할 수 있어야 한다. 서버가 멈추는 일은 결코 용납될 수 없다.

이름과는 달리, 클라우드는 생각보다 지면과 더 가깝다. 사용자로서 당신은 게임을 시작하거나 앱을 다운로드하거나 동료들에게 이메일을 폭탄처럼 보내기 위해 화면에 있는 작은 마법 같은 아이콘을 누르는 것만 본다. 그 아이콘이 사실은 평범한 네덜란드의 폴더(해안 간척지) 풍경 속에 숨겨져 있다는 것을 상상하는 사람은 많지 않다. 그러나 오랫동안 아무도 이러한 서비스들이 무엇에 의존하고 있는지에 대해 생각할 필요가 없었다. 그저 일상이었을 뿐이다. 보이지 않는 바이러스가 세상을 멈추게 하기 전까지는 말이다.

2020년 초, 코로나바이러스 팬데믹이 전 세계로 퍼졌다. 봉쇄 조치가 있든 없든, 이를 막을 수는 없었다. 국경이 닫히고, 상점과 회사들이 문을 닫아야 했다. 백신을 기다리며 마스크를 착용하고 거리를 유지하는 것이 유일한 대처 방법이었다.

공공 생활이 멈춘 가운데, 디지털 세계는 계속 돌아갔다. 그러나 완전히 새로운 장애물에 직면하게 되었다. 갑자기 모두가 재택근무를 하고, 동시에 화상회의를 하면서 마이크로소프트 클라우드는 끊임없이 오작동과 싸워야 했다. 비교적 덜 알려졌던 줌Zoom이나 팀스Teams 같은 앱들이 사용량이 폭발적으로 증가하면서 주목받게 되었다. 전 세계에서 생성되는 데이터 양이 기하급수적으로 늘면서, 미덴메이르에 있는 마이크로소프트 데이터 센터에는 수천 개의 추가 서버 랙이 실린 트럭들이 들어왔다. 팀스 세션을 계속 운영할 수 있는 유일한 방법이었다. 추가된 컴퓨팅 파워, 추가 메모리, 추가 GPU로 인해 '시' 고음도 점점 더 올라갔다.

칩 수요의 갑작스러운 증가는 일련의 예기치 않은 결과를 초래했다. 이는 단순히 데이터센터용 서버에만 영향을 미친 것이 아니었다. 노트북, 스크린, 게임 콘솔, 와이파이 라우터 등이 매장에서 재고를 보충할 새 없이 빠르게 팔려나갔다. 수십억 명의 학생들과 직원들이 재택근무를 해야만 했고, 원하든 원하지 않든 온라인 연결에 의존할 수밖에 없었다. 봉쇄 조치로 인해 사람들은 소파에 붙어 있게 되었고, 그 결과 넷플릭스 사용량이 급증하며 게임 서버들은 초과 근무를 해야 했다. 이 모든 서비스들은 클라우드 컴퓨팅에 의존하고 있었다.

프로세서, 센서, 메모리 칩이 필요한 다른 산업들에서도 부족 현상이 발생했으며, 특히 자동차 산업이 가장 큰 타격을 받았다. 자동차 제조업체들은 2020년 초, 코로나바이러스 위기가 자동차 수요를 줄일 것이라고 예상하며 칩 공장에 대한 주문을 줄였다. 그러나 이는 큰 실수로 판명되었다. 시장이 회복되자마자, 자동차 산업은 내연기관에서 전기차로의 전환을 따라잡기 위해 더 많은 칩이 필요하다는 사실을 깨달았다. 새로운 자동차 한 대에는 100개 이상의 프로세서와 수천 개의 개별 칩이 들어가며, 전자 장치는 놀랍게도 차량 생산비용의 40퍼센트를 차지한다. 주문을 줄이기에 적당한 시점이 아니었다.

팬데믹으로 인해 칩 공장이 풀 가동되고 있는 상황에서, 자동차 제조업체들의 신규 주문은 맨 뒤로 밀리게 되었다. 칩 부족의 압박이 점점 더 거세졌다. 2020년 말에 이르러 디지털 대시보드, 운전 보조 시스템 또는 에어백 센서용 칩이 부족해졌고 첫 번째 생산 라인이 멈췄다. 도요타, 폭스바겐, 닛산, 르노, 제너럴 모터스 등 모든 업체들이 일부 생산을 중단해야 했다.

새 차를 주문한 사람들은 1년 이상을 기다려야 했다. 아니면 창문을 올리고 내리는 버튼 대신 구식 손잡이를 사용하는 모델을 선택해야 했다. 칩 대신 근육의 힘, 마치 과거로 돌아간 것처럼 말이다.

네덜란드 남부에 위치한 ASML에는 불길한 전화가 쇄도했다. 2020년 말, 20층에 있는 사무실에서 마르틴 반 덴 브링크는 막 팀스 미팅을 마쳤다. 그의 가장 큰 고객인 대만의 칩 제조업체 TSMC와의 대화였다. 메시지는 분명했다. TSMC는 화가 나 있었다.

반 덴 브링크는 ASML의 창립 초기부터 기술 책임자로 일해왔으며, 펠트호번의 최고 전략가이자 기술적 양심으로서 지난 40년 동안 회사의 나아갈 길을 설계해왔다. 상황이 정말로 심각해질 때, ASML의 위기 대응 체계에서 가장 높은 위치에 있는 그

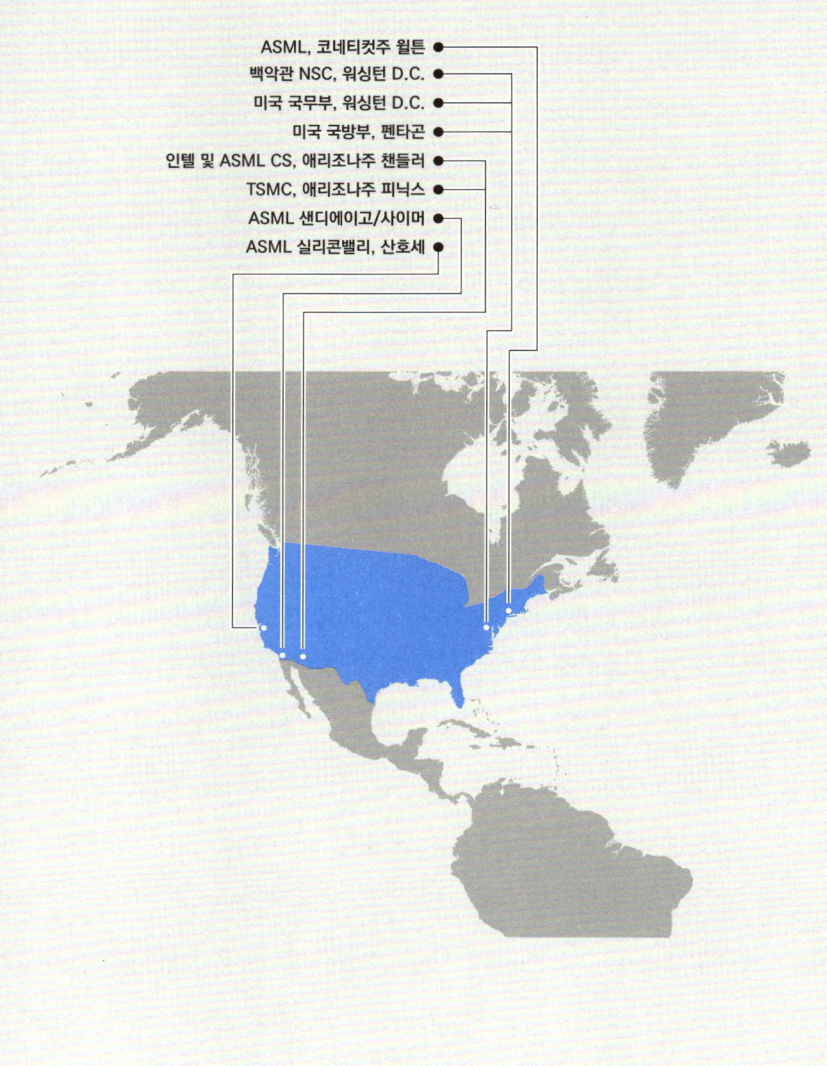

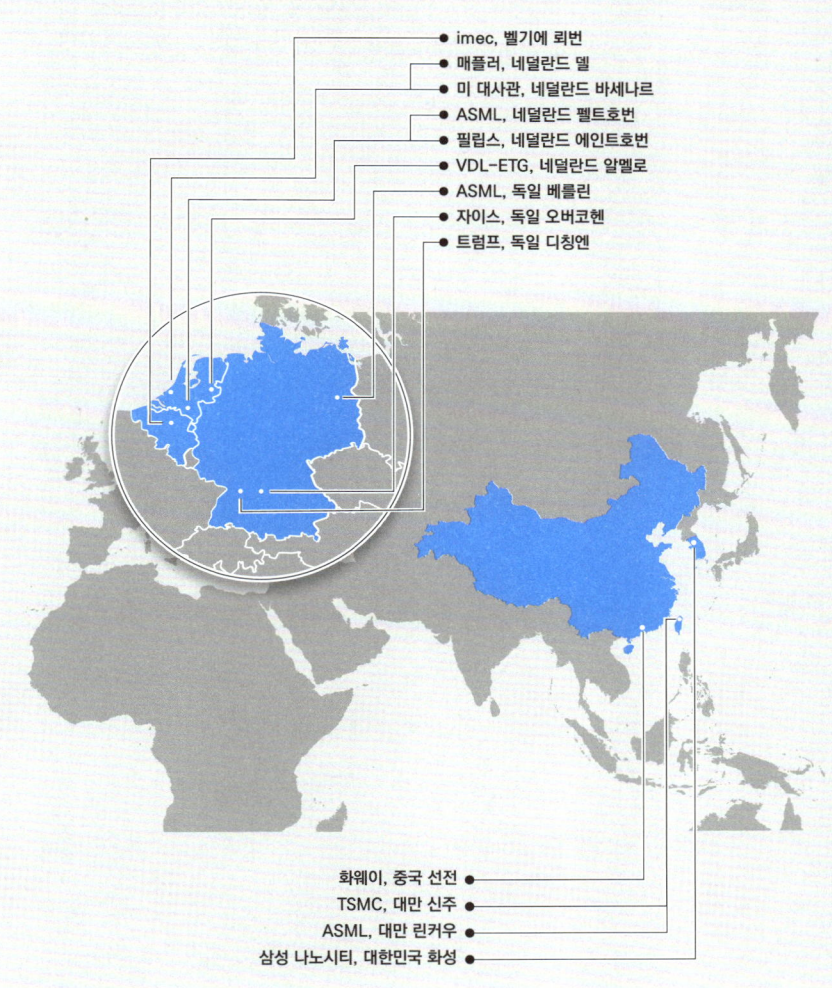

에게 의지하는 것은 당연한 일이었다. 그는 ASML 내에서 가장 두렵고 신뢰받는 존재였다.

전화의 반대편에 있는 사람은 TSMC의 연구개발 수석 부사장인 웨이젠 로였다. 팬데믹은 그에게 불가능한 과제를 안겨주었다. TSMC는 전 세계 프로세서의 절반, 그리고 가장 빠른 프로세서의 약 90퍼센트를 공급하는 책임을 지고 있었다. 전 세계가 대만의 칩 생산에 의존하고 있었고, 이러한 부족 상황에서 그 의존이 문제를 일으키기 시작한 것이다.

TSMC는 전 세계의 압박을 받고 있었다. 분노한 정치인들은 자동차 산업을 다시 가동하기를 원했다. 독일의 메르켈 총리는 독일 자동차 산업에 칩을 더 빨리 공급해달라고 요청했고, 미국의 조 바이든 대통령은 TSMC가 미국 자동차 공장에 우선적으로 칩을 공급할 것을 요구했다. 그리고 대만의 TSMC는 ASML에 공장 용량 확장을 도와달라고 압박하며, 신속하게 조치를 취할 것을 요구했다. "우리는 생산성을 올려야 합니다, 마르틴. 더 많은 기계와 더 높은 생산량이 필요해요. 그렇지 않으면 끝장입니다."

화를 내는 칩 제조업체들을 상대하는 일은 반 덴 브링크에게는 익숙한 일이었다. 그는 칩 산업에서 수많은 위기를 겪어왔기 때문에 이제는 웬만한 일로는 놀라지 않았다. 그러나 이번 팬데믹은 달랐다. 팬데믹은 생산 체인을 혼란에 빠뜨렸고, ASML과 그 공급업체들은 기계 생산에 필요한 칩조차도 더 이상 공급받을 수 없었다. 칩 부족이 꼬리에 꼬리를 물었다.

ASML 또한 원격 근무로 전환할 수밖에 없었다. 코로나 위기가 시작되자, 이 네덜란드의 하이테크 회사는 마이크로소프트로부터 2만 개의 추가 팀스 라이선스를 주문했다. 전 세계에 걸쳐 5천 개의 리소그래피 시스템을 유지 관리하는 ASML 기술자들 사이의 네트워크를 지원하기 위해서였다. 모두가 이 기계들이 생산하는 칩에 얼마나 의존하고 있는지 깨달았으며 칩을 계속 생산할 수 있기를 바랐다.

반 덴 브링크는 여전히 원격 회의에 깊은 혐오감을 가지고 있다. "나는 사람들이 어떻게 느끼는지, 어떻게 몸을 가누는지, 어떻게 보이는지, 무엇을 보고 있는지를 알고 싶습니다. 나는 사람들을 읽고 싶습니다."

페터르 베닝크의 사무실은 마르틴의 사무실 바로 맞은편에 있다. 페터르는 14년 동안 재무 이사로 재직한 후 2013년에 CEO가 되었으며, 반 덴 브링크와 함께 ASML 이사회 공동 의장을 맡고 있다. 두 사람은 상반된 성격을 가졌지만, 공동 리더십 아래서 협력하고 있다. 한 임원의 표현에 따르면 "그들은 음과 양 같다. 서로를 완벽하게 보완한다."

오랫동안 회사는 자연법칙에만 의존해왔다. 그러나 2018년 이후로 ASML은 새로운 영역, 즉 예측 불가능한 지정학적 힘의 움직임에 직면하게 되었다. 이 분야에서 베닝크는 빛을 발한다.

그는 ASML의 외부 세계를 위한 얼굴이다. 당신이 만약 주주나 정치인이라면 펠트호번에 대해 가장 먼저 알아두어야 할 것은 그의 환영 인사와 강력한 악수일 것이다. 그의 임무는 ASML이 이 지정학적 폭풍 속에서 안정적으로 항해할 수 있도록 돕는 것이다. 그것은 끝없는 작업이다. 워싱턴에서 로비를 하고, 헤이그에서 전략을 세우고, 브뤼셀에서 악수를 나누며, 펠트호번에서 끊임없이 안내를 하며 투어를 진행하는 일이다. 결국 ASML은 더 이상 (한 BBC 기자의 말에 따르면) '비교적 잘 알려지지 않은' 회사가 아니다. 이제는 전 세계 뉴스의 맨 앞 자리를 차지하는 주제다.

중국은 서방 세계를 뒤쫓고 있다. 미국은 ASML의 기계를 이용한 독립적인 칩 생산을 막음으로써 중국을 기술적으로 견제하려고 한다. 미국은 이를 자국의 국가 안보에 대한 직접적인 위협으로 보고 있다. 그들에게 있어 중국이 생산하는 모든 칩은 군사적 목적으로 사용될 수 있다. 이러한 존재적 위협에 직면한 미국은 AI와 복잡한 무기 시스템 분야에서 우위를 유지하는 일에 깊이 몰두하게 되었고, 반도체 산업은 이와 같은 압박을 따를 수밖에 없었다.

트럼프 행정부가 계획을 세웠다면, 바이든 대통령은 더 엄격한 수출 규제를 도입하여 중국의 기술 발전을 동결시키면서 방아쇠를 당겼다. 그러나 미국은 이것만으로는 충분하지 않다는 것을 알고 있다. 동맹국들이 이 수출 제한에 동참할 필요가 있으며, 특히 네덜란드—이는 ASML을 의미한다—가 그렇다.

칩 기계 제조업체 ASML은 글로벌화 시대에 성장했지만, 그 시기는 오래전에 지나갔다. 세계의 균열은 명확해졌고, ASML은 이제 어디에 서야 할지를 고민해야 한다. 이러한 전략적 재조정에는 참고할 매뉴얼도, 플레이북도 없다. 선택은 오롯이 자신의 몫이다.

팬데믹으로 서방 세계의 공급망이 얼마나 취약한지가 여실히 드러났다. 모두가 TSMC가 공장을 운영하고 있는 대만에 주목했다. TSMC에 대한 의존은 전 세계 기술 산업의 아킬레스건이며, 미국과 유럽연합은 이에 깊은 불안을 느끼고 있다. 이들은 이 의존도를 줄이기 위해 최근 몇 년 동안 자국 내에 칩 공장을 개발하는 데 수십억 달러를 투입했다.

페터르 베닝크는 ASML이 이 전략의 핵심이라는 것을 잘 알고 있다. 2023년 한 해에만 칩 제조업체들은 3천억 달러 이상의 새로운 공장을 계획했다. 회사는 유럽 반도체 법안을 형성하는 데 도움을 주었고, 베닝크는 애리조나주 피닉스에 있는 TSMC의 새로운 공장 개관식에 귀빈으로 초대되어 가장 앞 자리에 앉았다. 2022년 12월, 첫 번째 칩 기계가 공장 내부로 들어올려졌을 때, 이 거대한 장치조차도 건물 외벽에 휘날리는 '메이드 인 아메리카' 깃발 아래에서는 작아 보였다.

그러나 그는 두 경쟁하는 초강대국 사이에서 균형을 잡고 있는 자신의 역할을 과소평가한다. "정말 중요한 사람이란 없습니다. 기껏해야 많은 책임이 따르는 자리일 뿐이죠."

베닝크가 애리조나 사막에서 조 바이든 대통령과 애플 CEO 팀 쿡과 악수할 때, 그의 목에 걸린 이름표에 "베니크(Wennick, 올바른 철자는 Wennink이다)"라고 적혀 있었음에도 불구하고 그는 신경 쓰지 않았다. "베니크, 비니크…… 나는 모든 오자를 다 봤어요."

미국 언론과 정치인들도 신경 쓰지 않는 것 같았다. 그러나 그 이유는 달랐다. 그들은 애초에 그가 누구인지 몰랐다. 대통령과 악수하는 신비한 키 큰 남자를 보고 모두가 당황했다. "ASML? 대체 뭐하는 회사야?"

이 책은 ASML에 관한 이야기다. 수십 년에 걸쳐 회사를 상상할 수 없는 위치로 끌어올린 두 최고 경영자의 이야기다. 한편에는 지구상에서 가장 정밀한 기계를 설계하는 뛰어난 기술자 마르틴 반 덴 브링크가 있다. 그의 관리 스타일은 대면 심문과 충격 요법 사이 어딘가에 있다.

"마르틴은 사람들에게 신의 노여움을 심어주죠"라고 베닝크는 말한다. 그조차도 마르틴에게 익숙해지기까지 몇 년이 걸렸다.

다른 한편에는 페터르 베닝크가 있다. 반 덴 브링크는 "페터르는 리본 자르는 걸 좋아하죠"라고 말하며, ASML 본사에서 또 다른 정치인 그룹을 접대하고 있는 그의 공동 경영자를 놀리듯 가리킨다. 반 덴 브링크는 그런 형식적인 일에는 맞지 않는다. 그는 외교를 하기엔 너무 직설적이다.

페터르는 비엔지니어 출신으로 하이테크 회사를 이끄는 사람이며, 사람들과 잘 어울린다. 그는 ASML의 전형적이지 않은 하이테크 문화를 잘 관리하고 중요한 공급망 네트워크를 유지한다. 그는 모든 그물망의 중심에 있으며, 이는 그의 말이 세계에서 가장 가치 있는 기술 회사 중 하나의 주가를 좌지우지할 힘을 가지는 이유다. 그는 또한 ASML의 가장 큰 기술적 도약인 EUV 기계를 만들기 위해 칩 제조업체들과 공동으로 자금을 마련하는 계획을 고안해낸 사람이다. 이 진보 덕분에 무어의 법칙은 앞으로도 몇 년 동안 계속 적용될 것이다.

40년에 걸쳐 ASML은 시장을 지배하는 리더로 성장했으며, 여전히 본거지로 삼고 있는 네덜란드의 소박한 마을이 그 속도를 따라가기 버거울 정도로 빠르게 산업을 확장해나갔다. 그러나 ASML은 이사할 계획이 없다. 오히려 다른 사람들이 이 하이테크 거인의 발걸음에 맞춰 따라오는 것이 중요하다. ASML은 "아니요"라는 말을 좀처럼 듣지 않으며, 이를 받아들이는 일은 더욱 드물다.

2024년이 다가오면서 ASML은 새로운 단계로 접어들 준비를 하고 있다. 베닝크와 반 덴 브링크의 계약이 만료될 예정이다. 두 사람은 2023년에 동일한 연봉(594만 유로)을 받으며 물러날 것이다. ASML은 수년간 그들의 후임자 문제를 비공식적으로 준비해 왔지만, 그들의 역할을 대체하는 것은 쉬운 일이 아니다. 마르틴과 페터르는 성격 면에서 전혀 닮지 않았다. 전혀. 그러나 수많은 회의, 협상, 출장, 그리고 펠트호번 근처의 캄피나 자연보호구역에서의 산책을 통해 서로를 이해하게 되었다. 그들은 서로의 차이를 존중하게 되었다. 그리고 각자가 가진 강력한 기술 세트를 결합했을 때, 그들은 막을 수 없는 존재가 되었다.

그들은 함께, 위기 속에서도 한 가지 중요한 것을 결코 잊지 않으며 회사를 성장시켰다. 집중하는 것.

ASML의 세계에서 집중은 모든 것이기 때문이다. 이는 처음부터 그랬다.

반도체 초격차
ASML WAY

| 1부 |

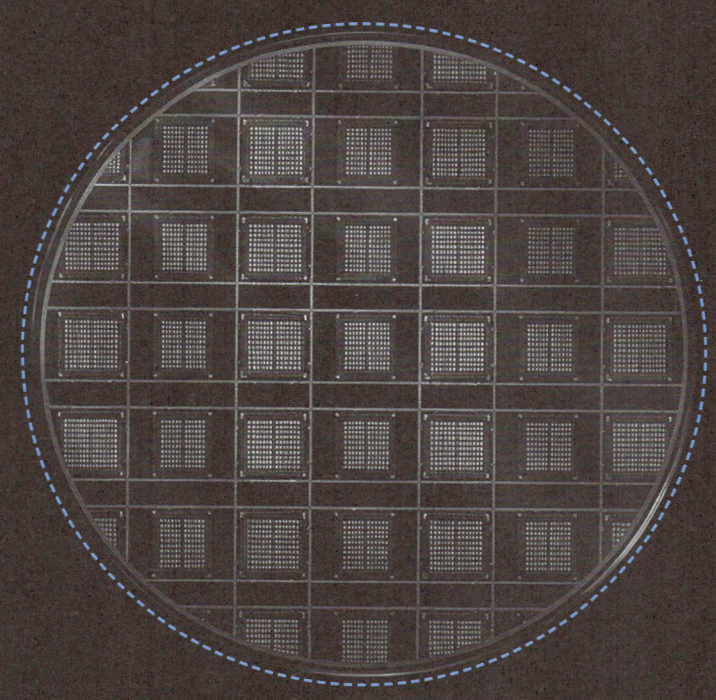

좋은 아이디어, 나쁜 계획

펜실베이니아애비뉴를 따라 깜빡이는 불빛들이 가득하다. 여섯 대의 경찰 오토바이, 여덟 대의 검은 차, 구급차, 그리고 무장 경관들로 가득 찬 버스 사이에 자리 잡은 46대 미국 대통령 조 바이든은 생각을 정리하고 있다. 2023년 2월 7일 저녁 8시 30분 직전, 엄중한 경호 태세의 호위대가 국정연설을 위해 바이든을 국회로 에스코트하고 있다. 차가운 바람이 차량들을 스치고, 이내 차는 멈춰선다. 이제 시간이 되었다.

모두의 예상과 달리, 바이든은 팬데믹 동안 미국 경제에 타격을 준 칩 부족에 대해 곧바로 이야기하기 시작한다. "자동차 가격이 올랐고, 냉장고와 휴대폰 가격도 올랐습니다." 그는 강조하려는 듯, 두 개의 집게손가락으로 앞에 놓인 종이를 두드린다. 메시지는 분명하다. 미국의 자동차와 냉장고, 특히 우리의 아이폰에 손대지 말라는 것이다.

"이런 일이 다시는 일어나지 않도록 할 것입니다. 우리는 칩을 발명했습니다. 최근 몇 십 년 동안, 우리는 우리의 경쟁우위를 잃었습니다. 한때 우리는 칩의 40퍼센트를 만들었지만, 이제는 단 10퍼센트만 생산합니다. 우리는 미국에서 다시 공급망을 일으켜세울 것입니다."

그는 고개를 들어 외친다. "공급망은 미국에서 시작됩니다."

워싱턴 주재 네덜란드 대사관에서 분석가들은 이 연설을 주의 깊게 지켜본다. 중국의 스파이 풍선이 미국 영토에서 격추된 사건으로 미국이 떠들썩한 가운데, 바이든은 미국 칩 산업의 상황을 먼저 언급하기로 선택했다. 그날 저녁 헤이그에서 브리핑을 간절히 기다리던 이들과 함께, 분석가들은 10분 15초에 주목한다. 대통령이 미국 칩 산업과 그 문제들에 대해 이야기하는 데 걸린 시간이다. 즉, 이것이 최우선 과제로 선언된 것이다.

공화당과 민주당 모두의 기립 박수는 정확히 13.5초간 지속되었다. 바이든은 역사를 잘 알고 있다. 미국은 이 기술의 발상지였다. 트랜지스터는 1947년 벨연구소에서 발명되었고, 1950년대 후반에 잭 킬비와 로버트 노이스는 그들의 혁신적인 집적 회로 중 첫 번째를 납땜했다. 전적으로 미국산 리소그래피 기술에 기반을 둔 미국 칩 산업의 영광스러운 시절이었다. 그러나 그 시절은 오래가지 않았다. 리소그래피 시장을 지배하게 된 한 회사의 도움으로 동양의 경쟁자들이 실리콘밸리를 빠르게 따라잡았다. 그 회사가 바로 ASML이다.

혹은, 국회의사당 복도에서는 이렇게 부른다. **그 회사**.

하지만 40년 전, **그 회사**는 아직 현실이 아니었다. 존재했던 것은 좋은 아이디어와 나쁜 전망에 불과했다.

리피터

이 글을 작성하는 것이 백만 번째쯤 되는 것처럼 느껴진다. 한숨을 내쉬며, 스티프 비테코크 Steef Wittekoek는 자신의 기사를 마지막으로 손본다. "실리콘 리피터의 광학적 측면"이라는 제목의 이 글은 1983년 《필립스 테크놀로지컬 리뷰》 9월호에 실릴 예정이다. 1936년에 처음 발간된 이 저널은 필립스물리연구소 NatLab에서 과학자들이 직접 쓴 최신 발명품에 대한 기사를 읽을 수 있는 잡지였다.

비테코크는 실리콘 리피터에 대해, 이 장치는 기존의 리소그래피 기계로는 불가능했던 훨씬 더 정밀하고 효율적인 칩 생산을 가능하게 해준다고 쓴다. 기본적으로 이 장치는 큰 복사기처럼 작동하여, 단계별로 반복해서 이미지를 투사한다. 먼저, 매우 특수한 렌즈를 통해 이미지 필드를 실리콘 디스크 위의 감광층에 투사한다. 이 원형 디스크는 웨이퍼라고도 불리며, 가능한 한 빨리 하나의 노출 단계에서 다음 단계로 이동한다. 이 과정이 반복되어 디스크 전체에 이미지가 형성된다. 이 경우, 이미지는 미세한 트랜지스터 패턴이다. 리피터의 조정과 초점 맞추기도 완전히 자동화되어, 이 기계는 경쟁사 제품보다 더 빠르고 효율적이다. 결국 그의 요지는 간단했다. 칩 산업이 다음 단계로 도약하려면, 이 도구가 필요하다는 것이었다. NatLab의 최고 과학자 중 한 명인 비테코크는 리피터의 '우수한 사양'에 대한 자신의 찬사를 다시 읽으면서 이 기계와 유대감을 느끼지 않을 수 없었다. 필립스는 이 아이디어를 좋은 제품으로 만들기 위해 10년 넘게 노력해왔다. 리피터의 초기 버전은 1973년으로 거슬러 올라가며, 이는 2년 전 NatLab 연구원인 헤르만 반 히크(Herman van Heek)와 기스 바우휘스(Gijs Bouwhuis)가 이룩한 돌파구에 기반을 두고 있었다. 그러나 아직까지는 별다른 반응을 얻지 못했다.

기스 바우휘스는 특허를 다수 보유한 뛰어난 광학 과학자로, CD 플레이어와 잘 알려지지 않은 비디오디스크 플레이어의 기초 기술을 개발한 인물이다. 그는 네덜란드 북부에서 제2차 세계대전 중 자랐으며, 가족 농장에서 더 이상 그의 도움이 필요하지 않게 되자 학업을 이어갈 수 있었다. 그의 딸 피엔은 아버지를 이렇게 회상한다. "아버지는 겸손한 분이셨어요. NatLab에서 일하는 것이 그에게는 취미였죠. 어머니의 짜증을 사면서도 생각에 잠기실 때면 늘 파이프를 피우곤 하셨죠." 2016년 그의 사망 직전에, 바우휘스와 그의 전 NatLab 동료들은 ASML을 방문하여 그들의 오래된 취미의 결실을 마지막으로 확인했다.

CD로 필립스는 큰 상업적 성공을 거두었고, 이후로 이 기계는 오랫동안 우리의 거실에 자리 잡게 되었다. 하지만 리소그래피 기계는 전혀 다른 종류의 제품이었다. CD 플레이어보다 훨씬 복잡하며 대중 소비시장에서는 관심을 끌지 못하는 제품이었고, 모든 면에서 추락할 위험에 처한 거대 전자 기업에게는 매우 부적절한 투자였다.

1970년대 초반, 필립스는 40만 명 이상의 직원을 고용하고 있었으며, 그중 약 9만 명이 네덜란드에서 일하고 있었다. 전통적인 대기업인 필립스는 TV, 라디오, 의료장비, 가전제품, 조명기기 등 모든 것을 내부에서 설계하고 제작했다. 여기에는 이러한 전자제품을 생산하는 데 필요한 산업용 기계와 이를 제어하는 집적 회로도 포함되었다. 그 당시 필립스는 세계에서 두 번째로 큰 반도체 제조업체였다. 그러나 필립스의 칩 공장들은 기존 기계들에 지쳐가고 있었다. 이 기계들은 너무 느리고, 결함 있는 칩을 너무 많이 생산했다. 그래서 공장들의 요청에 따라 NatLab은 나중에 실리콘 리피터로 알려지게 될 기계를 개발하기 위한 작업을 시작했다.

필립스의 NatLab은 자유로운 사고를 지닌 과학자들과 발명가들에게 성지와 같았으며, 기술적 전문 지식을 끌어들이는 장소였다. NatLab은 곧 혁신적인 아이디어의 산실로 자리 잡았으며, 이는 미국 통신 거대 기업 AT&T의 유명한 벨연구소에 비견될 만했다. 하지만 NatLab이 끊임없이 새로운 아이디어와 특허로 넘쳐났던 반면, 필립스의 전체 조직은 마치 관료주의라는 특허를 가진 것처럼 보였다. 필립스에서 새로운 일을 추진하려면 상상할 수 없을 만큼 많은 미팅과 정치적 전략 수립이 필요했다. 이는 칩 산업에 필요한 고속 혁신과는 전혀 맞지 않는 비즈니스 스타일이었다. 속도에 모든 것이 달렸지만 필립스는 따라잡을 가능성이 거의 없었다.

추진자

스티프 비테코크는 마치 사막에 울려퍼지는 외로운 목소리 같았다. 그는 리피터(나중에 '웨이퍼 스테퍼Wafer Stepper'로 이름이 바뀐다)가 미국 경쟁업체들보다 한 단계 앞선 기술이라는 것을 알고 있었다. 하지만 에인트호번에 있는 필립스는 다른 문제들에 더 신경을 쓰고 있었다. 필립스의 매출은 주로 소비자 전자제품에 의존하고 있었고, 소니, JVC, 도시바와 같은 일본 기업들의 부상으로 네덜란드의 다국적기업은 어려운 상황에 몰리게 되었다. 소니가 워크맨으로 세계를 강타할 준비를 하고 있을 때, 필립스는 조직을 구조조정하느라 바빴다. 그 전략은 비용이 많이 드는 부문을 합작 투자로 분사한 후, 서서히 그 지분을 매각하는 것이었다.

곧 시선은 리소그래피 기계로 향했다. 1978년 초, 필립스는 이 기술을 위해 독립적인 부서를 설립하는 아이디어를 떠올렸는데, 이는 외부 고객에게 이 장치를 판매하려는 움직임이기도 했다. 그러나 경영진 가운데 이에 대한 열정을 가진 사람은 찾기 힘들었다. 막연한 아이디어만 있었지, 구체적인 계획은 없었다. 오직 과학 및 산업 부서의 부국장인 빔 트루스트Wim Troost만이 손을 들었다. 이미 산업용 제품을 다루고 있던 그는 이 기술의 잠재력을 보고 매력을 느꼈다. 다른 부서장들에게 이 기술은 완전히 막다른 길이며 시간 낭비로 여겨졌다.

사람들은 "빔, 돈을 낭비하지 마세요"라고 말했지만 소용없었다. 그는 이미 결정을 내린 상태였다.

빔 트루스트를 만나면 그가 다른 시대에서 온 사람이라는 것을 즉시 느낄 수 있다. 1920년대 중반에 태어난 트루스트는 첫 라디오가 출시되고, 1929년의 주식 시장 붕괴 직전에, 그리고 제1차 세계대전이 아직 '대전'이라고 불리던 시절에 자랐다.

1980년대 초, 은퇴를 앞둔 트루스트는 ASML이라는 칩 기계 제조업체를 출범시키는 데 결정적인 역할을 하게 된다. 트루스트가 아니었다면 필립스는 웨이퍼 스테퍼를 완전히 포기했을 것이다. 그러나 그에게 할당된 예산은 거의 시작조차 할 수 없는 수준이었다. 그는 여전히 '예산'을 중간에 강한 네덜란드식 억양이 들어간 단어로 발음한다. 오래전 과거에서 들려오는 메아리처럼.

2022년 여름, 트루스트가 집 현관문을 열어주었을 때, 그는 97세를 앞두고 있었다. 자신의 전원주택 정원에서 매일같이 에인트호번의 필립스 공장으로 왕복 운전을 하던 시절을 회상하는 그는 여전히 또렷한 기억력을 가지고 있었다. 그의 손으로 직접 작성한 메모들은 그 시절의 사건들을 세세하게 기록하고 있었다.

트루스트는 1970년대에 큰 상업적 성공을 거둔 미국의 리소그래피 시스템 제조업체 퍼킨엘머PerkinElmer의 방문을 떠올렸다. 1980년대 초, 이 회사는 NatLab이 발표한 발명에 관심을 보였다. 10명의 미국인으로 구성된 대표단이 네덜란드를 방문했다. 그들은 필립스와 협력하고 싶어했지만, 아무런 응답을 받지 못했다. 필립스는 그들에게 어떠한 대응도 하지 않았으며, 이는 트루스트에게 40년이 지난 지금도 여전히 짜증나는 일이다. "경영진은 전혀 미래를 내다보지 못했고, 가능한 것들에 대한 이해도 전혀 없었다"고 그는 한탄했다.

트루스트는 필립스의 자체 공장을 위해서만 칩 기계를 생산하는 것으로는 절대 수익을 낼 수 없다는 것을 알고 있었다. 이 점을 염두에 두고, 그는 아시아와 미국으로 여행을 떠나 웨이퍼 스테퍼의 첫 상업용 버전인 PAS 2000, 혹은 필립스 자동 스테퍼에 대한 관심을 모으려 했다. 당시 필립스에서는 2000이라는 숫자가 유행했다. 밀레니엄 전환을 20년 정도 앞둔 시점에서 그 숫자는 어떤 제품에든 미래지향적인 분위기를 부여했다. P2000 가정용 컴퓨터나 비디오 2000 시스템을 원하지 않을 사람이 어디 있겠는가? 그러나 현실은 브랜딩에 미치지 못했고, 이러한 필립스 제품들은 그 이름을 딴 해까지도 성공하지 못했다.

PAS 2000도 마찬가지였다. 이 버전의 스테퍼는 '오일 테이블'을 가지고 있었고, 이는 실리콘 디스크가 놓인 표면을 움직이는 유압 모터를 가리키는 것이었다. 그러나 오일 증기는 이 칩들이 생산되는 고도로 통제된 환경에서는 치명적이다. 클린룸은 깨끗해야 한다. 만약 이곳이 정비소 냄새로 가득하다면 아무 소용이 없다. 이 기계는 판매할 수 없었다.

무언가가 바뀌어야 했고, NatLab은 전기 모터를 사용한 스테퍼의 변형을 개발하기 시작했다. 그들은 곧 성공을 거둬 전후 운동으로 인해 '리니어 모터'라고 불리게 될 기술을 만들어냈다. 그러나 이 모터의 개발을 완료하는 데 드는 비용은 천정부지로 치솟았다. 필립스의 리소그래피 기술 개발에 막대한 보조금을 지원하던 네덜란드 경제부는 한계에 도달했고, 회사가 이를 완수하는 데 더 많은 시간과 노력을 들이지 않으면 지원을 중단하겠다고 위협했다. 상황은 점점 더 악화되고 있었고, 트루스트는 선택의 여지가 없었다. 결국 경제부는 자체적으로 해결책을 제시했다. 성공한 네덜란드 기업가 아서 델 프라도 Arthur del Prado 와 협력하는 것이 어떻겠느냐는 것이었다. 그의 회사인 ASM 인터내셔널은 칩 기계를 제작하고 있었으며, 막 미국 주식시장인 나스닥에 성공적인 상장을 마친 참이었다. 그들은 필립스를 도울 완벽한 후보였다.

아서 델 프라도는 네덜란드 칩 산업의 개척자이자 영웅적인 상인이었다. 자카르타에서 태어난 델 프라도는 청소년 시절 일본의 포로수용소에서 감금되어 고초를 겪다가 살아남아 네덜란드로 와서 화학과 경제학을 공부했다. 이후 1950년대에 실리콘밸리를 돌아다니며 미국 반도체 기술의 유럽 대리점으로 자리 잡았다. 1970년대가 되자, ASM 인터내셔널은 수직형 전기로 vertical furnace를 제작하기 시작했다. 이 기계는 웨이퍼에 얇은 층을 쌓고, 이는 이후 리소그래피 기계에서 노출된다. 칩 패턴이 이 층에 형성되면, 식각 etching 기계는 가스와 화학물질을 사용하여 불필요한 재료를 제거한다. 그런 다음 웨이퍼는 칩 공장에서 다시 한 번 같은 과정을 거쳐서, 한층 한층 트랜지스터와 연결된 칩이 자라난다.

1983년 헤이그에서 열린 '올해의 네덜란드 기업가' 시상식에서 델 프라도가 수상자로 선정되었을 때, 경제부는 트루스트 역시 그 자리에 초대했다. 트루스트는 델 프라도가 매우 매력적이고 탁월한 비즈니스 감각을 가진 인물이라고 결론지었지만, 몇 가지 우려가 있었다. ASM 인터내셔널은 여전히 주로 무역 회사였으며, 델 프라도는 이사회 차원에서 필요한 연결 고리를 가지고 있지 않았다. 리소그래피 기계를 구매하는 것은 칩 제조업체가 내려야 하는 가장 중요한 전략적 결정이다. 확신은 최고 경영진에서 나와야 하며, 구매 부서에서 논의될 문제가 아니다. 특히 새로운 기술에 도전할 때는 더더욱 그렇다.

필립스는 이 거래를 거절했지만, 델 프라도와 경제부는 고집을 꺾지 않았다. 델 프라도는 NatLab의 웨이퍼 스테퍼의 잠재력을 확인하고 싶어했다. 필립스라는 왕관을 장식하고 있는 이 보석을 취한다면 칩 제조업체에 완전한 생산 라인을 공급하겠다는 델 프라도 그 자신의 꿈에 한 걸음 더 다가갈 수 있었다. 실리콘 디스크를 작동하는 칩 무더기로 만들어줄 그 모든 도구들, 모래를 황금으로 만들어줄 바로 그 힘이 그에겐 필요했다. 비록 완전히 실현하기는 힘든 꿈일지라도, 어쨌든 필립스와의 합작 사업을 시작하려는 델 프라도의 열망은 곧 이루어질 것이었다.

필립스가 웨이퍼 스테퍼를 매각할 다른 옵션은 나타나지 않았고, ASM 인터내셔널과의 거래가 유일한 길이라는 것이 명확해졌다. 그래서 트루스트는 당시 상사인 헤오르허 더 크루이프George de Kruiff와 함께 델 프라도의 문을 두드리게 되었다. 합작 사업 계약은 한 시간도 채 걸리지 않아 체결되었으며, 양 회사는 50퍼센트의 지분을 가진 합작 자회사인 어드밴스드 세미컨덕터 머티어리얼즈 리소그래피Advanced Semiconductor Materials Lithography, 줄여서 ASM 리소그래피에 각각 750만 길더(유로로 환산했을 때 대략 그 절반 정도의 금액)를 투자했다.

초기 몇 달 동안 이 회사는 스스로를 ALS로 소개했으나, 이것이 심각한 운동신경 질환의 이름과 같다는 것을 깨닫고 'ASM 리소그래피'로 신속히 브랜드를 변경했다. 1996년에 회사명은 공식적으로 ASML이 되었으며, 이 이름은 전 세계적으로 사용되었고,

이 책에서도 앞으로 계속 사용될 것이다.

계약은 1984년 3월 에인트호번에서 체결되었다. 그러나 축하할 시간은 없었다. 해야 할 일이 많았기 때문이다. 트루스트는 웨이퍼 스테퍼 작업을 했던 필립스 팀의 40명을 즉시 이적시키기로 결정했다. 그들이 원하든 원하지 않든, 이들은 합작 사업에 합류하게 되었다. 많은 이들이 이 조치에 불만을 표했다.

필립스의 엔지니어들은 파격적인 직원복지 혜택을 누리고 있었으며, 여기에는 60세에 받을 수 있는 완전한 연금과 자녀의 교육비 지원이 포함되어 있었다. 그러나 이제 그들은 모두가 파산할 거라고 두려워하는 새로운 회사로의 이적을 피할 수 없게 되었다. 심지어 스티프 비테코크조차도 망설였다. 그는 NatLab이 2년 내 복귀를 보장해준다면 이적하겠다고 했다. 회사는 이 조항에 합의했지만, 그는 그것을 사용할 필요가 없었다.

에인트호번의 필립스 공장들 사이에 위치한 임시 건물에 ASML의 행정 부서가 자리를 잡았다. 한편, 기술 작업은 인근 공장의 외풍이 있는 홀에서 계속되었다. 그 작업자들 중에는 ASML의 미래를 결정지을 두 명의 젊은 엔지니어가 있었다. 마르틴 반 덴 브링크와 프리츠 반 하우트. 이 젊은이들은 다른 직원들의 불평을 크게 신경 쓰지 않았다. 다른 신입 직원들처럼, 그들은 도전을 받아들이고 새로운 기술에 전념했다.

프리츠는 ASML의 이름 아래 첫 번째 신입 직원으로 채용되었다. 마르틴은 좀 달랐다. 그는 1983년 말 필립스 지원 명단에 이름을 올린 상태였고, ASML과 공식 입사 계약을 체결하기까지는 10년이 넘는 시간이 걸렸다. 그때쯤에는 그것이 단지 형식적인 절차에 불과했다. 그는 이미 회사의 핵심 인물이 되어 있었다.

이 두 젊은 신입 직원은 다소 이상한 조합처럼 보였다. 마르틴은 지역 난방을 전공한 물리학자였고, 프리츠는 저온 물리학을 전공한 졸업생이었다. 그럼에도 불구하고, 비테코크에 따르면 이 두 젊은이는 좋은 조합이었다. "마르틴은 기술적으로 매우 재능이 뛰어났고, 프리츠는 기술을 이해하면서도 사람들을 잘 다루었죠. 그는 사람들과의 관계를 관리할 줄 알았습니다."

트루스트가 은퇴하면서 회사의 CEO 역할은 그의 필립스 시절 동료였던 햘트 스밋Gjalt Smit이 맡게 되었다. 스밋은 천문학 박사 학위를 마치고 나사와 유럽우주국에서 일하다 네덜란드의 통신회사인 ITT의 지사장으로 일하고 있었다. 그가 안정적인 직업을 포기하고 위험한 연구 프로젝트에 뛰어들었을 때, 그의 동료들은 그가 이성을 잃었다고 생각했다. 자신의 재임 초기 시절을 돌아보며, 스밋은 그 이유를 이해할 수 있었다. "ASML은 처음부터 문제 아였어요. 솔직히 말해서, 처음부터 운명이 다한 것처럼 보였죠."

스밋은 필립스와의 오랜 애증 관계를 키워왔다. 네덜란드 전자 회사에서 배운 기술과 그들의 '매우 만족스럽고 탁월한 기술'에 감사했지만, 항상 경영진이 '매우 정치적'이라고 느꼈다. 햘트는 이와 잘 맞지 않았다. 그는 다르게 일을 하고 싶었다.

햘트 스밋, 그 자신이 다른 사람이었다.

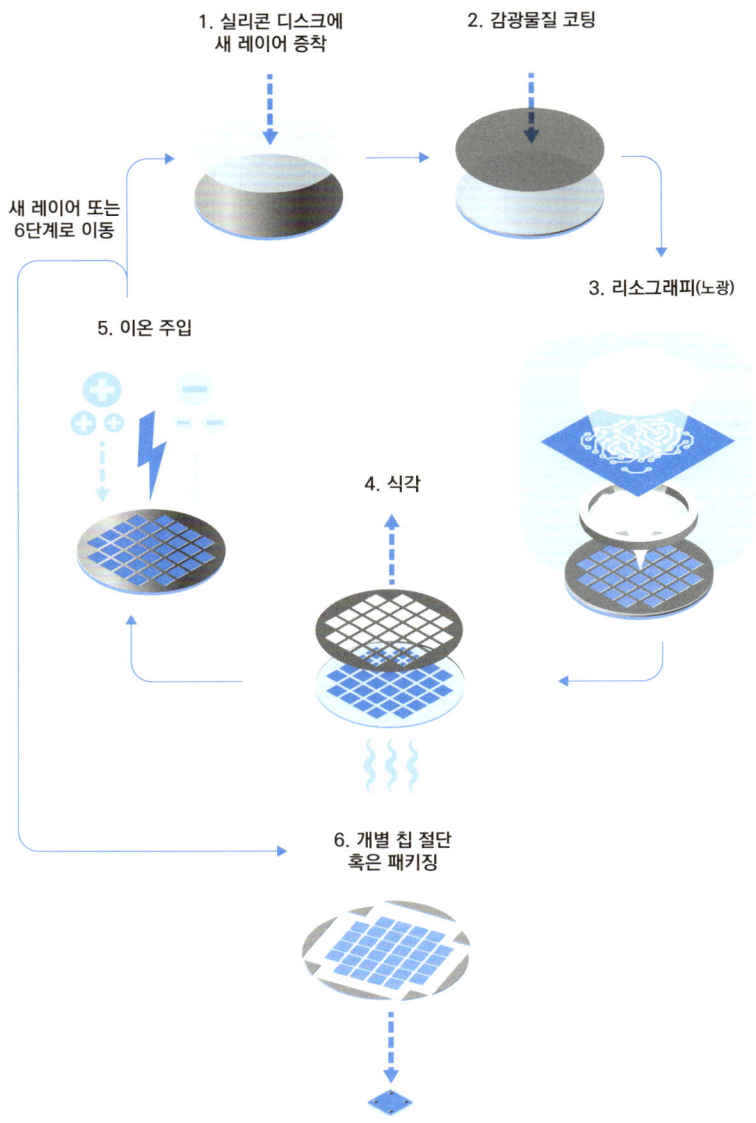

유망한 인재

"이 코트가 얼마나 오래되었을 것 같아요?"

2023년 초, 햘트 스밋은 자신의 집에서 멀지 않은 스위스 산악지대의 몽트뢰 산책로를 따라 걷고 있다. 스밋은 멋지게 차려입는 걸 좋아하는데, 이번에는 거의 발목까지 닿는 이탈리아산 가죽 코트와 어두운 색 모자를 쓰고 있었다. "이 코트는 1986년에 빈에서 샀어요." 그는 미소를 지으며 대답했다. "ASML의 비서가 제가 이걸 입고 사무실에 들어왔을 때 충격을 받았죠." 마치 비밀 경찰이 펠트호번에 나타난 것 같았을 것이다.

스밋은 늘 필립스의 업무 방식이 싫다고 솔직히 말하고 다녔는데, 이것이 1983년 아서 델 프라도를 만났을 때 그의 마음에 들었다. 델 프라도 역시 필립스에 반감을 가지고 있었고, 그 이유는 필립스가 이전에 칩 기계를 구매할 필요가 있었을 때 ASM 인터내셔널을 무시했기 때문이다. 이로 인해 두 사람은 빠르게 친해졌고, 이후로 또 그만큼 빠르게 관계가 악화되었다. 결국 스밋은 첫 만남 이후 4년 만에 회사를 떠나게 되지만, 그 짧은 시간 동안 그는 ASML에 승리자 정신을 심어주었고, 그 정신은 이후로도 몇 년 동안 회사를 새롭게 정의했다.

스밋이 취미에 대해 이야기할 때, 그의 사업적 감각의 또 다른 차원이 뚜렷하게 드러난다. 스밋은 글라이더 조종사다. 이러한 항공기를 성공적으로 조종하려면 높은 수준의 통찰력과 예상치 못한 난기류에 대한 빠른 대응이 필요하다. 이는 사업을 운영하는 것과 마찬가지다. 스밋은 "글라이더에 타면 어디로 가야 할지 알아야 하죠"라고 말한다. 이는 젊은 ASML에도 똑같이 적용되었고, 그 방향을 알아내는 것은 스밋의 몫이었다.

첫 몇 달 동안 스밋은 상황을 파악하기 위해 필립스 안팎에서 회담을 가졌다. 그는 모두가 이 회사에 성공 가능성이 거의 없다고 믿는다는 것을 알게 되었다. 직원들조차도 희망을 가지고 있지 않았다. 리소그래피 제조업체로서 실리콘밸리에서 성공하려면 결정적인 조직력과 거의 완벽한 신뢰성을 가진 기계가 필요했다. 이런 회사를 시작하려면 시간과 돈이 필요했는데, 회사엔 이 둘 모두가 부족했다.

그러나 그는 업계 표준 기계가 한계에 도달했다는 것을 알았다. 더 작은 해상도의 칩을 생산하기 위해서는 기술의 도약이 필요한 시점이었다. 이러한 칩은 수천 개가 아닌 수십만 개의 트랜지스터를 포함할 수 있으며, 이를 통해 훨씬 더 복잡한 작업을 수행할 수 있다. 문제는 그러한 칩을 생산하려면 너비가 거의 1마이크론(1밀리미터의 1천분의 일)에 가까운 선을 투사할 수 있는 리소그래피 기계가 필요하다는 것이다. 기존의 리소그래피 제조업체 중에서는 이 기술을 가진 곳이 없었지만, 필립스는 가지고 있었다. 그러나 필립스는 칩 제조업체들이 공급업체에 요구하는 높은 기준에 대해서는 잘 모르고 있었다.

1984년 5월 말, 스밋은 실리콘밸리의 중심부인 샌마테오에서 열리는 세미콘SEMICON 무역 박람회에 참석하기 위해 비행기에 올랐다. 이곳은 인텔과 텍사스인스트루먼츠와 같은 칩 제조업체들이 퍼킨엘머, 니콘, GCA와 같은 리소그래피 기계 공급업체들과 만나는 연례 회의장이었다. 그러나 제조업체들은 스밋에게 관심이 없었다. 그들은 새로운 입찰자가 또 등장할 필요가 없다고 생각했고, ASML이 미래에 무엇을 제공할 수 있는지에 대해서도 관심이 없었다. 스밋은 바로 무시당했다. 그들이 전달한 메시지는 "50대 정도는 팔고 나서 다시 와라"였다.

스밋은 당황했다. 그는 미국 애리조나에 있는 ASM 인터내셔널 사무실로 향했는데, 이곳은 그의 기계를 미국 시장에 판매할 책임이 있는 곳이었다. 그러나 ASM 인터내셔널이 최신 리소그래피 기술에 대해 잘 모르고 있다는 것이 명확했고, 스밋은 이 파트너십에 대해 점점 회의적이 되었다. 놀랍게도, ASM의 경영진도 역시 불안해하고 있었다. 그들은 ASML이 순진하고 초보적인 실수를 할까봐 걱정했다.

상황은 분명했다. 경쟁 가능한 회사 열 개 정도가 난립하는 시장은 이미 포화 상태였다. ASML은 처음부터 불필요한 존재로 보였다. 실망한 스밋은 암스테르담으로 돌아가는 비행기에 올랐다. 자리에 앉아 그는 회사를 포기할까 고민했다. 누구도 실패할 운명에 처한 회사를 이끌고 싶어하지 않는다. 그는 와인 한 병을 손에 들고 잠에 빠졌고, 그의 아이디어들은 잠을 자는 동안 머릿속에서 희미하게 떠다녔다. 그리고 시간이 지나면서 그것들은 하나의 그림을 그리기 시작했다.

스밋은 갑자기 깨어났다. "빙고." 그는 자신에게 속삭였다. 비행 경로는 분명했다. 이미 기계에 투자된 규모를 감안할 때, 기존의 강자들은 항상 먼저 기존의 입지를 지킬 것이다. 만약 ASML이 훨씬 더 정확한 정렬 시스템, 전기 모터, 정밀 렌즈를 갖춘 기계를 선보일 수 있다면, 그들은 시장을 놀라게 하고 다른 회사들이 따라오기 전에 기준을 설정할 수 있을 것이다. ASML이 가진 기술적 도약은 그들에게 필요한 돌파구를 제공할 것이다. 그러나 시간은 그들의 편이 아니었다. 이러한 장치를 빨리 시장에 내놓을 준비를 해야 했다.

스밋은 ASM과 필립스에 돌아와 2억 길더의 투자를 요청했다. 이는 합작 투자에 참여한 사람들이 예상한 것보다 훨씬 많은 금액이었지만, 그 금액은 아무런 근거 없이 나온 것이 아니었다. 필립스는 이전에 네덜란드 경제부에 이 금액을 지원 요청한 바 있었다. 비록 그 돈을 받지는 못했지만, 스밋은 이를 통해 감사회를 설득하는 데 성공했다. 그들은 ASML이 금메달을 노려야 한다는 말에 설득당했다.

조종사였던 스밋은 칩 기계 산업과 항공기 산업 사이의 유사성을 알아차렸다. 두 산업 모두 하나의 장치를 개발하는 데 다양한 과학적 전문 지식을 활용한다. 그러나 보잉과 에어버스와 같은 항공기 제조업체들은 그들 기계의 복잡한 전체 설계에 집중하기 위해, 관련 부품 대부분을 외부에서 조달했다. ASML은 이를 빠르게 자신들의 운영 방식으로 채택했다. 항공기와 마찬가지로 리소그래피 기계는 소량으로 제작되며, 수 년 동안 운용 가능하도록 설계해야 하고, 문제는 최소한, 생산용량은 최대한이 되어야 한다. 이를 위해서는 지속적인 유지 보수가 필요하다. 마케팅도 엔지니어링과 협력하여 고객이 공급받은 기계에서 최대의 가치를 추출할 수 있도록 지원해야 한다.

이 전략은 필립스의 접근 방식을 완전히 뒤집었다. ASML에 이제 중요한 것은 고객과 가까워지고, 가능한 한 많은 생산을 공급업체에 외주를 주는 것이었다. 계획이 승인되자, 스밋은 관리 컨설팅 회사인 헤이를 고용하여 조직을 구성했다. 그는 또한 미국 직원을 펠트호번으로 데려와 작은 네덜란드 회사가 '실리콘밸리 친화적'으로 보이도록 했다.

스밋은 ASML에 자유로운 사내 문화를 조성하여, 엔지니어들이 기술적 문제에 대한 자신의 해결책을 찾아낼 수 있는 공간을 보장했다. 그는 종종 자신의 접근 방식을 1970년대 네덜란드 축구 국가대표팀의 '토탈 축구'에 비유했다. 이 전술에서는 모든 선수가 공격과 수비 모두를 수행할 수 있다. 목표는 분명했다. 당신이 무엇을 하든, 어떻게 하든, 가장 중요한 것은 승리하는 것이다.

ASML의 직원 수는 빠르게 증가했다. 새로운 엔지니어를 위한 채용 공고가 무역 잡지에 실리기 시작했다. 펠트호번에는 지원자들이 전 필립스 전문가들과 통화할 수 있는 전화 라인이 설치되었고, 이들은 모두 전화를 걸어온 지원자들을 설득해 신생 스타트업으로 이주시키려 했다. 이러한 노력은 성공을 거두었고, 광학, 메카트로닉스, 제어공학 및 소프트웨어와 같은 분야의 전문가들이 합류했다. ASML은 신문을 통해 비즈니스 경제학자와 기계 테스트를 도울 사람들, 즉 '트러블슈터'를 찾았다. '세계적인 리더가 될 야심을 가진 **초고도 기술 회사**'의 매력을 거부할 수 없었던 사람들은 그 호출에 응답했다. 다행히도 ASML은 두려움 없이 자신감을 드러낼 줄 알았다.

시선은 가장 먼저 미국의 고객들에게 향했다. 1980년대 일본은 성공적으로 미국 반도체 회사들의 시장 점유율을 잠식하고 있었고, 일본의 칩 제조업체들을 캐논과 니콘으로부터 빼앗아 오는 것은 무의미했다. 그래서 ASML은 포괄적이고 즉시 사용할 수 있는 서비스 부서로부터 강력한 지원을 받는 미국식 회사로 성장하기로 했다. 공장에서 기계를 계속 가동할 수 있도록 실력 있는 유지 보수 팀을 제공하는 것은 필수적이었다. 기계가 멈춰 있는 매 순간이 곧 손실이니까.

스밋의 낙관주의는 전염성이 있었다. 설계자들은 촉박한 마감 기한에 맞춰 작업해야 했지만, 계층 구조는 최소한으로 유지되었고 직원들은 이에 동참했다. 프로젝트 관리자들, 즉 실제로 기계를 실현하는 책임을 진 프로젝트 매니저들은 큰 권한을 부여받았다. 그들은 돈에 대해 걱정하지 말라는 지시를 받았다. 중요한 것은 비용이 얼마가 들든 기계를 제시간에 완성하는 것이었다.

필립스 시대 웨이퍼 스테퍼의 선구적인 엔지니어 중 한 사람인 리처드 조지는 이 시점을 안도의 순간으로 기억한다. ASML은 열정적인 신입사원들로 넘쳐났고, 스밋은 이미 성장 예측치를 내놓았다. 갑자기 조지는 자신의 팀에 250명의 추가 인력이 합류했음을 깨달았고, 그중 한 명이 특히 눈에 띄었다. 그가 바로 마르틴 반 덴 브링크였다. "마르틴은 처음부터 뛰어났다"고 조지는 회상한다. "그는 불과 두 달 만에 웨이퍼 스테퍼의 정렬 시스템을 자신의 독창적인 발명으로 개선했지요. 나는 '와, 좋은 아이디어다'라고 말할 수밖에 없었어요."

기계는 이미 디스크에 새겨진 두 개의 작은 그리드 패턴을 기반으로 각 웨이퍼를 하나씩 정렬했다. 이러한 프로파일 또는 마크는 칩에 새로운 레이어를 적용할 때 편차를 방지하기 위해 가시성을 유지해야 한다. 반 덴 브링크는 두 개의 정렬 패턴을 모두 측정할 수 있는 개선된 시스템을 고안했다. 이 기계는 경쟁사보다 더 빠르게 작동했으며, 편차도 훨씬 적었고, 그의 아이디어는 즉시 특허를 받을 만한 가치가 있었다. 이것은 회사에 엄청난 일이었다. 스밋은 이를 이렇게 표현했다. "ASML은 아무것도 없이 시작했습니다. 마치 빅뱅처럼요. 그러나 마르틴의 등장은 **신의 한 수였죠**."

구멍난 모자

1985년, 필립스에서 부분적으로 분리된 ASML은 자체 본사를 건설하기 시작했다. 이 새로운 건물은 1년이 채 되지 않아 펠트호번 고속도로 옆에 완성되었으며, 기계를 제조하기 위한 먼지 없는 클린룸까지 갖추고 있었다. 지역 자치단체는 추가적인 고용 기회를 가져다줄 이 최첨단 기술 회사를 빠르게 환영했지만, 인근 에인트호번과 손의 자치단체들은 그다지 기뻐하지 않았다. 펠트호번은 필요한 허가를 얻지 못했고, 이웃 자치단체들은 법원에 이의를 제기했다. 그러나 ASML은 기다릴 수 없었고, 건설을 강행했다.

첫 번째 본사는 햘트 스밋의 야망을 반영했다. 실리콘밸리의 미래지향적 디자인에서 영감을 받아 미국 고객들이 자신들의 집처럼 느낄 수 있도록 3천만 길더를 들여 지은 이 건물은 회사의 연식을 훨씬 압도했다. 직원들은 아직 마스크를 쓸 필요는 없었지만, 작업 공간을 깨끗하게 유지하기 위한 특수 의복을 착용해야 했다. 초기 필립스 시절에는 먼지투성이 코트를 입고도 출입할 수 있었던 것에 비하면, 이제 얼마나 진지하게 바뀌었는지 바로 알 수 있다.

ASML 직원들은 쓸데없는 것에 신경 쓰지 않는 사람들이었다. 첫 번째 건물은 단순히 '건물 1'로 불렸고, 곧이어 '건물 2'가 생겨났다. 그다음이 무엇이라고 불렸을지는 짐작하기 어렵지 않다. 모든 것이 명확하게 번호로 정리되었는데, 마치 아시아 음식점의 메뉴처럼 보였다. 건물 외벽에 로고도 없었는데, 이는 건축가 롭 반 아켄의 요청에 따른 것이었다. 그의 디자인이 모든 것을 말해주었다. 그곳이 ASML의 본사라는 것을.

건물 1은 이제 철거되었지만, 1985년 당시에는 독특한 광경이었다. 그것은 브라반트의 전원 풍경 한복판에 자리한 디지털 시대의 포털처럼 보였다. 푸른 거울 유리로 둘러싸인 경사진 흰 벽은 피라미드 형태에 신비로운 느낌을 더해 주었다. 밤이 되면 지역 아이들은 이 건물이 UFO라고 상상했으며, 밤새도록 일하는 기술자들이 이상한 빛을 내뿜는다고 생각했다. 반 아켄은 생산 구역과 사무실을 덮는 큰 모자를 삼각형으로 형상화했는데,

이는 상징적으로 모든 부서를 감싸안는다는 의미를 담고 있었다. 그러나 미래지향적 공학을 과시했음에도 불구하고, 건축 결함으로 인해 이 모자는 물이 샜다. 때로는 최고의 기술이 반드시 첨단 기술은 아닌 법이다. 비가 내리면 로비에 양동이 두세 개가 놓인 모습을 볼 수 있었다.

ASML은 처음부터 최고 수준에서 경쟁하고, 그 당시의 강자였던 미국의 GCA와 일본의 니콘과 어깨를 나란히 하기를 원했다. 언론에서 스밋은 자신감 넘치는 모습을 보였다. 1985년 5월, 네덜란드의 전국일간지 《NRC 한델스블라트》와의 인터뷰에서 그는 이렇게 말했다. "이 산업에서 유일하게 생각할 수 있는 비즈니스 전략은 1등을 목표로 하는 것입니다. 금메달을 따고 싶어해야 합니다. 시작하기 전에 동메달에 만족하겠다고 결심하면, 아마 6위로 끝날 가능성이 큽니다. 그러면 끝장입니다." 기술 책임자 니코 헤르만스도 동의했다. "오만하게 들릴 수도 있지만, 우리는 경쟁자들보다 훨씬 앞서 있습니다. 말하자면 한 단계 위에 있습니다."

악명 높은 'We hear you, Jerry' 광고가 여러 전자 잡지에 게재되면서 미국 캠페인은 성공적으로 시작되었다. 이는 칩 제조업체 AMD의 사장 제리 샌더스가 미국의 리소그래피 기계의 신뢰성을 공개적으로 문제 삼으며 일본 장비로 전환하겠다고 위협한 것을 기발하게 언급한 것이었다.

그러나 자신감 넘치는 캠페인에도 불구하고, ASML의 이 캠페인들은 사실상 허세에 가까웠다. 그들의 유일한 기계는 칩 업계에 기존의 오일 구동 기계보다 더 나은 것이 있다는 것을 보여주기 위해 급히 조립된 PAS 2400뿐이었다. 예상만큼 정확하지는 않았지만, PAS 2400은 여전히 시간당 최대 90개의 노출된 웨이퍼를 생산할 수 있었는데, 광고에 따르면 이는 당시의 기록을 깨는 숫자였다.

이 대담한 접근 방식은 효과가 있었고, 스티프 비테코크의 기술적 전문 지식의 도움을 받아 스밋은 AMD에 발을 들여놓을 수 있었다. 그러한 노력에 대한 보상으로 그들은 네덜란드가 다른 네 개의 공급업체와 경쟁하여 가장 유망한 기계가 계약을 따는 리소그래피 미인 대회에 참가할 기회를 얻었다.

경쟁 주간에 ASML 기술자 한 명이 현장을 지켰다. 그는 AMD 전문가들이 테스트를 시작하기 전에 모든 것이 제대로 작동하는지 확인하기 위해 기계를 가동해보았다. 놀랍고 실망스럽게도, 전기 모터가 휘어져 있었고, 테스트 기계가 편차가 있는 칩 패턴을 투사했다. 이 기계는 경쟁에서 이길 가능성이 없었다.

AMD에게 알리지 않은 채, 펠트호번의 팀은 문제 해결에 나섰다. 긴장감이 감돌았다. 그들에겐 해결책을 마련할 시간이 36시간밖에 없었다. 다음 날, ASML 엔지니어는 수정된 모터 부품을 가방에 넣고 실리콘밸리로 날아갔다. '빌린' 출입증을 들고, 그들은 한밤중에 칩 공장에 몰래 들어가 모터를 교체했다. 이 교묘한 계획은 성공을 거두었다. 기계가 작동했고, ASML은 결국

1987년까지 25대의 기계를 납품하는 계약을 따냈다.

ASML은 이어서 시장의 최상위권 바로 아래에 위치한 칩 회사들을 목표로 삼았다. 이들은 최상위권과 경쟁해야 하지만, 더 낮은 비용으로 생산을 확장할 방법을 찾고 있는 제조업체들이었다. ASML은 이들이 네덜란드 신생 기업에 기꺼이 모험을 걸어볼 것이라고 판단했다. 인텔이나 IBM 같은 기업들은 시장 지위를 위태롭게 할 리스크를 원하지 않을 것이므로, 니콘과 캐논의 검증된 리소그래피 기계로부터 이들을 유인하기는 어려웠다. 어쨌든 일본 칩 회사들은 이 기계들로 큰 성공을 거두었다.

   광학 기술과 고품질 카메라로 유명한 니콘과 캐논은 자체적으로 특화된 렌즈를 개발할 수 있는 능력을 갖추고 있었다. ASML은 그만한 행운이 없었고, 리소그래피 기계의 심장인 광학 시스템을 외부에서 조달해야 했다. 독일의 렌즈 전문업체 자이스는 ASML이 찾을 수 있는 최고의 기술을 가지고 있었지만, 이 회사는 알려지지 않은 신생 기업에 공급하는 것을 꺼려했다. 게다가 ASML이 요구하는 고도로 특화된 렌즈를 실제로 생산하려면 자이스 역시 추가 투자를 해야 했다. 독일인들은 감히 나서지 못했다. 그들은 맞춤형 제품을 생산하기를 꺼렸다.

   이 새로운 기계에 대한 신뢰를 보여주기 위해, 필립스가 주문을 넣었다. 마감 기한이 촉박했지만, 1986년 이 전자 회사는 자이스의 표준 렌즈를 장착한 첫 번째 진정한 경쟁력을 갖춘 웨이퍼 스테퍼인 PAS 2500을 받았다. 여기서부터 시작이었다.

한편, ASM 인터내셔널은 ASML이 요구하는 자본 투입을 따라잡을 수 없었다. 델 프라도는 엄청난 금액을 쉽게 낭비하는 스밋의 능력에 특히 짜증이 났다. 대만에서 돌아온 스티프 비테코크가 IBM과 대화를 나누기 위해 뉴욕으로 가야 했을 때, 스밋은 그에게 "그냥 콩코드를 타고 가라"고 말했다. 콩코드는 초음속 비행기였으며, 당연 비행 비용도 상당했다.

스밋 또한 델 프라도에게 짜증이 났다. 그의 눈에는 이 네덜란드의 칩 산업 개척자가 리소그래피가 독립된 사업이라는 것을 이해하지 못하고 있는 것 같았다. ASML은 시장을 강타할 필요가 있었고, 델 프라도의 돈 한 푼에 벌벌떠는 태도를 받아들일 수 없었다. 스밋은 델 프라도의 권리를 매수할 수 있는지 필립스에 문의했다. 그 답변은 '생각조차 하지 마라'는 것이었다. 이는 델 프라도에게 너무 가혹한 조치였다. 그는 스밋을 혼내주기로 결심했고, 다가오는 무역 박람회가 기회였다. ASM 인터내셔널과 ASML은 샌마테오 경마장에서 열리는 행사에서 공동으로 부스를 운영할 예정이었다. 칩 산업의 카우보이들 사이에서, 말, 맥주, 핫도그의 냄새가 가득한 가운데 두 사람은 충돌했다. 델 프라도가 "이야기 좀 할 수 있을까요?"라고 묻자, 스밋은 무슨 일이 일어날지 알았다. 한 동료가 "아서가 당신을 싫어해요"라고 속삭였지만, 그 경고는 소용 없었다. 스밋의 시간은 다했다. 1987년, 그는 독일 회사의 제안을 받아들이고 ASML을 떠났다.

델 프라도는 곧 새로운 CEO로 영국인 클라이브 시걸을 임명했다. 그러나 첫날 시걸은 모습을 드러내지 않았다. 두 번째 날이 지났지만, 여전히 시걸은 나타나지 않았다. ASML의 관리자들은 입구에서 그를 기다리며 교대로 자리를 지켰지만, 그가 누구인지, 어떻게 연락해야 하는지 아는 사람은 없었다. 알고 보니 시걸 역시 상황을 모르는 상태였다. 그는 자신이 델 프라도의 제안을 수락했다는 사실조차 모르고 있었고, 자신의 회사를 매각할 준비가 될 때까지 어딘가로 이동할 생각이 없었다. 그러나 ASML은 기다릴 상황이 아니었다. 다행히도 은퇴한 전 CEO 빔 트루스트가 임시로 회사를 이끄는 데 동의했다.

1년 후, 델 프라도는 그의 뜻과는 달리 퇴출되었다. 이 시점에서 ASM 인터내셔널은 ASML이 필요로 하는 차기 투자 라운드에서 자금을 조달할 수 있는 능력이 없었고, 합작 투자에서 철수할 수밖에 없었다. 1988년 필립스는 델 프라도의 지분을 인수했으며, 이는 역설적으로 필립스가 그렇게나 벗어나고 싶어했던 웨이퍼 스테퍼의 전 소유권을 얻는 결과를 낳았다.

그러나 이번에는 적어도 서류상으로는 상황이 약간 달랐다. 필립스는 현명하게도 ASM 인터내셔널의 지분을 NMB 은행에 맡김으로써 ASML에 정부 보조금이 계속해서 들어올 수 있도록 했다. 무대가 준비되었고, ASML은 마침내 약속을 이행할 수 있었다. 허세는 더 이상 허세가 아니었다.

이렇게 해서 아서 델 프라도는 ASML과 작별을 고했다. 이후로 회사의 서사는 회사 초창기 필립스의 역할을 강조하고 다른 창립자의 역할은 대부분 무시하는 방향으로 흘렀다. 미국인들에게 '아트'로 불리우던 아서 델 프라도는 이 점을 결코 받아들이지 못했다. 자신의 공헌을 인정하지 않는 이 서사는 2016년 그가 사망할 때까지 그를 무겁게 짓누른 채로 남았다.

거대한 유산

ASM 인터내셔널과의 합작 벤처가 무산되었음에도 불구하고 ASML은 여러 겹의 우연이 빚어낸 상황들 속에서 살아남았다. 첫 번째 우연은 타이밍이었다. 1985년에 반도체 산업이 침체되었고, 이는 기존 반도체 장비 제조업체들에게 큰 타격을 주었다. 하지만 신생 회사였던 ASML은 잃을 것이 거의 없었고, 생산을 계속할 수 있었다. 그들은 시장이 회복될 것이라고 믿었고, 시장이 회복될 때 경쟁사들보다 두 발 앞서 있기를 원했다.

또한, ASM 인터내셔널과의 첫 번째 합작 벤처에서 ASML은 좋은 결과를 얻었다. 델 프라도가 리소그래피 기술에 대한 경험이 부족하여 결국 스밋과의 관계도 잃고 회사 지분도 잃게 되었지만, 이는 ASML에게는 이점으로 작용했다. 이미 성공한 회사들의 방식을 따를 필요가 없었고, 그로 인해 신생 스타트업이었던 ASML은 초기 몇 년 동안 자신들만의 문화와 전략을 발전시킬 공간을 확보할 수 있었다. 미국의 리소그래피 기술 회사라면 이 정도의 자유를 허용하지 않았을 것이다.

필립스와의 파트너십 역시 ASML을 구했다. 반도체 시장이 가장 큰 침체를 겪던 시기에 필립스의 자금력이 ASML을 유지시켰고, 새로운 리소그래피 시스템을 주문하며 대만의 새로운 고객들에게까지 문을 개방했다. 또 다른 도움을 준 존재는 네덜란드 정부였다. ASML의 창립은 정부가 산업과의 관계를 재평가하던 시점과 맞물렸다. 1980년대 초 일본 반도체 제조업체들의 성공은 미국과 유럽 산업에 큰 타격을 주었는데, NEC, 히타치, 도시바 같은 일본 기업들이 그렇게 앞서 나갈 수 있었던 이유 중 하나는 일본 정부가 연구 프로젝트에 대규모 투자를 했기 때문이었다. 다른 나라들도 이에 주목했고, ASML은 전략적 공공 투자라는 새로운 흐름의 중심에 서게 되었다.

네덜란드 경제부는 오랫동안 침체된 산업을 지원하는 것에 염증을 느끼고 있었다. 어려움을 겪던 조선소들에 대한 지원을 중단했고, 대신 혁신을 지원하는 데 초점을 맞추었다. 마이크로칩이 미래라는 것은 명확했고, NatLab의 웨이퍼 스테퍼는 성공을 위한 열쇠였다. 경제부는 이 성공이 필요했기 때문에 연구개발에 1억 길더 이상의 투자를 단행했다. 스티프 비테코크와 프리츠 반 하우트는 더 많은 투자를 유치하기 위해 밤낮으로 일했고, 초기 몇 년 동안 ASML의 연구 자금의 절반 정도가 헤이그나 브뤼셀에서 나왔다.

이뿐만 아니라 또 다른 대규모 정부 프로젝트도 ASML에 유리하게 작용했다. 1984년 필립스는 반도체 기술에서 다음 도약을 이루기 위해 독일 파트너인 지멘스와 협력했다. 마치 오래된 괴물 영화에서 따온 듯한 이름인 '메가 프로젝트'는 일본을 따라잡기 위해 메모리 칩 시장의 최상위에 진입하는 것을 목표로 했다. 이 계획은 유럽 기술 프로젝트인 ESPRIT의 지원을 받았고, 네덜란드와 독일 정부 모두 막대한 자금을 투입했다. 오늘날 기준으로 두 정부가 투자한 금액은 약 5억 유로에 달했다. 이를 통해 필립스는 전원 없이 데이터를 저장할 수 있는 SRAM^{Static Random Access Memory} 칩 생산에 뛰어들었고, ASML의 도움으로 이러한 칩을 위한 전체 테스트 라인을 구축했다. 하지만 초기 생산은 실패였고, 칩에 대한 수요는 충분하지 않았다. 지멘스는 프로젝트에서 손을 떼고 이미 확립된 일본의 칩 기술을 선택했다. 이로 인해 거대한 메가 프로젝트는 끝났고, 유럽 기술 부흥의 꿈도 함께 사라졌다.

수억 길더의 비용을 발생시켰지만, 메가 프로젝트는 필립스에게 헛된 일이 아니었다. 1987년, 필립스는 미국 회사인 텍사스인스트루먼츠의 전 기술 이사였던 모리스 창으로부터 연락을 받았다. 중국에서 태어나 미국에서 교육받은 창은 웨이퍼에서 결함 없는 칩의 비율을 높이는 전문가였다. 대만 정부는 이를 주목하고 그에게 국가 반도체 산업 설립을 맡기며 모든 비용을 지원하기로 약속했다. 이로써 대만 반도체 제조 회사, 오늘날 우리가 잘 아는 TSMC가 탄생했다. 창은 반도체 업계의 또 다른 큰 경험 있는 투자자를 찾았지만, 일본은 관심이 없었고 인텔과 텍사스인스트루먼츠와의 협상도 결렬되었다. 그래서 그는 필립스를 선택했다. 창의 눈에 필립스는 '2류 반도체 제조업체 중 최고'였지만, 중요한 것은 협력을 얻어내는 것이었다.

필립스는 기꺼이 협력에 동의했고, TSMC 지분의 28퍼센트를 확보하며 메가 프로젝트에서 축적한 전문 지식을 공유했다. 이 파트너십 덕분에 ASML도 TSMC의 공장에 자사의 장비를 설치할 수 있는 길이 열렸다. 그러나 창은 신중했다. 그는 장비의 품질에 대한 확신이 필요했다. 발리에서 아내와 함께 휴가 중이던 빔 트루스트는 공연 도중 조심스러운 손길로 어깨를 두드리는 소리를 들었다. "트루스트 씨, 전화입니다." 그는 무용 공연 도중 자리를 빠져나가 전화를 받았다. 펠드호번에서 걸려온 전화였다. TSMC와의 계약이 성사되었다는 소식이었다. 창을 설득하는 방법은 있었다. 트루스트는 TSMC에 첫 번째 장비를 무상으로 제공했고, 성과가 없으면 비용을 청구하지 않겠다는 조건을 제시했다. 까다로운 대만 측은 설득되었다.

TSMC와 ASML의 파트너십이 본격적으로 시작되면서 대만의 반도체 산업은 급성장하기 시작했다. 두 회사는 생각보다 닮은 점이 많았다. 둘 다 빠르고 혼란스러운 방식으로 운영되었으며, 양쪽 모두 결함 없는 칩을 매시간 끝없이 생산해야 하는 상황에서 서로에게 전적으로 의존했다. "우리는 그들을, 그들은 우리를 책임진다"는 ASML 직원들의 신념이었고, 이 문장은 반도체 시장을 지배하는 공식이 되었다.

한편 필립스는 TSMC의 지분을 서서히 줄이며 수십억 유로를 벌어들였다. 2006년, 필립스는 반도체 시장에서 완전히 철수하며 자사 반도체 부문인 NXP를 매각했다. 독립한 NXP는 자동차 산업의 주요 공급업체로 성장했다. 많은 네덜란드 사람들이 필립스가 이 지분을 유지했거나 ASML의 지분을 보유하고 있었다면 지금의 필립스가 얼마나 가치 있는 회사가 되었을지를 생각하며 아쉬워한다. 하지만, 사실 필립스는 초기에 무너졌을 가능성이 높다.

필립스는 TSMC의 기술적 토대를 마련했으며, 대만으로부터 들어온 주문 덕분에 ASML은 초기 어려움을 극복할 수 있었다. "그들이 없었다면 우리는 분명 망했을 것이다"라고 프리츠 반 하우트는 말한다. 1988년, TSMC로부터 초기 주문에 이어 뜻밖의 후속 주문이 들어오면서 ASML의 행운은 계속되었다. 대만의 반도체 공장에 화재가 발생해 수십 대의 장비가 심각한 손상을 입었고, ASML은 즉시 또 다른 장비를 공급하라는 요청을 받았다.

모든 비용은 보험 회사가 부담했다.

이후 수년간 모리스 창의 리더십 아래 TSMC는 세계에서 가장 앞선 반도체 제조업체로 성장했다. TSMC는 다른 기술 회사들의 설계를 대신 생산하는 '파운드리foundry'로, 자체 설계를 하지 않았다. 이 모델은 성공을 거두었다. 반도체 제조 과정이 점점 더 복잡하고 비용이 많이 들면서 많은 반도체 회사들이 제조 과정을 외주화하기 시작했다. 칩은 더 빨리 시장에 출시되었고, 자체 생산을 유지할 때보다 훨씬 저렴한 비용으로 제공되었다. 결국 대부분의 회사들은 자체 공장을 포기하고 '팹리스fabless' 회사가 되었다. 이러한 변화는 TSMC에게 유리하게 작용했다. ASML과의 긴밀한 협력을 통해 TSMC는 새로운 기술을 놀라운 속도로 도입할 수 있었고, 그 결과 대만은 세계에서 가장 중요한 고성능 컴퓨팅 칩 공급처가 되었다.

인텔은 1987년 모리스 창과의 협력을 놓친 후 30년이 지난 지금까지도 TSMC의 속도를 따라잡지 못하고 있다. 조 바이든 대통령이 훗날 국정 연설에서 선언했듯이, 미국은 경쟁우위를 잃었다.

4022 네트워크

1990년, 빌럼 마리스^{Willem Maris}가 ASML의 새로운 CEO로 임명되었다. 기계공학자인 그는 필립스 반도체 부문의 관리직에서 ASML의 수장으로 옮겨왔는데, 당시 ASML은 불안정한 상태였다. 1990년대 초, ASML은 정부 보조금과 필립스의 수장 얀 티머^{Jan Timmer}의 냉혹한 성향에 크게 의존해 가까스로 생존했다. 1992년, 티머는 가혹한 구조조정 계획인 '센츄리온 작전^{Operation Centurian}'을 실행했고, 그 결과는 파괴적이었다. 필립스는 30만 명의 직원 중 5만 명을 해고했고, 이는 에인트호번과 브라반트 지역에 큰 타격을 주었다. 대량 해고는 많은 브라반트 가정에 깊은 상처를 남겼으며, 필립스의 건물들이 버려지면서 에인트호번은 황량한 도시가 되었다. 이 시점에서 ASML은 파산 위기에 처했고, 3,600만 길더의 대출이 절실히 필요했다.

기적적으로, 이사회 멤버 헹크 보트 Henk Bodt는 '도살자'로 불리던 티머를 설득하는 데 성공했다. 반도체 산업은 침체를 겪고 있었지만, ASML이 개선된 기계를 시장에 내놓으면 경쟁에서 우위를 점할 수 있었다. 이제는 결단의 순간이었다. 모두의 예상과 달리, 티머는 대출을 승인했다. ASML의 전 재무 이사인 헤라르트 베르돈스호트 Gerard Verdonschot에 따르면, 이는 계산된 위험이었다. 그 순간 ASML을 해체하는 것이 이 마지막 성공에 걸어보는 도박보다 필립스에게 더 큰 비용을 초래했을 것이다. 단, 대출금은 빠르게 상환해야 한다는 조건이 붙었고, 실제로 9개월 후 베르돈스호트와 마리스는 성공적으로 대출금을 상환했다. ASML은 점점 속도를 내기 시작했다.

필립스가 규모를 줄이면서 에인트호번 지역은 경제적 위기에 빠졌지만, ASML은 성장했다. 필립스의 기계 공장 아흐트는 ASML에 부품 공급을 유지했고, NatLab은 리소그래피 기술을 계속 개선했다. 하지만 ASML에게는 더 많은 것이 필요했다. ASML은 자신들의 비즈니스 모델을 따라 기계 개발과 조립만을 담당했고, 부품의 약 90퍼센트는 외부에서 구매했다. 다행히 필립스에 부품을 공급하던 제조업체들이 에인트호번 근처에 이미 많았다. 필립스에서 퇴사한 직원들이 새로운 전문 제조 회사를 창업하는 경우도 있었고, 그 결과 서로를 잘 알고 기술적 언어를 공유하는 제조업체들의 네트워크가 이 지역에 뿌리내렸다. 모든 부품은 필립스가 수십 년간 사용해온 12NC 시스템을 기반으로 한 12자리 코드로 관리되었다.

ASML이 창립된 지 40년이 지난 지금도 모든 ASML 부품의 코드는 '4022'로 시작한다. 이 번호는 펠트호번의 창고에서부터 전 세계의 공급업체와 반도체 공장에 이르기까지 어디서나 찾아볼 수 있다. 심지어 이베이에서 중고 부품을 식별할 때도 이 코드를 사용할 수 있다. 이는 복잡한 글로벌 생산망을 유지하는 시스템의 핵심이며, 필립스의 DNA가 분명히 새겨져 있는 코드다.

해리 반 하우트Harry van Hout가 운영하던 가족 사업인 VHE도 이러한 지역 공급업체 중 하나였다. 그들은 ASML의 초기 리소그래피 장비에 필요한 케이블과 전원 공급 장치를 제작했다. ASML이 필요한 것을 결정하면 VHE가 이를 제공했다. 그러나 초창기 펠트호번과의 협력은 혼란스러웠다. VHE는 변동성이 큰 시장에 의존해야 했고, ASML은 이에 맞춰 빠르게 대응했다. 주문량이 순식간에 절반으로 줄거나 두 배로 늘어나는 일이 흔했기 때문에 일부 회사들은 매출의 너무 많은 부분을 ASML에 의존하는 것을 주저했다. 특히 계약서가 느슨하고 비공식적이었기 때문에 더욱 그랬다. 대부분의 계약은 한 장짜리 서류와 몇 가지 구두 합의, 그리고 악수로 마무리되었다. 이것이 브라반트에서 일이 처리되는 방식이었다.

"문제가 생기면 언제나 귀를 기울여줄 누군가가 있었다"고 해리 반 하우트는 회상했다. "반도체 시장이 처음으로 침체되었을 때, 갑자기 한 달 동안 납품할 필요가 없다는 통보를 받았습니다. 이미 수십만 길더어치의 자재를 주문한 상태였기에 큰 문제였죠." 그는 ASML의 재무 이사였던 베르돈스호트에게 전화 한 통을 걸었고, 그날 바로 75만 길더가 송금되었다. ASML은 모든 것이 잘 굴러가기만 하면 자금은 다시 돌아올 것이라고 확신했다.

초창기 ASML은 공급업체들에게 두 가지 조건만을 요구했다. 작업의 품질이 좋아야 하고, 신속해야 한다는 것이었다. 헤라르트 반 데어 리흐트 Gerard van der Leegte의 공구 공장은 ASML의 초기 파트너 중 하나로, 리소그래피 장비에 필요한 정밀 부품을 제공했다. 하지만 ASML은 다른 사람에게 요구한 기준만큼 스스로에게는 그렇게 철저하지 않았다. 반 데어 리흐트는 "도면 뭉치를 주고 어떤 부품을 공급할지는 알아서 결정하라고 했다"고 회상했다. 구매 부서는 기술적 지식이 부족했고, 가격에도 별로 신경을 쓰지 않았다. 그래서 일부 공급업체들은 그 신뢰를 악용해 과도하게 부풀린 청구서를 제출하기도 했다. 펠트호번에 납품만 하면 더 높은 가격을 요구해도 문제가 없었다.

ASML로부터의 주문은 곧 반 데어 리흐트 회사 매출의 절반을 차지하게 되었다. 그는 ASML의 혼란스러운 일정에도 그에 맞춰 일할 수 있어 기뻤다. 밤 10시나 주말에도 새로운 주문 전화를 받는 것을 개의치 않았다. 하지만 그는 ASML의 성장 속도에 맞춰 회사를 확장하는 계약에는 서명하지 않았다. 이 현명한 결정 덕분에 반도체 시장이 침체되던 시기에 고통을 피할 수 있었다. 2000년, 반 데어 리흐트가 자신의 공구 회사를 좀 더 국제적인 이름인 지엘프리시전GL Precision으로 바꾸었을 무렵, 그는 ASML과의 관계가 악화되고 있음을 느꼈다. "관계가 예전만큼 친밀하지 않았다"고 그는 회상했다. 이는 ASML의 더 엄격한 조달 체제의 시작을 알리는 것이었다.

공급망은 펠트호번이 경쟁력을 유지하고 신속하며 유연할 수 있도록 하는 핵심 요소였다. 이 네트워크는 구매 부서만으로 관리하기에는 너무 중요했다. 각 이사회 멤버는 몇몇 회사들을 책임지고, 다음 세대 기계에 대한 계획을 설명하며 제조업체들이 부품을 공급하도록 설득해야 했다. 또한, ASML은 기업가들 간의 동료 의식을 북돋기 위해 정기적으로 모임과 네트워킹 행사를 개최했다. 천천히 즐길 수 있는 활동으로 골프 라운드가 자주 열렸는데, 항상 술과 저녁 식사로 마무리되었다. ASML의 기술적 양심을 담당했던 초기 엔지니어 마르틴 반 덴 브링크는 엔지니어들 사이에 일찍 일어나는 새로 유명했지만, 이 모임에는 늘 늦게 나타났다. 골프는 그의 취향이 아니었던 것이다.

파트너 네트워크는 점차 성장하여 약 700개 회사로 확장되었다. 그중 대부분은 브라반트 지역에 위치했지만, 벨기에 루벤에도 중요한 업체 중 하나가 있었다. imec이었다. 1984년에 ASML과 같은 해에 설립된 이 연구소는 여러 플랑드르 대학과 협력하며, 반도체 제조업체와 그 공급업체들이 '경쟁 이전' 연구를 함께 진행할 수 있는 기회를 제공했다. 아무도 잘못된 기술에 투자할 위험을 감수하고 싶어하지 않았고, 반도체 산업에서는 작은 변화 하나가 전체 프로세스에 큰 영향을 미칠 수 있었다. 그래서 imec은 업계 전체가 모여 미래를 구상할 수 있는 첨단 기술의 거점으로 자리 잡았다. 이곳에는 측정, 식각, 증착 등 웨이퍼에 새로운 층을 입히는 데 필요한 모든 장비들이 있었다. 초기에는 미국산 리소그래피 장비들이 있었지만, 유럽 정부의 지원 덕분에 1990년대 초 ASML의 첫 번째 DUV 시스템이 설치되었다. 이 시스템은 레이저를 사용해 심자외선(DUVE, Deep Ultra Violet)을 발생시켰는데, 표준 수은 램프보다 훨씬 짧은 파장을 생성하여 더 작은 구조를 형상화할 수 있었고, 훨씬 더 복잡한 칩을 만들 수 있었다.

그때부터 반도체 산업의 주요 기업들이 루벤의 첨단 기술 연구소를 방문해 펠트호번에서 만든 장비를 실험하게 되었다. ASML의 중요성이 커지면서 imec은 앞으로 나아갈 길을 더 잘 계획할 수 있었고, 향후 몇 년간 어떤 혁신이 있을지 예측할 수 있었다.

1980년대 말, imec의 최고경영자인 루크 반 덴 호브[Luc Van den hove]는 전 세계를 여행하며 일본과 미국의 리소그래피 장비 중에서 무엇을 선택할지 고민하고 있었다. 그는 자신이 찾던 것을 출발지에서 불과 100킬로미터 떨어진 펠트호번에서 발견할 줄은 전혀 예상하지 못했다. 반 덴 호브에 따르면, ASML의 기술은 초기부터 이미 선구적이었다. 그러나 그에게 가장 인상 깊었던 것은 마르틴 반 덴 브링크가 주도한, 전 직원이 완전히 헌신하는 ASML의 강력한 기업 문화였다.

남쪽에서 온 파트너

ASML의 주요 공급업체를 방문하려면 펠트호번에서 남동쪽으로 600킬로미터 떨어진 독일 바덴뷔르템베르크주의 작은 마을, 오버코헨까지 가야 한다. 이곳에는 독일의 렌즈 제조사인 카를자이스의 본사가 위치해 있다.

저녁에 알렌에서 울름으로 가는 셔틀이 오버코헨 역에 정차하면 마치 휴양지를 찾은 듯한 기분을 느낄 수 있다. 전통적인 목조 주택과 신선한 산 공기는 세상과 단절되어 독일 스파에 온 듯한 느낌을 준다. 그렇다고 오버코헨의 시간이 멈춘 것 같다고 느낀다면 오산이다. 역에 있는 홍보 전단에 적힌 시장의 말에 힌트가 있다. "우리는 미래를 만듭니다." 이는 모두 자이스 덕분이다.

자이스는 주로 병원과 대학에 첨단 광학 장비를 공급하는 회사로 잘 알려져 있다. 하지만 자이스는 리소그래피 장비에 필요한 고도로 정밀한 렌즈 시스템도 제조한다. 실리콘 웨이퍼에 초미세 회로 패턴을 투사하기 위해서는 극도로 날카로운 렌즈가 필요하다.

오버코헨은 이미 자이스가 이곳에 자리 잡기 전부터 금속 가공과 기계 공학 전통이 강한 지역이었다. 광범위한 광산업 덕분에 바이에른과 바덴뷔르템베르크 같은 독일 지역은 산업 지역으로 성장했다. 전 자이스의 CEO 헤르만 걸링어Herman Gerlinger에 따르면, 이 지역 사람들은 이직을 원하지 않고 한 회사에 자리 잡아 '집중'하는 경향이 있다. 이는 세대를 걸쳐 전수되고 발전된 기술과 전문성이 지역에 남아 있는 이유였다.

약 150년 전, 연구자 카를 자이스는 독일 예나의 자기 작업실에서 처음으로 현미경을 판매했다. 그러나 제2차 세계대전 이후 예나는 러시아의 지배하에 들어갔고, 이후 동독의 일부가 되었다. 자이스가 독일 군대에 렌즈를 공급하면서 연합군은 이 회사의 전략적 중요성을 인식했다. 1945년 4월 미군은 자이스 공장을 점령하고 특허와 장비를 압수했다. 1946년까지 미국은 자이스의 연구원과 장인 70여 명을 하이덴하임으로 이주시켰고, 그들은 인근 오버코헨에서 다시 작업을 시작했다. 이후 러시아도 자이스 공장을 점령해 남은 장비를 약탈했다. 쌍안경이 발명된 이후로 광학 산업은 항상 지정학적 갈등에 휘말려왔다. 적의 움직임을 포착할 수 있는 도구는 언제나 전략적으로 엄청난 가치를 지녔다.

오버코헨에서 자이스는 곧 유명한 렌즈 공장으로 재건되었다. 1980년대 초, ASML은 자사의 기계를 위한 최상의 렌즈를 찾는 과정에서 자이스에 주목했다. 자이스의 반도체 부문인 SMT는 ASML과 거의 합병 수준으로 협력하게 되었다. 그러나 스티프 비테코크의 회상에 따르면 처음부터 순조로웠던 것은 아니었다. 1984년, ASML의 수석 연구원은 자이스를 설득해 매우 특수한 사양의 렌즈를 만들어내라는 임무를 맡았다. 웨이퍼 스테퍼 개발을 담당한 이 과학자는 ASML이 경험이 부족한 회사가 아님을 회의적인 독일인들에게 설득해야 했다.

초기 협상은 냉랭했고, 의심이 가득했다. "당신들이 우리에게서 수십 대의 스테퍼용 렌즈를 **정말로** 구매하겠단 말인가요?"라는 질문에 비테코크는 "당신들의 유리 공급업체는 **정말로** 괜찮은가요?"라고 맞받아쳤다. 네덜란드 측은 렌즈의 정확한 설계를 알아야 기계를 최적화할 수 있었지만, 독일 측은 이를 거부했다. "그건 우리의 비밀이다"라는 답변이 돌아왔다. 신뢰가 부족했고, 두 회사가 서로를 이해하는 데는 시간이 필요했다.

이후 ASML의 성공으로 두 회사 간의 상호 의존성이 커졌지만, 그 관계에는 여전히 긴장이 감돌았다. 렌즈 생산에는 측정, 연마, 재측정에 수개월이 소요된다. 시간과 끝없는 인내심을 요구하는 이러한 작업은 브라반트의 엔지니어들과는 맞지 않았다.

초기에는 펠트호번과 오버코헨을 오가며 계속되는 협상과 밤늦은 통화가 이어졌다. 다행히도 좋은 호텔이 있었다. ASML 직원들은 인근 운터코헨에 위치한 다스 골데네 람^{Das Goldene Lamm}을 애용했다. 4세기 전 설립된 이 오래된 양조장은 자이스 동료들과 함께 맥주를 마시거나 식사를 하는 장소가 되었다. 그들은 조금씩 서로의 성향을 이해하게 되었다.

하지만 몇 잔의 맥주로 해결할 수 없는 차이도 있었다. 독일인의 정돈된 성향과 엄격한 위계에 대한 선호는 네덜란드인의 직설적 태도와 맞지 않았고, 자이스의 느린 생산 속도는 반도체 산업의 역동적인 특성과는 완전히 어긋났다. 게다가 마르틴 반 덴 브링크의 다혈질 성격은 재앙으로 이어질 가능성이 있었다.

초기 오버코헨 회의에서 스티프 비테코크는 '강경하고 성질 급한' 반 덴 브링크에게 필요한 중요한 중재자 역할을 했다. "독일인들에게 내가 있어서 다행이었습니다. 나는 좀 더 외교적이었으니까요. ASML에도 적어도 존경할 만한 사람이 있다는 것을 알면 마르틴의 거친 태도도 좀 더 받아들이기 쉬웠을 테지요"라고 그는 회상했다. "결국 나는 그를 위한 수호천사 같은 존재였어요."

| 2부 |

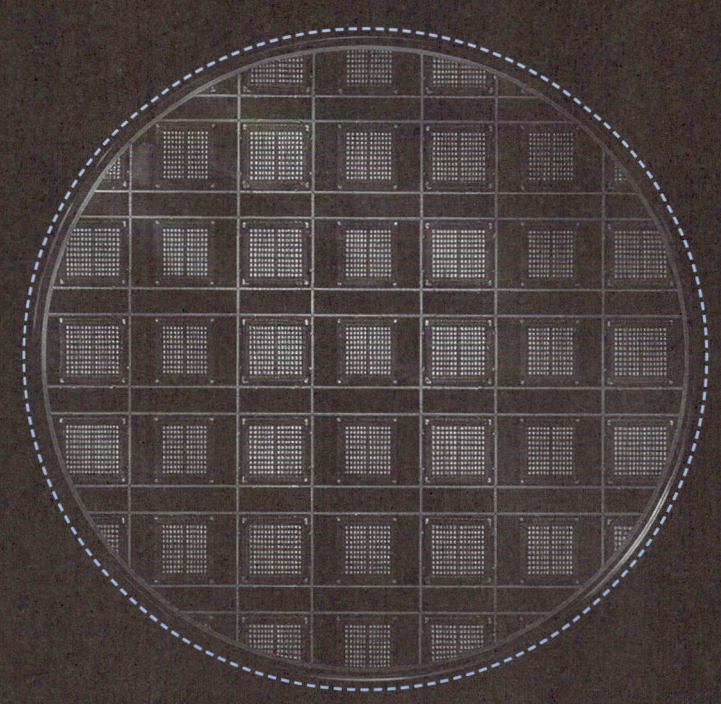

더 빅 보이즈

신선한 바닷바람은 때로 새로운 아이디어를 떠올리는 데 큰 도움이 된다.

1989년 봄, 철의 장막이 무너진 해에 ASML의 경영진은 네덜란드 북쪽에 있는 바덴해에서 요트 여행을 하며 주말을 보내고 있었다. 요트가 하를링언 항구를 벗어나자마자 강한 맞바람이 경영진을 첫 번째 부표로 밀어냈고, 그들은 다시 출발점으로 돌아가게 되었다. 그들은 이를 깊이 생각하지 않으려 애썼다.

날씨가 나아질 때까지 선실에 다시 모인 그들은 ASML의 불안정한 상황에 대해 논의했다. ASML은 일본을 앞서고 싶었지만, 시장 리더인 니콘의 바람을 잠재우기 위해서는 무언가 변화를 일으켜야 했다. 지금까지 네덜란드는 마이크론, AMD, TSMC 같은 시장 상위 바로 아래에 있는 반도체 제조업체에만 공급했으며, 매출은 여전히 적어서 작은 위기에도 회사가 무너질 수 있었다. 모토로라, 인텔, IBM 같은 큰 기업들을 설득하려면 특별한 기술을 보여줘야 하는데, ASML이 보유한 기술만으로는 이 거대 기업들의 관심을 끌기에 충분하지 않았다. 영업 이사 딕 아우렐리오 Dick Aurelio는 이를 잘 알고 있었고, 흔들리는 배 위에서 이런 질문을 던졌다. **"뭐든** 일본을 뛰어넘어 돋보일 수 있는 방법이 있을까요?"

그들은 아직 모르고 있었지만, 이미 변화의 바람은 불고 있었다. 마르틴 반 덴 브링크라는 젊은 엔지니어이자 프로젝트 리더가 새로운 무언가를 준비하고 있었다.

ASML은 기억에 남을 제품 이름을 짓는 데는 소질이 없었다. 외부인에게는 그저 무작위로 배열된 숫자와 문자처럼 보일 뿐이었다. 하지만 기억할 가치가 있는 장비가 있다면, 그것은 바로 PAS 5500이다. 이 리소그래피 장비는 ASML의 구원이 되었고, 파산 위기에 처했던 회사를 살리는 생명줄이 되었다. 심지어 30년이 지난 지금도 PAS 5500은 여전히 칩을 생산하고 있다.

이 장비는 업계 최초로 모듈식 설계를 적용했다. 약 10개의 구성 요소로 분해해 각 부품을 독립적으로 제조한 후, 마치 퍼즐 조각처럼 공장에서 조립해 하나의 완전한 시스템을 만들었다. 렌즈, 웨이퍼 테이블, 마스크 프레임, 광원, 웨이퍼를 픽업하는 로봇 등은 모두 레고 블록처럼 결합되어 리소그래피 시스템을 구성한다.

이 개별 모듈들은 시리즈로 생산되었으며, 덕분에 디자인을 쉽게 업그레이드하거나 부품을 교체할 수 있었다. 이 방식으로 구매한 장비는 절대 최종 제품이 아니었고, 언제든지 모든 부품을 계속 개선할 수 있었다. 마치 자동차의 엔진을 더 강력한 것으로 교체하는 것처럼 말이다.

ASML은 1991년 봄에 PAS 5500의 프로토타입을 만들기 시작했다. 이때 IBM은 그 과정을 주시하고 있었다. 미국의 거대 기업인 IBM은 알려지지 않은 네덜란드 회사를 쉽게 신뢰하지 못했고, 매달 두 차례씩 펠트호번으로 대표단을 보내 진행 상황을 점검했다. 2월이 다가오자, 이 장비의 설계자인 마르틴 반 덴 브링크는 팀을 소집했다. IBM이 마지막 점검을 위해 방문할 예정이었다. 계획은 간단했다. 10명의 프로젝트 리더가 각자의 모듈을 발표, 팀이 이 유닛들을 현장에서 조립한다. 그리고 "자, 여기 있어요. 웨이퍼를 생산할 준비가 완료된 PAS 5500입니다"라고 선언하는 것이다.

그러나 대표단이 도착하기 3일 전에 IBM에서 전화가 걸려왔다. 이라크에서 전쟁이 일어나려 하고 있었으며, '사막의 폭풍 작전'이 발표되면서 미국 회사들은 직원들의 해외 여행을 금지했다. 반 덴 브링크는 상황을 파악했다. IBM은 안전하게 하던 대로 일본업체와의 관계를 유지할 것이고, 그의 프로젝트는 사막의 폭풍에 휘말려 잊혀질 것이었다.

그러나 마르틴은 상황을 그대로 내버려두지 않았다. 그 주말에 그는 펠트호번의 작업 과정을 영상으로 촬영하고, 팀 전체를 이끌고 IBM의 뉴욕 피시킬 공장으로 갔다. 그들이 그에게 올 수 없다면, 그가 그들에게 가면 된다. 네덜란드는 미국의 비행 금지 조치에 영향을 받지 않았으니 말이다. 이 시도는 성공적이었다. 그 영상은 '빅 블루Big Blue' IBM을 설득하기에 충분했다. 첫 번째 거대 고객을 확보한 것이다.

하지만 1991년과 1992년은 ASML에게 재정적으로 재앙의 해이기도 했다. ASML은 겨우 36대의 리소그래피 장비를 판매했는데, 이는 PAS 5500의 폭등하는 개발 비용을 감당하기에 턱없이 부족했다. 반 덴 브링크가 이끄는 프로젝트 팀은 ASML이 감당할 수 있는 것보다 훨씬 더 많은 자금을 소모하고 있었다. 그 시점에서 그는 대립을 피하지 않을 뿐 아니라, 적극적으로 갈등을 일으키는 사람으로 명성을 쌓고 있었다. 그의 전 동료 니코 헤르만스는 이렇게 그를 묘사했다. "마르틴은 아주 독특한 사람입니다. 때로 약간의 자폐적인 성향을 보이기도 하지만, 그의 신뢰를 얻으면 그는 놀라운 성과로 보답하죠."

산을 움직이다

마르틴 반 덴 브링크는 가이드의 손에서 마이크를 낚아챘다. "감정이 좀 북받쳤어요." 그는 나중에 고백했다. 그는 그곳을 너무 잘 알고 있었고, 반드시 전해야 할 이야기가 있다고 느꼈다. 2021년, 마르틴은 몇몇 경영진과 함께 에인트호번의 옛 필립스 부지를 둘러보고 있었다. 마이크를 잡은 그는 청중에게 자신의 이야기를 시작했다. 벤치를 가리키며, 1983년 11월 필립스에 입사 지원을 하고 그곳에 앉아 있던 기억을 떠올렸다. "필립스는 지원자들이 택시를 타고 입구까지 오게 해서 자신을 조금 더 중요한 사람처럼 느끼게 해줬어요. 하지만 난 그게 싫었죠. 그래서 그들에게 말했어요. '즐겁게들 하세요. 저는 다른 일을 할 겁니다.' 그 순간 빔 트루스트가 리플릿 하나를 꺼내 저에게 보여줬죠. '우리는 새로운 회사를 시작할 겁니다. 이 회사는 리소그래피 기술을 다룰 것이고, 더 이상 필립스라는 이름은 아닐 겁니다.' 리플릿을 보고 즉시 알았어요. 이거다. 이걸 할 거야. 바로 그 순간에. 붐!"

그 순간적인 결정이 ASML에서의 긴 경력의 시작이었다. 재능 있는 엔지니어이자 영향력 있는 프로젝트 매니저였던 반 덴 브링크는 1995년에 기술 부사장으로 빠르게 승진했다. 1999년에는 마케팅 부서를 이끌며 이사회에 합류했고, 14년 후에는 공식적으로 사장 겸 최고기술책임자^{CTO}가 되었다. 그때부터 그는 ASML이 개발하거나 시장에 내놓는 모든 것에 대해 최종 결정을 내리는 인물이 되었다.

마르틴 반 덴 브링크는 1957년 네덜란드 헬데를란트주의 작은 마을 베네콤에서 자랐다. 그의 가족은 이 지역과 깊은 인연이 있었는데, 부모님은 인근 베이넨달에서 자랐고, 그들의 가정은 벨루어 지역의 농부 가문 출신이었다. 이곳은 소, 돼지, 그리고 수많은 교회들이 점점이 흩어져 있는 아름다운 지역으로, 여러 종파가 이 지역의 종교적 풍경을 분열시키고 있었다. 베네콤은 네덜란드 성경 벨트의 중심에 위치해 있는데, 이 성경 벨트는 네덜란드 중심부를 가로지르는, 주로 보수적인 기독교 공동체 지역이다. 일요일에 이 지역을 방문하면 문을 연 상점을 찾기 어려울 정도다.

마르틴이 아홉 살이었을 때, 아버지는 심장마비로 세상을 떠났다. 그의 어머니는 개혁파 기독교 신앙으로 가족을 키웠고, 마르틴과 그의 여동생, 두 형제는 어릴 때부터 목사에게 구원은 오직 하나님의 선택받은 자들만을 위한 것이라는 이야기를 들었다. 하지만 마르틴은 생각이 달랐다. 그런 생각이 가져올 부담과 슬픔을 보았기 때문이다. "난 그게 싫어요." 10살의 마르틴은 집을 방문한 원로들 앞에서 충격적인 말을 내뱉었다. "그리고 교회에서 오랜 시간을 보내는 것도 참을 수 없어요."

대신 마르틴은 기술에서 위안을 찾았다. 어린 시절부터 그는 사물의 작동 방식에 호기심이 많았다. 그는 어머니의 날 선물로 시계나 전자 라이터 같은 다양한 기기들을 사서 어머니께 드리곤 했다. 그리고 어머니가 외출하면, 도구들이 등장했다. 다양한 기기들이 테이블 위에 펼쳐졌고, 마르틴의 운명적인 손길과 탐구적인 드라이버를 기다렸다. 왜 안 될까? 그는 공구를 과감하게 집어넣으며 생각했다. 그는 그저 사물들이 어떻게 조립되어 있는지 알고 싶었다. 어쨌거나 그것들은 자신의 용돈으로 산 것들이었으니 말이다.

호기심 많은 소년 마르틴에게 학교 생활은 쉽지 않았다. 마르틴은 난독증을 가지고 있었지만 당시만 해도 이에 대한 특별한 지원을 기대할 수 없었고, 그는 스스로 자기 길을 개척해 세 단계에 걸쳐 공학 교육을 받았다. 그 여정은 길었고, 그는 매 단계마다 집에서 더 멀어졌다. 먼저 그는 에더에 있는 기술 고등학교에 다녔다. 그 후 아펠도른의 기술 대학에서 전자공학을 공부했다. 마지막으로 아른헴에서 공학과 기술을 더 높은 수준에서 공부하게 되었고, 여기서 전력전자공학을 전공하여 산업용 모터와 시스템을 제어할 수 있는 자격을 얻게 되었다. 그는 매우 복잡한 프로젝트를 최적화하는 소프트웨어를 작성하는 졸업 과제를 맡았는데, 이 과제는 그의 지도교수조차 마무리하지 못한 것이었다. 그는 높은 수준의 추상적인 사고에 푹 빠져들었다. 물리학을 공부하는 것보다 훨씬 더 흥미로웠다. 비록 나중에 트벤테 대학교에서 물리학 학위를 받기는 했지만 말이다.

학생 시절, 그는 에너지 전달에 집착이다 싶을 정도로 매료되었다. 이로 인해 지역 난방 분야를 전공하게 되었는데, 이 분야는 리소그래피 기술과는 다소 거리가 있는 것처럼 보인다. 그러나 빔 트루스트가 그에게 PAS 2000에 관한 새로운 브로슈어를 보여주었을 때, 그의 호기심이 다시 불타올랐다. 어릴 적부터 느껴왔던 열정이 다시 그를 강하게 사로잡았다. 그는 그 기계를 반드시 파헤쳐보고 싶었다.

마르틴이 ASML에서 일하기 위해 네덜란드 남쪽으로 떠날 때, 그의 어머니는 마지막으로 물었다. "정말 가야만 하니?" 그녀에게는 이 지역을 떠나 나라를 가로지르는 강 남쪽으로 가는 것이 거의 다른 세계로 이사하는 것과 다름없었다. 하지만 마르틴의 결심은 확고했다. 펠트호번의 기계들이 내뿜는 빛은 그에게 새로운 길을 열어주었다.

마르틴이 공장에 발을 들이자마자, 스티프 비테코크는 그가 특별한 사람임을 바로 알아차렸다. 그의 앞에 서 있는 사람은 이미 전자공학과 수학에 정통한, 열정 넘치는 27세의 물리학자였다. 더 바랄 것이 없었다. 그러나 곧 비테코크는 마르틴이 인내와는 거리가 먼 인물임을 알게 되었다. 젊은 ASML 직원 마르틴은 누군가가 헛소리를 하거나 말을 돌리고 있다고 느낄 때면 언제든 폭발할 수 있었다. 마르틴은 그가 무슨 생각을 하는지 알아내는 데 오랜 시간이 걸리는 사람이 아니었다.

마르틴에게 엔지니어링이란 문제를 해결하는 것이지, 회피하는 것이 아니었다. 일을 제대로 한다는 것은 문제를 찾아내고, 그 문제들이 나중에 더 큰 문제가 되기 전에 바로 지금 해결하는 것을 의미했다. 이런 점에서 그는 물리학자가 되기에 매우 적합한 사람이었다. 물리학과 엔지니어링 모두에서 최우선 과제는 어떤 것이 작동하거나 작동하지 않는 이유를 찾아내는 것이기 때문이다. 이는 어려운 질문을 던지거나 기존의 규범을 깨는 일이 필요하더라도 마다하지 않는 자세를 요구했다. 모든 것이 질문 대상이었다. 왜 어떤 숫자가 그런 숫자인가? 왜 두 배가 아니고, 절반이 아닌가?

기술적 논의가 진행될 때, 마르틴은 항상 모든 논의의 약점을 파고들었다. 그는 누군가가 문제를 회피하고 있다는 것을 알아채는 데 뛰어난 감각이 있었고, 그런 경우 동료, 고객, 또는 공급업체 앞에서라도 주저 없이 직면하고 깊이 파고들었다. 만약 누군가 자신에게 더 좋은 아이디어가 있다고 하면 마르틴은 언제든 받아들일 준비가 되어 있었다. 다만 그 아이디어에 대한 마르틴의 생각이 다르다면, 어떻게 받아들여질지는 각오해야 했다. 세상에 끊임없이 도전하는 것이 그의 본성이었고, 이 대담하고 무자비한 태도는 ASML의 핵심 기둥 중 하나가 되었다.

스티프 비테코크는 마르틴 반 덴 브링크를 자신의 보호 아래 두며, 때로는 부자 관계에 가까운 우정을 쌓기 시작했다. 스티프는 마르틴이 아버지를 일찍 여읜 탓에 어린 시절부터 자립할 수밖에 없었다는 것을 알았다. 마르틴은 독립적인 영혼이었으며, 때로는 그것이 단점으로 작용하기도 했다. 둘은 함께 캘리포니아에서 열리는 국제광공학회^{SPIE} 컨퍼런스에 정기적으로 참석했는데, 이곳은 전 세계의 리소그래피 기술자들과 회사들이 최신 기술을 선보이는 자리였다. 네덜란드인들은 회색과 파란색 재킷이 가득한 컨퍼런스에서 눈에 띄기 위해 종종 화려한 정장을 입곤 했고, 마르틴도 예외는 아니었다. 그는 거리낌 없이 주황색 바지나 밝은 초록색 넥타이를 착용했다. 처음에는 비테코크가 발표를 주도했지만, 어느 해에는 마르틴에게 그 역할을 맡겼다. 마르틴은 잠재 고객들로 가득 찬 방에서 주눅들지 않고 그답게 질문에 대해 직설적이고 솔직하게 대답했다.

ASML의 영업 책임자는 화가 머리끝까지 났다. "저 사람은 다시는 발표를 하면 안 돼. 고객들에게 모욕만 주잖소!" 반면 마르틴은 자신이 그저 '어린 신입'으로만 여겨지는 것에 불만을 느꼈다. 그들은 네덜란드 출신의 신입을 진지하게 받아들이지 않았다.

시간이 흐르며 비테코크는 마르틴을 다듬어나갔다. 그는 마르틴에게 기술 외에도 중요한 것이 삶에 많다는 것을 가르쳐주었다. 일하는 동안에도 잠시 멈추고 인생을 즐기는 법 같은 것 말이다. 예를 들어, 컨퍼런스를 돌며 얻는 사회적 즐거움이나 긴 하루를 마친 후의 저녁 식사, 그리고 한두 잔의 와인이 주는 기쁨 같은 것. "마르틴은 내게 일 외에도 가정과 함께하는 삶이 있다는 것을 보았고, 그로 인해 내가 얼마나 큰 기쁨을 얻는지 깨달았죠. 당시 마르틴에게는 그게 눈을 뜨게 하는 경험이었습니다."

SPIE 컨퍼런스가 끝난 주에는 둘이 종종 미국의 반도체 제조업체들을 방문했고, 주말에는 아이다호나 레이크타호로 스키를 타러 가곤 했다. 블랙 다이아몬드 코스 꼭대기에 서서, 둘은 매번 자신들에게 그 코스를 내려갈 용기가 있는지, 또는 살아남을 수 있을지 고민하다가 결국 얼음 같은 슬로프를 질주하기로 결심했다.

마르틴과 ASML은 둘 다 위험을 감수하는 데 적합한 성향을 가지고 있었다고 비테코크는 믿는다. "초기에 우리는 벼랑 끝에 몰려 있었어요. ASML 입장에선 그야말로 '올인'을 하거나 망하거나였죠. 그리고 그런 순간에는—이건 제가 마르틴에게서 배운 것인데—때때로 결과를 얻기 위해 사람들에게 강하게 나가야 할 때도 있죠."

비테코크는 마르틴의 스키 실력에서도 같은 추진력과 결단력을 보았다. 비테코크는 자연이 제시한 경로를 존중하며 우아하게 슬로프를 내려왔지만, 그의 젊은 동료 마르틴은 눈 덩어리들을 전속력으로 헤치며 질주했다. 마르틴이 가고자 한다면, 심지어 산도 그를 막을 수 없었다.

이러한 굳은 결단력에는 별난 특성도 따랐다. 마르틴은 종종 다른 생각에 빠져 비행기 탑승권을 잃어버리거나 여권을 두고 오는 일이 잦았다. 마르틴은 그런 사소한 일에 크게 신경 쓰지 않는 듯 보였다. 그의 마음은 더 중요한 문제들에 사로잡혀 있었다. 여행 중에는 늘 서류를 잃어버리고, 누군가 그를 뒤따라나와 잃어버린 서류를 건네주는 일이 꼭 발생했다.

한 번은 비테코크와 마르틴이 레이크타호 근처의 호텔에 도착했을 때, 둘은 급히 체크인을 할 생각에 사로잡혀 차 시동도 끄지 않고 열쇠도 그대로 꽂아둔 채 차 문을 쾅 하고 닫았다. 그들은 물리학자답게 정지 상태의 차가 얼마나 오래 돌아갈 수 있을지 궁금해하며 서둘러 저녁을 먹고 방으로 돌아갔다. 다음 날 아침, 엔진이 여전히 작동 중인 것을 보고 나서야 렌터카 회사에 전화를 걸어 누군가 와서 차 문을 열어줄 수 있는지 물었다.

마르틴은 자주 자신의 세계에 갇힌 것처럼 보였다. 하지만 겉으로는 건망증처럼 보일 수 있는 이런 특징은 사실 어떤 기술적 문제든, 몇 시간, 며칠, 혹은 심지어 몇 년 동안 집중하고 해결하려는 그의 놀라운 능력이기도 했다.

머니 프린터

때로는 역사가 걸림돌이 되기도 한다.

　PAS 5500은 성공을 거두었지만, 납품 속도는 더뎠다. 자이스가 렌즈 수요를 따라가지 못해 오버코헨에서 병목 현상이 발생했고, 펠트호번에서는 점점 더 많은 기계들이 광학 시스템을 기다리며 멈춰 있었다. 이번엔 생산 과정이 문제가 아니었다. 독일에서 일어난 역사적 격변이 원인이었다. 철의 장막이 무너진 후 자이스는 이제는 과거 동독 도시인 예나에 있던 자매 공장과 재결합했고, 그 과정에서 자금난에 빠졌다. 펠트호번으로 조금씩 자금이 흘러들기 시작하던 중, ASML은 가까스로 대출을 마련해 주요 공급업체를 구제할 수 있었다. 병목이 해소되자 기계들은 다시 출하되었고, 자금도 흘러들어오기 시작했다. 1993년에 ASML은 처음으로 흑자를 기록했으며, 1994년에는 100대 이상의 리소그래피 장비를 판매했다. 2년 후에는 이 수치가 두 배로 늘어났다.

한편, 또 다른 주요 기업이 ASML의 기계에 관심을 보이기 시작했다. 삼성은 메모리 칩을 생산하는 데 ASML의 장비를 사용하는 것에 흥미를 갖기 시작했다. 당시 삼성이 사용하던 일본 공급업체인 니콘은 결함이 있는 렌즈를 납품했음에도 불구하고 삼성의 불만에 제대로 대응하지 않았다. 삼성은 이에 크게 분노했고, ASML이 기다리던 기회가 찾아왔다. 그러나 삼성에게 공급업체를 바꾸게 하는 것은 또 다른 도전이었다. 삼성은 자신들이 우위를 점하고 있다는 사실을 알고 있었기 때문에 ASML에 매우 특수한 장비를 요구하며 까다로운 기준 목록을 제시했다. 하지만 ASML은 공장에서 생산된 표준 장비만을 제공할 수 있었고, 삼성의 요구에 따른 맞춤 제작은 할 수 없었다.

서울의 회의실에서는 높은 긴장감이 흘렀다. 메모리 칩 산업은 마진이 극도로 작기 때문에 모든 것이 효율성에 달려 있었고, 삼성은 타협 없는 냉혹함으로 유명했다. 만약 리소그래피 장비가 고장 나서 지연이 발생한다면 그 책임자는 큰 곤경에 빠질 수 있었다. 회의는 거의 심문에 가까웠다. ASML 직원들이 한국에 도착하자마자 여권이 압수되었고, 바로 '협상장'으로 끌려갔다. 고성이 오가는 와중에 분필, 접시, 재떨이, 커피잔 등이 공중을 날아다녔다. 손에 닿는 건 무엇이든 집어던질 수 있는 것 같았다.

그럼에도 불구하고, 1995년에 ASML과 삼성은 결국 합의에 도달했다. 이는 펠트호번과 삼성과의 회의에 여러 차례 참석했던 모든 이들에게 큰 기쁨을 안겨주었다. ASML은 급격히 증가한 수요를 감당하기 위해 확장해야 했지만, 본사 주변에는 더 이상 건축할 공간이 없었다. 그러나 뛰어난 재정적 안목을 가진 전직 우유 배달원 크리스 반 카스터렌Chris van Kasteren이 해결책을 제시했다. 펠트호번 남쪽의 A67 고속도로를 따라 지역 농부들이 소유한 초지가 있었고, 반 카스터렌은 지역사회 인맥을 활용해 넓은 면적의 초지를 확보했다. 덕분에 ASML은 당분간 확장할 충분한 공간을 얻게 되었다.

건축가 롭 반 아퀜은 실용성을 내세우는 설계를 맡았다. 가장 중요한 요구 사항은 건물이 분리 가능해야 한다는 것이었다. ASML이 언젠가 곤경에 처할 경우 건물을 매각할 수 있도록 하기 위해서였다. 하지만 펠트호번에 세워진 이 건축물은 그 독특한 설계 탓에 ASML만큼 온전히 활용할 수 있는 회사는 없을 것이 분명했다. 두꺼운 진동 방지 바닥, 떠 있는 기초, 먼지 한 톨 없는 최첨단 클린룸 등 모든 것이 최고 수준이었다.

이 시점에서 ASML은 한때 우아한 피라미드 형태로 지어진 사옥이 감당하기 어려운 규모로 커버렸다. 엔지니어와 시스템 설계자의 수가 급격히 증가했고, 이제 클린룸 주변에 팽창하는 개발 부서를 수용할 더 많은 사무 공간이 필요했다. 이 부서들은 회사의 중심이자, 일본 경쟁사보다 더 빠르게 새로운 기술을 개발하고 주요 고객들을 그들의 손아귀에서 빼앗아오는 것이 유일한 목표인 핵심 부서였다. 그리고 그들의 계획은 서서히 현실화되고 있었다. ASML의 전략은 칩 제조업체들을 위해 '부가가치'를 창출하는 것이었고, 그들의 목표는 시간당 최대한 많은 웨이퍼를 노출시키면서 결함을 최소화하는 도구를 제공하는 것이었다. 리소그래피 기술은 본질적으로 인쇄 기술과 같으며, 좋은 기계를 만드는 기준도 다르지 않았다. 단지 책이나 종이, 달러 지폐 대신 이 기계들은 반도체를 인쇄했다. 그리고 이 반도체로 수십억 달러를 벌어들일 수 있었다.

빌럼 마리스 최고경영자는 자주 자기 비하적인 유머를 즐겼다. 그는 회의에서 다른 회의로 이동하면서, 진짜 경영자가 이 회사를 맡는다면 얼마나 웃길지 상상하곤 했다. ASML의 경영은 그들이 기계에서 약속한 효율성을 반영하지 않았지만, 돈이 계속 들어오기만 하면 누구도 크게 신경 쓰지 않았다. 필립스 공장에서 온 마리스는 전직 테니스 선수이기도 했다. 18세의 기계공학도였던 그는 네덜란드 단식 챔피언에 오르며 자신과 모두를 놀라게 했지만, 1958년 《데텔레그라프》와의 인터뷰에서 스포츠 경력을 더 이어가지 않겠다고 선언했다. 챔피언이 된 이상 항상 이겨야 한다는 기대가 뒤따를 것이고 "그런 기대는 경기에서의 모든 재미를 없앤다"는 것이었다. 재미가 없다면, 그만두어야 한다는 게 그의 생각이었다.

마리스는 ASML에서 친밀한 리더였다. 그는 자신의 사무실을 건물의 눈에 띄지 않는 구석에 두었고, 최고층에 고립되는 대신 직원들 사이에서 일하는 것을 선호했다. 그는 종종 회사의 복도를 돌아다니며 사람들과 대화를 나눴다. 깔끔하게 넘긴 머리와 친근한 태도 덕에 그는 마치 평범한 영업사원처럼 보이기까지 했다. 그는 또한 갈등을 피하는 성격으로, 사람들의 의견을 충분히 듣고 난 후 자신의 생각을 차분히 제시했으며, 더 어려운 상황에서는 이사회 동료들에게 의견 제시를 맡기곤 했다.

이런 접근 방식은 ASML의 수평적인 구조와 잘 맞았다. 마리스는 함께하는 분위기를 조성했으며, 이는 ASML의 확장에 맞춰 위험을 감수하고 성장해야 하는 공급업체들 사이에서도 마찬가지였다. 핵심 공급업체인 자이스와의 파트너십을 위해 그는 **"두 회사, 하나의 사업"**이라는 슬로건을 만들었다. 시장의 변동과 위기 속에서도 그들의 입지에 대한 의심은 결코 없었다. 목표는 분명했고, 그 목표에 도달하기 위한 최선의 방법은 함께 일하는 것이었다.

마리스는 또한 마르틴 반 덴 브링크가 회사를 떠나려던 순간 그를 붙잡은 인물이다. 최신 5500 모델의 설계에 너무 많은 예산을 소모했고, 마르틴은 새로운 기계를 개발할 허가를 받지 못했다. 서랍 속 설계도 위로 먼지만 쌓이고 있었다. 좌절한 마르틴은 그만두고 미국의 바리안 Varian 으로 이직할 생각을 하고 있었다.

바리안은 그에게 최고기술책임자^{CTO} 자리를 제안했으며, 그는 자유와 자원이 없는 ASML에 더 이상 미래가 없다고 느꼈다. "그래서 나는 떠날 때가 됐다고 생각했죠."

실리콘밸리로 갈 짐을 다 싸둔 채 마르틴 반 덴 브링크는 마지막으로 전 동료인 프리츠 반 하우트를 찾아갔다. 1992년 위기 당시 스위스 회사의 경영자 자리로 떠났던 반 하우트는 마르틴에게 결정을 재고해 보라고 권유했다. "미국 조직에서 정말 편하게 일할 수 있을까? 거기서 다시 처음부터 스스로를 증명해야 하는데도?"

마르틴의 이직 소식은 반도체 업계 전반에 큰 파장을 일으켰다. 이 소식은 AMD를 통해 빌럼 마리스에게 전달되었다. AMD는 그에게 가장 중요한 기술자가 회사를 떠나려 한다는 사실을 알고 있느냐고 물었다. 깜짝 놀란 마리스는 이 경고를 진지하게 받아들였고, 즉시 마르틴의 요구를 수용했다. 마르틴은 펠트호번에서 연구개발 부서의 책임자로 임명되었으며, 그의 주도하에 ASML은 새로운 '스캐너' 개발에 착수하게 되었다. 이 기계들은 곧 '스텝 앤 스캔$^{Step\ \&\ Scan}$'이라는 이름을 얻게 되었으며, 이는 미국 경쟁업체 퍼킨엘머가 개발한 기술의 변형이었다. 스캐너는 빛의 빔을 사용하여 마스크를 따라 이동하고, 웨이퍼는 반대 방향으로 움직여 칩 위에 노출되는 선을 더욱 선명하게 만든다. 마치 한 손에는 펜을, 다른 손에는 종이를 들고 달리면서도 정밀한 그림을 그릴 수 있는 올림픽 선수처럼, 이 기계들은 고도의 정밀한 기술을 요구하는 장비들이었다.

PAS 5500도 새로운 광원을 추가하여, 심자외선^{DUV}을 처음으로 활용하게 되었다. 비테코크와 마르틴은 자이스를 설득해 렌즈 설계를 조정하도록 해야 했고, 심지어 그들이 어떻게 설계를 바꿀지에 대한 구체적인 사양까지 제공했다. 독일 측은 이를 불쾌하게 여겼다. "이 건방진 네덜란드인들은 전문가들보다 자신들이 더 잘 안다고 생각하다니까" 같은 반응이 나왔다.

DUV와 스캐너 기술을 손에 넣은 펠트호번 팀은 마침내 캐논과 니콘과 본격적으로 경쟁할 수 있는 도구를 갖추게 되었다. 미국 경쟁업체들은 이미 뒤처져 있었지만, ASML이 1위로 도약하기 위해서는 더 많은 자본이 필요했다. 필립스의 고문으로 활동하던 헹크 보트는 ASML을 공개 상장하는 것이 최선의 방법이라고 판단했다. 보트에 따르면 지금까지 외부 투자자들을 끌어들이기 힘들었던 이유는 "그들은 ASML이 거의 파산할 때쯤에만 관심을 보였기 때문"이었다.

1995년, ASML은 미국 나스닥과 암스테르담 증권거래소에 상장했다. 회사는 핵심 인재들을 유지하기 위해 가장 중요한 40명의 직원에게 주식 패키지를 제공했는데, 그 조건은 상장 후 4년 동안 지분을 매도할 수 없다는 것이었다. 30명의 기술자와 10명의 관리자들이 그 혜택을 받았다. 그러나 대부분의 주식을 상급 관리자들이 받았다는 사실이 밝혀지자 회사의 노조는 크게 분노했다. 노조는 ASML의 성공이 일부 소수만을 부유하게 만드는 것이 아니라 모든 직원에게 혜택을 줘야 한다고 주장했다. 그 결과, 주식 패키지를 받지 못한 사람들에게는 대안으로 스톡옵션 플랜이 제공되었다.

하지만 이 스톡옵션 플랜은 시기적으로 프리츠 반 하우트에게는 불운이었다. 그는 오랫동안 펠트호번으로 돌아가는 것을 고려해왔지만, 1995년 회사와의 대화를 시작했을 때 이미 이 플랜의 혜택을 받기에는 너무 늦어버렸다. 그가 ASML로 돌아온 것은 2001년, 마르틴의 요청 덕분이었다. 프리츠는 "내 마음은 한 번도 회사를 떠난 적이 없었죠"라고 회상했다.

그해 기업 공개IPO는 큰 성공을 거두었으나, 축하 파티는 조용히 치러졌다. 몇 년 후, 주식 거래 제한이 풀렸을 때 비로소 샴페인이 터졌고, 펠트호번은 느닷없이 40명의 새로운 백만장자를 배출하게 되었다. 새롭게 얻은 부는 대부분 아름다운 집과 가족을 위한 새 차 구매로 이어졌지만, 과시적인 소비는 없었다. ASML에서 재산을 자랑하는 것은 금기였고, 이 덕분에 중요한 일에만 집중할 수 있었다.

만약 1995년에 ASML 주식에 1달러를 투자하고 2024년까지 보유했다면, 그 주식은 배당금을 포함해 600배 이상의 가치를 지니게 되었을 것이다. 시장에서의 성공은 관련된 사람들에게 다양한 운명을 선사했다. 필립스는 1995년 이후 ASML 지분을 23퍼센트로 줄였고, 2001년부터는 그 소수 지분을 더욱 축소했다. ASML의 초창기 프로젝트 리더였던 리처드 조지는 자신의 주식을 가능한 한 빨리 매도했다. 그는 나중에 웃으며 "그때 주식을 유지했더라면 1억 달러는 더 벌었을 텐데! 상상이 가나요?"라고 말했다. 그는 전혀 아쉬워하지 않았고, 오로지 자신의 노력이 회사의 재정적 성공에 기여했다는 데에 자부심을 느꼈다.

황금 티켓을 놓친 사람들도 있었다. 1984년에 ASML 조직을 설립했던 최고운영책임자^COO 요프 반 케셀^Joop van Kessel도 그중 한 명이었다. 그는 일부러 스톡옵션 플랜을 거부했으며, 나중에 아내와 함께 계산해본 결과, 약 1천만 유로를 놓쳤다는 사실을 깨달았다. 그는 뒤늦게 "상당히 큰 돈이죠"라고 인정했다. 그러나 그는 당시 한국에서 극도로 까다로운 메모리 칩 제조업체들을 상대로 완벽한 기계를 제공해야 한다는 부담감에 짓눌려 새로운 역할을 맡을 마음이 없었다. "그 일은 60대가 아니라 40대가 해야 할 일이었어요." 큰 금액을 놓친 것이 분명하지만, 그 선택을 후회하지는 않았다.

이 모든 기간 동안, 딜로이트에서 ASML의 IPO 준비를 돕고 있던 젊은 회계사 한 명이 있었다. 그의 이름은 페터르 베닝크였고, 몇 년 후 그는 ASML의 CEO로서 조 바이든 대통령과 악수를 나누게 된다

빠른 학습자

"제가 대신할까요?"

1997년, 페터르 베닝크는 ASML의 재무 이사였던 헤라르트 베르돈스호트와 함께 골프장을 걷고 있었다. ASML의 상장 주식 가치가 급등하면서 이제 막연한 미래의 약속이 아닌, 손에 잡히는 부를 얻게 된 베르돈스호트는 신중히 자신의 선택지를 고민하고 있었다.

딜로이트 출신의 공인회계사인 베닝크는 자신이 펠트호번의 재무 이사가 되는 모습을 상상해보았다. 그는 ASML의 거친 문화에 매료되었다. 회계와 컨설팅 업계에서 경험했던 것과는 완전히 다른 세계였다. 그곳에서는 모두가 자신의 이익만을 챙기며, 동료의 성과를 질투하는 분위기가 팽배했다. 베닝크는 이러한 나약한 자존심과 겉으로만 웃으며 뒤에서는 비난하는 사람들에 지쳐 있었다. 반면 ASML에서는 언제든지 회의실 한가운데서 날카로운 비판을 받을 수 있었지만, 그것은 정면으로 이루어졌고, 절대 개인적인 감정이 아니었다. ASML에서는 개인이나 지위가 아니라 모두가 공유하는 미션이 최우선이었다.

이곳이 바로 베닝크가 편안함을 느끼는 곳이었다. 그는 기술에 능하지는 않았지만, 빠르게 배우는 능력을 가지고 있었다.

1957년에 태어난 페터르 베닝크는 네덜란드 후이젠이라는 작은 마을에서 자랐다. 이 마을은 호이미어 호숫가에 위치해 있으며, 항구에서 보면 호수 반대편에 자리한 플레볼란트 제방이 보인다. 플레볼란트는 네덜란드가 1960년대 바다를 개간해 만든 열두 번째 주다.

베닝크는 여섯 자녀 중 하나로, 대가족에서 성장했다. 공부하는 길이 그에게 당연히 주어진 것은 아니었다. 그의 아버지는 후이젠에 있는 필립스 지사에서 전자 회로도를 그렸지만, 땅과 함께 일하는 것을 더 좋아했다. 결국 아버지는 농부의 딸과 결혼했고, 정원에서 시간을 보내며 땅에 대한 열정을 채웠다. 그는 아들이 속한 회사의 고위직이 어떤 의미인지 잘 이해하지 못했다. 아버지는 "내 친구들이 네가 뭔가 중요한 일을 하고 있다고 하더구나"라고 말하곤 했다.

베닝크는 어릴 때부터 "자신의 위치를 알라"는 가르침을 받았다. 그의 할머니는 '다임으로 태어난 사람은 쿼터가 될 수 없다'라는 네덜란드 속담을 자주 인용했다. 이는 가난하게 태어난 사람은 평생 가난할 수밖에 없다는 의미였다. 세상은 분명히 나뉘어 있었고, 어떤 사람들은 다른 사람들보다 더 중요했다. 그는 위에 있는 사람들을 존중해야 했다. 자신의 위치를 넘어서려 하면 실망만이 기다릴 뿐이었다. 이 믿음은 어린 베닝크에게 큰 장벽처럼 느껴졌고, 그로 인한 긴장감으로 말을 더듬는 증상이 생겼다. 그는 "내게 무언가가 있다는 느낌, 무언가의 일부가 되고 싶다는 열망이 있었지만, 동시에 내가 무엇을 하든 결코 진정으로 속할 수 없을 것 같은 기분이었다"고 당시를 회상했다.

페테르 베닝크는 뷔쉼에 있는 고등학교에서 산수와 회계를 가르치던 대체 교사 롭 뵐렌을 만났다. 뵐렌은 원래 딜로이트의 파트너 회계사였으며, 군 복무 대신 대체 교사직을 맡고 있었다. 그는 후이젠 출신의 어린 학생 페테르의 뛰어난 숫자 감각을 즉시 알아봤다. 뵐렌은 "지금도 그가 반바지를 입고 칠판 앞에 서 있던 모습이 떠오른다"고 회상했다. "그는 평범한 배경에서 왔지만, 놀라울 정도로 빠르게 배우는 학생이었죠." 뵐렌은 페테르에게 졸업 후 딜로이트에 합류할 것을 제안했으며, 처음에는 조수로 시작해 나중에는 파트너가 되었다.

페테르는 대학 생활을 꿈꾸었지만, 돈이 없어 그 꿈을 이루기 어려웠다. 결국 그는 야간 수업을 들으며 공인회계사 자격을 취득하기로 했고, 1977년 군 복무를 시작했다.

군 복무 중 그는 다양한 계층의 군인들과 함께 지내며 자신이 속했던 호이미어 지역을 넘어 더 넓은 세상을 경험했다. 숫자에 강했던 그는 200명의 군인으로 구성된 부대의 급여 관리를 책임지게 되었다. 그는 나중에 "나는 항상 책임감을 느꼈죠. 그게 내 인생이었어요"라고 회상했다. 집에서도 모두가 그를 장남으로 생각했는데, 사실 그는 두 번째 아이였다. 책임을 지는 일은 그에게 자연스러웠으며, 그는 군 복무를 3개월 더 연장하기도 했다.

딜로이트에서 페터르는 완전히 새로운 환경에 노출되었다. 국제 비즈니스의 세계였다. 뵐렌과 함께 그는 애리조나와 뉴욕으로 출장 가서 ASM 인터내셔널의 미국 보고서를 감사했다. 공인회계사의 삶에서 저녁은 고객들과 함께하는 고급 식사와 격식 있는 대화로 채워졌다. 페터르는 이러한 새로운 자유에 빠르게 적응했고, 좋은 음식과 음료를 즐기며 요리하는 법도 배웠다. 와인에 대한 취향도 남달랐다. 고등학교 졸업 파티에서 처음 맛본 와인(박스 와인이긴 했지만, 그래도 좋은 빈티지였다)에 매료되었고, 딜로이트에서 받은 첫 월급으로는 식당에, 두 번째 월급으로는 주류 상점에 돈을 썼다.

뵐렌은 페터르에게 좋은 리더십의 중요성을 가르쳤다. 인생을 쉽게 만들기 위해서는 일을 위임하고, 자신보다 일을 더 잘할 수 있는 사람들을 주변에 두는 것이 필수적이었다. 하지만 뵐렌도 그의 제자로부터 많은 것을 배웠다. 페터르는 사람들과의 관계에 타고난 재능을 가지고 있었다. "페터르는 경청하는 법을 알고 있었습니다. 사람들에게 인내심을 가지는 기술은 그로부터 배웠죠. 나는 사람들을 엄격하게 대하라는 가르침을 받으며 자랐지만, 페터르는 더 공감하고 가벼운 마음으로 사람을 대했어요."

하지만 페터르는 1.96미터의 큰 키에도 불구하고, 딜로이트 동료들과 함께 있을 때면 여전히 자신이 그들보다 아래에 있는 듯 행동했다. 그의 성장 배경에서 기인한 것이거나, 그를 괴롭혔던 말더듬증 때문일 수도 있었다. 회사의 위계적인 구조는 이러한 감정을 더욱 악화시켰다. 뷜렌도 이를 눈치채지 못한 것은 아니었다. "페터르는 나를 계속 '뷜렌 선생님'이라고 불렀고, 나는 항상 '페터르, 제발 그렇게 부르지 마'라고 말하곤 했죠."

1994년 말, 페터르 베닝크는 ASML이 상장을 준비하고 있다는 소식을 들었다. ASML은 필립스의 전액 출자 회사였으므로, 당연히 필립스의 회계사 KPMG가 IPO를 주도할 것처럼 보였다. 그러나 베닝크는 기회를 감지했다. 그는 서둘러 준비한 발표 자료와 가상의 팀을 내세워 심사 위원회를 통과했고, 결국 딜로이트가 이 과제를 맡게 되었다. 그는 이전에 한 번도 IPO를 해본 적이 없었고, 나스닥 상장을 준비할 서류도 부족했다. 하지만 몇 달간의 노력과 약간의 행운 덕분에 1995년, IPO는 성공적으로 마무리되었다. 순간의 허세, 그 자신에 대한 믿음이 결국 그의 경력을 결정지었다. 이는 '다임이 쿼터가 될 수 있다'는 증거였다.

롭 뷜렌은 베닝크를 딜로이트 네덜란드에서 가장 높은 자리인 파트너십 회장으로 올릴 준비를 하고 있었다. 하지만 평가 검토 중, 베닝크는 자신이 ASML에 합류할 것이라는 소식을 전했다. 뷜렌은 그를 말리려 했지만, 소용없었다. 결정은 이미 내려졌다. "그는 ASML에 매료됐어요. 결국 놓아줘야 했죠."

ASML의 감사회 의장 헹크 보트는 베닝크가 단순한 숫자 전문가가 아니라 고객들과 빠르게 관계를 맺고 소통에 능한 인물이라는 것을 알아차렸다. 새로운 '관계의 사람' 베닝크는 즉시 일을 시작했다. 그는 마르틴 반 덴 브링크와 ASML의 새로운 영국인 CEO 더그 던Doug Dunn과 함께 반도체 제조사 CEO들과 이야기를 나누었다. 일을 성사시키려면 사람들과 인맥을 쌓고, 경청하고, 신뢰를 구축하는 것이 필요하다. 거래는 그렇게 성사되는 것이며, 이 모든 것은 베닝크에게 자연스러운 자질이었다. 빌럼 마리스의 후임인 더그 던 역시 그의 재능을 알아봤다. "페터르는 창의적인 사업가였어요. 그가 언젠가 ASML을 이끌 것이라는 걸 항상 알고 있었죠."

베닝크는 ASML의 문화에 큰 해방감을 느꼈다. 아무도 다른 사람 위에 군림하지 않았고, 리더를 포함한 모두가 책임을 졌다. 심지어 그의 말더듬증도 멈췄다. "ASML 내에서는 겸손이 모든 것의 기본입니다. 개인이 아니라, 모두가 함께 이루고자 하는 더 큰 목표가 중요하죠."

그럼에도 불구하고, 그는 첫 해 동안 마르틴 반 덴 브링크를 최대한 피했다. 마르틴의 공격적인 분노 폭발에 예외란 없었기 때문이다. 베닝크는 그저 **"마르틴은 정말로 사람을 겁에 질리게 만든다"**라는 말로 그 상황을 표현했다.

더그의 철권

1990년대 말, ASML은 경영진 교체를 겪었다. CEO 빌럼 마리스는 1999년 회사를 떠났고, 후임에게 업무를 인수인계할 시간은 고작 3개월뿐이었다. 마리스의 후임으로는 필립스 반도체 부서의 전 책임자였던 영국인 더그 던이 임명되었다. ASML은 이제 상장 기업이었고, 주주들은 자산을 더욱 면밀히 관리하기 시작했다. 그들은 구체적인 결과를 요구했다. 던의 임무는 명확했다. ASML이 더 효율적으로 운영되지 않으면 성장 속도를 유지할 수 없었다. 그래서 던은 페터르 베닝크와 함께 조직에 더 강한 규율을 심기 위해 노력했다.

매년 200대 이상의 리소그래피 장비를 생산해야 했으며, 2000년에는 그 수가 368대로 급증했다. 이를 위해 디자이너, 공장, 구매 부서, 고객 서비스 부서 간의 긴밀한 협력이 필수적이었다. 그러나 ASML은 완벽하게 돌아가는 조직이 아니었다. 아직 절차상의 문제를 해결해야 했으며, ASML의 프로젝트 리더들은 비용 관리에는 별로 신경을 쓰지 않았다. 그들은 오로지 스캐너를 가능한 한 빨리 제작해 제조업체에 보내는 것에만 집중했다. 비용을 통제하는 것은 우선순위에 없었다.

그래서 던의 첫 번째 과제는 기술자들을 현실로 돌아오게 하고, 그들에게 재정적 책임의 중요성을 일깨워주는 것이었다. 그러나 곧 그는 ASML에서 공급업체 규제와 재고 관리 같은 엄격한 재정 관리 이야기를 꺼내면 관심이 빠르게 식는다는 것을 알게 되었다. 직원들은 눈을 굴리며 몸을 뒤로 젖히곤 했다. 그들은 그보다 중요한 다른 일들이 있다고 생각했다

엔지니어들이 재무적인 것에 무관심한 것은 흔한 일이지만, 많은 사람들이 펠트호번에서 편안함을 느낀 이유는 그들의 가치와 회사 문화가 조화를 이루었기 때문이었다. ASML은 돈이 성공의 유일한 기준이 아니며, 이익은 장기적으로만 가시화된다는 '라인강 모델'에 뿌리를 두고 있었다. 스위스, 독일, 프랑스와 같은 라인강 국가들의 경제에서 연대와 장인정신은 분기별 수익보다 더 중요하게 여겨졌다. 이러한 이유로 ASML은 가장 중요한 부품을 공급받기 위해 라인강 지역의 공급업체들을 찾았다. 이

들은 첨단 제조업에서 가장 중요한 가치를 중시했다. 그러나 회사가 성장하고 자산이 증식되면서 단기적인 이익과 주주 만족에 중점을 둔 앵글로색슨식 경영 스타일이 스며들기 시작했다.

영국인 CEO보다 더 앵글로색슨적인 것이 있다면, 그것은 바로 스코틀랜드인 오른팔을 둔 영국인 CEO일 것이다. ASML에서 그 오른팔은 필립스의 전 최고운영책임자였던 스튜어트 매킨토시Stuart McIntosh였다. 매킨토시는 매우 강한 억양을 가지고 있어 펠트호번의 많은 사람들이 그가 영어를 하고 있다는 사실을 알아차리는 데 시간이 걸리곤 했다. 그는 빠르게 일상 업무를 관리하는 역할을 맡아, 던이 한 발 물러서서 좀 더 원격에서 두루 감독할 수 있게 했다.

펠트호번은 이제 앵글로색슨식 경영 방식에 익숙해질 수밖에 없었다. 빌럼 마리스 아래에서는 상사에게 격의 없이 이의를 제기하거나 질문했지만, 이제 ASML은 말 한마디도 신중하게 해야 하는 곳으로 변했다. 직원들은 이러한 변화에 불편함을 느꼈다. 뿐만 아니라, 스티프 비테코크가 관찰한 바에 따르면 던은 "성급하게 반응하는" 경향이 있었고, 말하는 방식이 거칠고 무례하며 상대방에 대한 배려나 고려 없이 표현하는 경우가 많았다.

이 두 명의 짝은 회의에서 더욱 인기를 잃었다. 예를 들어, 한 직원이 어려운 질문에 답변하느라 고군분투하던 중, 스튜어트가 던에게 다가가 모든 사람들에게 들리게 "어떻게 생각하세요? 끝까지 들을까요, 아니면 여기서 그만할까요?"라고 물었다. 그러고는 그 직원에게 냉정하게 말했다. "그게 당신이 할 수 있는 전부라면…… 당신의 후임자가 더 잘해주길 바랄 수밖에요."

그럼에도 불구하고, 헹크 보트 감사회 의장은 던의 엄격한 지휘에 만족했다. 영국인이 재정을 잘 관리하고, 마르틴 반 덴 브링크가 여전히 자신이 필요한 일을 할 자유를 느끼는 한, 회사는 계속 성장할 수 있었다. 던 자신도 ASML에서의 시간을 즐겼지만, 펠트호번에서 자신이 "함께 일하기 쉽지 않은 사람"이었다는 것은 인정했다. 그가 여유를 찾기까지는 시간이 좀 걸렸다.

던과 함께 일했던 사람들은 그가 쉽게 '못된 사람'으로 변하는 모습을 종종 목격했다고 말한다. 그런 태도에도 불구하고 그는 회사를 위기에서 구해내지 못했다. 2001년 1월, 겉보기에는 문제가 없어 보였다. 비록 약간의 경기 침체 조짐이 있었지만, 연간 보고서는 여전히 낙관적이었다. 공식 계획에서는 수요를 맞추기 위해 500대의 리소그래피 장비를 생산해야 한다고 추정했다. 그러나 ASML 내부에서는 그보다 더 많은 700~800대를 판매할 수 있을 것이라고 예상했으며, 이는 전년도 판매량의 거의 두 배에 달하는 수치였다.

그러다 갑자기 시장이 붕괴했다. 닷컴 버블은 이미 2000년 3월에 터졌지만, 이제 인터넷 회사들이 기술 부문 전체를 침체의 소용돌이로 끌어들이기 시작했다. 이 여파는 반도체 제조업체와 그들의 공급업체, 그리고 또 그 공급업체들에게까지 퍼져나갔다. 생산 체계가 전반적으로 멈춰버렸다.

ASML은 예상했던 700대에 훨씬 못 미치는 고작 197대를 판매했다. 수백만 유로어치의 재고가 장부를 채웠고, 반도체 제조업체들의 주문 취소가 매일 쏟아졌다. 서류상으로는 회사가 파산한 것이나 다름없었다. 급진적인 비용 절감 조치가 필요했다. 이 무렵 던은 한 애널리스트에게 "우리는 자유 낙하 중이고, 솔직히 말해 바닥이 어디인지 보이지 않는다"고 고백했다.

앵글로색슨식 정신이 흔들리기 시작했다. 던은 공급업체들과의 계약 의무를 빠르게 해치워버리려고 했다. 이는 ASML이 주문을 줄이는 경우 공급업체들이 처할 수 있는 위험을 제한하는 규정이었다. 던은 공급업체들에게 현재 상황을 단호하게 전달했다. "이게 바로 이 산업이 돌아가는 방식입니다. 익숙해지세요. 5년마다 불황이 찾아오는 건 모두가 아는 사실이죠. ASML만큼 유연하게 움직이십시오. 한 해에는 주문량이 두 배로 늘 수 있고, 그다음 해에는 절반으로 줄 수 있습니다. 동참하든, 아니면 떠나든 선택하십시오."

이 방식을 던은 "주먹으로 테이블 치기"라고 불렀다. 문제는, 던이 습관처럼 주먹을 휘둘렀다는 것이다.

해리 반 하우트, ASML의 공급업체 VHE를 1984년부터 운영해온 이 인물은 매출이 3,000만 유로에서 1,200만 유로로 급락하면서 어려움을 겪었다. 은행이 그를 압박하고 있었고, 그는 이미 직원 100명을 해고했으며 재고 손실로 수백만 유로를 잃었다. 가족 경영 기업은 거의 파산 직전이었다. 반 하우트는 ASML 구매부서의 사무실로 걸어들어가 계약서를 탁자 위에 던지고 최후통첩을 했다. "공급을 계속해야 하고, 계약대로 돈을 지급해줘야 합니다. 약속은 약속입니다." 구매 담당자는 계약서를 한 번 보고는 테이블에서 밀쳐냈다. 그들의 답은 간단했다. "ASML이 파산하든, 아니면 공급업체들이 파산하든 둘 중 하나입니다."

결국 VHE가 손해를 보았지만, 다행히 반 하우트에게는 계획이 있었다. 수요일 오후에 파산을 선언한 후, 금요일에 그는 다시 ASML에 공급을 시작했다.

자이스와의 관계도 ASML의 갑작스러운 주문 축소로 인해 악화되었다. 그러나 던은 독일인들이 이 상황을 당연히 견뎌내야 한다고 여겼다. "이 업계에서는 상황을 잘 파악해야 합니다. 사전에 너무 많이 생산하는 건 의미가 없습니다. 다 만들어지기도 전에 칩 제조업체들은 다른 걸 원하게 될 테니까요."

ASML은 그 말을 지키기라도 하듯 자이스에게 다음 기술적 도약을 준비하라고 요청했다. 이는 새로운 재료를 도입하고, 추가 인력을 고용하며, 생산 능력을 확장하는 것을 의미했다. 그러나 자이스는 예측하기 힘들고 무례한 고객을 위해 더 많은 돈을 투자하는 것을 꺼렸다.

최고운영책임자인 스튜어트 매킨토시는 자이스 경영진을 향해 강경한 태도를 취했다. 자이스의 새로운 공장과 클린룸을 VIP 투어로 둘러본 후, 매킨토시는 모두가 들을 수 있게 말했다. "꽤 좋아 보이네요. 자랑스러우시겠죠. 하지만 우리가 원하는 것을 제공하지 못한다면 당신들은 형편없는 공급업체일 뿐입니다."

또 한 번의 회의 후, 던과 마르틴은 건물을 떠나 펠트호번으로 긴 여정을 떠났다. 대부분의 자리에서 가장 큰 목소리를 내는 마르틴조차도 이번에는 던이 선을 넘었다고 생각했다.

"던, 그들을 너무 몰아붙이는 거 아니에요? 우리는 자이스가 필요하고, 그들은 최선을 다하고 있어요."

마르틴은 자이스와의 관계가 ASML의 미래에 필수적이라는 것을 알고 있었고, 던도 그 점을 조용히 인정했다. "마르틴은 이미 자이스의 비효율성을 해결하고 있었지만, 나는 문제를 더 악화시켰죠." 세상엔 변하지 않는 것이 있다. 던은 언제나 문제에 불을 붙일 준비가 되어 있었다.

그들은 아우토반에 도착하자마자, 속도를 올렸다. 펠트호번까지의 다섯 시간이 길게만 느껴졌다.

조지 부시의 연민

2001년 10월 16일 화요일, 뉴욕의 쌍둥이 타워에 대한 공격이 있은 지 한 달 후, ASML은 비상 사태를 선포했다. 보도자료는 직설적이었다. "반도체 산업의 지속적인 위기로 인해 ASML 홀딩은 전 세계 직원의 23퍼센트, 즉 2천 명을 감원할 것을 발표합니다."

시기적으로 좋지 않았지만, 그럴 만한 이유가 있었다. 더그 던은 방금 미국 경쟁사 실리콘밸리그룹SVG을 인수했다. 이 인수로 인해 ASML의 직원 수는 하룻밤 사이에 두 배가 되어 약 8천 명에 달하게 되었고, 이 중 거의 4분의 1을 줄여야 했다. 던은 인텔을 유치하는 것이 목표였다. 인텔은 SVG의 마지막 대형 고객으로 남아 있었으며, 던은 이 인수를 ASML이 시장 선두로 올라설 수 있는 가장 빠른 방법으로 보았다. 단, 이를 위해서는 미국 대통령의 지지가 필요했다. 펠트호번이 처음으로 세계 정치의 변덕에 휘둘릴 상황에 처하게 된 것이다.

2000년, 당시 미국 대통령 후보였던 조지 W. 부시를 위한 기금 모금 행사에서, 더그 던은 인텔의 CEO 크레이그 배럿을 만났다. 부시가 유권자들에게 '동정심 있는 보수주의'를 설파하는 동안, 배럿은 던에게 인텔이 직면한 문제를 털어놓았다. 인텔은 니콘과 SVG로부터 장비를 공급받고 있었으며, 두 회사의 리소그래피 장비를 공장에서 사용하고 있었다. 그러나 TSMC가 ASML의 장비로 성공을 거두고 있다는 사실을 배럿은 알고 있었다. SVG의 유망한 신기술이 제대로 자리잡지 못하고 있는 상황에서, 배럿은 결정을 내렸다. 네덜란드산 장비를 시험해보고 싶다는 것이었다.

하지만 인텔은 SVG를 유지해야 한다는 압박을 받고 있었다. SVG가 무너지면 인텔 공장에 심각한 문제가 발생할 것이었다. 인텔 공장은 약 200대의 SVG 장비를 사용 중이었기 때문이다. 더욱이, SVG의 붕괴는 미국 소유의 마지막 리소그래피 기술이 사라지는 것을 의미했다. 이는 이미 워싱턴에서 민감한 문제로 다뤄지고 있었으며, 미국이라는 초강대국은 자국에서 생산된 장비로 자국 내에서 칩을 제조할 수 있는 능력을 잃고 싶지 않았다.

크레이그 배럿은 해결책이 바로 앞에 있다고 보았다. 그것은 더그 던이었다. 배럿은 ASML이 이미 SVG와 인수 협상을 진행 중이라는 것을 알고 있었다. 인텔 CEO는 던에게 SVG를 인수할 것을 권했다. 이렇게 되면 미국의 리소그래피 기술은 적어도 서방 세계의 손에 남을 것이고, 인텔은 ASML의 장비를 사용할 수 있는 동시에 기존 SVG 장비의 지속적인 운용을 보장받을 수 있었다. 반대로 네덜란드 회사인 ASML은 마침내 시장의 선두 주자로 도약할 수 있는 꿈을 이루게 될 터였다. 모두에게 이득이 되는 윈-윈-윈인 상황이었다.

2000년 10월, ASML은 16억 달러 규모로 SVG의 인수를 발표했다. 이는 주식으로 지급된 금액이었다. 그러나 이 거래가 진행되기 위해서는 미국 외국인투자심의위원회CFIUS의 승인이 필요했다. 이 위원회는 외국 기업이 중요한 미국 기술을 인수할 때 국가 안보에 위협이 되는지 평가하는 역할을 한다. 그래서 ASML은 워싱턴의 정책 입안자들과 직접 마주하게 되었는데, 이곳은 경제 논리가 국가 안보와 충돌하는 장소였다. 이런 경우 누가 승자가 될지는 예측하기 어렵다. 던의 말처럼, "현실이 있고, 정치가 있다."

2000년 말 휴가차 스페인의 별장에서 쉬고 있던 던은 전화벨 소리를 들었다. 그에게 소집 명령이 내려졌다. 그 주 월요일, 그는 펜타곤에 있는 미국 국방부 2층의 작은 회의실에서 열리는 CFIUS 회의에 참석해야 했다. 던은 비행기에서 내리자마자 회의에 참석했으며, 들어서며 바로 사과했다. 비행 후 옷을 갈아입을 시간이 없어서 여전히 휴가 복장을 하고 있었던 것이다.

던은 페터르 베닝크와 함께 CFIUS와 회담을 진행했다. SVG 인수가 촉발한 정치적 반응을 고려해 펜타곤 위원회는 ASML 대표들에게 혹독한 질문을 퍼부었다. 이제 던이 테이블의 반대편에서 심문을 받을 차례였다.

SVG는 여러 회사로 구성되어 있었으며, 각각의 회사는 자체적인 심층 평가가 필요했고 다양한 잠재적 문제를 안고 있었다. 특히 틴즐리레버토리스Tinsley Laboratories가 문제였다. 이 회사는 군사 및 첩보 위성에 사용되는 렌즈를 연마하는 작업을 담당하고 있었다. 또 다른 문제는, SVG가 극자외선(EUV, Extreme Ultra Violet)이라고 알려진 상대적으로 개발되지 않은 리소그래피 기술에 대한 라이선스를 보유하고 있었다는 점이었다. 이 기술은 파장이 훨씬 짧은 빛을 사용하는 차세대 리소그래피 기술이었다.

이러한 상황을 전해 듣고, 일부 로비스트들이 모여 SVG가 미국 회사로 남아야 한다는 주장을 펼치며 국가 안보 문제를 제기했다. 반대편에는 인텔과 반도체산업협회SIA가 있었다. 그들은 이 인수가 리소그래피 기술 발전에 필수적이며, 이는 오히려 미국의 이익에 부합한다고 주장했다.

CFIUS 사태는 몇 달 동안 지속되었으며, 인수 반대자들은 ASML을 깎아내리기 위해 다양한 방법을 동원했다. 감춰진 비밀들이 모두 끌려나와 공론화되었다. ASML의 감사회 의장 헹크 보트 역시 곤경에 처했다. 그는 델프트인스트루먼츠의 이사회 멤버였는데, 이 회사는 첫 번째 걸프전 당시 이라크에 금지된 야간 투시 장비를 공급한 바 있었다. 다행히도 보트는 무사히 넘어갔다. 그 사건은 그가 델프트인스트루먼츠에 합류하기 이전에 발생한 일이었기 때문이다.

인수에 반대했던 주요 세력 중 하나는 울트라텍이었다. 이 회사는 ASML과 특허 분쟁에 휘말려 있었기 때문이다. 그러나 가장 단호한 반대자는 에드워드 도링Edward Dohring이라는 인물이었다. 그는 SVG의 전 CEO로, 미국이 중요한 리소그래피 기술을 잃고 있으며, 적대적인 국가들이 이 기술을 통해 훨씬 더 빠른 칩을 개발할 수 있게 될 것을 우려했다. 2001년 4월, 유튜브가 존재하기도 훨씬 전, 미 의회 의원들의 우편함에 한 비디오 테이프가 도착했다. 제목은 명확했다. **"왜 SVG의 매각은 미국에 나쁜 일인가."** 이 비디오의 복사본 650부가 펜타곤과 상무부로 배달되었고, 새로 취임한 조지 W. 부시 대통령도 한 부를 받았다. 결국 SVG 인수에 대한 최종 결정은 부시의 손에 달려 있었다. 부시는 추가로 2주의 시간을 요구했고, 이 문제는 신중히 고려해야 할 사안으로 떠올랐다.

한편, 헤이그에서는 인내심이 바닥나고 있었다. 냉전이 끝나고 세계화가 확고히 자리 잡은 상황에서, 네덜란드 정부는 미국이 단순한 인수합병 문제에 이처럼 큰 소란을 피우는 이유를 이해하지 못했다. 경제부 장관 아네마리 요리츠마Annemarie Jorritsma

는 미국 대사를 압박하며 신속한 결론을 요구했다. 그녀의 대변인은 네덜란드 일간지 NRC를 통해 "장관은 명확히 불만을 표했다"는 내용을 전했다.

더그 던은 당시 일을 떠올리며 비웃듯 말했다. "미국에 압력을 가할 수 있는 사람은 아무도 없어요. 그들이 국가 안보 문제라고 하면, 게임 끝이죠." 네덜란드 정치인이 무슨 말을 하든 조지 부시 대통령의 결정을 바꿀 수는 없었다.

2001년 5월 말, 인수는 승인되었다. 이는 요리츠마의 불만 때문도, 부시의 동정심 때문도 아니었다. 결정적인 요인은 인텔의 지지였다. 인텔과 미국 국방부의 강력한 연계가 이 거래를 성사시킨 것이다. ASML은 CFIUS의 요청에 따라 틴즐리레버토리스를 포함한 미국이 민감하다고 판단한 부문을 매각했다.

ASML은 다시 한 번 강도 높은 심문에 직면했다. CFIUS와의 회담은 매우 긴장된 분위기 속에서 이루어졌으며, 관련된 모든 미국 부처에서 나온 15명의 전문가들이 수 시간 동안 던과 베닝크에게 질문을 퍼부었다. 두 번째 회의 후, 던은 진이 빠진 나머지 펜타곤의 옷 보관소에 있던 가죽 겨울 코트를 챙기지 않고 나와버렸다. 공항으로 가는 차 안에서야 코트를 잊었다는 사실을 깨닫고는 머쓱하게 펜타곤에 전화해 코트를 보내줄 수 있는지 물었다.

하지만 미국 관료제의 속도는 느렸다. 거의 2년이 지난 후, 그가 ASML을 떠나기 직전 한 소포가 도착했다. 그 안에는 가죽 코트와 펜타곤에서 보낸 인사가 들어 있었다. ASML의 워싱턴에서의 소동을 상기시키는 뜻밖의 기념품이었다. 던은 웃으며 말했다. "아마 도청 장치가 들어 있을 거예요."

ASML은 SVG를 통해 인텔을 고객으로 확보하는 데 성공했다. 하지만 워싱턴에서의 지연으로 거래는 닷컴 위기 한가운데에서 성사되었다. 주가는 1년 안에 반으로 줄었고, 매출도 절반으로 감소했다. 투자자들은 대책을 요구하고 있었다. 2001년 말까지 약 1,100명의 직원이 해고되었다. 많은 ASML 직원들은 왜 SVG 같은 회사를, 그것도 위기 속에서 인수했는지 이해하지 못했다. 인수는 불가피한 상황을 더 빨리 가져왔을 뿐이었다. 인텔이 펠트호번으로 전환하는 것은 '언제'의 문제였지, '만약'의 문제는 아니었다. 그들의 눈에는 던이 사라질 위기에 처한 경쟁사를 인수하여 불필요한 고통을 자초한 셈이었다.

미국에서도 마찬가지로 새로 합류한 직원들 사이에 의구심이 가득했다. "이 네덜란드 사람들은 대체 누구길래 이렇게 갑자기 끼어든 거야? 펠트호번은 또 어느 구석에 있는데?"

SVG는 미국 코네티컷주의 숲 속에 위치한 작은 마을 윌턴에 지사를 두고 있었다. 윌턴은 평범해 보이지만, 리소그래피 역사에서 중요한 장들이 이곳에서 쓰여졌다. 윌턴은 한때 퍼킨엘머의 본거지였으며, 이 회사는 1980년대 초 필립스의 웨이퍼 스테퍼에 관심을 가진 적이 있었다. 퍼킨엘머는 제2차 세계대전 당시부터 고급 렌즈를 제조해왔으며, 1960년대 후반에는 미 국방부로부터 군사용 칩을 생산하는 리소그래피 기계를 설계하라는 의뢰를 받기도 했다. 또한 이 회사는 허블 우주망원경의 렌즈도 제작했다. 발사 후 망원경이 초점을 맞추지 못하는 문제가 발생해 수백만 달러를 들여 업그레이드를 해야 했지만 말이다. 결국 퍼킨엘머는 리소그래피 기술 발전에 뒤처졌고, SVG에 인수되었다.

더그 던은 인텔을 확보하는 데 전념하느라 SVG 내부에 특별한 기술이 없다고 여겼다. 그러나 월턴의 전문 기술은 달랐다. 이곳에서는 렌즈와 거울을 복합적으로 결합한 반사굴절식 렌즈 catadioptric lenses('굴절'과 '반사'를 결합한 렌즈 시스템)를 제작했고, 웨이퍼 트랙(웨이퍼에 빛에 민감한 층을 입히는 장비)도 개발했다.

하지만 ASML은 이 기술에 관심이 없었다. 그들은 오로지 리소그래피 장비에만 집중하고 싶어했다. 이 장비는 반도체 공장에서 가장 비싼 설비였다. 그래서 2001년 11월, SVG의 많은 기술들이 불필요하다고 선언되었고, 개발은 중단되었다. 이는 월턴에서 큰 반발을 불러일으켰다. (자신을 '칩'이라 불러달라고 한) 크리스토퍼 메이슨은 "내가 20년간 일해온 것이 갑자기 무가치해졌다"며 실망감을 드러냈다. 그는 회사에서 오랜 기간 동안 인정받아온 연구자였지만, 갑자기 자신이 쓸모없다고 느끼게 되었다. 그가 ASML의 접근 방식을 받아들이기까지는 몇 년이 걸렸다.

월턴과 펠트호번 직원들 간의 갈등을 해소하기 위해, ASML은 《스펙트럼》이라는 풀컬러 사내 잡지를 발행했다. 두 번째 호에서는 이사회의 일원이 된 마르틴 반 덴 브링크와의 인터뷰가 실렸다. 그는 반도체 산업에서 속도와 위험 감수의 필요성을 이야기했지만, 한편으로 더 큰 문제가 있다는 것을 알고 있었다. 그는 두 리소그래피 프로그램뿐만 아니라, 두 집단의 고집스러우면서도 불만이 많은 엔지니어들을 하나로 묶을 방법을 찾아야 했다.

인터뷰를 위해 그는 카우보이 복장을 하고, 자신의 말과 함께 잡지 표지에 등장했다. 잡지 내부에는 그가 말을 타고 카메라를 지나치는 역동적인 사진들이 실렸다. 그가 전하고자 한 메시지는 분명했다. ASML의 직원들 모두에게는 '카우보이 정신'이 깃들어 있으며, 마르틴 자신이 이미 '원트릭 포니(one-trick pony, 부릴 줄 아는 재주가 하나밖에 없는 조랑말)'에 박차를 가했다는 것이다.

그의 말 이름은 말의 전 주인 이름을 딴 '해리'였다. 마르틴은 기억을 쉽게 하기 위해 말을 사면 그 전 주인의 이름을 붙이는 것을 좋아했다. 하지만 그는 촬영 결과물이 마음에 들지 않았다. 자신과 해리의 사진이 자신을 과도하게 우상화하는 것처럼 느껴졌기 때문이었다. 사람들은 ASML이 오직 그만을 중심으로 돌아가는 회사라고 오해할 수 있었고, 그는 그러한 인상을 주고 싶지 않았다.

두 개의 캐시카우

2001년 경, 반도체 산업은 중요한 결정을 내려야 했다. 리소그래피 장비의 다음 파장은 무엇이 될 것인가? 칩 제조 공장은 100나노미터(1나노미터는 1밀리미터의 100만분의 1) 이하의 선을 그릴 수 있는 기술을 요구하고 있었다. 더 작은 파장은 더 정밀한 칩 구조를 그릴 수 있다는 것을 의미했다. 기존 기술은 마치 굵은 마커와 같았고, 그들은 미세 패턴 같은 기술을 찾고 있었다.

ASML은 파장을 줄일 때마다 투영되는 선의 해상도를 조정했다. 이는 새로운 장비의 렌즈를 개선해야 한다는 것을 의미했으며, 단계마다 더 큰 개구수가 필요했다. 이는 레이리 공식^{Rayleigh}

Formula으로 설명되며, 이 공식은 업계의 모든 기술 전문가들이 암기하고 있을 정도로 널리 알려져 있었다. 렌즈가 물리적 한계에 도달하면, 새로운 광원이 필요하다는 신호였다. 이를 색상을 바꾸는 것으로 생각할 수 있지만, 이 단계에서 사용하는 빛은 모두 400~750 나노미터 사이의 가시광선이 아닌, 인간의 눈에 보이지 않는 파장대의 빛이었다.

1990년대에 ASML은 365나노미터에 제한된 수은 램프를 대체하여 248나노미터에서 193나노미터의 심자외선을 생성하는 레이저를 사용했다. 그러나 반도체 산업은 그 이상을 필요로 했다. 193나노미터 리소그래피가 서서히 한계를 보이고 있었기 때문이다. 새로운 숫자가 등장했다. 157나노미터. ASML은 자이스와 함께 이 새로운 기술에 대한 연구에 많은 투자를 했지만, 157나노미터에 적합한 렌즈 소재는 매우 비쌌다. 2003년에 인텔이 이 기술 개발에서 손을 뗐고, 다른 칩 제조사들도 그 뒤를 따랐다.

이는 ASML에게 큰 타격이었다. 연구에 많은 투자를 했지만 대부분의 사전 작업이 물거품이 되었다. 그러나 ASML은 이 실패에 오래 머물지 않았다. 그들은 이미 더 유망한 기술에 집중하고 있었다. 그럼에도 불구하고 유럽의 보조금을 받기 위한 조건을 충족시키기 위해 imec에 157나노미터 시험 장비를 보냈다. 이 장비는 실제로 사용되지 않을 것이었고, 작동할 계획도 없었다.

이 실패는 큰 비용을 치른 교훈이 되었다. 칩 제조업체들은 장비에 대한 계약금을 3억 유로나 지불했지만, 시장 상황의 변화로 인해 ASML은 이 장비를 출시하지 못했다. ASML은 결국 환불해야 했고, 이는 리소그래피 제조업체에게는 성가신 일이었다. 펠트호번의 ASML 본사는 교훈을 얻었다. 앞으로는 기술의 다음 도약을 추구할 때 고객도 일부 위험을 부담할 필요가 있다는 것이었다. 모두가 위험을 분담해야 한다는 결론을 내린 것이다.

157나노미터는 막다른 길로 끝났지만, 훨씬 더 짧은 13.5나노미터의 파장을 지닌 광원이 있었다. 그것은 바로 극자외선^{EUV}이었다. 이 기술을 산업에서 실제로 사용하기 위해서는 수년간의 고된 연구가 필요했다. 그 사이에 반도체 산업은 무어의 법칙을 유지하기 위해 새로운 영감을 필요로 했다. 다행히도 그 해결책은 네덜란드 엔지니어들의 일상 속에서 늘 함께하던 것이었다. 바로 물이었다.

17세기 네덜란드의 수학자 빌레브로트 스넬리우스^{Willebrord Snellius}는 빛이 한 물질에서 다른 물질로 통과할 때 어떻게 굴절되는지를 연구했다. 스넬리우스가 도출한 법칙은 이후 이론물리학과 광학의 선구자였던 동료 크리스티안 하위헌스^{Christiaan Huygens}에 의해 발표되었다. 이들의 연구는 오늘날까지도 ASML의 모든 엔지니어들이 반드시 읽어야 하는 필독서로 남아 있다. 이 연구는 상당한 발전을 가져왔다. 렌즈와 웨이퍼 사이에 얇은 층의 순수한 물을 유지함으로써, 개구수를 증가시키는 것과 동일한 효과를 얻을 수 있었다. 이를 통해 193나노미터 파장의 한계를 넘어설 수 있었고, 광원 자체를 바꾸지 않고도 더 정밀한 칩 구조를 그릴 수 있게 되었다.

이 현상은 일상에서 쉽게 경험할 수 있다. 얕은 물속에서 다리를 내려다보면 빛이 굴절되어 다리가 짧아 보이고 발이 더 가까워 보인다. ASML이 다음 기술적 도약을 이루기 위해 사용한 원리는 바로 이 일상적인 현상에서 비롯되었다. 렌즈와 웨이퍼 사이에 물을 적용하면 리소그래피 장비가 더 작은 세부 사항을 투영할 수 있었다. 이 기술에는 침지immersion 또는 '디핑dipping'이라는 이름이 붙었다.

그러나 이를 구현하기 위해서는 투명 렌즈와 거울을 결합한 새로운 유형의 광학 시스템이 필요했다. 이 작업은 자이스가 맡았고, 자이스는 ASML을 위해 이 시스템을 구축하기 시작했다. 원하는 효과를 얻기 위해서는 찻숟가락 한 스푼 정도의 물만 필요했는데, 이는 샷잔 바닥이 잠길 정도의 양이었다. 그러나 이 물이 빠르게 앞뒤로 움직이는 실리콘 디스크 위에서 완전히 고정되어 있어야 했다. 누구든지 물이 가득 찬 잔을 들고 뛰어보면 이 작업이 얼마나 어려운지 알 수 있을 것이다.

프리츠 반 하우트는 "우리는 도저히 효과적인 방법을 떠올릴 수 없었다"고 말했다. 그가 2001년 회사로 돌아왔을 때, 엔지니어들은 이 문제로 완전히 막혀 있었다. "TSMC는 침지 기술을 사용할 수 있기를 간절히 원했고, 물이 빠지지 않도록 가장자리에 돌출된 립Lip을 사용하는 방법을 제안했습니다. 그러나 이는 불가능했죠."

결국, 렌즈 아래에 작은 수영장을 배치하는 해결책이 나왔다. 이를 통해 ASML은 웨이퍼 전체를 담그지 않고, 노출될 부분에만 물을 유지할 수 있었다. 이 작은 수영장을 안정적으로 유지하기 위해, 디스크 위로 계속해서 공기 흐름을 불어넣는 '공기 링'을 사용했다.

하지만 이 방식이 작동하려면, 렌즈와 물 사이에 공기가 절대 들어가면 안 되었다. 또한, 물 층의 두께가 전체적으로 균일해야 했는데, 이는 렌즈가 자연스럽게 곡면을 이루고 있어 평평하지 않기 때문에 어려운 과업이었다. 과거에 ASML과 자이스의 엔지니어들은 웨이퍼의 정렬을 확인하기 위해 광학 시스템에서 마지막 렌즈를 평평하게 만든 적이 있었다. 이 기능은 쓸모없다고 여겨져 제거될 뻔했지만 다행히 설계에서 제외되지 않았고, 오늘날 이 우연하며 엉성한 설계가 오히려 매우 유용하게 쓰이게 되었다.

2004년, ASML의 첫 침지 리소그래피 장비가 시장에 출시되면서 일본 경쟁업체들은 바로 불리한 상황에 처했다. 이미 확장 중이던 네덜란드의 시장 점유율은 또 하나의 혁신적인 발명품인 트윈스캔TwinScan의 도입으로 더욱 가속화되었다. 이 새로운 장비는 정렬 측정과 노광을 동시에 수행할 수 있어 칩 공장의 시간을 크게 단축시키며 복잡한 멀티태스킹을 가능하게 했다.

트윈스캔의 작동 방식은 이렇다. 실리콘 층에 새로운 패턴을 인쇄하기 전에, 웨이퍼는 먼저 측정되어야 한다. 이 정보는 노광

전, 정렬을 맞추기 위해 필요하며, 새로운 층이 기존 패턴과 정확히 겹쳐지도록 해야 한다. 여기까지도 이미 매우 어려운 작업이지만, 진짜 문제는 웨이퍼가 오븐에서 견뎌야 하는 열로 인한 왜곡이다. 이 열로 웨이퍼는 프링글스 감자칩처럼 뒤틀릴 수 있다. 육안으로는 평평해 보이는 디스크도 현미경으로 보면 울퉁불퉁한 산맥 같은 모습으로 드러난다.

따라서 측정이 시작되기 전에, 웨이퍼는 먼저 진공 흡입을 통해 고정되며, 이로 인해 가장 큰 울퉁불퉁한 부분이 제거된다. 그 후, 센서가 남아 있는 왜곡을 기록하여 표면의 3D 지도를 생성한다. 리소그래피 장비는 이 지도를 사용하여 노광 중에 초점면을 조정하며, 칩 패턴이 전체 표면에 균일한 선명도로 투영되도록 보정한다. 이는 카메라의 자동 초점과 비슷하며, 미세한 거리와 깊이에 따라 이미지를 빠르게 보정하는 방식이다.

침지 기술과 트윈스캔은 완벽한 조합이었다. 이 3D 지도를 만들기 위해서는 건조한 웨이퍼로 작업하는 것이 가장 좋다. 트윈스캔 덕분에, 다음 디스크가 건조한 상태에서 측정되는 동안 습식 노광을 동시에 진행할 수 있었다. 이는 마치 설거지를 할 때 두 사람이 함께 일하는 것과 같다.

트윈스캔의 테이블은 강력한 모터로 구동되었으며, 순간적으로 가속하고 감속할 수 있었다. 하지만 두 테이블을 동시에 제어하는 것은 예상보다 훨씬 복잡했다. ASML이 2000년에 납품한 첫 트윈스캔 시스템에는 한 개의 웨이퍼 테이블만 장착되어 있었고 나머지 한 테이블은 더 나중에 도착했다. 이를 가리기 위해 트윈스캔 '싱글'이라는 멋진 이름을 만들어냈지만, 비록 한쪽 다리로 시장에 나왔어도 이 장비는 쉽게 팔릴 것이라는 확신이 있었다. 이 새로운 세대의 리소그래피 장비는 300밀리미터 직경의 웨이퍼를 노출할 수 있었으며, 이는 비닐 레코드 앨범과 비슷한 크기였다. 덕분에 기존의 200밀리미터 웨이퍼보다 더 많은 칩을 생산할 수 있었다. 마치 앨범이 싱글보다 더 많은 곡을 담을 수 있는 것처럼 말이다.

ASML은 "납품 먼저 개선은 나중에"라는 전략을 다시 선택했다. 이는 칩 공장에도 유리하게 작용했는데, 경쟁업체보다 앞서 가장 진보된 칩을 시험 생산해볼 수 있었기 때문이다. ASML은 이 전략을 기꺼이 따랐다. 이러한 조기 납품은 경쟁업체들이 칩 공장에 발을 들이지 못하게 만드는 확실한 방법이었다. 마르틴 반 덴 브링크는 "기계가 완벽히 작동할 때까지 기다리면, 이미 늦는다"라고 말한다.

이 전략은 효과가 있었다. 침지 기술과 트윈스캔 덕분에, ASML은 캐논과 니콘을 제치고 소중한 시장 점유율을 얻을 수 있었다. 그 사이, 펠트호번에서는 EUV 장비를 위한 미래 연구에 돈을 쏟아부었다. 아직 수익은 없었지만 두 마리의 캐시카우, 즉 트윈 테이블과 습식 웨이퍼가 준비된 상태에서, 네덜란드 엔지니어들은 그들의 기술적 우위가 계속될 것이라는 희망을 가질 수 있었다.

일본의 복수

ASML의 변화는 멀리서도 분명히 드러났다. 펠트호번에 새로운 본사가 건설되고 있었고, 83미터 높이로 하늘을 향해 치솟은 검은색과 녹색의 타워는 명칭상 건물 8로 불렸지만, 건설 과정에서 회사가 겪은 파산에 가까운 위기 때문에 일부는 이 건물을 '묘비'라고도 불렀다.

2001년, ASML이 격동의 해를 겪으며 어려움을 헤쳐나가는 동안, 니콘은 기습 공격을 계획했다. 일본 제조업체 니콘은 자신들의 시장 점유율이 줄어드는 것을 지켜보았고, 일본의 칩 제조업체들, 예를 들어 세이코, 엡손, 소니가 ASML 장비로 전환하는 것을 목도했다. 자국 기업이 자국 기술 대신 외국 기술을 선택하는 것은 많은 이들이 쉽게 받아들일 수 없는 치욕이었다. 복수의 시간이 다가오고 있었다.

어느 12월 아침, 더그 던은 자신의 책상에 쌓인 여러 가지 불만 사항을 발견했다. 일본의 경쟁사인 니콘이 ASML을 13건의 특허 침해로 고소한 것이었다. 이 고소는 펠트호번의 ASML이 전혀 눈치채지 못하는 사이 1년 넘게 신중하게 준비된 것이었다. 던은 방심하는 사이 당황스러운 상황에 처했음을 깨달았다. ASML은 자체 기술 중 일부를 특허로 등록했지만, 1917년부터 렌즈와 현미경을 생산해온 니콘의 방대한 특허 포트폴리오에 비하면 그 규모는 미미했다. 지식재산권 분쟁에서는 보통 더 많은 특허를 보유한 쪽이 승리한다. 종종 결과는 단순히 특허 서류의 높이로 결정되곤 한다.

니콘은 자비가 없었다. 워싱턴의 국제무역위원회[ITC]와 캘리포니아 법원에 소송을 제기하며 ASML을 가장 아프게 타격할 수 있는 곳인 미국 시장을 공격하려 했다. ITC가 한 건이라도 특허 침해를 인정하면 ASML은 더 이상 미국 제조업체에 칩 장비를 공급할 수 없게 될 것이었다. 미국 시장에 진출하기 위해 많은 희생을 감내한 ASML에게 이는 치명타였다. 변호사들이 "그들은 당신들을 파괴하려 한다"는 말을 던에게 전하자, 던은 잠시지만 심장이 멎을 뻔했다. 보통 특허 문제는 법적 대응에 앞서 회사 간 협의를 거치는 것이 관례였다. 그러나 니콘은 협상이나 합의를 원하지 않았다. 던의 머릿속에는 ASML이 새 본사가 완성되기 전 문을 닫게 되었다는 비극적인 헤드라인이 떠올랐다. 83미터 높이의 본사는 실패의 상징, 그야말로 묘비가 될 위기에 처했다.

ASML은 특허 전쟁에서 취할 수 있는 유일한 방법으로 맞섰다. 니콘을 역으로 고소했고, ITC 위원들에게 복잡한 기술적 세부 사항을 설명해줄 독립적인 전문가 그룹을 구성하기 시작했다. 리소그래피 기술은 매우 복잡한 분야였기 때문에, ASML은 워싱턴에서 가능한 한 많은 우호적인 지지를 얻을 필요가 있었다. 인텔과 마이크론도 그들의 주요 공급업체가 특허 전쟁에서 무너지지 않도록 지원을 아끼지 않았다.

던은 문제를 해결하기 위해 니콘 CEO 요시다 쇼이치로와의 회담장으로 향했다. 던의 가방에는 비행기를 타기 전에 변호사들이 팩스로 보낸 30페이지 분량의 무기가 들어 있었다. 그것은 ITC의 예비 결론으로, ASML의 손을 들어준 문서였다. 이제 모든 카드를 쥔 던은 개인 통역사를 대동해 대화가 원활히 진행되도록 하고, 일본 측이 오해를 핑계로 대며 쉴 틈을 주지 않을 생각이었다.

"이 싸움에서 이길 수 없을 겁니다." 더그 던은 요시다 쇼이치로에게 말했다. 그러나 니콘의 CEO는 듣지 않으려 했다. 그는 입장 변화 없이 완고했다. 던은 ITC의 예비 결론이 담긴 문서를 테이블에 펼쳐놓았고, 이를 본 요시다는 변호사들에게 화를 냈다.

요시다는 다시 던을 향해 돌아섰다. 생각할 시간이 필요하다고 했다. 그날 저녁, ASML 대표단은 저녁 식사에 초대되었고, 초밥, 사케, 그리고 사소한 대화가 메뉴에 올랐다. 식사 자리에서 특허에 관한 이야기는 없었다. 그 후, ASML은 1억 달러에 합의하자는 제안을 했다. 상당한 금액이었지만, 던에게는 앞으로 닥칠 수 있는 5년에서 10년간의 분쟁을 피하기 위한 값진 대가였다. 하지만 일본 측은 이를 거절했다. 그들은 브라반트 사람들(ASML)을 무릎 꿇리고 싶었다.

요시다의 복수심은 결국 성과를 내지 못했다. 몇 달 후 ITC가 최종 판결을 내렸을 때, 니콘의 특허 중 하나가 무효임이 밝혀졌다. 한 직원이 이전 고용주에게서 가져온 발명을 그대로 제출했기 때문에 해당 특허는 무효라는 것이었다. 다른 특허 침해 주장 역시 인정받지 못했다. ASML의 압도적인 승리였고, 던에게는 엄청난 안도감이 찾아왔다.

던은 당시 오버코헨의 자이스 본사를 방문 중이었다. 변호사에게서 전화가 오자 그는 방을 나서며 "자살해야 하나 아니면 환호해야 하나?"라고 물었다. 다행히 환호할 일이었다. 판사는 모든 항목에서 ASML의 손을 들어주었다. 던은 믿기지 않았다. 그는 변호사에게 수차례 같은 뉴스를 반복해 전달해줄 것을 요청했다. 캘리포니아에서의 소송은 조정 라운드에서 마무리되었고, ASML은 8,700만 달러에 합의했다. 이는 그들이 처음 제시한 금액보다 적은 금액이었다. 적어도 그 순간만큼은 일본 경쟁자를 잠재운 셈이었다.

니콘 사건은 펠트호번의 ASML 팀에게는 쓰라린 교훈이었다. ASML은 초기 몇 년 동안 지적 재산권에 거의 신경을 쓰지 않았고, 오직 혁신에만 집중했다. 자신들이 발명한 것을 기록하고 보호해야 한다는 필요성을 간과한 것이다. 현대 기술 세계에서 이는 경험 부족을 의미했다. 던은 이를 부정하지 않았지만, 왜 이러한 맹점이 생겼는지에 대해서는 이해할 수 있었다. "ASML은 여전히 젊은 기업이었습니다. 모든 것이 한꺼번에 이루어져야 했죠. 우리는 세계 최고의 기계를 만들기 위해 가장 똑똑한 사람들을 모았고, 최고의 아이디어를 결집했습니다. 그런데 그런 아이디어를 꼼꼼하게 기록하고 문서화하는 작업까지 해야 한다니, 얼마나 짜증나는 일인지. 세금 신고서를 작성하는 데 누가 얼마나 많은 시간을 들이고 싶겠어요?" 던은 어깨를 으쓱하며 말했다. "지루한 일이죠. 우리 모두 그 기분을 알고 있습니다."

지루한 일이긴 해도, 이 산업에서 자신이 창출한 지식을 보호하는 것은 필수다. ASML은 1984년에 시작할 당시 필립스로부터 받은 몇 개의 특허와 라이선스만을 가지고 있었다. 당시 필립스는 리소그래피 장비보다 CD 플레이어의 특허 보호를 우선시했다. 1990년대 후반, ASML은 지적 재산권을 관리하기 위한 자체 부서를 설립했다. 그때도 새로운 특허 신청이 승인되기까지는 수년이 걸렸다. 하지만 니콘의 기습 공격 이후 ASML은 지식 보호 전략을 강화해야 한다는 필요성을 절감했다. 이에 따라 펠로우십프로그램을 도입해 아이디어를 등록한 엔지니어들에게 더 나은 경력 트랙과 급여를 제공하기로 했다. 던은 이를 꼬집어 "그렇지 않으면 고급 차를 모는 건 회색 머리의 관리자들뿐일 것이다"라고 말했다. 던 역시 회색 머리의 관리자였다.

ASML에는 세 개의 펠로우 등급이 있다. 펠로우, 시니어 펠로우, 그리고 기업 펠로우. 직원들은 주로 그들의 특허를 기준으로 이 명예를 얻는다. 선정 과정은 비공개로 진행되며, 결과는 매년 ASML의 기술의 날에 마르틴 반 덴 브링크와 요스 벤쇼프Jos Benschop 연구 이사가 발표한다.

ASML의 최고의 발명가들은 그들의 이름을 실리콘 웨이퍼에 새겨, 칩 산업의 마운트러시모어(미국의 4대 대통령의 얼굴을 화강암 산에 조각한 상징적인 기념물)처럼 회사의 대형 나무 기둥에 걸어놓는다. 이들 중 일부는 200개 이상의 특허를 보유하고 있다. 반 덴 브링크는 이런 발명가들의 벽을 만드는 게 꿈이었다. 뉴저지에 있는 벨연구소에서 트랜지스터 발명가들의 이름이 명예의 벽에 새겨진 걸 보고 큰 영감을 받았던 것이다. 현재 펠트호번의 이 명예로운 목록에서 빠진 상은 노벨상뿐이다.

2023년 기준으로 ASML은 1만 6천 개 이상의 특허를 등록했다. 이 중 다수는 ASML에 점점 더 복잡한 부품을 제공해야 하는 공급업체들과의 협력을 통해 개발되었다. 이들 중 가장 중요한 공동 발명가는 단연 자이스다. 자이스의 전 CEO인 헤르만 걸링어는 이 동맹을 두고 "ASML이 우리에게 모든 비밀을 털어놓고, 우리는 그들과 모든 것을 공유하는, 기계와 광학의 궁극적인 융합"이라고 표현했다. 독일의 장인 정신을 염두에 둔 이 발언은 낭만적으로 들리기까지 한다.

자이스의 지혜

"당신, 지금 나한테 그렇게 말한 건 아니죠?"

독일 경찰관의 인내심은 이미 바닥을 드러내고 있었다. 그는 여전히 전화로 마르틴 반 덴 브링크와 큰 소리로 다투느라 바쁜 자이스의 CEO 헤르만 걸링어를 지켜보고 있다. 두 사람의 언쟁은 걸링어가 운전 중일 때 시작되어, 경찰이 차에서 내리라고 명령한 후에도 이어졌다.

"빨리 딱지나 줘요." 걸링어는 글러브박스에서 서류를 꺼내며 쏘아붙였다. 그 와중에도 그는 여전히 반 덴 브링크와 다투고 있었고, 반 덴 브링크 역시 펠트호번에서 독일어로 거침없이 맞받아치고 있었다.

경찰관의 인내심은 더 이상 버틸 수 없었다. "전화 끊어요. 지금 당장."

"잠깐, 마르틴, 당신 목소리 좀 꺼야겠어요." 걸링어가 말했다. 버튼을 누르자, 펠트호번에서 들려오는 반 덴 브링크 목소리가 순식간에 사라졌다. 기다릴 필요도 없었다. 몇 분의 시간과 벌금을 지불한 후, 걸링어는 다시 운전대를 잡고 출발했다. 그는 다시 전화를 꺼내 '음소거 해제' 버튼을 눌렀다. "이런 젠장, 완전 시간 낭비야. 자, 어디까지 얘기했더라……"

자이스와 ASML의 기술 책임자들이 대화를 나눌 때면 항상 불꽃이 튀었다. 둘 다 정면 충돌을 피하지 않았고, 좋은 엔지니어라면 마땅히 그래야 한다고 생각했다. 적어도 그 부분만큼은 확실했다. 나중에 그들은 저녁 식사 자리에서 웃으며 이 사건을 이야기했고, 상한 감정 따위는 쉽게 털어버렸다. "이 업계에서 유머 없이는 살아남을 수 없습니다." 걸링어는 2016년 자이스의 반도체 부문 책임자 자리에서 물러나면서 말했다.

자이스와 ASML 연구자들은 광학 시스템에 관한 이야기를 나눌 때는 뜨거웠지만, 그들의 상업적인 관계는 냉랭해져 있었다. 이 문제는 2004년 더그 던이 퇴임한 후 급격히 악화되었다. 던은 CEO로서의 임기를 마치고 은퇴를 선택한 뒤로 반도체 회사에서 감독직을 맡아 남은 시간을 보냈다. 펠트호번은 영국인 CEO를 프랑스인 에릭 뫼리스Eric Meurice로 교체했다. 뫼리스는 인텔과 컴퓨터 제조사 델에서 일하다가 프랑스 전자회사 톰슨의 부사장으로 옮겨온 인물이었다. 그는 사람들에게 그들이 무능하다고 여러 언어로 말하는 것을 자랑으로 여겼고, 이는 ASML 직원들이 자주 듣게 될 말이었다. 특히 자이스와의 논쟁에서는 더욱 자주 들렸다. 오래된 파트너 간에는 다시 한번 심각한 갈등이 발생했고, 언제나 그랬듯 이번에도 돈이 문제였다.

ASML은 다시 한 번 향후 몇 년간 매출을 두 배로 증대하려 했고, 이를 위해서는 자이스가 렌즈 생산을 늘릴 필요가 있었다. 그러나 자이스는 ASML의 장밋빛 미래 예측에 쉽게 속지 않았다. 2001년과 2002년 위기 동안 더그 던이 냉혹하게 주문을 취소했던 기억이 여전히 생생했다. 또한 그동안 ASML이 인수한 미국의 SVG는 상황을 개선하는 데 전혀 도움이 되지 않았다. SVG 역시 렌즈를 제조했기 때문에 자이스는 ASML과의 독점적 파트너십에 심각한 의문을 갖게 되었다. ASML에게 열린 문은 자이스가 차라리 닫힌 채로 있길 바랐던 것이었다.

의심이 무겁게 드리워졌다. 신뢰가 무너진 상황에서 ASML은 중재자를 소환했다. 그 주인공은 귀도 그루트 Guido Groet였다. 현재는 페이스북의 모기업인 메타에서 일하고 있지만, 2004년 그는 SVG의 잔여 부품 판매를 관리한 후 ASML로 돌아왔다. 펠트호번에서 트윈스캔 생산 비용 절감을 감시한 첫 해를 보낸 후, 그에게 새로운 임무가 기다리고 있었다. 바로 관계 회복이었다. 그루트는 ASML의 20층으로 호출되었고, 그곳에서 마르틴 반 덴 브링크와 재무 이사 페테르 베닝크가 ASML과 자이스 사이의 손상된 관계에 대한 우려를 털어놓았다. 베닝크에게는 단순한 문제였다. "협력을 위해서는 균형을 맞출 필요가 있죠." 그러나 반 덴 브링크는 다르게 보았다. "우리가 속을 일이 없게 해줘요."

그들의 흔들리는 파트너십을 구하기 위해, 자이스와 ASML은 2005년부터 2007년까지 여러 차례 집중 회의를 가졌다. 베닝크는 ASML을 대표하여 3개월마다 오버코헨에서 상업적 협의를 진행했고, 분기별로 두 회사 간의 기술 협력을 직접 논의하는 '인터페이스' 회의도 열렸다. 이 회의들은 펠트호번과 오버코헨을 번갈아 가며 열렸고, 때로는 프랑크푸르트의 호텔 같은 중립적인 장소에서 열리기도 했다.

균열을 치유하려면 먼저 문제를 분명히 드러내야 했다. 각 회사의 작은 팀들이 모여 서로의 불만을 공개적으로 털어놓았다. 예상대로 네덜란드 쪽은 그들의 문제를 직설적으로 테이블에 올려놓았다. 약간의 격려가 있자, 독일 측도 같은 방식으로 불만을 제기했고, 팀들은 화해를 위한 내용을 공동으로 경영진에게 발표하도록 격려받았다.

그러나 곧 그루트는 두 회사가 매우 다른 문화를 가지고 있음을 깨달았다. ASML은 그림자보다 빠르게 총을 쏘고 싶은 '카우보이'들을 끌어들였지만, 자이스는 스스로를 모든 변수를 고려하여 신중하게 행동하는 전통적인 연구소라고 생각했다. 이는 갈등의 씨앗이 되었다. 직원들은 모든 면에서 충돌했고, 공통점을 찾는 일은 끝이 없는 과제가 되었다. 특히 ASML 쪽이 회의 후에 별다른 상의 없이 방향을 바꾸는 경향이 있었는데, 이는 독일 팀을 미치게 만들었다.

자이스 AG의 CEO 디터 쿠르츠Dieter Kurz는 독일 측을 대표해 정기적으로 회의에 참석했으며, 에릭 뫼리스는 ASML을 대표했다. 귀도 그루트는 회의에서 나온 합의 사항을 대형 스크린에 기록해 모두가 읽을 수 있도록 했다. 유치해 보일지 모르지만, 이 시점에선 오해를 줄일 수 있는 모든 조치가 환영받았다. 하지만 그다지 효과적이진 않았다. 회의록을 처음으로 뫼리스에게 보냈을 때, 그루트는 대폭 수정된 버전과 함께 짧은 메모를 받았다. 메모에는 이렇게 적혀 있었다. "아직 배울 게 많군. 말한 것을 적지 말고, 의미한 것을 적어야지."

자이스는 역시 동의하지 않았다. 경영진들이 다시 한 번 충돌하자, 회의는 마치 고등학교 재시험을 치르는 것처럼 완전히 새롭게 다시 열려야 했다. 회의가 재개되자, 그루트는 자이스의 동료가 준 충고를 따라 조용히 몸을 낮추었다. "코끼리들이 춤출 때는 그들 사이에 서 있지 마라"는 충고였다.

자이스와 ASML은 누가 무엇을 받을 자격이 있는지, 모두가 자신이 응당 받아야 할 것을 받고 있는지에 대해 계속해서 말다툼을 벌였다. 논의된 금액은 상당했다. 2004년에 광학 부문의 가치는 리소그래피 기계 가치의 약 4분의 1을 차지했다. 마르틴 반 덴 브링크는 자이스가 수백만 유로에 달하는 렌즈에 대해 보증을 제공하지 않으려는 점에 특히 짜증이 났다. 만약 반도체 제조사가 생산 차질을 일으키는 광학적 오류를 발견하면, 그 비용은 ASML이 부담해야 했다.

반면, 독일 측은 위험을 감수하는 것은 자신들이며, 혜택을 받는 것은 ASML이라고 생각했다. 펠트호번은 새 직원을 고용하거나 기존 직원들에게 연장 근무를 요청하여 빠르게 생산량을 늘릴 수 있었지만, 렌즈 제조사의 작업 일정은 완전히 달랐다. 자이스는 90년대에 광학 폴리싱 작업을 수작업에서 로봇으로 전환하며 ASML의 주요 병목 현상을 해결했지만, 여전히 크리스탈용 렌즈는 먼저 '성장'해야 하고, 원자재에 대한 투자는 최소 3년 전에 이루어져야 했다. 렌즈의 폴리싱과 측정 작업 또한 매우 고된 작업이었으며, 단지 더 많은 인력을 투입한다고 해서 속도가 빨라지지 않았다. 자이스의 현인들이 즐겨 하던 말처럼. "임신은 9개월이 걸리며, 옆에 여성 한 명이 더 있다고 해서 더 빨리 끝나는 것은 아니다."

문제의 소지가 계속해서 드러났다. ASML은 반도체 제조업체들에게 상당한 할인을 약속하며 거래를 성사시키는 데 익숙했다. 자이스 역시 렌즈에 대해 할인을 제공해야만 했다. 그렇지 않으면 ASML의 수익 마진에서 비용이 빠져나가기 때문이다. 원래도 부진한 상태였던 수익에 이는 타격을 줄 수밖에 없었다. 또한 독일 측은 반도체 시장의 거친 변동성에 적응하려 하지 않고, 언제나 제품에 고정 가격을 고집했다. 하지만 그루트는 이들이 발을 디딘 세계가 "할인만 요구하며, 품질에 불만을 품고 있는 거대한 불평꾼들"로 가득하다는 사실을 너무나도 잘 알고 있었다. 그 누구도 자이스가 원하는 대로 맞춰주려고 하지 않았다.

결국, 핵심은 ASML과 자이스가 위험과 이익을 공정하게 나눌 수 있느냐에 달려 있었다. 그루트는 수학자를 불러 데이터를 분석하게 했다. 그리고 2년에 걸친 고통스러운 협상 끝에, 2007년에 ASML과 자이스는 마침내 새로운 계약을 체결했다. 이제 이들은 보증 및 갑작스러운 주문 조정을 규제할 수 있게 되었다. ASML은 렌즈 가치의 3분의 1을 선불로 지불하기로 합의했고, 자이스는 자재를 구매할 때 감수해야 할 위험이 줄어들었다.

반 덴 브링크는 끊임없는 갈등을 끝내기 위해 자이스 인수 제안을 떠보기도 했지만, 이는 독일 측에겐 상상조차 할 수 없는 일이었다. 리소그래피 기계를 위한 렌즈는 자이스의 핵심 자산이었기 때문이다. 그래서 공식적인 입찰은 이루어지지 않았다. 자이스는 카를자이스재단의 단독 소유였으며, 확장이나 부동산 문제에 있어서도 ASML과 그들의 자금을 철저히 배제했다. 독일 주방에 네덜란드인의 손길이 닿는 일은 당분간 없을 것이었다.

자이스와 ASML 간의 기술 협의는 반 덴 브링크가 주도했다. 이러한 회의에는 양사에서 각각 50명의 인원이 참석했으며, 테이블은 한쪽이 다른 쪽을 응시하는 U자형으로 배열되었다. 엔지니어들은 차례로 발표를 진행했고, 기술 이사는 컴퓨터에 집중하고 있다가 관심을 끄는 주제가 나올 때만 고개를 들었다. 마르틴이 깨어나는 순간, 회의장엔 긴장감이 감돌았다.

반 덴 브링크가 화를 내면 자이스 팀은 움츠러들었지만, 이는 피할 수 없는 일이었고 자주 일어나는 일이기도 했다. 하지만 그의 기술적, 전략적 통찰은 높은 존경을 받았고, 그의 분노는 자이스에 대한 깊은 헌신의 증거로 받아들여졌다. 그루트가 관찰한 바에 따르면, 이는 그저 네덜란드 측의 희망 사항이 아니었다. "내가 2~3주 동안 오버코헨에 가지 않으면 마르틴의 분노가 폭발했죠. 그는 내가 독일어를 배워야 한다고 생각했어요. 그들이 말하는 것을 더 잘 이해하려면 말이죠."

"독일 사람에게 화가 나면, 난 독일어로 욕해. 그게 더 효과적이거든." 마르틴 반 덴 브링크는 나중에 이렇게 털어놓았다.

ASML과 자이스는 작업 현장에 가까워질수록 하나의 회사처럼 느껴졌다. 프로젝트 팀은 브라반트 사람들과 독일인들로 구성되었으며, 매일 수십 명의 ASML 직원이 오버코헨에서 일하고 있었다. 이들은 함께 매우 복잡한 기계의 핵심을 만들며, 양쪽 모두 강한 유대감을 형성하게 되었다. 긴 하루를 마치면, 엔지니어들은 자주 '란트가스트호프 라우터하우슬레'에서 모여 샐러드 바를 함께 즐기곤 했다.

그럼에도 ASML의 가장 중요한 공급업체인 자이스는 여전히 공급망의 약한 고리였다. 2007년, ASML은 트윈스캔 기계를 주문한 반도체 제조업체들의 분노를 샀다. 펠트호번에서는 모든 준비가 끝났다. 기계 50대를 출하할 준비를 마쳤지만, 중요한 부품 하나가 문제였다. 기계에서 레이저를 조준하는 조명 장치였는데, 이는 프랑크푸르트 북쪽의 베츨라에서 자이스가 제조하고 있었다.

분위기는 격앙되었고, 모두가 서로에게 책임을 떠넘기기 바빴다. 그러나 지연의 원인은 분명하지 않았다. "왜 아무도 나서서 베츨라 일을 도울 생각을 안 하는 거지?" 반 덴 브링크는 그루트에게 신경질적으로 물었다. 거의 명령이나 다름없는 질문이었다. 그리하여 그루트는 즉시 독일로 떠나 한 달간 베츨라에 머물며 문제를 해결하려 했다. 결국 특별한 광학 필터의 지연으로 발생한 문제로 드러났는데, 그 필터는 오직 러시아에서만 구할 수 있었다.

그루트는 러시아로 날아가 공급업체를 직접 만났다. "필터는 어디 있죠? 모두가 당신들을 기다리고 있다고요!" 그러나 러시아인들은 자신들이 어떤 문제를 초래했는지도 모른 채 어리둥절한 목소리로 답했다. "독일로 물건을 보낼 때마다 세관 직원에게 뇌물을 줘야 해요. 그래서 필터를 50개씩 모아서 한 번에 보내려고 했어요. 그러면 뇌물을 한 번만 주면 되니까요."

살아있는 유기체

프리츠 반 하우트의 표현에 따르자면 모든 게 난장판이 되는 순간이 도래한다. 좀 더 점잖은 표현으로는, "자이스가 렌즈 준비가 끝났다고 말할 때, 비로소 우리의 문제가 본격적으로 시작된다." 광학 시스템이 완성되자마자, ASML은 이를 나머지 기계와 통합해야 한다. 종이 위에서 완벽한 리소그래피 장치를 설계할 수는 있어도 현실에선 항상 예상과 다른 결과물이 나올 수밖에 없다. 아무리 의욕이 넘쳐도, 확실한 것은 계획이 반드시 부족하기 마련이라는 점뿐이다.

마르틴 반 덴 브링크는 이에 대한 자신의 철학을 간단하게 표현한다. "중요한 것은 실수를 막는 게 아니라, 실수를 얼마나 잘 관리하느냐이죠."

ASML의 기계는 그 복잡성이 너무 거대해 한 사람이 전부 이해할 수 없다. 필립스의 최초 웨이퍼 스테퍼는 10명의 팀이 조립해야 했으며, 반 덴 브링크와 반 하우트가 1984년에 일을 시작했을 때는 이미 100명이 넘는 기술자가 이 장비에 투입되고 있었다. 이를 관리하는 일 자체가 하나의 과학이었다. 그래서 시스템 설계는 여러 섹션으로 나누어졌고, 각각의 작업을 병행하기 위해 다른 팀들이 할당되었다. ASML 엔지니어들의 협력 자체가 하나의 복잡한 기계처럼 작동하기 시작했다. 그러나 마치 벌집처럼, 겉보기에 완전한 혼돈처럼 보이는 상황 속에서도 사실 모든 이가 자신의 역할을 정확히 알고 거의 완벽하게 이를 수행하고 있었다.

새로운 반도체 공장을 짓는 데는 수십억 달러의 투자가 필요하고, 칩이 생산되기까지는 또 시간이 걸리기 때문에, 모든 것은 비용 대비 가치의 문제로 돌아간다. 일반적으로 자본 투자 중 약 30퍼센트가 리소그래피 장비에 들어가며, 이는 저렴하고 풍부한 실리콘을 고부가가치 칩으로 변환시키는 핵심 도구다. 그 값비싼 기계에서 시간당 충분한 양의 결함 없는 웨이퍼가 나와야만 투자한 돈을 되찾을 수 있다. 최신 기술을 처음으로 마스터한 칩 제조업체는 금세 기계 비용을 회수할 수 있으며, ASML만큼 이 게임을 잘 아는 회사는 없다.

결국, 대량 생산과 미세한 디테일이 관건이다. 따라서 고객의 요구에 맞는 장비를 제공하기 위해 ASML은 고객의 사양을 철저히 파악한다. 마르틴 반 덴 브링크는 항상 칩 공장 경영진에게 그들이 어떤 제품을 염두에 두고 있는지 정확히 물어보기를 원하며, 이를 바탕으로 이를 실현할 수 있는 기술을 구상한다. 그의 구상은 ASML의 로드맵을 형성하고, 회사 전체가 따라야 할 방향을 제시한다.

새로운 기계를 설계하는 첫 번째 작업은 시스템 설계자들의 몫이며, 이들은 칩 제조업체와 협의하여 스캐너가 충족해야 할 요구 사항과 예상 비용을 결정한다. 예를 들어, 칩 제조업체가 시간당 270장이 아닌 290장의 웨이퍼를 생산하고 싶어한다면, 설계자는 더 강력한 레이저를 사용하거나, 더 빠른 웨이퍼 모터를 설치하거나, 추후 교체 가능한 렌즈를 선택하는 것을 추천할 수 있다.

그다음 작업은 개발 및 엔지니어링 부서 D&E의 엔지니어들이 실제로 이 설계를 구현하는 것이다. 이 부서는 회사 전체의 신경 중추이며, 하드웨어와 소프트웨어에 특화된 수천 명의 엔지니어들이 모여 아이디어를 현실로 만들기 위한 최적의 기술을 선택한다.

리소그래피 장비는 세 가지 속성에 달려 있다. 집적 회로를 구성하는 망의 세밀함, 칩의 층이 서로 정밀하게 쌓이는 정도, 그리고 웨이퍼의 이동 속도(즉, 기계에 얼마나 많은 웨이퍼를 공급할 수 있는가)가 그 세 가지다. 이 세 가지가 어떻게 조화를 이루는지는 모든 관련자들이 신중하게 조율해야 할 사안이며, ASML 내에서도 끊임없이 논의되는 주제다.

프리츠 반 하우트가 '성삼위일체'라고 부르는 시간, 사양, 비용의 균형을 잘 맞추는 것이 중요하다. 기술적 요구 사항이 지나치게 높으면, 아무도 구매할 수 없는 기계를 만들 위험이 있거나 생산과정에서의 복잡도가 너무 높아져 제시간에 기계를 완성하지 못할 수 있다. 연구 부서는 당연히 가장 정밀한 선을 그릴 수 있는 최고 해상도의 기술을 선택하려는 경향이 있다. 하지만 여기서의 개선은 시간이라는 대가를 치른다. 정밀해질수록 정확도를 유지하기 위해 모든 과정이 느려져야 한다. 그러면 생산 속도 향상에만 집착하는 칩 제조 공장들의 고함에 답해야 한다. "계속 찍어내! 최소 해상도(정밀 회로)는 얻을 수 없으니 그냥 웨이퍼나 찍어내라고!"라는 말이 그들에게서 나온다는 뜻이다.

ASML의 스캐너는 완벽할 필요가 없다. 부품과 새로운 기계의 점진적 업그레이드를 통해 개선할 여지가 항상 있으며 이는 실제로 종종 일어나는 일이다. 중요한 것은 스캐너가 일을 해낼 만큼만 충분히 좋으면 된다는 점이다.

ASML에서 기계를 설계하는 과정은 완벽하게 예측 가능한 정적인 청사진에 맞춰 기계를 만드는 것이 아니라, 마치 살아있는 유기체를 육성하는 것처럼 진행된다. 이는 기술적 난관에 끊임없이 적응하고, 변화하는 상황에 맞춰 만들고 있는 기계를 조정하는 과정이다. 산 정상에 오르는 길은 여러 개이며 꼭 하나만을 선택할 필요가 없다는 사실, 그것만이 가능한 방법이다. 미세한 수준에서 보면 어떤 부품도 완벽히 동일하지 않고, 어떤 모터도 동일한 속도로 작동하지 않는다. 재료는 진동하고, 가스가 방출되며, 부품은 가열되면 팽창한다. 회전하는 먼지 입자 하나까지도 중요하며, 나사 하나의 나노미터 차이도 영향을 미친다. 하지만 ASML은 전체 시스템의 창조자로서 한쪽에서 예기치 않은 문제가 발생했을 때 다른 부분을 조정하여 이를 보완할 수 있는 노하우를 보유하고 있다.

또한 설계자는 '오차 예산'을 관리하는데, 이는 모든 부품에서 허용되는 오차 범위를 나타낸다. 이 오차는 팀마다 나누어지며, 각 팀에게 할당된 범위 내에서만 허용된다. 마감일이 촉박할수록 이 오차 범위는 더욱 좁아지며, 이후 필요에 따라 자유롭게 할당될 수 있는 여지를 남기기 위해 모든 부품에 엄격한 기준이 적용된다. 이를 '과도한 사양 지정overspecifying'의 기술이라 부른다.

동시에, 가장 중요한 설계 선택은 각각 따로 연구되고 검증된다. 이는 엔지니어들이 지나치게 많은 위험을 감수하거나 잘못된 방향으로 나아가는 것을 방지하기 위해서다. 이 과정은 최대한 빠른 결과를 얻고, 최단 주기를 유지하기 위해 병행하는 방식으로 이루어진다. ASML에서는 언제나 시간이 촉박하다. 목표는 가능한 한 많은 오류를 찾아내고, 기계가 출하되기 전에 이를 바로잡는 것이다. 각 부품을 일일이 제작하지 않고도 이를 해결할 수 있다면 더욱 좋다. 경험이 쌓일수록 ASML의 팀들은 더 정확한 이론적 모델을 통해, 기계가 완성되었을 때 발생할 일을 직관적으로 예측하는 법을 터득하게 된다.

새로운 기계의 전체 수명 주기를 감독하는 사람으로서, 프로젝트 매니저는 설계 단계부터 공장 출하까지 가장 큰 책임을 짊어진다고 할 수 있다. 이 과정은 첫 번째 프로토타입 제작이나 제조업체로의 첫 납품과 같은 14개의 결정적 순간으로 나뉘고, 각 순간은 전문 분야에 따라 더 세분화된다. 예를 들어, 실리콘 웨이퍼가 놓이는 웨이퍼 테이블이나 칩 패턴을 고정하는 마스크 테이블과 같은 메카트로닉스를 다루는 프로젝트 리더들이 있으며, 기계의 각종 움직이는 부품들을 지속적으로 수정하고 조정하는 수백만 줄의 코드를 담당하는 다른 전문가 팀들도 있다.

이러한 구조에서 제품 개발 매니저는 일련의 프로젝트를 집행하는 역할을 맡으며, 여러 예산을 관리하면서 각 팀 간 협력을 조정하는 까다로운 과제를 떠안는다. 이는 막중한 책임이다. 프리츠 반 하우트에 따르면 "ASML에서 '프로젝트'라는 단어가 등장하면, 그것은 반드시 실행되어야 했다." 이것이 이 회사의 궁극적인 특징이다. 필립스와 같은 회사에서는 부서가 중심이었지만, 펠트호번에서는 이 구조가 뒤집힌다. "새로운 기계를 위한 프로젝트는 우리의 생명줄이다. 이에 협조하지 않는 사람은 즉시 제자리로 돌아간다."

한 ASML 매니저도 이를 확인해준다. "이 회사에서는 프로그램이 힘을 쥐고 있다"라며, 마치 '프로그램'이라는 단어가 대문자로 쓰여야 할 신의 이름이라도 되는 것처럼 강조한다.

기계가 점점 더 복잡해짐에 따라 프로젝트 구조도 복잡해진다. 목표 날짜와 마일스톤이 늘어나고, 더 많은 인력과 회의가 요구되며, 약어들도 증가한다. 기술자들은 발생하는 문제를 해결하기 위해 한 프로젝트에서 다른 프로젝트로 바쁘게 이동한다. 그리고 성취의 기쁨을 누릴 수 있는 순간은 그리 많지 않다.

"ASML에서 기계를 개발하는 건 마약을 개발하는 것과 다름없습니다. 그만큼 중독성이 강하죠." 전 D&E 책임자였던 마르쿠스 매티스 Markus Matthes가 말한다. "작업 속도가 너무 빠른 나머지 설계 사양이 완전히 준비되지 않은 상태에서도 디자인을 시작하죠. 그게 바로 스릴입니다." 매티스는 이전에 자동차 산업에서 일했는데, 그곳은 리스크를 기피하는 문화가 뿌리 깊어 ASML과는 극명하게 대조적이었다. "차 산업의 끊임없는 규칙과 비용 제약에 질렸어요. 반면 여기 ASML은 모든 엔지니어들의 꿈과 같은 곳이죠."

꿈 같은 환경일 순 있지만, 마르틴 반 덴 브링크는 그 꿈을 언제든 냉철한 현실로 되돌리는 재주가 있다. 그가 주관하는 '리뷰'에서는 기술 진전에 대한 논의가 이루어지며, 대개는 '과도한' 공학 설계를 피하라는 주문을 끊임없이 강조한다. 마르틴은 "우리 기계에는 밸브와 배관이 충분히 많이 달려 있습니다. 굳이 복잡하거나 비싼 설계가 필요할 이유가 없죠"라고 지적한다. 그는 자주 이런 질문을 던진다. "집에서도 이러나요? 모든 변기 아래에는 저렴한 플라스틱 배관이 있죠. 그런데 왜 우리만 스테인리스로 만들어야 한다고 고집하는 거죠?" 그의 '리뷰'에서는 어떤 것도 비판에서 안전하지 않으며, 모든 선택은 반드시 타당한 이유가 있어야 한다.

네덜란드 연구기관 TNO와 함께 ASML의 신형 기계 개발에 긴밀히 협력했던 흐레호르 반 바스Gregor van Baars는 이를 다음과 같이 설명한다. "그들은 기계를 다루기 쉬운 조각들로 나누고, 각자에게 퍼즐의 한 부분을 맡기죠. 그런 다음엔 끝없는 설계와 계산, 그리고 지속적인 논의와 조정의 반복입니다. 말 그대로 하드코어 엔지니어링의 정점이라고 할 수 있어요."

가장 큰 도전은 다양한 과학 분야 간의 조화를 유지하는 일이다. "누군가 새로운 모터를 고안하면, 열 관리 팀에서는 더 강력한 열원으로 인해 기계 온도가 상승할 것을 우려하죠. 성공적인 커뮤니케이션과 다른 분야에 대한 탄탄한 이해만이 이를 해결할 수 있는 방법입니다."

반 바스에 따르면, ASML은 기계에서 발생하는 문제를 식별하고 해결하는 데 있어 탁월한 능력을 보인다. "마치 범죄 현장을 조사하듯 수많은 엔지니어들이 오류의 원인을 찾고, 그것을 정확히 어떻게 수정하거나 보완할지 연구하죠. 시간이 지나면 이 거대한 복잡성 속에서 무엇이 원래 의도된 해결책이었는지 구분하기 어려워질 때가 오는데, 이로 인해 해결책들끼리 서로 충돌하거나 상호작용을 방해하지 않도록 해야 합니다. 그래서 그들은 엄청나게 많은 엔지니어들을 두는 거예요. 정말 미친 짓이죠."

하지만 프리츠 반 하우트는 엔지니어가 모두 같은 방식으로 일하는 것은 아니라고 설명한다. "기계 엔지니어는 구조물을 설계하고 디자인할 수 있지만, 전자 엔지니어는 회로를 설계합니다. 물리학자는 '모든 것을 이해'할 수 있지만, 그들에게 실제로 무언가를 하게 해보세요. 얼마나 유용한지 알게 될 겁니다." 물리학자 출신다운 발언이다.

ASML의 기술자들은 서로 끊임없이 도전하고, 직급이 높다는 이유만으로 타인의 말을 맹목적으로 받아들이지 말라는 요구를 받는다. 여기엔 중요한 이유가 있다. 프리츠 반 하우트가 지적하듯, 이러한 수평적 구조는 회사가 원활하게 운영되기 위한 필수적인 보호 장치다. "심지어 당신이 회장이라 해도 만약 당신이 완전히 틀린 결정을 내린다면, 누군가가 반드시 그에 대해 지적할 겁니다. 확신할 수 있어요."

2013년에 ASML의 생산 과정을 분석한 TU 에인트호번의 연구원 테오 베르카르트는 다음과 같이 설명했다. "ASML의 직원들은 가용 예산과 인력을 배분하는 과정에서 서로 경쟁합니다. 이 회사는 매우 비공식적인 방식으로 운영되며, 일관된 접근 방식이 없습니다. 프로젝트 리더들은 자신이 실제로 가지고 있는 자원을 숨기려는 경향이 있으며, 예산 협상 중에 더 높은 요구 사항을 내세우죠." 즉, '시끄럽게 소리쳐야만 원하는 걸 얻을 수 있는 회사'라는 것이다. 소리를 내지 않으면 필요한 자원을 얻기 어렵다.

ASML의 고객들도 예측 불가능하다. 반도체 제조업체들은 갑작스럽게 요구 사항을 변경하거나, 주문을 수정하거나, 새로운 기능을 추가로 요구하는 일이 흔하다. "한눈을 파는 순간, 그들은 모두 갑자기 완전히 새로운 기계를 원하게 됩니다"라고 마르틴 반 덴 브링크는 설명한다. 그는 복잡한 부분을 가장 단순한 말로 표현하는 것을 선호한다.

이런 요청들을 처리하는 와중에, 프로그램 매니저들은 정해진 마감 기한을 맞출 수 있도록 모두를 이끌어야 한다. 그들은 단순히 프로토타입이 준비되었는지 확인하는 것에 그치지 않고, 부품과 예비 부품의 조달을 감독한다.

또한 기계를 조립할 공장의 생산능력이 충분한지 여부도 중요한 고려 사항이다. 뛰어난 엔지니어링 역량이 투입된 이 과정에서 가장 기본적인 문제들이 종종 간과되기 쉽다. 예를 들어, 기계가 항공 운송 컨테이너와 공장 문을 통과할 수 있을지 여부 같은 것들. 일부 반도체 공장에서는 ASML의 최신 기계가 예상보다 조금 더 커서 외벽을 철거해야 했다.

새로운 리소그래피 기계의 생애 주기는 납품으로 끝나지 않는다. ASML과 일본 경쟁사들의 접근 방식은 크게 다르다. ASML의 기계는 여전히 상당한 후속 작업이 필요하지만, 일본의 경쟁사들은 그들의 기계를 카메라처럼 완벽하게 조율된 상태로 제공하는 것을 목표로 한다. '플러그만 꽂으면' 사용할 수 있도록.

일견 일본의 방식이 더 나은 것처럼 보일 수 있지만, ASML의 '충분히 완벽한' 접근 방식에도 장점이 있다. 이 방식은 반도체 제조업체가 자체 테스트를 훨씬 더 빨리 시작할 수 있게 해주며, 그들의 환경에 맞게 장치를 미세 조정하고, 기계가 하루 종일 웨이퍼를 노출하는 본래의 목적을 더 빨리 수행할 수 있도록 돕는다. 이는 전혀 다른 게임이다.

간호사 군단

애리조나의 사막 평원을 검은 그림자들이 뒤덮는다. 인텔, 모토로라, NXP와 같은 회사들이 세운 반도체 제조 공장들, 그리고 두 개의 새로운 TSMC 반도체 공장이 원주민 보호구역과 피닉스 산맥 사이에 점점이 흩어져 있다. '태양의 계곡'이라는 별명이 붙은 이 지역은 일 년에 약 300일 동안 맑은 날씨를 자랑하지만, 이 거대한 건물들의 무균 클린룸은 햇빛이 결코 닿지 않는 곳이다. 클린룸은 완전히 외부와 차단되어 있으며, 그 누구도 생산을 방해할 수 없다.

이곳이 얼마나 철저히 운영되는지 알고 싶다면, 클린룸 천장을 올려다보면 된다. 천장 위로 로봇들이 한 기계에서 다른 기계로 웨이퍼가 담긴 트레이를 싣고 부지런히 오간다. 그러다 어느 하나라도 고장이 나면 이 흐름은 멈추고, 마치 교통사고로 막힌 도로에 줄지어 선 조급한 운전자들처럼 기계들이 서 있는 모습을 볼 수 있다.

이런 정체는 매우 치명적이다. 공장의 핵심, 즉 리소그래피 기계가 멈추면, 공장은 더 이상 가동되지 못한다. 정상적인 날에는 가장 빠른 기계들이 보통 한 시간에 200에서 300개의 웨이퍼를 처리하며, 웨이퍼 하나에서 나오는 칩은 최대 25만 달러의 가치를 지닌다. 따라서 반도체 제조업체에게 스캐너가 멈추는 것은 그들의 심장이 멈추는 것과 다름없다. 토드 가비Todd Garvy는 전 세계에 걸쳐 리소그래피 기계가 멈추지 않도록 유지하는 업무를 맡은 ASML의 9천 명의 고객 서비스 직원 중 한 명이다. 애리조나에 본사를 둔 ASML의 미국 지사는 1984년부터 이곳에서 운영되어 왔다. 클린룸에서 일하는 작업복은 눈만 빼고 모든 부분을 덮는 먼지 차단 '버니 수트'로, 병원에서도 전혀 어색하지 않을 옷차림이다.

가비는 스스로를 ASML의 간호사라고 생각한다. 그는 하루 종일, 때로는 밤새도록 자신의 '환자'인 리소그래피 기계를 돌보고 있다. 가비와 같은 서비스 엔지니어들은 40~50대의 기계를 관리하며, 이 일을 담당하기 위해서는 몇 년간 교육을 받아야 한다. 이 때문에 ASML은 새로운 공장 건설이 시작되기 훨씬 전부터 유지 보수 인력을 훈련시키기 시작한다.

칩 공장에서 일하려면 강한 방광이 필요하다. 잠깐 화장실을 다녀오려면 옷을 갈아입는 데 너무 오랜 시간이 걸려서 굳이 그럴 필요가 없다고 느낄 정도다. 토드 가비는 "그냥 너무 많이 먹거나 마시지 않도록 해"라고 조언한다. 하지만 12시간의 고된 교대 근무 중에 그렇게 하기란 쉽지 않다. 가비와 그의 팀은 세 차례 연속으로 12시간 교대 근무를 한 후 며칠씩 휴무를 갖는다.

친구들이 칩 공장에서 정확히 무슨 일을 하느냐고 물으면, 가비는 준비된 답을 꺼내 든다. "나는 시속 300~400킬로미터로 움직이는 디스크 위에 똑같은 이미지를 계속 찍는 엄청나게 비싼 카메라를 다루고 있어. 그리고 매번 칼같이 정확해야 해."

가비는 지난 25년 동안 리소그래피 기계들을 자기 자식처럼 돌봐왔다. "이 기계들은 다 내 아기들과 같아요. 어떤 고객이 기계를 주문하면, 나는 펠트호번에 가서 시스템이 어떻게 완성되어 가는지 지켜봐요. 개별 모듈이 점점 성장해서 완전한 웨이퍼 생산 기계가 되는 모습을 보고, 그 기계가 다시 분해되어 출하되는 걸 지켜보지요. 그런 다음 그 기계를 공장으로 운반하는 비행기를 타고 같이 날아가는 거예요."

어느 클린룸에 들어가도 리소그래피 기계가 항상 왕이라는 사실을 알 수 있다. 가장 비싼 장비가 가장 중요한 생산 과정을 책임지기 때문에, 이 기계가 언제나 최대 성능을 유지하도록 하는 것이 중요하다. 다른 기계들은 상대적으로 비용이 적게 들고, 웨이퍼에 새로운 층을 증착하거나 에칭, 가열하는 등의 작업을 한다. 그 사이에 웨이퍼는 칩의 층이 제대로 정렬되어 있는지 확인하기 위해 지속적으로 측정된다.

리소그래피 기계는 정기적인 유지 보수를 받으면 98퍼센트에서 99퍼센트의 가동률을 유지할 수 있다. 마치 고속도로에서처럼, 계획을 세우면 작업을 전환하거나 다른 생산 라인으로 작업을 유도해 중단을 최소화할 수 있다. 가장 큰 경제적 손실을 가져오는 것은 충돌, 즉 예기치 않은 '기계 중단!' 경고다. 이때 사이렌은 울리지 않는다. 공장에는 이미 충분한 소음이 있기 때문이다.

고장이 48시간 이상 지속될 것으로 예상되면, 웨이퍼를 다른 생산 라인으로 전환하고 수율 감소를 감수하는 것이 더 낫다. 로봇들이 조용히 기다리며 줄을 서 있는 동안 ASML 직원들은 문제를 진단하고 기계를 다시 가동시키기 위해 고군분투한다.

엔지니어 김강산은 "어려운 퍼즐을 푸는 것과 같다. 해결책을 찾으면 엄청난 안도감을 느낀다"라고 말한다. 이러한 섬세한 기계를 다루려면 강철 같은 신경이 필요하다. 칩 공장은 완전 자동화되어 있지만, 인간의 실수를 완전히 피할 수는 없다. 느슨한 케이블, 놓친 볼트, 떨어진 도구, 렌즈에 남은 지문이나 긁힘 등 사소한 실수들이 문제가 될 수 있다. 클린룸에서 발생할 수 있는 최악의 상황은 물이 새거나 마스크가 손상되는 것이다. 마스크는 칩 구조가 담긴 독특한 청사진으로, 교체하는 데 수십만 달러가 소요된다.

마스크에 문제가 발생하면, 공장의 최고 관리자들이 기계 주변에 몰려든다. 김강산은 이를 두고 "선장만 많고 선원은 없다"라고 표현한다. 관리자들은 문제를 찾기 위해 기계 안을 들여다보는 김강산을 긴장 속에서 지켜볼 뿐, 감히 개입하지 못한다. 이 복잡한 와이어와 렌즈 구조는 그들이 건드릴 수 없는 영역임을 잘 알기 때문이다.

때로는 이렇게 풀기 어려운 문제를 해결하는 데 몇 주가 걸릴 수 있다. ASML의 엔지니어들이 해결하지 못할 경우, 펠트호번의 전문가들이 호출된다. 시간이 곧 돈이므로 문제가 길어질수록 점점 더 높은 단계로 문제 해결 요청이 전달되며, 결국 원래 기계를 설계한 디자이너들까지 호출되기도 한다.

TSMC 북부 피닉스 팹의 현장 관리자 웜 파스는 자신의 '하얀 고래'를 생생히 기억한다. 악명 높은 침지 장비로 인해 문제가 발생했는데, 기계가 다시 작동한 후 칩이 계속해서 불량을 일으키다가, 두 시간 후 아무 일도 없었던 것처럼 정상 작동을 했다. 수개월에 걸친 조사 끝에 원인을 알아냈다. 기계가 멈추면, 다섯 방울의 물이 접착제 층에 떨어져 몇 나노미터만큼 접착제가 팽창한다. 이 작은 차이만으로 칩 패턴이 흐트러졌고, 물이 증발한 후에는 다시 수축하여 아무런 오류가 없는 것처럼 보였던 것이다.

이런 문제들은 오로지 현장이라는 가혹한 현실에서만 그 모습을 드러낸다. 수년간의 세밀한 설계에도 불구하고, 이 기계들이 직면하는 문제의 절반은 상상조차 할 수 없는 것들이다. 그래서 ASML은 기계가 실제 가동 중일 때 설계를 미세 조정하는 방식을 채택한다. 이는 부품이 얼마나 빨리 마모되는지를 알아내는 유일한 방법이기도 하다. 윔 파스는 "공장에서만 설계상의 모든 결함이 드러난다"고 말한다. 그리고 예비 부품이 준비되어 있기를 바라야 한다. 이 기계는 너무나 다양한 부품으로 이루어져 있어 어떤 것이 먼저 고장 날지 예측하고 준비하기란 거의 불가능하기 때문이다.

ASML의 영업 부서는 칩 공장과 협상하여 어떤 개선 사항이 보증에 포함되는지, 그리고 어떤 업그레이드에 대해 비용을 청구할 수 있는지 결정한다. 서비스 엔지니어들은 이러한 재정적 논의에서 최대한 거리를 둔다. 팹 공장에서 그들이 수행하는 일은 그 자체로 충분한 압박이기 때문이다. 현장에서 실시간으로 문제에 대응하는 그들은 다른 불필요한 방해 요소 없이 자신들의 업무에만 집중해야 한다.

리소그래피 기계는 결국 특별한 '레시피'로 최적화된다. 마치 포뮬러 1 자동차가 각 경기에 맞춰 세밀하게 조정되는 것처럼, 기계도 생산하는 칩의 종류에 맞춰 정교하게 튜닝된다. 칩 제조사들은 각 기기가 '최대 용량'으로 작동하길 원하지만, 윔 파스는 모든 기계가 동일하지 않다고 설명한다. 그는 이렇게 비유한다. "동일한 자동차를 두 대 산다고 해도, 한 대는 시속 150킬로미터까지 갈 수 있고, 다른 한 대는 180킬로미터까지 갈 수 있습니다. 내 일은 칩 제조사들에게 더 빠른 차를 갖게 되어 기뻐해야 한다고 설득하고, 150킬로미터에서 멈추는 차에 대해 불평하지 않게 하는 것입니다."

코카콜라가 자사의 비밀 레시피를 공개하지 않듯이, 칩 제조사들도 생산 공정의 공식은 철저히 비밀로 한다. 그러나 기계를 너무 과도하게 조작해 문제가 발생하면, 펠트호번에서 원인을 찾아내기 위해 곧바로 연락이 올 것이다.

예측할 수 없는 문제는 기계 자체에만 국한되지 않는다. 클린룸을 아무리 철저히 관리해도 외부 세계의 영향을 완벽하게 차단할 수는 없다. 지진이나 뇌우로 인한 대기압 변동은 리소그래피 공정을 쉽게 방해할 수 있다. 혹은, 소 떼가 문제를 일으킬 수도 있다. 인텔은 한밤중에 생산량이 급격히 떨어지는 원인을 찾느라 고군분투하다가 결국 연구자들이 그 이유를 알아냈다. '소의 방귀' 때문이었다.

매일 밤 1시에서 2시 사이, 바람의 방향이 바뀌며 인근 낙농장의 메탄가스가 공기 정화 장치를 통해 클린룸 안으로 들어왔다. 인텔의 이웃이 잠든 사이에 발생한 추가적인 가스는 생산에 영향을 미쳐, 그 시간 동안 완벽한 칩을 생산하는 비율을 떨어뜨렸다. 필터링으로는 해결할 수 없었기 때문에, 인텔은 결국 세 개의 농장을 이주시키는 비용을 지불해야 했다. 그 이후로, 칩 공장 위치를 선정할 때는 소를 조심해야 한다는 사실을 모두가 알게 되었다.

현대의 리소그래피 기계는 공조 시스템이 내는 소음에 비해 조용한 편이지만 오래된 기계들, 예를 들어 PAS 5500은 부팅할 때 금속성의 굉음, 소위 '포효'를 내며 깨어난다. 이 소리가 들리면 모든 것이 제대로 작동하고 있다는 신호이다. 또한 ASML의 소프트웨어에는 작은 이스터에그가 숨겨져 있다. 알고 있는 사람들은 일부 시스템에서 옛 노키아 휴대폰의 클래식 게임인 스네이크를 하며 시간을 보낼 수 있다. 클린룸에서의 하루는 길게 느껴지는 법이니까.

칩 공장에선 더 기이한 일도 발생한다. 약 20년 전, 애리조나의 한 공장에 있는 리소그래피 시스템이 계속해서 오작동을 일으켰다. "기술적으로 설명할 수 없는 문제였다"고 해당 공장의 엔지니어는 당시를 떠올렸다. "ASML의 장비뿐만 아니라 모든 시스템이 문제를 겪었어요. 공장장은 거의 신경쇠약에 걸릴 지경이었죠. 그때 누군가가 그 공장이 옛 아메리카 원주민의 매장지 위에 세워졌다는 사실을 지적했어요. 그는 공장이 저주받았다고 결론을 내렸죠."

이후 주술사가 소환되었다. 주술사는 공장 입구에 세워진 콘크리트 오벨리스크(방첨탑)가 묘비를 연상시킨다고 말했다. 그는 오벨리스크를 제거하는 것이 영혼을 달래는 첫 단계가 될 것이라고 암시했다. 주술사는 클린룸 복장을 입고 생산 라인을 점검한 뒤 오랜 침묵 끝에 공장장에게 돌아왔다. 그는 "영혼들이 붉은

색에 끌린다"라고 귀띔하며 조용히 떠났다.

결정이 내려졌다. "영혼들이 붉은색을 원한다면, 붉은색을 줘야겠지." 공장장의 눈은 ASML에서 보낸 렌즈 포장 상자에 머물렀다. 그 상자는 밝은 붉은색이었다. 그는 그 상자를 접어 작은 원주민 천막 모양으로 만들어 리소그래피 기계 위에 올려두었다.

마치 마법처럼, 문제가 사라졌다. 그 붉은 상자는 몇 년 동안 기계 위에 그대로 있었고, 아무도 그 근처에 가지 못했다. 이후 공장에서 두 번째 기계를 주문했을 때, 공장 사람들은 ASML 직원들에게 이렇게 요청했다. "그 두 번째 기계에 작고 붉은 천막 텐트를 하나 더 얹어주실 수 있나요?"

ASML의 대답은 간단했다.

"물론이죠."

| 3부 |

불가능을 이루다

새벽이 밝아오지만, 빈센트 응우옌 Vincent Nguyen 은 이미 깨어 있다. 젊은 블로거인 그는 마지막으로 장비를 점검한다. "휴대폰 배터리 두 개, 비디오 카메라 배터리 세 개." 소문이 사실이라면, 그는 단 한 순간도 놓치고 싶지 않다.

2007년 1월 9일 화요일, 수개월 간의 기다림 끝에, 애플의 최신 기기가 마침내 공개될 순간이 다가왔다. 소문에 따르면, 이번 기기는 모든 것을 할 수 있는 장치다. 전화, 이메일, 음악, 비디오까지, 모든 것을 말이다. 그리고 곧 샌프란시스코에서 열리는 맥월드 2007에서 그 기다림은 끝이 날 것이다. 응우옌은 모스코니 센터 1층 입구로 이어진 긴 줄에 합류한다. 이 순간을 위해 모든 것이 준비되었다. 저 문 너머에, 역사가 기다리고 있다.

문이 열리자마자 응우옌은 수천 명의 다른 방문객들과 함께 홀로 질주한다. 그는 최고의 자리를 차지하려면 재빨리 움직여야 한다는 것을 안다. 이제 애플은 단순한 컴퓨터 제조업체가 아닌, 하나의 '문화'나 다름없다. 모두가 이 회사의 카리스마 넘치는 리더를 가까이에서 보고 싶어한다. 홀에는 기대감이 넘친다. 분위기는 뜨겁고 전기처럼 강렬하다. 청바지와 검은색 터틀넥을 입은 스티브 잡스가 기립 박수를 받으며 무대로 나온다. 애플의 창립자이자 CEO, 그리고 모든 제품의 얼굴인 그는 이 순간을 위해 살아왔다. 그가 나서면 모두가 집중한다. 이곳은 그의 무대다.

드디어, 아이폰이 큰 화면에 나타난다. 관객들은 열광한다. 모든 사람이 그의 말 한마디 한마디에 매달린다. 잡스는 특유의 매력을 발휘한다. "이것은 구식 전화기가 아닙니다. 번거로운 버튼이나 '아이들을 위한 소프트웨어'도 없죠." 그는 말한다. "이것은 완전한 컴퓨터입니다." 버튼은 여러 개 있을 필요가 없다. 우리에겐 터치스크린이 있으니까. 손안의 마법과도 같다.

잡스가 슬라이드를 밀어 잠금을 해제하자, 모두가 "우와" 하고 탄성을 지른다. 홀은 놀라움과 웃음, 박수로 가득 찬다. 모두가 눈앞에 펼쳐진 것을 믿지 못한다. 잡스는 손가락 하나로 미래의 문을 열어젖힌 것이다.

잡스는 미소를 짓는다. "한 번 더 보여줄까요?"

6개월 후, 샌프란시스코 반대편 뉴욕의 애플스토어 앞에는 긴 줄이 늘어섰다. 2007년 6월 29일, 아이폰의 출시일이었고, 빈센트 응우옌은 또다시 줄 맨 앞에 서 있었다. 그는 애플스토어에서 가장 먼저 환호를 지르며 뛰쳐나왔고, 오른손에 검은색 가방을 의기양양하게 들고 있었다. 애플 직원들은 명예 경호(공식적인 행사나 중요한 인물을 맞이할 때, 명예롭게 경비를 서는 역할)를 만들어 그가 수많은 카메라들 앞에 나서자 박수를 보냈다. 아이폰을 들고 있는 빈센트의 사진은 전 세계로 퍼져나갔고, 그는 가장 충성스러운 애플 추종자로서 최고의 인정을 받았다.

아이폰의 등장은 모바일 기술의 혁명을 알리는 신호탄이었다. 이 혁명은 일상생활을 돌이킬 수 없을 정도로 변화시켰다. 구글이 애플의 발자취를 따라 모바일 운영체제인 안드로이드를 출시하면서, 휴대전화는 수백만 명의 사람들에게 가장 중요한 컴퓨터로 자리 잡았다. 곧이어 모든 것에 대한 앱이 등장했고, 우리의 삶에 필요한 모든 액세서리가 하나의 기기로 통합되면서 주머니는 점점 가벼워졌다. 신분증, 티켓, 은행 카드, 심지어는 우리의 모든 사회적 생활까지, 이제 손끝 하나로 관리할 수 있게 된 것이다. 2007년 그 운명적인 날, 수십억 쌍의 눈이 이 화면을 처음 본 이후로, 그 눈길은 결코 화면에서 멀어진 적이 없다.

아이폰으로 시작된 혁명은 반도체 산업에도 큰 변화를 가져왔다. 스마트폰은 그 자체로 '킬러 앱'이었으며, 점점 더 많은 메모리, 처리 능력, 그리고 센서를 요구하는 필수 도구가 되었다. 끊임없는 인터넷 연결에 대한 필요성은 더욱 강력한 모뎀 칩의 개발로 이어졌고, 이는 데이터 폭발, 더 빠른 모바일 네트워크, 그리고 클라우드 서비스의 대중화로 이어졌다. 스마트폰 덕분에 '오프라인'이라는 개념은 더 이상 선택지가 아니게 되었다.

2006년, 애플의 컴퓨터에 칩을 공급하던 인텔은 아이폰용 프로세서 공급 요청을 받았다. 하지만 인텔은 모바일 칩 시장의 수익성이 너무 낮다고 판단해 이를 거절했다. 이는 역사적으로 엄청난 실수였다. 현재 15억 대 이상의 아이폰이 유통되고 있으며, 최신 기기 가격이 약 1천 달러에 이르는 상황을 고려할 때, 인텔은 스스로에게 큰 타격을 입힌 셈이었다.

첫 번째 아이폰은 ARM 기술을 기반으로 한 칩을 사용했다. PC 프로세서보다 전력 효율은 더 뛰어났지만, 추가 충전 없이 하루를 버티는 것은 어려웠다. 주머니 속 무거운 알루미늄 덩어리는 그다지 매력적이지 않았기에 배터리 수명을 연장할 필요가 있었다. 이에 애플은 자체 칩을 설계하기로 결심했다. 스티브 잡스는 "좋은 소프트웨어는 전용 하드웨어 없이는 불가능하다"고 설파하며 2008년에 반도체 회사 PA Semi를 인수했고, 애플은 아이패드와 아이폰용 첫 번째 칩을 개발했다. 이 전략은 성공적이었다. 애플 실리콘이 워낙 빠른 속도를 자랑해, 2020년부터 애플은 자체 칩을 노트북과 컴퓨터에도 사용하고 있다. 배터리 수명이 이전보다 크게 증가한 맥북은 더 이상 인텔의 기술에 의존하지 않아도 되는 상황을 맞았다.

애플은 TSMC의 새로운 생산 기술 덕분에 막대한 이익을 얻었다. 대만의 반도체 제조업체인 TSMC는 처음으로 5나노미터 기술을 이용해 칩 구조를 만들어내는 방법을 찾아냈다. 5나노미터가 얼마나 작은지 궁금하다면, 손톱을 보고 5초를 세어보라. 손톱은 1나노미터, 즉 1밀리미터의 1백만분의 1 크기만큼 자란다. 눈으로 알아차리기 힘들 정도로 작은 단위가 TSMC가 작업하는 단위이다.

비록 칩 회로상에서는 실제로 그보다 더 멀리 떨어져 있지만, 전 세계에서 이 초미세 선을 만들 수 있는 기계는 단 하나뿐이다. 애플은 이 사실을 잘 알고 있다. 왜냐하면 2010년에 애플의 쿠퍼티노 본사에 ASML의 엔지니어들이 여러 차례 방문했기 때문이다. 그들은 펠트호번에서 건설 중인 물리학적 한계를 뛰어넘는 기계를 설명했으며, 이 기계는 미래의 아이폰에 더 강력한 엔진을 제공할 수 있는 능력을 가지고 있었다.

보이지 않는 독점

반도체 산업은 더 작아지면서 성장한다. 1제곱밀리미터에 더 많은 회로를 담을수록 공장에서 나온 칩 웨이퍼의 가치는 높아진다. 스케일이 한 단계씩 축소될 때마다 같은 크기의 칩은 더 강력해지고, 전력 효율이 높아지며, 가격 대비 성능이 향상된다. 이는 칩이 새로운 사용처를 얻고 다양한 응용 프로그램에 활용될 수 있는 가능성을 열어젖히며, 제조업체에게는 더 큰 수익을 안겨준다.

하지만 이 과정에서 '무어의 법칙'이 계속해서 문제를 야기한다. 반도체 산업은 이미 2000년 이전부터, 매 2년마다 트랜지스터 수를 두 배로 늘리려면 리소그래피 기계에 새로운 광원$^{\text{light source}}$이 필요하다는 사실을 깨달았다. 누구도 이 새로운 광원을 찾기 위해 20년이나 걸릴 것이라고 상상하지 못했다. 2023년 마르틴 반 덴 브링크는 이렇게 회상했다. "광원은 항상 문제가 되었죠. 사실 지금도 문제입니다."

1990년대 후반은 이 목표를 달성하기 위한 경쟁이었다. 심자외선 기술이 한계에 도달하자, 캐논, 니콘, 미국의 SVG, 그리고 ASML은 더 작은 구조를 인쇄할 수 있는 최적의 기술을 찾기 위해 연구를 시작했다. 세 가지 가능성이 떠올랐다. 이온을 사용한 인쇄, 전자빔$^{\text{e-beam}}$을 사용한 패턴 작성, 또는 극자외선^{EUV}을 이용한 '인쇄' 기술이었다. ASML은 파장이 10에서 100나노미터 사이인 EUV 리소그래피가 가장 수익성이 있을 것이라고 판단했다. 제조업체들은 시간당 한 장의 웨이퍼를 생산하는 100대의 기계를 원하지 않는다. 그들은 시간당 수백 장의 웨이퍼를 생산하는 단 하나의 기계를 원한다. ASML이 해야 할 일은 그 방법을 찾아내는 것이었다.

태양의 코로나는 9천3백만 마일 떨어져 있지만, 극자외선을 자연 상태에서 찾을 수 있는 가장 가까운 곳이다. 그러나 지구에서 극자외선을 생성하려면 매우 정교한 기술이 필요하다. 그중 하나는 강력한 레이저 빔을 뜨거운 주석의 작은 방울에 쏘는 방법이다. 이 과정에서 태양 표면보다 훨씬 뜨거운 플라즈마, 즉 에너지가 충전된 가스가 생성된다. 이때 13.5나노미터 파장의 보이지 않는 빛이 방출되며, 이를 거울로 포착하면 리소그래피 기계에 빛을 전달해 칩 패턴을 투사할 수 있다. 간단해 보이지만, 결국 태양을 만들어야 한다는 뜻이다.

극자외선을 이용한 칩 생산 연구는 세 대륙에서 진행되었다. 1980년대 일본의 NTT에서 초기 실험이 이루어졌고, 이후 미국과 네덜란드가 그 뒤를 이었다. 마침내 1990년, 트벤테 대학의 프레드 베케르크 Fred Bijkerk 교수가 극자외선을 사용해 이미지를 생성하는 데 성공했다. 이는 좋은 출발이었지만, 여전히 작동하는 칩을 인쇄하는 단계까지는 갈 길이 멀었다.

1997년, 인텔은 여러 기술 회사들을 모아 'EUV-LLC' 연구 프로그램을 시작했다. 이 프로그램에는 모토로라, AMD, 에너지부, 미국의 국립연구소들이 참여했는데, 이들 모두는 반도체 산업의 탄생을 책임졌던 거물들이었다. 냉전이 한창일 때 이 연구소들은 소련의 위협을 견제하기 위해 기술 경쟁에서 한 발 앞서 나가고자 노력했다. 이 기관의 과학자들은 새로운 반도체 도구와 핵 장치를 개발하고 있었고, 미국의 입장에서 이는 중요한 무기였다. 하지만 소련이 붕괴하면서 미국의 기술에 대한 갈망도 점차 줄어들었고, 반도체 기술 연구에 대한 정부 예산도 서서히 축소되었다. 실리콘밸리가 이 기술을 끝까지 끌고 가려면 스스로 해결해야 했다. 이러한 시기에 인텔은 EUV-LLC의 가장 중요한 후원자로 나섰다. 2001년 4월, 캘리포니아의 로런스리버모어 국립연구소에서 폭이 10나노미터에 불과한 선을 그릴 수 있는 프로토타입 장치가 마침내 등장했다. 하지만 이를 만드는 데 2억 5천만 달러가 들었고, 상용화까지는 추가로 2억 5천만에서 7억 5천만 달러가 더 필요할 것이라는 예상이 나왔다. 또한 시간이 필요했다. 당시 EUV로 제조된 칩이 공장에서 생산되는 시점은 2005년쯤으로 예상되었지만, 그 예상은 15년이나 빗나갔다.

ASML은 초기부터 극자외선 기술에 이미 주목하고 있었다. 1995년 11월, 스티프 비테코크는 프레드 베케르크와 벨연구소의 리처드 프리먼과 함께 자이스에서 열린 극자외선 워크숍에 참석했다. 그가 노트에 적은 결론은 "할 일이 많다"였다. 이 일은 잠시 뒤로 미루어졌다.

1997년, ASML의 연구 이사인 요스 벤쇼프는 극자외선이 실현 가능한 옵션인지 다시 검토했다. 초기 테스트를 거친 후, 자이스가 극자외선을 유도하는 데 필요한 매우 매끄러운 거울을 개발할 수 있다는 사실이 밝혀졌다. 상황이 변화하기 시작했다. 불가능해 보였던 이 기계를 실현하기 위한 퍼즐 조각들이 충분히 맞춰진 것이다. 그래서 1998년, 유럽과 독일 정부의 재정적 지원을 받아 ASML은 자이스와 파트너십을 맺고 극자외선 연구를 위한 유클리드컨소시엄을 시작했다. 곧 필립스, TNO, 독일의 프라운호퍼연구소도 합류했고, 1999년에는 유럽과 미국의 극자외선 이니셔티브가 힘을 합치기로 했다. 이는 인텔에게 완벽한 상황이었다. 인텔은 더 많은 리소그래피 제조업체들이 EUV-LLC에 합류하도록 압력을 넣었고, 이를 통해 기술이 준비되었을 때 다양한 공급업체 가운데 선택권을 갖고자 했다. 미국의 SVG는 이미 라이선스를 보유하고 있었다. 하지만 니콘과 캐논이 라이선스를 요청하자 의회는 이를 거부하며 미국 세금으로 일본 기업이 이득을 보는 일은 없을 것이라고 못을 박았다.

미국의 오랜 동맹국인 네덜란드는 승인을 받는 데 큰 문제가 없었다. 그러나 실제로 라이선스를 획득하기 위해서는 미국에서 해외 투자를 감시하는 위원회의 승인이 필요했다. 1999년, 마르틴 반 덴 브링크는 당시 에너지부 차관이었던 어니스트 모니즈와 협상을 시작했다.

은색과 회색이 섞인 웨이브가 있는 페이지보이 헤어스타일 덕분에 물리학 교수 모니즈를 한눈에 알아보는 건 어렵지 않다. 그는 1999년 2월 《EE 타임스》와의 인터뷰에서, ASML이 미국에서 EUV 장비를 제조할 공장을 설립하고 미국 공급업체를 우선적으로 사용할 것을 조건으로 반 덴 브링크에게 라이선스를 허가했다고 자랑스럽게 이야기했다. 그러나 네덜란드 기업인 ASML은 이 조건을 이행하지 않았고, 애초에 그럴 의도도 없었다. 당시 반 덴 브링크는 EUV 기술에 대해 확신하지 못했다고 회상한다. "내가 모니즈에게 한 이야기는 꽤 간단했습니다. EUV는 ASML에게 엄청난 위험이고, 그래서 우리는 우리 조건이 수용될 때만 이 거래를 받아들일 생각이라고요."

협상은 에너지부의 어두운 도서관에서 지연되고 있었다. 반 덴 브링크의 변호사는 "더 이상 '아니오'라고 말하지 말고 그들이 원하는 걸 주자. 나중에 계약을 수정하면 된다"고 조언했다.

반 덴 브링크는 분위기를 바꾸고자 백악관이 보이는 고급 레스토랑에서 저녁 식사를 제공했지만, 최종 합의서가 서명되기 전에 떠나야 했다. 그는 "내일 아침, 올바른 조건이 포함된 계약서를 펠드호번 내 책상에서 볼 수 있기를 바란다"는 말을 남기고 워싱턴을 떠나는 영국항공의 마지막 비행기를 탔다. 모니즈는 '미국에 고임금 일자리를 지킨 것'을 자랑스러워했지만, ASML은 이미 자체 계획을 실행에 옮기고 있었다. 바로 앞서 언급한 미국 경쟁사 SVG의 인수였다. ASML은 16억 달러에 SVG를 인수하며 EUV 라이선스까지 손에 넣었다. 네덜란드의 SVG 인수 계획이 승인되자, 게임은 끝난 것이나 다름없었다. 이제 EUV 장비 개발을 담당하는 서구의 리소그래피 제조사는 단 한 곳만 남게 되었다. 일본은 자체 연구 프로그램을 통해 노력 중이었지만, 미국 특허 없이는 캐논과 니콘도 승산이 없었다. 이렇게 해서, 외국인투자심의위원회[CFIUS]의 감시 아래 ASML은 EUV에 대한 사실상 독점을 구축하게 되었다. 그러나 당시 기술은 여전히 초기 단계에 불과했으며, 무어의 법칙을 따라잡기 위한 경쟁에서 ASML이 성공할지 확신할 수 없는 상황이었다. EUV 빛을 생성하고 산업 환경에서 이를 유지하는 것은 매우 어려운 일이었고, 지금도 마찬가지다. 이 보이지 않는 광선은 거의 모든 물질에 흡수되며, 심지어 공기 중에서도 흡수된다. 따라서 리소그래피 기계에는 렌즈 대신 거울이 필요하고, 기계는 진공 상태에서만 작동할 수 있다.

마르틴 반 덴 브링크는 2001년 ASML의 설계자인 롭 반 아켄을 만났을 때 이를 잘 알고 있었다. "이봐, 롭. 공장 전체를 진공 상태로 만들 수 있겠어?"라고 그는 물었다.

놀란 반 아켄은 "그럴 순 없죠. 사람들이 거기서 일해야 하지 않습니까? 산소 없이는 불가능해 보이는데요"라고 답했다.

"맞아, 젠장." 반 덴 브링크는 이마에 주름을 잡으며 대답했다. "이건 우리가 직접 해결해야겠군."

작은 액체 방울을 믿지 마라

'첫 번째 빛.' 칩 제조업체들은 리소그래피 기계를 처음 가동할 때 이 용어를 자주 사용한다. 원래는 천문학에서 사용되는 용어로, 보통 망원경이 먼 은하의 희미한 첫 사진을 포착할 때를 일컫는다. 하지만 한스 마일링Hans Meiling은 별을 보지 않았다. 그가 본 것은 바나나였다.

2006년 1월, ASML의 프로젝트 리더인 마일링은 토요일을 보내며 알파툴, 즉 극자외선EUV 기계의 초기 프로토타입으로 처음 노출된 실리콘 웨이퍼를 살펴보고 있었다. 당시 EUV 개발 초기에는 램프의 출력이 약해 웨이퍼에 투사된 스캐너 이미지를 겨우 알아볼 수 있을 정도였다. 그것은 희미한 반원 모양이 겹친 모습으로, 어렴풋이 바나나처럼 보였다. 마일링은 이를 알아차린 순간부터 다른 것은 전혀 보이지 않았다.

한스 마일링은 EUV 기술이 야심찬 연구 프로젝트로 시작된 첫 단계부터 대만과 한국에서 처음 기계가 가동되기까지, 그 전 과정을 이끌었던 주요 인물 중 하나였다. 그는 더 이상 ASML에서 일하지 않지만, 여전히 가슴에 큼지막하게 'ASML, 비교적 잘 알려지지 않은 회사'라는 문구가 적힌 회색 스웨터를 입고 다닌다. 이 문구는 BBC의 인용구로, 마일링의 마음속에 특별한 의미로 남아 있다. 그 '잘 알려지지 않은 회사'가 빛 한 줄기를 얼마나 간절히 찾고 있는지, 그 절박함을 BBC는 전혀 알지 못했던 것이다.

2006년경 ASML은 275명으로 구성된 팀과 함께 EUV 기술을 개발하고 있었으며, 이들 중 상당수는 필립스, TNO, 자이스 출신이었다. 연구는 에인트호번 공항 근처의 한 건물에서 진행되었는데, 이곳에서 연구팀은 평화롭게 EUV 작업을 할 수 있었다. 물론, 요스 벤쇼프와 마르틴 반 덴 브링크의 감시 아래에서였다. 마일링은 이렇게 회상한다. "초기 몇 년은 상업적 압박에서 완전히 자유로웠습니다. 정말 멋진 시간이었죠." 어마어마하게 복잡한 작업에 몰두할 시간이 충분했고, 몇 가지 가정만을 가지고 시작했다는 점에서 이는 모든 엔지니어에게 꿈 같은 일이었다. 그의 말에 따르면, "EUV는 새롭고 엄청나게 어려운 일이었어요. 그래서 누구나 참여하고 싶어했죠."

그러나 그 꿈이 영원히 지속될 수는 없었고, 새해가 되자 새로운 압박이 찾아왔다. 마르틴은 2월에 열리는 반도체 제조업체들의 연례 회의인 국제광공학회SPIE에서 작동하는 기계를 증명해 보이고 싶었다. 해상도가 40나노미터 이하인 칩 구조 사진만으로 충분했지만, 당시 팀은 여전히 해상도를 100나노미터 단위로 계산하고 있었다. 이제 레이스가 시작되었다. 한스 마일링의 팀은 몇 주 안에 이 수치를 줄이고, 흐릿한 바나나 모양을 더 선명하고 보여줄 만한 결과물로 다듬어야 했다. 팀은 아드레날린에 힘입어, 몇 달이 걸릴 작업을 며칠 밤을 새며 완성했다. 발표 당일, 펠트호번에서 최신 이미지가 도착했다. 해상도는 35나노미터였다.

초기 EUV 기계들은 '방전 램프'를 사용했는데, 출력이 너무 약해 웨이퍼 하나를 노출하는 데 몇 시간이 걸렸다. 그럼에도 불구하고 ASML은 알파툴을 벨기에 루벤에 있는 연구소 imec과 뉴욕 올버니의 연구소에 보냈다. 이는 어디까지나 임시방편일 뿐이었다. 반 덴 브링크는 방전 램프로는 실제 작업을 처리하기에 충분한 출력을 낼 수 없다는 것을 알고 있었다.

"우리가 어떻게 EUV 빛을 만들었냐고요? 녹은 주석이 담긴 욕조에서 두 개의 바퀴를 돌리고, 여기에 불꽃을 더했죠. 더 많은 빛이 필요하면 더 빠르게 회전시켜야 했지만, 그건 비 오는 날 자전거를 빨리 타는 것과 같았어요. 여기저기 튀면서 모든 것이 더러워졌죠." ASML이 앞으로 나아가려면 다른 방법을 찾아야 했다.

희망은 샌디에이고에 본사를 둔 사이머Cymer에 있었다. 사이머는 이미 기존 리소그래피 기계에 레이저를 공급하는 회사로, 초당 5만 회의 속도로 떨어지는 30마이크론 크기의 주석 방울을 생성할 수 있는 드롭릿 생성기를 개발 중이었다. 그런 다음 진공 상태에서 무거운 이산화탄소 레이저를 쏘면, 13.5나노미터의 황금빛 파장을 방출하는 플라즈마를 만들 수 있었다.

적어도 계획은 이랬다. 이제 그 계획을 실제 칩 공장에서 실현해야 했다.

2004년, 인텔은 사이머에 2천만 달러를 투자해 EUV 광원 개발을 가속화하려 했다. 하지만 사이머는 서두르고 싶은 마음이 없었다. 네덜란드 출신의 단 한 명의 잠재 고객에게만 의존하며 불안정한 기술에 대규모 투자를 강요받고 싶지 않았던 것이다. 너무 위험했다. 만약 투자를 한다면, 사이머는 자신들이 정한 조건에서 진행할 계획이었다.

한편, ASML은 샌디에이고에서 상황을 주시할 비밀 병기를 가지고 있었다. 바로 스티프 비테코크였다. 필립스 시절의 개척자인 그는 지난 8년간 사이머의 과학자문위원회 멤버로 활동하며 수많은 EUV 관련 회의를 진행해왔다. 그는 샌디에이고에 똑똑한 직원들이 많다는 것을 알았고, 그들이 종종 위험을 무릅쓰고 흥미로운 아이디어를 실험하는 모습도 보았다. 때때로 성공하기도 했다. 그러나 그 품질은 일관되지 않았다. 산업화는 사이머의 약점이었고, ASML의 엔지니어들은 이를 너무 잘 알았다. 샌디에이고에서 도착한 프로토타입을 본 팀들은 경악을 금치 못했다. 이 기계적 결함들은 ASML이 다른 공급업체들로부터 받아오던 기술과는 전혀 다른 수준이었다. 하지만 리소그래피 시스템에 EUV를 포착하는 일은 그 어떤 것과 비교할 수 없을 정도로 어려운 도전이었다. 기계가 예뻐야 할 필요는 없었다. 제대로 작동만 하면 됐다.

사이머는 곧 주석 방울을 먼저 평평하게 눌러 디스크 모양으로 만들면 광원의 강도가 증가한다는 사실을 발견했다. 이제 레이저는 두 단계로 작동했다. 먼저 방울을 살짝 눌러 팬케이크 모양으로 만든 후, 강력한 레이저를 쏘아 주석을 섭씨 20만 도로 가열해 플라즈마로 변환시키는 방식이었다. 놀라운 진전이었지만, 이는 단지 시작에 불과했다. 이제 그 과정을 초당 5만 번 반복해야 하는 문제를 해결해야 했다. ASML의 진전은 물리학의 법칙을 넘어서는 수준이었고, 광원을 강하고 안정적으로 만드는 과정은 물리적 한계와 싸우는 일이었다. 특히 반사는 큰 골칫거리였다. 이산화탄소 레이저가 발사되면, 주석 방울이 일부 레이저 빛을 반사해, 몇백 미터에 달하는 파이프와 거울을 지나 레이저의 핵심 부위까지 되돌아가게 된다. 이 반사된 빛이 레이저의 중심부에 닿는 순간, 장치는 과열되어 망가진다. 게임 오버였다.

엔지니어들은 그들이 아는 유일한 방법, 즉 시행착오를 통해 해결책을 모색했다. 수많은 브레인스토밍, 설계, 테스트 끝에

EUV 광원

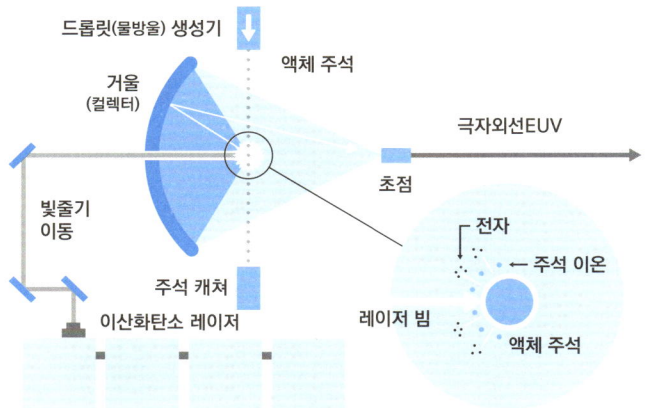

두 개의 개별 레이저 장치가 액체 주석(주석 방울)을 초당 5만 번 타격하여 EUV를 생성하는 플라즈마를 만들어낸다.

ASML은 주석 방울을 레이저 시스템에 통합하고 이를 거울처럼 사용하는 아이디어를 떠올렸다. 하지만 레이저 빛이 필요한 강도를 얻으려면 여러 번 반사되어야 했고, 그 시간 동안 작은 주석 방울은 이미 사라져버렸다. 마르틴 반 덴 브링크는 궁극적인 한계인 빛의 속도를 고려하지 않았다는 사실을 깨달았다. "우리는 5년이 걸려서야 알게 됐어요. 방울을 믿을 수 없다는 걸."

ASML은 다시 원점으로 돌아갔다. 독일 제조업체 트럼프Trumpf는 레이저 공급업체로, 펠트호번과 샌디에이고의 전문가들과 함께 이 문제를 해결해야 했다. 이 시점에서 EUV 기계의 레이저 장치는 이미 45만 개 이상의 부품으로 구성되어 있었다. 엔지니어들은 몇 가지 부품을 더 추가할 수 있을 거라고 생각하고, 반사된 빛이 원점으로 돌아오기 전에 이를 우회하고 차단하는 방법을 고안했다. 2008년에 되어서야 이 방법이 효과를 발휘했지만, 그때쯤엔 새로운 문제들이 나타났다. 광원을 '깨끗하게' 시작하는 것이 큰 과제로 떠올랐다. 마치 디젤 엔진이 아침에 처음 시동을 걸 때 매연을 내뿜는 것처럼, 주석 방울도 폭발할 때마다 거울에 잔여물을 남겼다. 이 거울은 빛을 모으는 '컬렉터'인데, 잔여물이 쌓일수록 출력이 줄어들었다. 따라서 이 잔여물을 계속 제거하고 거울을 청소해야 했고, 그동안 칩 기계는 오랫동안 가동을 멈춰야 했다. 이 문제를 ASML이 완전히 해결하는 데는 몇 년이 더 걸렸다.

이 모든 과정에서 칩 패턴을 실제로 인쇄할 수 있을 만큼 충분한 빛을 유지하는 데 엄청난 양의 에너지가 필요했다. 일반적인 스캐너보다 훨씬 더 많은 에너지가 요구되었다. 리소그래피 기계에서 빛은 10개의 거울을 통과하는데, 각 거울은 빛의 30퍼센트를 흡수한다. 마르틴 반 덴 브링크는 빠르게 계산을 했다. "처음에는 1.5메가와트의 전력을 사용해 30킬로와트의 레이저를 만들고, 그 레이저는 100와트의 EUV 빛을 생성합니다. 그중 약 1와트가 웨이퍼에 도달하죠." 이 기계들은 손실만 내는 듯 보였지만, 결국에는 수익을 내야 했다. 그래서 ASML은 단계적으로 출력을 높여갔다. 이렇게 미세한 수준에서 빛을 비추려면, 가장 강력한 레이저가 필요했다.

하지만 더 강한 출력은 더 많은 열을 발생시켰다. 이는 거울을 팽창시켜 작은 편차를 만들어냈고, 그 편차는 즉시 소형 모터로 교정되어야 했다. 칩의 청사진을 담고 있는 EUV 마스크 역시 극도로 민감한 거울이다. 최고급 호텔의 손님처럼, 그 거울에 먼지 한 점이라도 묻어 있는 것은 용납되지 않는다. 그런데 이런 기계를 어떻게 청결하게 유지할 수 있을까? 기계가 진공 상태에서 작동하더라도, 밀폐된 챔버로 분자가 침투해 거울에 쌓일 수 있다. 이로 인해 ASML은 EUV 기계가 설치되는 클린룸에 매우 높은 기준을 적용하게 되었다. 클린룸 공기 1세제곱미터당 100~200나노미터 크기의 먼지 입자를 10개 이하로 유지해야 했는데, 이는 병원 수술실 공기보다 천 배나 더 깨끗한 수준이었다.

한스 마일링은 이미 1998년에 EUV가 칩 제조업체들에게 얼마나 큰 비용을 초래할지 계산해보았다. 그의 계산에 따르면, ASML은 이 새로운 기술이 가져올 재정적 영향을 크게 과소평가하고 있었다. 돌이켜보면, 이는 오히려 다행이었다. 20년이 걸리고, 성공이나 중간 수익도 보장되지 않는 프로젝트에 서명할 CEO는 없었을 것이다. 그건 도박이 아니라 미친 짓이었다. 일본의 경쟁사들이 경쟁에서 탈락한 이유도 여기에 있었다. 그들의 엔지니어들이 덜 유능해서가 아니라, 니콘과 캐논은 그만큼 많은 돈을 EUV에 계속 투자할 준비가 되어 있지 않았기 때문이다.

진짜 시간과의 싸움은 2006년에 시작되었다. SPIE 발표 직후, 마르틴 반 덴 브링크는 암스테르담의 호텔 더 그랜드에서 삼성에 첫 번째 EUV 기계를 판매했고, 2010년까지 납품하기로 합의했다. 이는 상업적 도입을 위한 매우 과감한 마감일이었다. 삼성은 100와트의 EUV 빛을 제공하는 기계로 시작하길 원했지만, ASML은 당시 5와트도 내지 못하고 있었다.

그 순간부터 반 덴 브링크는 매일 광원에 대한 업데이트를 요구했다. 휴가 중에도 예외는 없었다. 어느 여름, 신호가 잡히지 않아 답답했던 그는 이탈리아에 있는 아파트를 떠나, 전화를 걸 수 있는 적당한 산꼭대기를 찾아나섰다. 이후 두 시간 동안, 샌디에이고에 있는 사이머에 얼마나 많은 문제가 쌓였는지 명확해졌다. 해결책을 찾을 때마다 새로운 기괴한 문제가 발생하고 있었다. 그의 마음은 무거워졌다. 반 덴 브링크는 이 거대한 프로젝트를 끝내기 위해 더 많은 자금이 필요하다는 것을 알고 있었다. 하지만 금융 시장이 붕괴하고 반도체 산업까지 위기에 빠진 상황에서, 자금을 어디서 구할 수 있단 말인가.

삼총사

2008년 9월, 세계는 갑작스럽게 멈춰섰다. 미국 투자은행 리먼 브라더스가 파산 신청을 하면서 세계 시장에 비상 브레이크가 걸렸고, 시장은 완전한 혼란에 빠졌다. 은행업은 신뢰할 수 없는 주택 담보 대출에 기반해 세워진 일종의 카드 집과 같았다. 전 세계적인 신용 위기가 본격화되자 칩 제조업체들이 새로운 기술에 투자할 자본이 사라졌다. 세계 시장이 멈춰버렸고, 펠트호번은 고립되었다.

ASML은 대부분 칩 산업의 경기 변동을 잘 예측해왔지만, 이번 위기는 예상할 수 없었다. "리소그래피 시스템 수요가 이처럼 급격하고 갑작스럽게 감소한 것은 전례가 없는 일입니다." CEO 에릭 뫼리스는 2008년 12월 18일 발표한 보도자료에서 단호하게 밝혔다. 이제 ASML이 브레이크를 밟을 차례였다. 리소그래피 기계를 조립하는 공장들의 작업이 중단되었고, 6,900명의 정규직 직원과 1,600명의 임시직 중 1천 명의 일자리가 없어져야 했다.

ASML은 네덜란드 근로자보험기구[UWV]의 단축 근로 프로그램에 참여했다. 이 프로그램은 영향을 받은 직원들의 임금 70퍼센트를 보장해, 회사가 인력 보호에 드는 부담을 덜어주는 것이었다. 주로 공장에서 일하는 1,100명의 생산 근로자들의 근무 시간이 단축되었지만, 아무도 완전히 피해를 피할 수는 없었다. 모든 직원은 연간 보너스, 즉 '13월의 월급' 절반을 포기해야 했다.

이 위기를 페터르 베닝크는 '대공황'이라고 불렀다. 그러나 주변의 공황에도 불구하고, 펠트호번에 위치한 ASML은 13억 유로의 예비 자금을 보유하고 있었기에 비교적 안정적인 상황이었다. 공급업체나 칩 제조업체들에 비해 상황이 훨씬 좋았지만, 베닝크는 애널리스트들과의 대화에서 ASML이 '업계의 중앙은행' 역할을 하고 싶지 않다고 분명히 했다. ASML은 지속적으로 투자를 이어갔고, 주주들에게도 계속 배당금을 지급했다.

네덜란드 정치인들은 곧 이 상황을 눈치챘고, 이는 좋은 신호가 아니었다. 칩 제조 기계 회사인 ASML이 실업 지원금으로 정부로부터 1,500만 유로를 받는 동시에 투자자들에게 8,300만 유로를 배당하고 있었기 때문이다. 정치인들은 이에 경악했다.

사실상 국가로부터 위장 지원을 받은 것이나 다름없었다. ASML은 배당금을 지급하는 것이 안정적인 주주들이 떠나는 것을 막는 데 도움이 된다고 반박했지만, 이미 피해는 발생했고 주가는 몇 달 만에 반토막이 났다. 불안감이 커졌다. 그들이 가장 두려워하는 것은 헤지펀드나 공매도 투자자들의 투기 대상이 되는 것이었다. 이는 필연적으로 적대적 인수에 노출될 위험을 높였고, ASML은 이를 어떻게든 피하고자 했다.

ASML은 2006년 우선주를 폐지한 이후, 원치 않는 인수를 막을 수 있는 유일한 방어책으로 1998년에 설립된 우선주 재단만 남겨두고 있었다. 다행히도 이를 실제로 사용할 일은 없었지만, 회사 외부에서 꾸준한 관심은 존재했다. ASML은 두 차례나 미국 기업의 손에 넘어갈 뻔했다. 1999년쯤, 식각 장비 제조업체인 어플라이드머티어리얼즈가 리소그래피 시장에 진출하기 위해 ASML 인수에 관심을 보였다. 두 회사는 1999년에 전자 리소그래피 공동 프로젝트를 시작했으나, 이는 오래가지 못했다. 또 다른 미국의 칩 기계 제조업체인 KLA는 2000년대 초 주가가 하락하자 ASML을 인수하려 했다. 펠트호번은 이 제안을 거절했고, 논의는 그렇게 끝났다.

초기 공황에도 불구하고, ASML은 2009년까지 심각한 위기 없이 버텨냈다. 6개월 후, 칩과 리소그래피 기계에 대한 수요가 회복되기 시작했다. 그들은 결국 성공했다. 네덜란드는 여전히 국가 지원금 문제로 분노했지만, 에릭 뫼리스는 이에 대해 언급을 피했다. 그는 이미 더 큰 목표에 집중하고 있었다. 바로 프로세서와 메모리 칩용 리소그래피 기계의 시장 점유율을 50퍼센트에서 80퍼센트로 확대하는 것이었다. 만약 성공한다면, 새로운 기술 연구에 필요한 대부분의 자금이 펠트호번으로 직접 들어올 것이었다. 한 전직 관리자가 말한 것처럼, "숨 막히게 멍청한 일을 저지르지만 않는다면 성공할 수밖에 없는 일"이었다. ASML은 위기 속에서도 연구에 지속적으로 투자하며, 신중하게 대응하던 일본 경쟁사들을 앞서 나가기 시작했다.

회사는 점점 더 많은 투자가 필요한 새로운 기술에 자금을 댈 수 있는 소수의 대형 칩 공장들과의 협업에 집중하기로 했다. 그 결과 틈새 시장 프로젝트들은 중단되었고, 리소그래피 기계를 LCD 화면 생산에 사용하려는 꿈도 사라졌다. 시장 가능성은 있었지만, 마르틴 반 덴 브링크는 좋은 엔지니어들을 평면 스크린에 빼앗기고 싶지 않았다. 그는 EUV가 직면한 산적한 기술적 문제를 해결하기 위해 모든 인력이 필요했다. 삼성의 100와트 출력 요구를 충족시켜야 할 기한이 빠르게 다가오고 있었고, 또 다른 주요 고객이 상황을 더 어렵게 만들기도 했다.

TSMC는 여전히 극자외선^{EUV} 기술에 확신을 갖지 못하고 있었고, 네덜란드 스타트업 매퍼^{Mapper}의 전자빔 기계를 테스트하기로 했다. ASML은 이미 전자빔 기술이 반도체 대량 생산에는 적합하지 않다고 판단한 상태였다. 물론 전자빔으로 칩의 미세 구조를 작성하면 값비싼 마스크가 필요 없어진다. 그러나 출력 속도가 대규모 작업에 비해 너무 느리며, EUV가 약속한 속도와 비교하면 훨씬 더 느렸다. 그리고 칩 구조가 더 정밀해질수록 출력 속도는 더욱 느려질 뿐이었다. 그럼에도 불구하고, 2010년에 TSMC는 매퍼의 기술이 미래의 표준이 될 것이라고 확신한다고 발표했다. 펠트호번의 ASML은 이것이 터무니없는 소리라고 생각했다. 그들은 마치 잔디가 초록색이 아니라는 말을 들은 듯한 기분이었다.

같은 해, 한스 마일링은 애플 본사로 들어가는 주차장, 인피니트 루프에 도착했다. '고객의 고객'을 방문하는 것은 이례적인 일이었지만, 마일링은 세계 최대 기술 회사인 애플이라면 예외를 둘 만하다고 생각했다. 애플이 그를 초대한 것이니, 어쩌면 애플이 자체 칩 공장을 설립할 계획을 세우고 EUV 기계에 대해 듣고 싶어하는 것일 수도 있었다.

그러나 방문에는 더 큰 이유가 있었다. 애플과 같은 주요 고객이 관심을 갖는다는 건 TSMC를 설득하는 데 중요한 역할을 할 수 있었다. 마일링은 대만 측에 자신이 쿠퍼티노로 향하고 있음을 미리 알렸다. TSMC와의 관계는 이미 불안정했기 때문에, 그들이 소문을 통해 이 사실을 알게 하는 것은 피하고 싶었다.

곧 애플과의 두 번째 미팅이 이어졌다. EUV 기술에 대한 시장의 신뢰를 구축하려는 ASML의 전략이 효과를 발휘했고, TSMC는 곧 첫 번째 EUV 기계를 주문했다. 대만 측의 기술적 리더십에 깊은 인상을 받은 애플은 삼성과의 협력을 종료하고, 2013년 1월부터 TSMC에 자사의 모바일 기기 공급을 맡겼다. 이는 두 거대 기술 기업 간의 공생 관계의 시작을 알렸으며, 그 기반은 펠트호번에 있었다.

그러나 ASML이 EUV를 생산 준비 상태로 만들기 위해 넘어야 할 마지막 장애물이 하나 남아 있었다. 샌디에이고에서 광원을 개발 중인 소수의 팀은 레이저의 출력을 증가시키는 데 실패하고 있었다. 마르틴 반 덴 브링크와의 전화 통화에서, 사이머의 기술 이사는 솔직하게 말했다. "보세요, 이 EUV 광원은 일반 레이저와는 비교도 안 될 정도로 복잡합니다. 예전에는 오후 다섯 시에 모두가 퇴근하고 나서라도 매달려 문제를 해결할 수 있었어요. 하지만 이건…… 이건 전혀 다른 문제입니다. 우리에겐 해결할 능력이 없어요."

2012년, 반 덴 브링크의 인내심이 마침내 한계에 다다랐다. 그는 사이머를 인수해 광원에 대한 완전한 통제권을 확보하고자 했다. 더 많은 자금과 인재를 투입하면 유럽에서 발생한 문제를 해결할 수 있을 것이라고 기대했다. 그러나 당시 CEO인 에릭 뫼리스는 완강히 반대했다. 그의 세계관은 엄격한 질서에 따라 움직였다. ASML은 시스템을 설계하고 조립하는 설계자이고, 공급업체는 그저 공급업체로 남아야 하며, 인수는 문제를 일으킬 뿐이라는 것이 에릭의 신념이었다. 그는 비구속적인 합작 투자 이상의 것을 원하지 않았다. 하지만 반 덴 브링크에게는 이것으로 충분하지 않았다.

"젠장, 에릭. 우리가 사이머를 인수하지 않으면 절대 목표에 도달할 수 없다고요." 기술 이사는 분노를 터뜨렸지만, 뫼리스는 요지부동이었다. 인수를 추진할 동맹을 찾기 위해, 마르틴은 즉시 재무 이사인 페터르 베닝크의 사무실로 향했다.

페터르는 마르틴의 기술적 판단을 절대적으로 신뢰했지만, 몇 가지 수치가 필요했다. "우리의 EUV 성공 가능성을 1에서 10까지 점수로 매기면 몇 점이나 될까?" "6에서 8 정도." 반 덴 브링크가 답했다. "좋아, 그럼 진행해."

다음 이사회에서 두 사람은 힘을 합쳐 인수를 강력히 주장했다. 마침내 프랑스인 CEO도 양보했다. 사이머는 인수되어야 했다. 그러나 ASML은 인수 비용과 추가 EUV 연구 비용을 스스로 감당할 수 없었고, 다행히도 에릭 뫼리스와 페터르 베닝크에게는 다른 계획이 있었다. 2012년 7월 초, ASML은 놀라운 계약을 발표했다. 세 명의 주요 고객이 연구 자금을 대고 회사의 지분을 인수하는 계약이었다. 인텔은 15퍼센트 지분을 대가로 ASML에 33억 유로를 투자했다. TSMC와 삼성도 각각 소규모로 투자해 총합 25퍼센트의 지분을 보유하게 되었다. 그러나 그들은 의결권이나 이사회를 선출할 권리를 갖는 주주는 아니었다. ASML의 방향을 결정하는 손은 단 하나뿐이었다.

이 계획은 베닝크의 사무실에서 단 한 번의 브레인스토밍 세션을 통해 만들어졌다. 그는 '삼총사 프로젝트'라는 이름의 계획의 중심에 섰는데, 이는 알렉상드르 뒤마의 소설 삼총사에서 따온 것이다. 이번 삼총사의 주인공은 조금 달랐다. 인텔이라는 프로세서 시장의 리더, 삼성이라는 메모리 칩의 최대 제조업체, 그리고 TSMC라는 세계 최대 반도체 파운드리였다. 이 세 회사는 모두 ASML의 혁신에 의존하고 있다는 공통의 이해관계로 묶여 있었다.

'하나를 위한 모두, 모두를 위한 하나!' 멋진 개념이었지만, 칩 제조업체들은 그렇게 긴밀한 관계는 아니었다. 인텔은 300밀리미터 대신 450밀리미터 직경의 실리콘 웨이퍼를 사용할 계획을 세우고 있었다. 더 큰 웨이퍼로는 더 많은 칩을 생산할 수 있었지만, ASML을 포함한 대부분의 칩 기계 제조업체들은 이 규격을 신뢰하지 않았다. 규격을 바꾸면 공장 내 모든 장비를 개조해야 하고, 이러한 혼란은 추가 수익으로 메울 수 없는 비용을 발생시키기 때문이었다. 숫자가 맞지 않았다. 인텔이 '450' 리소그래피 기계를 원한다면, 그 비용은 인텔이 부담해야 했다. 그때도 ASML은 최소한 또 다른 제조업체가 동참해야만 해당 기계를 납품할 수 있다고 했다. 그래서 삼성과 TSMC에게도 지분 인수를 제안한 것이다. 세 회사는 투자금의 상당 부분이 EUV 개발에 할당된다는 조건에 동의했다. 연구 자금 가운데 5억 5,300만 유로는 더 큰 웨이퍼용 기계에, 8억 2,800만 유로는 EUV 기술 개발에 할당되었다.

여름 동안 ASML의 경영진은 전 세계를 돌며 이 삼총사들을 한데 모으기 위한 공동 미션을 추진했다. 인텔을 설득하기 위해 가장 많은 준비가 필요했고, 이에 따라 이 삼총사에게는 별도로 '폴더Polder'라는 프로젝트 이름이 붙었다. 그에 맞서, 미국 측은 협약에 '스트루프와플Stroopwafel'이라는 암호를 붙였는데, 이는 네덜란드의 유명한 과자 이름이었다. 마침내 인텔의 운영 이사인 브라이언 크르자니크Brian Krzanich가 팔로알토의 한 호텔에서 서명했다. TSMC의 창립자 모리스 창의 서명에는 펠트호번의 지분 5퍼센트가 필요했다. 삼성은 가장 늦게 지분 3퍼센트를 인수했는데, CEO의 병환으로 서명이 지연되었기 때문이다.

결국 ASML은 총 38억 5천만 유로 상당의 주식을 판매했고, 이 중 13억 8천만 유로를 새로운 기술 개발에 투자할 수 있게 되었다. 이와 더불어, 펠트호번에서 1,200개의 첨단 기술 일자리가 창출되었다. 이는 4천 명의 엔지니어를 보유한 회사에 엄청난 수치였고, 브라반트 지역에 큰 활력을 불어넣었다.

그러나 이 계획은 여전히 주주 총회의 승인을 받아야 했다. 고객이 소수 지분을 인수하는 것은 반도체 산업에서 흔한 일이지만, ASML이 제안하려는 내용은 더 받아들이기 어려운 조건이었다. 기존 투자자들은 보상을 받는 대가로 자신의 지분 일부를 양도해야 했다. 이는 주식 가치를 희석시키지 않기 위해 베닝크가 고안한 '합성 자사주 매입'이라는 영리한 구조였다.

이에 대해 캐피털그룹, 피델리티, 블랙록과 같은 주요 투자자들로부터 비판적인 질문이 쏟아졌으나, 베닝크는 이를 잘 넘겼고

2012년 9월, 주주들은 마침내 동의했다. 한 달 후, ASML은 19억 5천만 달러 상당의 주식으로 사이머 인수를 발표했다.

그런데 이 거래는 예상치 못한 방향으로 흘러갔다. 약속대로 ASML은 1년 동안 '450' 기계를 개발했다. 하지만 반 덴 브링크는 더 이상 시간을 끌고 싶지 않았다. 인텔이 그 기계를 원한다면, 주문하고 대금을 지불해야 한다고 압박했다. 인텔은 난감해하는 한편으로 자신들이 부당하게 비난받고 있다고 느꼈다. "다른 제조업체들은 '450' 기계를 원하지 않나요?"라는 인텔의 질문에 반 덴 브링크는 냉소적으로 답했다. "이건 당신들이 낸 아이디어였잖아요."

2013년 초, 반 덴 브링크는 캘리포니아에서 인텔, 삼성, TSMC의 기술 이사들이 만나는 자리를 마련했다. 삼총사는 처음으로 서로 마주 앉았으나, 이제는 '하나를 위한 모두'가 아닌 '2대 1'의 상황이었다. TSMC와 삼성은 즉시 공격에 나섰고, 더 큰 웨이퍼의 필요성을 전혀 느끼지 못한다고 직설적으로 말했다. 이 깜짝 공격에 인텔의 수장은 충격을 받았다. 수십 년간 이어져 온 미국의 패권이 끝나고, 이제 아시아 칩 제조업체들이 판을 주도하고 있었던 것이다. 인텔로서는 아무런 대응을 할 수 없었다.

'450' 프로젝트는 갑작스럽게 중단되었고, 남은 예산은 EUV 개발에 투입되었다. 이를 통해 ASML은 추가로 3억 유로를 확보해 EUV 개발 속도를 높일 수 있었고, 그 자금은 정확히 필요한 시점에 투입되었다.

조앤의 손

조앤과 악수할 때는 조심해야 한다. 그녀는 샌디에이고에 있는 ASML의 클린룸에서 수년간 작업하며 갈고닦은 가장 놀라운 미세 운동 능력을 가지고 있다. 기계에 몰두한 채 몸을 굽히고, '노즐'이라 불리는 장치에 두 개의 전선을 신중하게 감는다. 이 노즐은 초당 5만 번의 속도로 빈 바늘을 통해 주석 방울을 쏘는 EUV 광원의 핵심 부품이다.

이 거의 보이지 않는 전선을 감고 납땜할 수 있는 사람은 조앤과 그녀의 동료 한 명뿐이다. 이는 아무나 할 수 없는 섬세한 작업이다. "심지어 시계공들도 이 작업은 못 해요"라고 조앤의 상사는 감탄하며 말한다. "그리고 이 작업을 자동화하는 것도 불가능합니다."

이 작업은 사소한 일이 아니다. 칩 공장에서 노즐은 일상적인 사용 중에 자주 막히곤 한다. 그런 일이 발생하면, 할 수 있는 유일한 일은 새 노즐로 교체하는 것이다. 상상하기 어렵지만, 조앤과 그녀의 동료의 손이 없다면, 삼성과 TSMC의 EUV 기계는 멈추게 될 것이다. 2023년, 두 쌍의 손이 세계에서 가장 발전된 칩 생산 라인을 움직이고 있다.

그해, 샌디에이고의 EUV 실험실은 확장되고 있었으며, 이는 모든 ASML 시설이 마찬가지였다. 리소그래피 기계의 수요가 증가하면서 새로운 세대의 EUV 기계를 위한 프로토타입 광원을 테스트할 추가 공간이 필요했다. 더 강력한 출력을 원한다면, 더 높은 빈도로 주석 방울을 발사해야 하고, 이를 해결하는 것이 이곳의 엔지니어들의 몫이었다. 리소그래피 기계에서 벌어지는 복잡한 물리학 현상에도 불구하고, 이 부분은 말 그대로 이해할 수 있다. 이번에는 실제로 볼 수 있는 장면도 있다. 실험 장치에서 녹은 방울이 금속 튜브를 통해 빠르게 발사되며 작은 점들이 조용히 떠다니는 것을 말이다.

또 다른 클린룸의 문이 열리면서 직원들이 애칭으로 '몬스터'라 부르는 기계가 모습을 드러낸다. 몇 미터 높이의 이 금속 거대 기계는 플라즈마가 점화되는 진공 챔버를 둘러싸고 있다. 이 광원 전체는 마치 우주선에서 꺼내온 엔진 블록처럼 이 세상 것이 아닌 듯한 분위기를 풍긴다. 근처에서 한 엔지니어가 손에 든 주석 튀김 자국이 가득한 웨이퍼를 면밀히 검사하고 있다. 이 디스크를 통해 몬스터의 핵심이 여전히 신뢰할 수 있는지 확인할 수 있다. 그 거대한 기계의 깊숙한 곳에는 조앤이 납땜한 노즐이 자리 잡고 있고, 바로 옆에는 레이저가 발사 준비를 하고 있다.

다른 한편, 밀폐된 제어실에서는 세 명의 엔지니어가 최신 결과를 점검하고 있다. 마침내 그들은 환호한다. 실험실에서 600와트의 EUV 빛을 성공적으로 생성한 것이다. 하지만 긴장을 늦출 시간은 없다. 모두가 이미 다음 목표인 1천 와트를 이야기하고 있다.

10년 전만 해도 마르틴 반 덴 브링크는 이러한 수치를 꿈도 꾸지 못했다. 2013년, EUV 광원의 출력은 수익성 있는 칩 생산을 지원하기에 너무 낮았다. 드롭릿 생성기는 완벽한 타이밍에 매번 완벽한 방울을 생성해야만 유용했다. 그러나 구성 요소들은 작고 취약했다. 고압에서 끊임없이 누수되거나 막히고, 심지어 부서지기도 했다. 드롭릿 생성기의 대부분은 여전히 사이머에서 수작업으로 제작되었고, 부품을 사전에 테스트하는 것은 사실상 불가능했다. 이로 인해 생산 수율을 완벽히 예측할 수 없었다. 초기 생산 단계에서는 드롭릿 생성기의 절반이 작동하지 않았다. 이를 산업화하고 대량 생산을 준비하는 데에는 수년이 걸렸다.

인수가 완료되자마자 ASML은 사이머를 두 개로 분리했다. 이는 이해 상충을 방지하기 위한 엄격한 자산 분리였으며, 그 결과는 샌디에이고 북쪽의 막다른 길인 소르민트코트에서 명확하게 드러났다. 한쪽을 보면 '옛' 사이머가 여전히 기존의 레이저를 생산하며 운영되고 있는 것을 볼 수 있다. 이들은 여전히 캐논과 니콘 같은 경쟁 칩 기계 제조업체에도 공급하고 있었다. ASML은 이에 개의치 않는다. 더 중요한 것은 도로 반대편에 있는 EUV 시설이었다. 이곳이 진정한 핵심이었고, 접근은 ASML 직원에게만 허용되었다.

인수가 완료되자마자 마르틴 반 덴 브링크는 광원 개발의 상당 부분을 즉시 펠트호번으로 옮겼다. 몇 달 만에 ASML과 레이저 제조업체 트럼프에서 일하는 엔지니어 수가 이미 1천 명을 넘었고, 이는 샌디에이고 팀의 4배 규모였다. 반 덴 브링크는 '새로운 사고방식'에 적응시키기 위해 미국 사이머 직원들을 설득할 시간 같은 건 없었다고 말한다. 복잡한 기술을 산업화하려면, 무자비한 네덜란드식 접근이 필요했다.

사이머에서 처음으로 EUV 실험을 수행한 사람은 호주 출신 엔지니어인 대니 브라운이었다. 주석 방울에 도달하기 전, 그의 실험실에서는 특수한 빛을 생성하기 위해 온갖 금속들을 레이저에 노출하는 실험이 이루어졌다. "다행히도, 아무것도 폭발하지는 않았어요. 하지만 작동하는 것도 없었죠."

ASML이 주도권을 잡자, 대니 브라운은 출력 증가와 안정화를 이루어내라는 엄청난 압박을 받았다. 매년 ASML은 가장 큰 기술적 장애 목록을 발표했는데, 그때마다 사이머가 1위를 차지했다. 샌디에이고는 네덜란드식 엔지니어링 스타일에 빠르게 적응해야 했다. 네덜란드인들은 치과의사가 썩은 이를 다루듯, 약점이 있으면 바로 파고들었다. 마취 따위에 시간을 허비하지 않았다. 그 방식은 직설적이고 노골적이었으며, 미국인들의 눈에는 종종 무례하게 보였다. 이로 인해 새로운 파트너들은 점점 문제를 보고하는 것을 꺼리게 되었다. 하지만 문제를 숨기는 것이야 말로 펠트호번에서 가장 빠르게 신경을 건드리는 방법이었다. 2013년, 프리츠 반 하우트가 프로젝트를 맡았을 때 그는 이를 뼈저리게 느꼈다. "사이머는 항상 좋아질 거라고 약속했어요. 항상 '다음 주에 끝날 겁니다'라고 했고, 물론 그 약속은 지켜지지 않았죠. 우리를 미치게 했어요. 그들은 절대 솔직하게 말하지 않았습니다."

반 하우트는 프로젝트 리더들과 부서 간의 협력을 강화하기 위해 벨기에 카스터리의 한 호텔에서 회의를 주선했다. 펠트호번에서 50킬로미터 떨어져 있고 압박과 장애물이 보이지 않는 곳에서 점심과 저녁 식사를 하며 차분히 상황을 평가할 수 있었다. 매달 샌디에이고에서 엔지니어가 합류했고, 연 2회 비슷한 회의가 샌디에이고에서도 열렸다. 이 문제를 해결하기 위해서는 협력이 필수였다.

EUV 기술을 상용화하는 일은 이미 복잡한 작업이었지만, ASML은 다음 세대 EUV 기계 개발을 동시에 시작하며 더 큰 도

전에 직면했다. 이 시스템들은 더 큰 렌즈 개구를 가진, 소위 '하이 NA$^{\text{High NA}}$(NA, Numerical Aperture, 화소에서 빛이 나올 수 있는 면적)' 시스템으로 불렸다. 사이머 팀에게 이는 상당한 좌절감을 안겨주었고, 회의는 종종 예산을 둘러싼 매니저들 간의 전쟁터가 되었다. 렌즈 제조사 자이스의 긴 준비 기간을 고려하면, 이 기계들이 시장에 출시되려면 10년은 더 기다려야 했다.

반 하우트의 계산에 따르면, EUV 개발에 주당 1천만 유로의 비용이 들고 있었지만, 아직 단 한 푼도 수익을 내지 못했다. 한편, 회사가 발표하는 매번의 지연 소식에 외부 세계는 회의적인 반응을 보였고 경쟁사들은 조용히 기대감을 품었다. ASML을 여기까지 이끈 불길이 이제는 꺼져가는 것처럼 보였기 때문이다.

프로젝트 리더들에 대한 압박은 더욱 커졌다. 모든 힘겨운 단계가 회사의 미래를 짊어지고 있었다. 이제 그들은 그 어느 때보다도 협력해야 했기에, 고위 경영진은 길 잃은 영혼들을 인도하는 일을 전문으로 하는 현지 브라반트 목동과 함께 야유회를 떠나기로 했다. ASML 직원들은 양을 우리로 몰아넣는 임무를 맡았고, 목양견의 도움을 받으며 간신히 작업을 수행했다. 양 한 마리를 몰아넣으면 세 마리가 다시 나오는 상황이 오랜 시간 EUV 작업을 해온 이들에게는 너무도 익숙하게 느껴졌다.

EUV 설계자들에게는 성경과는 조금 거리가 있는 야유회, 즉 스트레스 예방 강좌가 제공되었다. 경영진은 사람들이 너무 열심히 일하다 기계가 완성되기 전에 번아웃되는 것이 가장 위험하다는 것을 알고 있었다. 반 하우트는 기술자들에게 '멍청하게 굴지 말라'며 이를 경고했다.

강좌 진행자는 30대의 열정적이고 똑똑한 사람들로 가득한 그룹을 맞이했다. 몇몇은 명백히 번아웃 직전에 있었고, 나머지는 완벽주의와 씨름하고 있었다. ASML 직원에게 가장 힘든 질문은 시간 내에 납품할 것인지, 품질을 보장할 것인지 둘 중 하나를 선택하라는 것이었다.

그들은 간단한 생각거리를 던지며 강좌를 시작했다. "스트레스 자체는 우리에게 일어나는 일이 아니라, 우리가 그 일에 어떻게 반응하느냐입니다." 화면에는 과도한 짐을 끌고 있지만 포기하지 않는 과로한 당나귀의 이미지가 떠올랐다. 모두가 그 느낌을 잘 알고 있었다.

스트레스 예방 팁 중 하나는 참가자들에게 딱 맞는 조언처럼 보였다. "상사가 '10분 후에 얘기 좀 하자'라고 말하면, 심박수가 급격히 상승하죠. 왜 그런지 우리는 모두 잘 압니다. 상사가 화가 났다고 바로 생각하니까요." 그 해결책은 간단했다. 좋은 생각을 하라는 것이다. "웃는 아기나 열대 낙원을 상상하면서 뇌를 속이세요. 짖는 상사의 이미지를 머릿속에서 밀어내고, 기뻐서 꼬리를 흔드는 강아지를 생각하세요!"

광원과 관련해서는 한 발짝 전진하면 두 발짝 후퇴하는 것처럼 느껴졌다. 가장 큰 문제 중 하나는 고가의 광학 시스템에서 발생했다. 리소그래피 기계는 탄소 침전물로 인한 오염에 매우 취약한 거울을 교체하기 위해 정기적으로 가동이 중단되어야 했다. 탄소 침전물이 표면에 쌓여 거울을 더럽히면 출력이 떨어졌다. 기계는 진공 챔버에서 불필요한 물질을 제거하기 위해 끊임없이 펌핑을 해야 했다. 지문 하나만 남아 있어도 추가로 24시간의 펌핑이 필요했다. 화학 분석을 통해 오염 수준이 기준 이하로 떨어졌다는 확인을 받아야만 다시 EUV 광원을 켤 수 있었다.

게다가, 거울 표면에 물집이 생기는 문제도 발생했다. 코팅은 웨이퍼 두께의 얇은 층들이 수십 개씩 겹쳐져 있었는데, 이 층들은 원치 않는 빛의 파장을 반사하는 일종의 미니 거울들이었다. 그런데 마치 햇볕에 오래 노출된 피부처럼, 이 층들이 쉽게 타면서 물집이 생기고, 그로 인해 광 출력이 급격히 감소했다. 그 결과, 시간당 처리하는 웨이퍼 수가 줄어들었고, 고객들의 불만이 커졌다. 막대한 자금이 걸린 상황에서, 관대함을 기대할 수는 없었다. 고객들은 펠트호번에 매우 큰 불만을 품고 있었다.

삼성과 TSMC는 이미 2013년에 프로토타입 기계를 사용하여 EUV를 통한 대규모 생산에 앞서 문제를 해결하기 위한 실험을 진행하고 있었다. 칩 제조업체들은 ASML이 발견한 모든 문제를 즉시 보고받기를 기대했지만, 펠트호번은 나름의 전략을 가지고 있었다. 엔지니어들은 문제를 조기에 고객에게 알리기 전에 해결 방안을 먼저 찾고 싶어했다. 한스 마일링의 경험에 따르면, "어떻게 해결할지 모르는 상태로 문제가 생겼다는 사실만을 고객에게 먼저 알리는 건 나쁜 인상을 주는 가장 쉬운 방법"이었다. 그의 관점에서 이는 정직하지 않다는 문제와는 다르다. "물론 완전히 헛소리를 해서는 안 되지만, 알고 있는 모든 것을 다 공개할 필요는 없어요. 그것은 진실을 말하지 않는 것과는 다릅니다."

EUV 개발 지연은 수년간 이어졌다. 광원 문제로 인해 모두가 스트레스를 받았다. 마르틴 반 덴 브링크도 이를 인정했다. 그도 때로는 이 문제를 해결할 수 있을지 의구심을 품었지만, 이렇게 말했다. "군대에서의 시간과 비슷하죠. 그 순간에는 끔찍하지만, 지나고 나면 인생에서 가장 좋은 시간이라는 것이요." 물론 마르틴이 실제로 군 복무를 한 적은 없었다. 그는 면제를 받았는데, 어쩌면 다행일지도 모른다. 마르틴이 명령을 따를 사람은 아니니까.

음과 양

ASML에서는 경영자의 발언권이 그리 크지 않다. CEO 에릭 뫼리스에게는 이것이 뜻밖의 문화 충격이었다. 그의 명령은 곧바로 지시가 되기보다는 대화의 출발점으로 여겨졌고, 이는 프랑스인인 그의 스타일과는 전혀 맞지 않았다. 그가 가장 존경하는 역사적 인물인 나폴레옹처럼, 뫼리스는 권력의 중심에 서길 원했으며, 직원들이 자주 경험했듯이 때로는 위압적이기도 했다. 기분이 나쁜 날에 그를 건드리면, 그는 거칠고 직설적으로 반응했다. 하지만 근무 시간이 끝나면 뫼리스는 훨씬 편안하고 심지어 재미있는 사람으로 변했다. 저녁 식사 자리에서는 그가 먼저 이야기를 시작하곤 했다. "무슨 얘기를 하지 말아야 하나? 성, 정치, 종교. 자 그럼, 어떤 주제부터 시작할까요?"

2013년, 두 번째 임기를 마치고 회사를 떠나면서 뫼리스는 농담처럼 말했다. "네덜란드 사람들은 한 가지 큰 단점이 있어요. 그건 프랑스인이 아니라는 거죠." 그는 주저 없이 덧붙였다. "네덜란드 사람들은 명확한 리더가 속도를 올리려고 할 때 그걸 쉽게 받아들이지 않아요."

네덜란드인에 대해 어떻게 생각하든, ASML에는 확실한 리더가 있었다. 마르틴 반 덴 브링크였다. 그의 명함에 'CEO'라는 직함은 없었지만, 그가 회사의 중심임은 분명했다. 그는 기술적 의제를 설정하고, 특허 작성에 참여하며, 전략적 인수 결정을 내리는 인물이었다. 반도체 업계 전반에서 그는 존경을 받았다. 그는 자신의 계획이 이사회에서 막혀도 물러서지 않고 끝까지 밀어붙여 결국 자신의 뜻을 관철시켰다. 실질적으로 누가 회사의 방향을 잡고 있는지는 분명했다.

반 덴 브링크를 중심으로 약간의 무질서 속의 독재가 형성되었다. 이 문화에서는 누구나 더 나은 아이디어를 제안할 자유가 있었다. 그가 직접 말했듯이, "ASML에서는 뭔가를 바꿀 수 있다는 느낌을 가져야 합니다. 변화는 사람들이 만드는 겁니다."

2013년 기준으로 직원 수가 1만 3천 명에 달하는 ASML을 관리하는 것은 그 자체가 큰 도전이었다.

2012년, 에릭 뫼리스의 계약이 끝나가면서 이사회는 그의 후임을 고민하기 시작했다. 또 다른 외부 인재가 마르틴을 통제하게 할 필요가 있을까? 이사회는 이미 내부에 잠재적인 리더가 있다는 사실을 알고 있었다. 바로 페터르 베닝크였다. 많은 사람들은 그를 이미 CEO로 보고 있었다. 최고재무책임자^{CFO}로서 그는 회사 내에서 가장 두드러진 인물이었고, 지역 공급업체들과는 이름을 부를 정도로 가까운 사이였으며, 헤이그에서 네덜란드 제조업계를 대변하며 시간을 보냈다. 그의 공식 직함은 목에 건 신분증을 통해서만 알 수 있었다.

1999년부터 베닝크와 반 덴 브링크 사이에는 깊은 신뢰가 쌓여왔다. 그들은 서로가 어떤 사람인지 정확히 알고 있었다. 함께 인수를 감독하고, 고객을 방문하고, 프랑스인 CEO의 분노에 맞서 어깨를 나란히 했다. 이러한 갈등은 그들을 더욱 결속시켰다. 뫼리스와 반 덴 브링크가 충돌할 때면, 늘 베닝크가 그 중재 역할을 했다. 그는 다리를 놓는 데 탁월했다. 그러나 이 역할은 고달팠다. 같은 공간에 두 마리의 수탉을 두는 것은 결코 좋은 생각이 아니기 때문이다.

베닝크의 관점에서, ASML은 뫼리스 같은 또 다른 외부 보스가 필요하지 않았다. 마르틴을 억제하려는 '큰 개'들은 필요 없었다. 그는 나무마다 짖고 다니는 사람을 상대하고 싶지 않았고, 또 다시 중재자의 역할을 맡는 것도 내키지 않았다. 그는 차라리 자신이 직접 CEO가 되고 싶었다. 하지만 마르틴 없이 할 수는 없었다. 결국 반 덴 브링크와 베닝크 모두 회사를 이끌 의향이 있다고 밝혔지만, 상대방이 리더가 되는 것도 기꺼이 받아들일 것이라고 했다. 이사회는 그들이 둘 다 회사에 필수적이라는 것을 깨달았다. 둘은 서로를 완벽하게 보완하고 있었다. 한 임원은 이를 "그들은 음과 양 같다"라고 표현했다.

그래서 2013년에 ASML은 두 명의 사장 겸 이사를 임명했다. 베닝크는 사장 겸 CEO가 되었고, 마르틴 반 덴 브링크는 사장 겸 기술 이사가 되었다. 이례적인 구조였지만, 두 사람의 역할에 대해서는 아무도 의문을 품지 않았다. CEO가 조종을 하고, 마르틴은 경로를 설정한다. 이것이 ASML의 방식이었다. 베닝크도 이를 알고 있었다. 그는 이렇게 말했다. "마르틴과 함께라면, 황금 티켓을 손에 쥔 거나 다름없습니다. 그걸 굳이 망치려고 하겠습니까?"

베닝크는 두 사람의 급여를 간단한 공식으로 정했다. 이전 CEO와 CFO의 급여를 합한 뒤, 이를 둘로 나누는 것이었다. 이는 에릭 뫼리스가 받던 것보다 적었지만, 그들은 금방 그 차이를 메울 수 있을 것이라 확신했다.

그 후 6개월에 걸쳐 두 사람은 ASML의 미래를 위한 계획을 세웠다. 하지만 이 협력이 처음부터 순조로웠던 것은 아니었다. 베닝크는 새로운 역할에 처음에는 자신감이 없었고, 모든 일에 참견하려는 그의 동료가 가진 성향은 그런 불안을 더 키웠다. 반 덴 브링크는 반도체 산업에 대한 방대한 지식과 다혈질 성격을 갖추고 있었고, 이는 때로 압도적으로 느껴졌다. 엔지니어가 아닌 베닝크에게 마르틴의 사무실을 방문하는 것은 항상 시험을 치르는 것과 같았다.

두 사장은 빌럼 마리스 시절의 전통을 부활시켜 ASML 고위 임원들을 위한 연례 바비큐 행사를 열었다. 150명을 수용할 텐트를 칠 수 있을 정도로 넓은 마당을 가진 유일한 이사였던 반 덴 브링크와 반 하우트의 집에서 번갈아 가며 행사를 열었다. 베닝크는 펠트호번 교외의 평범한 집에 살았지만, 그곳에도 와인 저장고는 있었다.

페터르는 마르틴의 기술적 본능을 한 번도 의심한 적이 없었다. "마르틴과 함께라면 목표는 항상 분명합니다. 내년에 우리가 어떤 기계를 납품할지, 10년 후에는 어떤 일을 할지 우리는 모두 알고 있어요. 간단하죠. 그 부분에 대해서는 논쟁이 없으니, 삶이 더 쉬워집니다."

그러나 두 사람이 함께 리더십을 발휘하는 것은 까다로운 일이었다. 자아를 절제해야 했고, 외부나 다른 ASML 직원에게 전하는 메시지에 있어서도 대충 넘어가는 일이 없었다. 페터르와 마르틴이 항상 서로 동의하는 것은 아니었지만, 중요한 것은 그들이 서로를 완벽히 이해하게 되었다는 점이었다. 그들은 자주 서로가 무슨 말을 할지 말하기도 전에 이미 알고 있었다.

몇 주 걸러 한 번씩, 두 사람은 브라반트의 자연보호구역인 캄피나에서 긴 산책을 했다. 그곳에서 일이나 자녀들의 근황을 이야기하며 조용히 대화를 나눌 수 있었다. 이는 마르틴이 아침에 자전거를 타고 근처 숲을 달리는 곳이기도 했다. 그는 첫 결혼에서 두 자녀를, 세 번째 결혼에서 두 명의 의붓자녀를 두고 있었고, 페터르는 두 번째 결혼에서 두 자녀를 두었다.

페터르는 모두를 한 배에 태우는 사람이었다. 그는 기술 팀의 대립적인 문화를 이해했다. "충돌은 이념적인 것이라기보다는 기술적인 것이에요. 누가 옳은지를 증명하는 문제죠. 모두가 그 방에서 가장 똑똑한 사람이 되고 싶어합니다." 그는 ASML을 강한 엔지니어들뿐만 아니라, 모든 사람들이 편안함을 느낄 수 있는 곳으로 만들고 싶었다. 그리고 그에게는 끊임없이 소리 지르고 화를 내는 것은 무의미한 일이었다. "사람들은 그저 익숙해질 뿐이에요. '그래, 알겠어요, 그게 뭐든지'라고 생각하게 되죠. 저도 감정적이 될 때가 있지만, 가끔씩만 그러면 그 효과는 훨씬 더 커집니다."

하지만 양이 있으면 음도 있는 법이다. 마르틴은 자신의 분노를 숨기지 않았다. 때로는 사람들이 그의 사무실을 나서며 눈물을 흘리기도 했다. 그는 회의 중 갑자기 화를 내며 외쳤다. "도대체 누가 저 망나니를 초대했어!" 고객을 위한 프레젠테이션에 경쟁자가 있었다는 사실에 분노한 것이었다. 팀원이 상황을 설명하자, 그의 분노는 금세 사라졌다. 그는 단지 상황을 알고 싶었을 뿐이었고, 더 이상 끌고 가는 것은 시간 낭비라고 생각했다. 분위기를 풀기 위한 농담이 뒤따랐다.

마르틴과의 회의는 대부분 첫 번째 안건을 넘기지 못했다. 그는 대화를 거의 즉시 장악했고, 때로는 신문에서 읽은 것에 대해 45분 동안 이야기하고, 정작 중요한 주제에는 15분만 할애했다. 그는 자신이 무엇을 하고 있는지 알고 있었다. 어느 동료가 그에게 델프트 청색 타일을 선물했는데, 그 위에는 마르틴이 회의 끝에 자주 하던 말이 적혀 있었다. "우리는 슬라이드는 많이 보지 않았지만, 정신적으로는 성장했어요."

마르틴은 그와 마주 앉은 사람 모두에게 습관적으로 도전했다. 심지어 상대의 제안에 전적으로 동의하더라도, 상대의 확신을 시험하기 위해 반대 입장을 취했다. 그가 좋아하는 무기는 냉소였다. 의심이 들기 시작하면 바로 그 무기를 휘두르곤 했다. "흥미롭네요. 그게 당신의 이전 아이디어만큼이나 잘 통할까요?"

대부분의 ASML 직원들은 그의 폭발적인 성격에 익숙해졌다. 그것은 펠트호번에서의 삶의 일부일 뿐이었다. 진짜 걱정해야 할 것은 그가 계속 노트북만 바라볼 때였다. 나쁜 소식이었다. 당신이 그의 주의를 끌 만큼 중요한 사람이 아니라는 뜻이기 때문이다.

동료들은 그의 추상적 사고 능력을 꾸준히 칭찬했다. 그가 생각에 빠졌다는 건 행동으로 알 수 있었다. 마르틴은 집중해서 이야기할 때면 몇 초씩 눈을 꽉 감았다. 집중이 깊어질수록 그의 오른손은 본능적으로 이마로 가고, 마치 생각이 멀리 달아나는 것을 막으려는 듯 세 손가락을 공중으로 들어올렸다.

하지만 마르틴은 기술적인 세부 사항에 날카로운 반면, 일상생활에서는 놀랄 만큼 건망증이 심했다. 여행 중에는 컨베이어 벨트에서 엉뚱한 가방을 집어들거나, 아예 자신의 물건을 잊어버리곤 했다. "어이쿠, 노트북이 아직 비행기에 있네요"라며 한국 공항에서 세관을 통과하며 외쳤다. 개인 물품을 비행기에 두고 그냥 내린 것이었다. 한 동료는 농담 삼아 "캘리포니아의 네덜란드 영사관에는 마르틴을 위해 준비된 여권이 한 더미 있다"는 말을 하기도 했다. ASML에 너무 집중한 나머지 마르틴은 다른 모든 것을 잊었다. 그의 생각 속에 없으면, 그것은 존재하지 않는 것이나 다름없었다.

마르틴이 외부 세계를 잊고 있을 때, 페터르 베닝크는 적극적으로 외부와 교류하며 주주 총회, 공급업체, 언론, 그리고 들을 준비가 된 정치인들 앞에서 회사를 대표했다. 두 사람은 수년간 해왔던 것처럼 여전히 칩 제조업체들과의 관계를 함께 관리하고 있다. 회의에서 회의로, 비행에서 비행으로, 대륙에서 대륙으로 이동하며, 언제나 다시 펠트호번으로 돌아왔다. 베닝크에게는 개인적인 관계가 칩 산업에서 모든 것을 결정했다. "계약을 성사시키는 것은 변호사가 아니에요. 결정을 내리는 것은 사람들입니다. 옆에 앉아 서로 눈을 보고 '당신을 신뢰합니다'라고 말하는 사람들이죠. 그렇게 일이 성사되는 겁니다."

그러나 그들의 파트너십 초기에는 EUV에 대한 신뢰가 흔들리고 있었다. 기술적인 문제들로 도입 일정이 계속 늦춰졌고,

2014년 실리콘밸리에서의 재앙 같은 발표는 상황을 더욱 악화시켰다. ASML의 개발 기계가 고장 나면서 TSMC는 프로젝트를 비관했다. 미국 애널리스트들은 "무어의 법칙은 끝났다!"고 비웃었다. 그들은 마치 학교 운동장에서 날뛰는 아이들처럼 환호하고 있었다. 그들이 작성한 헤드라인에선 "나~나나나~나!"라는 조롱이 들리는 듯했다.

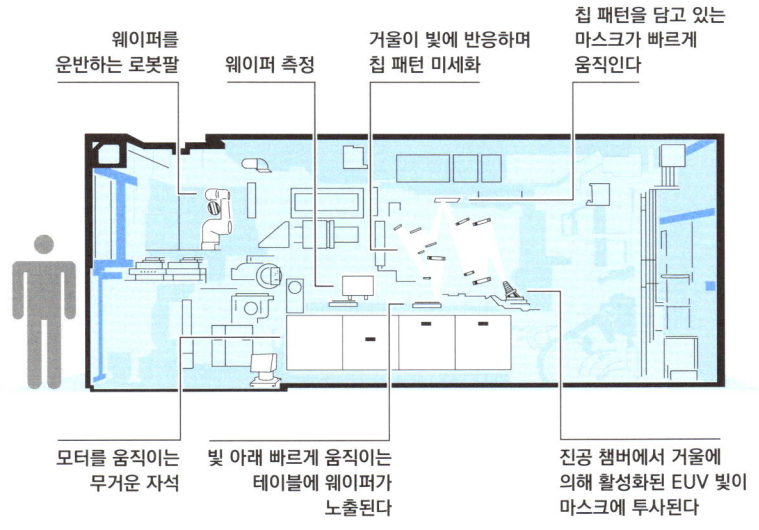

EUV 기계에서 이루어지는 작업들

발표 다음 날 아침, 산호세에 모인 ASML 대표단의 조찬 자리는 침통했다. 마르틴 반 덴 브링크는 언론에 기술적 세부 사항을 흘리며 피해를 최소화하려 했다. 그는 TSMC의 EUV 기계에 단지 사소한 문제가 있을 뿐이며 곧 정상 작동할 것이라고 주장했다. ASML은 무어의 법칙이 여전히 유효하다는 신뢰를 세상에 심어야 했다. 이 와중에도 삼성은 칩 생산에 충분히 강력하고 신뢰할 수 있는 광원을 기다리고 있었다. 약속한 대로 최소 100와트의 출력이었다. ASML의 위기는 계속해서 쌓이고 있었다. 정식 EUV 기계가 여전히 제대로 작동하지 않는 상황에서, 차세대 기계인 이른바 '하이 NA' 시스템의 준비가 이미 진행 중이었다. 이를 위해서는 자이스에 수십억 유로의 투자가 필요했다. 렌즈 제조업체 자이스가 새로운 기술 요구를 충족시키려면 완전히 새로운 공장을 세우고, 값비싼 장비들로 채워야 했기 때문이다.

하지만 ASML의 감사회는 이런 계획을 크게 반기지 않았다. 그들은 또 다른 비기능성 기계에 투자하는 것을 망설였다. 그럼에도 불구하고, 베닝크와 반 덴 브링크는 승인을 얻어냈고, 2016년 11월, ASML은 자이스의 반도체 부문인 카를자이스 SMT의 지분 24.9퍼센트를 확보하며 10억 유로를 투자했다. 이 투자로 독일 측은 차세대 EUV 거울을 개발하기 위해 오버코헨으로부터 7억 6천만 유로를 사용할 수 있게 되었다. 그들은 곧바로 기초 작업에 돌입했고, 엔지니어들은 미래의 혁신적인 작업장에 대한 기대에 부풀었다.

그러나 마르틴 반 덴 브링크는 또 다른 도전에 직면했다. 그는 설계도만 존재하는 새로운 기계를 구매할 고객을 즉시 찾아야 했다. 2017년, 그는 암스테르담에 있는 반 고흐 미술관에서 칩 제조업체들과 해바라기 사이에서 대화를 나누는 개인 투어를 마련했다. 하지만 삼성은 '하이 NA' 기계에 관심이 없었다. "약속한 100와트 광원을 먼저 가동하게 하고 그 후에 이야기하자"라는 게 한국 측의 답이었다.

그해 말, 베닝크와 반 덴 브링크는 삼성 반도체 부문 수장인 김기남과의 회의를 위해 한국행 비행기를 탔다. 비행기에서 내리며, 마르틴은 핸드폰을 확인했다. 그는 체셔 고양이처럼 웃으며 페터르에게 메시지를 보여주었다. 호주 출신 엔지니어 대니 브라운에게서 온 이메일이었다. 그 메시지는 안도의 기운을 내뿜고 있었다. "100와트를 달성했습니다!"

샌디에이고 팀은 마침내 성공을 거두었다. 하지만 삼성의 완전한 신뢰를 얻기 위해서는 한국에서도 제대로 작동하는 EUV 광원이 필요했다. 지구 반대편의 불안정한 시험 시스템만으로는 충분하지 않았다. 게다가 EUV 빛을 수집하는 거울인 컬렉터는 여전히 너무 자주 오염되고 있었다. 24시간 가동되어야 하는 칩 공장에서는 이런 문제가 발생해서는 안 됐다. "그래서 사실상 우리는 아무것도 가지고 있지 않았어요"라고 반 덴 브링크는 말했다. 그는 절대 결과를 보기도 전에 자만하는 사람이 아니었다.

크리스마스를 앞둔 어느 토요일 아침, 삼성의 기술 수장이 펠드호번에 도착했다. 그는 결과를 보고 싶어했다. 반 덴 브링크는 아내에게 "먼저 가"라고 말할 수밖에 없었다. 가족과 함께 스키 휴가를 떠날 예정이었지만, 광원은 여전히 제대로 작동하지 않고 있었다. 절박한 상황에서, 기술 이사와 샌디에이고 팀은 검게 변하는 거울 문제를 해결하기 위해 매일 전화 회의를 진행했다. ASML은 2018년 3월까지 삼성의 기계를 가동시켜야 했지만, 그날 방문자에게 전할 좋은 소식은 없었다.

동시에 또 다른 중요한 기한이 다가오고 있었다. 반 덴 브링크는 감사회에 연말까지 '하이 NA' 기계의 주문을 확보하겠다고 약속했는데, 그렇지 않으면 그의 계획은 중단될 위기였다. 그는 3개월 연장을 요청했다. EUV의 상업적 운명을 결정할 마지막 한 분기가 필요했다. 반 덴 브링크는 성공을 보장할 수 없었다. 다시 한 번 냉소적인 애널리스트들이 그를 조롱하는 소리가 들리는 듯했다.

한편, 인텔은 '하이 NA' 기계를 구매할 의사를 실제로 내비치고 있었지만, 인텔이 지불하려는 금액은 ASML의 예상보다 5억 달러나 더 낮았다. 반 덴 브링크는 깜짝 놀랐다. "세상에. 여러분이 정말 그 기계를 원한다면, 중간에서 타협합시다." 인텔은 이에 동의했지만, 세부 사항은 조정해야 했다. 반 덴 브링크는 영업 팀을 소집했다. 이 거대한 재정적 장벽을 최대한 빨리 해결해야 했다. 그리고 그는 대만으로 향해 다음 '하이 NA' 고객을 확보하려 했다.

처음에 TSMC는 이 차세대 기계에 관심을 보이지 않았다. 그러나 2월에 반 덴 브링크와 베닝크가 함께 타이페이로 날아갔을 때, 대만 측은 설득되었다. "믿음의 도약이지만, 우리는 함께 뛰어들 겁니다"라고 베닝크가 시적으로 그들을 설득했다. 바로 그 말 한마디가 모리스 창을 움직여 TSMC가 첫 EUV 기계를 구매하게 만들었다. 그리고 새로운 기술의 도입이 어려움을 겪는다면, ASML은 백업 기계나 대체 장비를 제공해 생산이 계속될 수 있도록 보장하겠다고 약속했다.

삼성은 더 어려운 상대였다. 한국 측은 7년 동안 작동 가능한 EUV 기계를 기다렸고, 이제 인내심이 바닥났다. 마르틴 반 덴 브링크는 김기남에게 직접 이메일을 보냈다. "한 달만 더 시간을 주십시오. 4월까지입니다. 그때면 해결됩니다."

2018년 2월, 완전히 우연한 발견이 EUV 문제를 해결하는 결정적인 전환점이 되었다. 한 엔지니어가 이상한 점을 눈치챘다. "부품을 교체하려고 진공 시스템을 열 때 거울이 다시 깨끗해지는 게 이상하지 않나요?" 팀의 화학자인 앙투안 켐펜^{Antoine Kempen}은 아마도 산소가 유입되기 때문일 거라고 그 이유를 설명했다. 연이어 빠르게 진행된 테스트를 통해 그들의 의심이 확신이 되었다. 진공 상태에 수소와 함께 약간의 산소를 추가하니 광원 거울의 성능을 훨씬 오래 유지할 수 있었다.

3월 말, 반 덴 브링크는 EUV가 생산 준비가 되었다는 사실을 증명하기 위해 한국으로 향했다. "우리는 삼성에 아무 말도 하지 않고, 단지 기계에 작은 업그레이드가 필요하다고만 전했습니다. 산소가 들어가는 파이프 하나를 추가하니 문제가 해결되었죠." 결과에 만족한 삼성은 즉시 '하이 NA' 기계 계약에 서명했다.

반 덴 브링크는 EUV 기술의 오염 문제 해결에 기여한 공로로 앙투안 켐펜에게 명예 칭호인 '펠로우'를 수여했다. 그의 작은 산소 덕분에 ASML은 큰 안도의 숨을 내쉴 수 있었다

퇴근은 잊어라

나노시티. 작아 보이는 이름이지만, 세계 디지털 메모리의 40퍼센트가 이곳에서 탄생한다. 311번 고속도로를 타고 삼성의 메모리 칩 공장이 있는 화성에 들어서면, 과거 한국이 극도로 가난한 나라였다는 걸 상상하기 어렵다. 일본의 식민지 지배와 한국전쟁으로 피폐해진 이 나라는 한때 북쪽의 형제보다도 더 어려운 상황에 처해 있었다. 그러나 1970년 이후, 한국의 1인당 GDP는 6백 달러에서 4만 달러로 성장했다. 군사 독재의 계획 경제와 삼성, LG, 현대와 같은 대기업 덕분에 한국은 산업 강국으로 탈바꿈했다. 현재 한국 경제의 20퍼센트는 단 하나의 회사, 삼성의 수익에 의존하고 있다. 그래서 붙여진 별명이 '삼성공화국'이다.

거대한 공장들이 수미터 높이의 빨강, 노랑, 파랑 패널들로 덮여 있다. 네덜란드의 대표적인 화가 피에트 몬드리안의 색조를 떠올리게 한다. 그러나 삼성 직원의 말에 따르면, 이것은 예술작품이 아니다. 이 색은 이 공장에서 생산되는 메모리 칩, 즉 당신의 휴대폰 저장 장치나 노트북의 작업 메모리에 사용되는 칩 패턴을 확대한 것이다.

삼성 공장에 들어서면, 직원들을 위한 열 가지 지침이 적힌 명판이 방문객을 맞이한다. 그중 하나는 "목표를 넘어서는 것을 목표로 하라"는 것이다. 창업자 이병철은 공자의 지혜를 본받고, 일본 공장의 엄격한 규율에 영감을 받았다. 그의 후계자 이건희는 삼성의 시선을 서구 시장으로 돌려 휴대폰 시장의 선두주자로 만들었다. 그는 한국의 최대 대기업이 빠르게 새로운 시장에 적응해야 한다고 믿었다. 그의 유명한 슬로건은 "아내와 자식만 빼고 모두 바꿔라"였다.

서울 남쪽에 위치한 나노시티에는 방문객을 위한 완전 가동 생산 라인이 있다. 가이드는 클린룸을 가리키며 설명한다. "이 생산 라인은 축구장 세 개 크기지만, 11개 크기만큼의 라인도 있습니다." 큰 유리벽으로 차단된 곳에서 방문객은 전체 공간을 한눈에 볼 수 있다. 기계들 외에는 볼 것이 거의 없다. 사람은 먼지와 오염물질을 유입시켜 생산에 해를 끼칠 위험이 크기 때문이다. 그럼에도 불구하고, 문제가 발생할 경우 개입할 준비가 된

30명의 직원들이 보이지 않는 곳에서 대기하고 있다.

로봇과 자동 운반차들이 웨이퍼 더미를 운반하는데, 각 웨이퍼에는 최대 만 개의 메모리 칩이 들어 있다. 하나의 디스크가 모든 공정을 완료하는 데 6주가 걸리며, 이후 다른 공장으로 보내져 개별 칩으로 잘려진다.

어플라이드머티어리얼즈, 램리서치, 도쿄일렉트론, ASML과 같은 칩 기계 제조업체들은 삼성 근처에 지사를 두어 호출 시 신속히 대응한다. 가이드는 홀 뒤쪽에 있는 스캐너를 가리키며 말한다. 그곳은 노란빛으로 가득하다. "이 색은 사진을 암실에서 현상할 때처럼 리소그래피 공정을 돕습니다." 이는 공장에서 가장 비싼 장비를 위한 황금빛 후광이다.

칩 부문은 삼성전자에서 가장 수익성이 높은 부서이다. 하지만 메모리 칩 수요는 변동성이 커서 때로는 삼성의 수익에 큰 타격을 준다. 게다가 컴퓨터 메모리 칩은 고급 프로세서에 비해 이윤이 적기 때문에, 한국은 효율성과 높은 생산량에 매우 집중하고 있다. EUV가 제대로 가동되고 기계가 멈춰 있는 시간이 줄어들면, 삼성은 귀중한 생산 시간을 절약할 수 있을 것이다.

2018년 말, 나노시티는 대형 노란색 건설 크레인들로 가득 찼다. 새로운 8층짜리 공장 건설이 시작된 것이다. 초기 비용은 150억 달러였고, 추가로 110억 달러가 투입될 예정이었다. 삼성은 EUV 기계를 메모리 칩 생산에도 사용하기 위해 사실상 두 개의 팹을 쌓아올리고 있었다. ASML의 로고가 새겨진 하얗고 파란 컨테이너들이 이미 도착해 출발 준비를 하고 있었다.

지칠 줄 모르는 노력과 군대식 규율 덕분에 삼성과 SK하이닉스(과거 현대의 일부)는 반도체 세계를 정복했다. 그들은 공급업체들에게도 그 이상의 것을 기대한다. 한 ASML 직원의 말에 따르면, 한국에서 일하는 것은 '힘껏 밀고, 더 세게 밀고, 그다음에는 더 강하게 밀어야 하는 것'이라고 한다.

ASML의 영업 이사 서니 스탈네이커[Sunny Stalnaker]는 한국에서 태어났으며, 한국 기술자들과 광범위하게 교류한다. 그녀에게 다른 고객과 한국 반도체 공장을 구분 짓는 것이 무엇인지 묻자, 그녀는 즉각 대답했다. "간단해요. 레이저처럼 날카로운 집중력입니다." 한국인들은 리소그래피 기계에서 최대한의 효율을 뽑아내는 데 집중하며, 실패를 용납하지 않는다.

1997년 아시아 금융 위기가 발생했을 때, 삼성과 SK하이닉스는 엄청난 부채에 시달렸다. 한국 경제가 회복되기 위해서는 국제통화기금[IMF]으로부터 수십억 달러의 지원이 필요했다. 스탈네이커에 따르면, 한국의 반도체 공장들은 순수한 의지로 생존했다. "아시아의 모든 반도체 제조업체가 비용에 신경 쓰지만, 한국인들처럼 강하게 밀어붙이는 곳은 없습니다. 그들은 믿을 수 없을 만큼 열심히 일합니다."

예를 들어, 시스템에 문제가 발생하면 삼성 직원들은 기계가 다시 가동할 때까지 현장을 떠나지 않는다. "그들에게 문제를 해결하기 전에 집에 갈 생각이 없는 거냐고 묻는다면, 아마 비웃을 겁니다." 이러한 헌신은 한국에서 일하는 ASML 직원들에게도 영향을 미쳤다. 그들의 사무실에는 열정적인 반도체 제조업체들과 대화를 나누는 중간에 잠깐 눈을 붙일 수 있도록 침대가 구비되어 있다.

삼성에서는 "날카로운 칼에는 훌륭한 요리사가 필요하다"는 말이 통한다. ASML 직원들은 삼성이 칩을 생산하는 리소그래피 공정에 대한 완전한 숙련을 목표로 한다고 느낀다. 스탈네이커는 말한다. "기계에 문제가 생기면, 그들은 가장 작은 디테일까지 분석 결과를 쏟아냅니다. 항상 관련 있는 것은 아니지만, 모든 사실을 이해하기 위해 모든 것을 살펴보죠. 그러는 동안에도 만 가지 질문을 받습니다. 그들은 매시간 업데이트를 원해요. 심지어 그 시간 동안 아무 일이 없더라도 말이죠." 90년대 초, 일본 리소그래피 제조업체들은 한국 고객이 기계 내부 부품을 보지 못하게 했다.

한국인들에게는 '킬러 멘탈리티'가 있다고 프리츠 반 하우트는 말한다. ASML의 지원 부서를 이끌던 시절, 그는 자주 혼자서 한국인들의 격렬한 항의를 마주해야 했다. 그러나 그들과 같은 톤으로 맞서는 것은 아무 소용이 없었다. "그들 모두 상사로부터 엄청난 압박을 받고 있습니다. 그리고 문제를 해결하는 순간, 평생 친구가 되는 거죠."

감사의 표시로, 반 하우트는 ASML을 대표해 한국의 헨드릭 하멜 상을 받았다. 하멜은 아마도 들어본 적 없는 가장 유명한 네덜란드인일 것이다. 17세기, 고린험 출신의 이 회계사는 네덜란드 동인도회사에서 일하던 중 배가 난파되어 우연히 한국에 상륙하는 예상치 못한 운명을 맞았다. 그의 여행기는 외국 무역의 문을 열었고, 그는 한국에서 민족적 영웅이 되었다. 하멜은 한국 축구 대표팀을 성공으로 이끈 거스 히딩크 감독만큼이나 잘 알려져 있다. 300년도 더 지난 후, ASML은 여전히 헨드릭 하멜의 모험 덕을 보고 있다. 네덜란드 통계청에 따르면, 2023년 네덜란드의 한국 수출액은 총 120억 유로였으며, 그중 '특수 기계'가 63억 유로를 차지했다. 이 기계들 대부분은 펠트호번에서 왔다.

마르틴 반 덴 브링크는 ASML이 처음으로 삼성에 장비를 공급하던 당시 한국에서의 공격적인 분위기를 기억한다. "많은 공급업체들이 삼성의 요구에 맞춰 굽히는 데 익숙했지만, 우리는 너무 작아서 그들의 모든 요구를 충족시킬 수 없었습니다." 90년대에 ASML은 한국 반도체 공장들의 유지 보수를 현지 중개업체에 아웃소싱하여 문화적 차이를 해소하려 했다. 이후 자체 서비스 조직을 구축할 때는 주로 한국 직원을 채용하는 것을 목표로 삼았다. 한국인들은 엄격한 위계질서와 주 50시간 이상의 긴 근무 시간에 익숙했기 때문이다. 한국의 높은 교육 수준도 또 하나의 장점으로 작용했으며, 상대적으로 많은 여성들이 기술 분야를 공부했다. 학교에서도 최고의 성과를 내야 한다는 압박이 매우 컸다. 서니 스탈네이커에 따르면, 이는 아시아 문화의 일부분이다. "싱가포르, 한국, 홍콩, 대만, 일본, 이 모든 나라에서는 아이들이 자정까지 공부합니다."

ASML은 결국 삼성을 위한 EUV 광원을 기준에 맞게 만들었지만, 약속한 시점보다 7년 늦게 완성되었다. 거의 동시에 대만의 경쟁사인 TSMC도 EUV 칩 생산을 시작했다. 하지만, 최초의 성과는 하나만 있을 수 있었다. 그래서 브라반트인들은 각 회사가 주목받을 수 있는 방법을 고안해냈다. TSMC는 시간당 150개 이상의 EUV 웨이퍼를 노광할 수 있는 첫 번째 기계를 확보했으며, 삼성은 가장 강력한 광원을 자랑할 수 있는 권리를 얻었다. 이 시점에서 ASML은 이미 250와트 한계를 넘을 준비가 되어 있었다.

한동안 EUV 광원을 이용해 칩을 생산하는 파티에서 손님은 동아시아 국가들뿐이었다. 2018년, 미국의 반도체 제조업체 글로벌파운드리스는 뉴욕 몰타에서 두 대의 EUV 기계를 철수했다. 경제적으로 생산이 불가능했기 때문이다. 인텔은 아시아의 경쟁사들에게 모든 면에서 뒤처지고 있었으며, 2023년 이후에야 EUV를 칩에 사용하기 시작할 계획이었다.

미국 정치인들은 칩 기술이 마치 아시아에 의해 '탈취'된 것처럼 인식하는 경향이 있다. 그들은 자신들의 EUV 광원 기술이 네덜란드 회사에 의해 넘어갔다고 생각한다. 하지만 반 덴 브링크의 생각은 다르다. "EUV 개발은 25년 동안 이어져왔습니다. 그들은 처음 5년을 했지만, 우리는 지난 20년을 맡아왔죠." 간단히 말해, 아시아의 반도체 제조업체들이 미국의 경쟁자들보다 더 큰 위험을 감수했기 때문에 선두에 설 수 있었다는 것이다.

2019년 8월, EUV로 생산된 프로세서를 탑재한 첫 번째 스마트폰이 출시되었다. 7나노미터 기술을 기반으로 한 삼성 갤럭시 노트 10이었다. 마르틴 반 덴 브링크는 이 기기를 선물로 받았다. 그를 자주 좌절하게 했던 바로 그 수장으로부터 받은 작은 감사의 표시였다. 2019년 말, TSMC는 화웨이의 스마트폰을 위한 유사한 칩을 납품했고, 애플도 곧 뒤따랐다. 2020년, TSMC의 5나노미터 기술로 제작된 EUV 칩이 아이폰에 탑재되었다.

반도체 제조업체들이 사용하는 기술 세대나 '노드 node'에 대한 설명은 다소 과장된 측면이 있다. 실제로 칩에서 가장 작은 회로와 연결 부분의 물리적 크기는 광고되는 것보다 5배에서 10배는 더 크다. 한때 나노미터는 그저 나노미터일 뿐이었지만, 정확하지는 않아도 마케팅 슬로건으로는 효과적이었다.

'EUV 칩'이라는 용어도 전체 이야기를 전달하지는 않는다. 모든 프로세서는 수십 개의 층으로 구성된다. 칩을 반으로 자르면 나무의 나이테처럼 서로 다른 리소그래피 기술들이 쌓여 있는 것을 발견할 수 있다. 가장 중요한 회로가 있는 소수의 층만 EUV를 사용해 노광된다. 나머지 층의 패턴은 기존의 기계들이 처리한다.

2020년 12월, ASML은 100번째 EUV 스캐너 판매를 기념했지만, 이 기술은 여전히 성숙하지 않았다. 공장에 있는 기계들은 대대적인 업그레이드와 수리가 필요했다. 레이저가 수리되기 위해 꺼지면, 전체 작업이 몇 주, 심지어 몇 달 동안 멈추곤 했다. 그래서 항상 대기 중인 백업 기계가 필요했다.

반도체 제조업체들은 또한 기계 문제를 과장하는 경향이 있다. 문제가 발생했다고 해서 수백만 달러짜리 스캐너를 곧바로 경쟁사의 버전으로 교체할 수는 없기 때문에, 대신 ASML을 긴장시키기 위해 문제를 강조하고 긴 불만 목록을 제출하는 것이다. 엔지니어들은 수백 개의 슬라이드로 구성된 파워포인트 발표의 공격을 받는다. 각각의 슬라이드는 빠진 나사 하나, 지연된 부품 하나까지도 다루고 있다.

가장 큰 불만은 실리콘 웨이퍼에서 오염 입자로 인해 발생하는 편차에서 나온다. 이러한 문제는 신속히 ASML 전문가에게 전달되어 생산 최적화를 돕는다. 아시아에서 일하는 한 직원은 이 일이 엄청난 스트레스라고 말한다. 낮에는 고객을 만나고, 저녁에는 펠트호번의 설계자들과 회의를 하며, 새벽에는 샌디에이고와 화상 통화를 해야 한다. 매일이 끝나지 않는 회의처럼 느껴지며, 밤에 겨우 5시간을 잘 수 있을까 말까다. "예상치 못한 문제가 발생하면, 더 적게 자는 거죠."

폭발하는 주석 방울에서 빛을 모으는 거울은 정기적인 세척이 필요하다. 처음에는 몇 주마다 한 번씩 세척해야 하지만, 시간이 지나면 몇 달에 한 번으로 간격이 늘어난다. ASML은 컬렉터를 위해 고압 세척기를 장착한 자동차 세차장 같은 시스템을 개발했다. 아시아에 이미 많은 EUV 기계들이 가동 중이기 때문에, 거울을 네덜란드로 보내 청소하는 대신 이 과정을 아시아에서 처리하는 것이 훨씬 더 편리하다.

이런 이유로 ASML의 대만 지사인 링커우에서는 매년 200개 이상의 EUV 컬렉터를 청소한다. 심지어 한국에서 사용된 더러운 거울들도 대만으로 보내진다. 그 거울들은 캐시의 클린룸 작업실로 들어온다. 기계 공학을 전공한 신입인 캐시는 새로운 과제를 맡았다. 마치 서투른 화가가 퍼티(주석 반죽 물질)를 가지고 장난을 친 것처럼 주석 덩어리가 덕지덕지 붙은 거울이다. 캐시는 타이머를 맞춘다. 이산화탄소로 12시간 동안 청소하면, 거울은 다시 기계에 장착할 준비가 된다.

대부분의 거울은 ASML의 최대 고객인 TSMC의 스캐너로 다시 돌아간다. 한국이 디지털 메모리를 제공하긴 하지만, 세계는 대만의 컴퓨팅 파워에 의존하고 있다.

모리스와 동료들

지금은 오후 다섯 시, 신주 과학단지. 신호등이 초록불로 바뀔 때마다 TSMC 캠퍼스를 떠나는 수많은 스쿠터들이 밀려나온다. 그들은 가스와 화학물질을 실은 트럭들, 그리고 'Fab 20'을 지으려는 건설 현장의 차들을 비집고 나아간다. Fab 20은 2025년부터 2나노미터 정확도로 칩을 생산할 최신 기가팩토리다. 거대한 이 시설은 TSMC의 다른 건물들 사이에 겨우 자리 잡고 있다.

 TSMC 직원들을 구별할 수 있는 방법은 여러 가지다. 스쿠터 흙받이에 붙은 T 스티커, 목에 걸린 오렌지색 열쇠고리, 그리고 그들이 들고 다니는 투명한 가방. 이 가방은 회사의 비밀을 밀반

출하지 못하도록 의무적으로 사용해야 한다. 스마트폰을 내부로 가져가는 것은 여기선 아예 선택지도 아니다.

이 칩 공장은 24시간 가동되며, 생산 직원들은 12시간 교대로 근무한다. TSMC는 2023년에 추가로 6천 명의 인력을 고용할 예정이지만, 대만처럼 출산율이 낮은 나라에서는 인재를 찾기가 어렵다. 이제는 고등학생들을 끌어들여 주당 몇 시간씩 일하게 하고, 이미 7만 명에 달하는 'TSMC 군대'의 신병으로 삼고자 한다. 이 대만 반도체 회사는 칩 산업의 강력한 연결고리로, 소니의 플레이스테이션, 애플의 아이폰, 그리고 인공지능 앱을 실행하는 데 사용되는 미국 칩 제조사 엔비디아의 그래픽 칩을 생산한다. 또한 테슬라, 아마존, 알리바바, 마이크로소프트의 데이터센터들도 대만에서 그들의 컴퓨팅 파워를 얻는다. 2022년, TSMC는 전 세계 칩의 절반 이상과 가장 첨단의 프로세서 90퍼센트를 공급했다.

최첨단 칩 공장을 세우는 엄청난 비용을 고려할 때, 칩 설계자들은 TSMC 같은 전문 '파운드리'에 생산을 위임하는 것을 선호한다. 심지어 인텔도 자사의 EUV 생산이 완전 가동되지 않은 상황에서 일부 생산을 대만에 아웃소싱한다. TSMC의 공식 창시자인 모리스 창은 세계화의 구현체다. 1931년 중국에서 태어난 그는 미국에서 메카트로닉스를 공부하고 텍사스인스트루먼츠에서 일하다 대만으로 이주했다. 앞서 언급했듯이, 그는 1987년 필립스의 지원을 받아 대만 반도체 제조 회사를 설립했다. 그때부터 항상 검은색 수첩을 주머니에 넣고 다니며, 새로운 웨이퍼 주문을 기록할 준비를 하고 있다. 그는 또한 파이프 담배와 떨어질 수 없는 사이로, TSMC 사무실 내에서의 금연 규정을 무시해 ASML 직원들을 경악하게 하지만 아무도 그것을 지적할 엄두를 내지 못한다.

창은 2005년 CEO 자리에서 물러났지만, 2009년 78세의 나이로 다시 복귀하여 회사를 재정비했다. 그는 TSMC에서 태양광 패널과 LED 조명용 칩 생산을 이끈 후계자 릭 차이와 의견이 맞지 않았다. 창은 모바일 혁명을 활용하고 싶었고, 2013년 애플을 고객으로 끌어들여 ASML에게 30억 유로 이상의 대규모 주문을 확보했다. 창은 2018년 6월 EUV 도입 후 자리에서 물러났지만, 황혼기에도 여전히 큰 영향력을 발휘하고 있다. 대만은 군주제가 아니지만, 외국 정치인들은 '칩의 왕' 모리스를 산업계의 왕족으로 여긴다. 그는 또한 AMD와 엔비디아 같은 성공적인 미국 기술 회사의 리더인 리사 수와 젠슨 황 같은 대만 출신 기업가들에게 영감을 주는 존재다. 그들은 모두 TSMC가 현재 그들의 칩을 생산하고 있는 타이난에서 태어났다.

창의 좌우명은 그의 필체로 신주 본사 벽에 전시되어 있다. 대략 번역하면, '위대한 장애물 뒤에는 밝은 미래가 기다리고 있다'는 뜻이다. 그러나 장애물들은 너무 많다. 대만에서 일하는 4천 명의 ASML 직원들 역시 이를 너무나도 잘 알고 있다. TSMC는 EUV 기술의 최전선에 있는 회사이기 때문에 그 기술의 문제점도 가장 먼저 드러낸다.

마르틴 반 덴 브링크의 사무실에는 'EUV, 2018년 4월'이라고 쓰인 TSMC로부터 받은 명판이 있다. 그것은 그의 자랑거리다. 그는 이렇게 회상한다. "그게 돌파구였죠. 성공할지, 실패할지 모든 것이 그것에 달려 있었으니까요."

그것은 성공했다.

하지만 2018년 새 리소그래피 기계들은 기대만큼 잘 작동하지 않았다. 기계 안에 떠다니는 미스터리한 입자들이 골칫거리가 되어 웨이퍼당 사용 가능한 칩의 수를 줄이고 있었다. TSMC에서는 수율이 절대적이다. 연간 1,500만 장 이상의 웨이퍼를 생산할 때는 0.1퍼센트라도 중요한 차이를 만든다.

EUV에서 선폭은 너무나도 얇기 때문에 작은 오염이라도 큰 영향을 미친다. ASML은 TSMC가 발견한 오류의 수를 '주간 입자 수'로 기록한다. 만약 주석 입자가 마스크에 붙으면 대만인들은 분통을 터뜨린다. 그 결과는 엄청나다. 마스크에 발생한 오류는 노광의 모든 단계에서 모든 웨이퍼에 반복되기 때문이다. 마스크를 보호하는 필름, 즉 '펠리클pellicle'을 씌워 입자가 손상을 일으키지 않도록 막을 수는 있다. 이것은 마치 선글라스에 묻은 얼룩과 같아서 여전히 그 필름을 통해 볼 수는 있지만, 아무리 얇더라도 이 추가 레이어는 소중한 EUV 광선을 일부 차단하게 되며 웨이퍼 노광 시간이 길어진다. ASML의 세계에서는 모든 해결책에는 대가가 따른다.

새로운 기계 덕분에 TSMC는 적어도 당분간 칩에 얇은 선을 그리기 위해 이중 또는 삼중 노광을 사용할 필요가 없다. 이는 시간과 비용을 절감하지만, 학습 곡선은 가파르다. 이것은 정확한 과학이 아니라 시행착오와 그에 따른 조정의 문제다. 그들은 초기 단계부터 '웨이퍼 움직임'에 대한 데이터를 수집하고, 데이터 분석가들은 이를 활용해 수율을 향상시킨다. 데이터베이스를 더 빨리 채우기 위해 TSMC는 ASML로부터 가능한 한 많은 기계를 주문한다. 이는 일석이조의 효과를 낸다. 대만에 기계 한 대가 늘어나면 한국의 경쟁자가 사용할 수 있는 기계 한 대가 줄어드는 셈이다. 특히 최신 세대 스캐너는 펠트호번에서도 매우 제한적으로만 생산되고 있으며, 칩 제조업체들은 이 공급 부족 상황을 경쟁에 기꺼이 활용한다.

ASML의 현장 엔지니어들은 TSMC의 공장 최적화를 지원하는 데 몰두하고 있다. 동시에, 그들은 펠트호번에 있는 동료들을 설득해 도움을 받는 데에도 일가견이 있다. 이런 논의는 종종 긴장감을 불러일으키며, ASML과 TSMC 부서 간의 감정이 격해지곤 한다. 펠트호번의 설계자들은 TSMC가 EUV 기계를 제대로 사용하지 않거나 칩 공장의 다른 기계들이 오염을 일으키는 것이라고 설명하는 경향이 있다. TSMC의 관리자가 화를 내며 갑자기 팀스 통화를 끊으면, 현지 ASML 팀은 자신들이 문제를 해결해야 한다는 것을 알고 있다.

"TSMC는 도움을 주고 압박하는 것 사이의 균형을 잘 잡고 있다"고 프리츠 반 하우트는 말한다. 두 회사는 기술적 문제를 해결할 때 빠르게 협력한다. 둘 사이에는 이미 문화적 공감대가 형성되어 있는데, 대만 사람들은 대체로 영어를 잘하며, ASML과 마찬가지로 '아웃소싱 정신'을 가지고 있다. 즉, 누군가 더 잘할 수 있다면 그들에게 맡기는 것이다.

TSMC의 문화는 ASML에 비해 더 위계적이지만, 한국보다는 상대적으로 군사문화적인 색채가 옅다. 연구 부서는 과도한 업무량에 시달리고 있고, 전문가들은 ASML을 돕는 고된 일은 자기들 몫이라 생각한다. 이는 언젠가는 그들의 경쟁사에게도 이익이 될 것이다.

대만의 북서부 해안에 위치한 신주는 TSMC가 칩 생산을 위한 새로운 기술을 연구하는 허브다. 레드 팀과 블루 팀으로 불리는 두 그룹의 엔지니어들은 교대로 새로운 '노드'를 개선해나간다. 새로운 제조 기술이 준비되면 타이난이나 타이중 같은 도시에서 웨이퍼의 대량 생산이 시작된다. 이 지역은 거대 칩 기업이 메가팹과 기가팹을 세우기 전까지는 논과 과수원으로 가득했다. 그들이 내는 소음은 전 지역에 울려 퍼지며, 이는 이륙할 것 같지만 결코 이륙하지 않는 비행기 소리와도 같다.

EUV 기계는 시내버스만 한 크기지만, 관련된 건물은 여러 층에 걸쳐 있다. TSMC의 주요 층은 10미터 이상의 높이로, 리소그래피 시스템, 측정 장비 및 다른 종류의 칩 기계들이 자리 잡고 있다. 그 아래에는 '서브팹'과 '서브-서브팹'이 있으며, 이곳에는 전자 장치, 레이저, 냉각수, 가스, 화학 성분 처리를 조절하는 기계들이 가득하다. 이러한 EUV 기계들이 네덜란드 대對대만 수출에 미치는 영향은 그 규모가 2016년에서 2022년 사이에 31억 유로에서 116억 유로로 거의 4배 증가한 것으로 나타난다. 이는 상당한 투자이지만, 그만큼의 수익을 낸다. 2019년 이후 TSMC의 연간 매출은 두 배 이상 증가하여 약 700억 달러에 이르렀다. 현재 TSMC는 파운드리 시장의 60퍼센트를 장악했으며, 그 규모는 가장 가까운 경쟁자인 삼성보다 4배 더 크다.

대만의 성공 비결 중 하나는 고객 간의 철저한 분리에 있다. 애플과 같은 고객을 지원하는 엔지니어들은 엔비디아가 만드는 칩에 대해 전혀 알지 못한다. ASML 직원들도 이 엄격한 기밀 유지를 따라야 하며, 문서를 이메일로 보내려면 명확한 허가가 필요하고, 회의 중에 보드에 그려진 내용을 빠르게 촬영하는 것도 금지된다. 공장의 일부 측정 데이터는 보안 연결을 통해 원격으로 접근할 수 있다. 사소한 일로 클린룸을 오고가는 시간을 낭비할 여유는 없다.

그러나 TSMC가 항상 외부의 위험을 막을 수 있는 것은 아니다. 칩 공장 곳곳에는 비상시에 TSMC 직원들이 모이는 빨간 기둥이 있다. 대만의 거대 칩 기업도 심각한 자연 재해에서 자유롭지 않다. 1999년 9월, 강력한 지진으로 공장이 일시적으로 폐쇄되었고, 그로 인한 칩 부족은 산업 전반에 재정적 충격을 가져왔다.

대규모 지진은 매년 수십 차례씩 발생하며, 지진이 일어나면

ASML 기술자들은 즉시 공장으로 달려가 기계를 점검한다. 스캐너에는 충격을 흡수하는 첨단 공기 서스펜션이 장착되어 있지만 이들은 매우 민감하다. 지면이 너무 강하게 흔들리면 시스템이 스스로 셧다운되고, 이는 전체를 재부팅해야 한다는 것을 의미한다. 때로는 전원 버튼을 누르는 것만으로도 충분하지만, 기계의 20개 이상의 경고등 중 하나라도 빨간불이 켜지면 전체 시스템을 철저히 검사해야 한다.

ASML 매출의 약 40퍼센트는 대만에서 나온다. 그러나 TSMC와 ASML 간의 관계가 아무리 가까워도, 대만인들은 네덜란드 사람들이 EUV의 가능성에 대해 다른 고객들과 너무 많이 이야기하는 것을 달가워하지 않는다. ASML의 고위 경영진은 때때로 샌디에이고에 있는 퀄컴을 방문하고, 애플 직원들은 종종 펠트호번을 찾는다. TSMC는 통제권을 유지하고 싶어하기 때문에, 이는 기술 지식이 유출될 것이라는 두려움을 부추긴다.

한편, 대만 직원들은 화웨이나 SMIC 같은 중국 기술 회사들로부터 꾸준히 접촉을 받고 있다. 중국에서는 지금보다 세 배에서 다섯 배는 높은 급여를 받을 수 있지만, 민주국가인 대만에서 누리는 것보다는 훨씬 적은 자유를 누리게 될 것이다. 그들 중 가장 눈에 띄는 인물 중 한 명이 바로 량멍송이다. 그는 TSMC 연구 책임자로, 처음에는 경쟁사인 삼성에 민감한 회사 비밀을 유출한 후, 2017년에 중국 경쟁사 SMIC에 합류했다. 그의 전 동료들의 눈에는 이중 배신을 저지른 셈이다. 그가 중국의 칩 산업을 확장하는 데 얼마나 중요한 존재인지 머지않아 전 세계가 깨닫게 될 것이다.

게다가 대만은 중국으로부터 훨씬 더 큰 위협을 받고 있다. 중국 공산당은 대만을 반란군이 점령한 영토로 간주하며, 단 한 번의 군사 작전만으로도 세계 최첨단의 칩 공장을 병합하거나 봉쇄할 수 있다. 그러나 TSMC는 서구의 지식과 ASML 같은 회사들에 의존하고 있기 때문에, 병합 후 발생할 보이콧은 고속 반도체의 즉각적인 부족을 초래할 것이며, 글로벌 경제는 혼란에 빠질 것이고, 중국도 예외는 아닐 것이다.

중국 공산당 지도자들이 이런 재앙적인 시나리오를 감수하지 않을 것이라는 게 대만인들의 희망이다. 그들은 모리스 창의 공장을 '실리콘 방패'로 보고 있다. 세계가 대만에서 나오는 컴퓨팅 파워에 의존하는 한, 이 섬은 TSMC 군대에 의해 보호받을 것이다. 이론적으로는 그렇다. 실제로는 시진핑의 중국에서 경제적 논리가 정치적 이익을 능가하는 일은 거의 없다.

존재하지 않는 카메라

우얼르, 질스트, 미어벨트호번. 발음하기도 어려운 이 작은 마을들 사이에서 강력한 독점 기업이 떠오르고 있었다. 불가능해 보였던 기술에 대한 수년간의 투자가 결실을 맺었고, 2017년 ASML은 새로운 EUV 기계로부터 10억 유로 이상의 매출을 보고했다. 한편, ASML의 기존 리소그래피 시스템 시장 점유율은 90퍼센트까지 상승했다. 이를 보며 속이 타들어가는 회사가 있었다. 니콘이다. 90년대까지만 해도 일본의 기술 그룹인 니콘은 리소그래피 기계 시장의 선두주자였다. 그러다 ASML이 등장하여 제패해버렸다. 그러나 왕좌에서 밀려난 자에게도 역전할 방법은 남아 있었다. 바로 새 왕을 상대로 소송을 제기하는 것이다.

2017년 4월, 니콘은 ASML을 상대로 또 한 번 특허 소송을 제기했다. 유감스러운 점은, 독일 렌즈 제조업체인 카를자이스 SMT의 반도체 부문도 소송에 끌려 들어갔다는 것이었다. 일본은 이들이 네덜란드에서 11개의 특허를 침해했다고 고소했고, 독일과 일본에서 동시에 소송을 제기했다. 만약 법원이 니콘의 손을 들어준다면, ASML은 펠트호번에서 기계 생산을 중단해야 한다. 또다시 회사의 생존이 위태로워졌다. 시장의 선두주자이든 아니든, 다가오는 생산 금지 위협은 ASML이 가장 피하고 싶은 상황이었다. 하지만 이번 공격은 예전만큼 놀랍지 않았다.

ASML은 2001년 니콘의 주장을 생생하게 기억하고 있었다. 그 소송은 갑작스러웠고, 2004년 이른바 '교차 라이선스 계약'으로 끝났다. 니콘, ASML, 자이스는 서로의 기술을 사용할 수 있도록 휴전 협정을 체결하여 법정에 끌려가지 않게 되었다. 그 거래는 ASML에게 8,700만 달러의 비용이 들었고, 자이스는 니콘에 5,800만 달러를 추가로 지불해야 했다.

교차 라이선스 계약의 일부는 2009년에 만료되었고, ASML이 연장을 논의하기 위해 접촉했을 때 일본은 침묵했다. 2013년, 남아 있는 계약들이 만료될 때가 되자 ASML은 다시 도쿄의 문을 두드렸다. 또다시 니콘은 응답하지 않았다. 네덜란드 측은 라이선스를 계속 유지하기 위해 합리적인 금액을 지불할 용의가 있었지만, 니콘은 기존 계약의 연장에 관심이 없었다. 그들은 ASML

의 매출에서 일부를 가져가길 원했다. 2017년에 그 금액은 90억 유로를 넘었다. 니콘은 수억 유로를 원했고, 이를 통해 자사의 리소그래피 연구 비용을 회수하려고 했다. 일본의 EUV 프로젝트는 2009년에 중단되었고, 그로 인해 ASML이 사실상 독점권을 갖게 되었다. 그 이후로 일본은 첫 번째 특허 싸움에서 패배하고 시장에서 선두 자리를 잃은 것에 대한 앙심을 내내 품어왔다.

한편, 펠트호번은 일본의 경쟁사와 관련된 모든 것에 강한 반감을 품고 있었다. 오래된 ASML 직원들은 캐논이나 니콘 카메라를 결코 사용하지 않았다. 그들은 차라리 올림푸스나 소니 제품을 샀다. 어쨌든 일본은 세계 최고의 카메라를 만들었으니까.

에릭 뫼리스는 여기서 한 가지 아이디어를 떠올렸다. 그것도 매우 훌륭한 아이디어였다. 2011년, 이 프랑스인이 CEO 자리에서 물러나기 2년 전, 그는 마르틴 반 덴 브링크에게 계획을 제안했다. 일본이 리소그래피 기계에 대한 첫 번째 불만을 제기하는 순간, ASML은 카메라 특허를 사용해 니콘을 가장 아프게 해야 한다는 것이었다. 뫼리스는 폭풍이 다가오고 있음을 감지했고, 반 덴 브링크에게 강력히 경고했다. "문제가 생길 거야, 마르틴. 그러니 그들의 영역에서 그들을 공격해야 해. 그 특허들을 확보해."

반 덴 브링크는 종종 뫼리스와 충돌했지만, 그는 프랑스인이 똑똑하다는 것을 알고 있었다. 그는 그 경고를 가슴에 새기고, ASML의 리소그래피 특허 포트폴리오를 관리하는 톤 반 호프^{Ton van Hoef}와 상의했다. 특허는 확보해야 했고, 가능하면 눈에 띄지 않게 해야 했다.

컴퍼니닷인포company.info 데이터베이스에 따르면, 2011년 10월에 타르시움 B.V.Tarsium B.V.라는 회사가 설립되었다. 이는 니콘 변호사들의 눈을 피해 ASML이 설립한 페이퍼 컴퍼니였다. 타르시움은 암스테르담과 에인트호번의 주거 지역에 공식적으로 등록되었으며, 이름은 동남아시아 섬에 서식하는 야행성 원숭이인 '타르시어tarsier'에서 유래한 것으로 보인다. 타르시움은 2012년과 2014년 사이에 휴렛팩커드, 제록스, 미디어텍, 그리고 미국 특허 집합체 인텔렉츄얼벤처스로부터 약 1천 만 유로 상당의 디지털 사진 관련 특허를 획득했다. 2012년 11월에 획득한 첫 번째 특허는 이미지에서 얼굴을 선별하는 방법을 설명한 것으로, 단체 사진을 빠르게 찍는 데 유용한 기술이었다.

2014년 교차 라이선스 계약이 만료되었을 때, ASML은 암스테르담에 기반을 둔 법무법인 호잉 로 모네지어Hoyng Rokh Monegier의 파트너이자 지적 재산권 전문가인 빌럼 호잉Willem Hoyng에게 도움을 요청했다. 니콘과의 갈등은 그의 50년 경력 중 가장 큰 사건이 되었다. 호잉은 조용히 20명의 변호사 팀을 구성했고, 한동안 모든 것이 평온했다. 그러나 2015년과 2016년 사이 ASML과 니콘 간의 중재 시도가 다시 실패하자, 불가피한 법적 전쟁이 시작되었다. 2017년 4월 24일 니콘이 첫 번째 공격을 개시하자, ASML은 비밀 무기를 사용했다. 4월 28일, 타르시움은 모아둔 특허를 ASML과 자이스에 이전했고, 그날 양사는 니콘을 상대로 소송을 제기했다.

외부 세계는 카메라를 겨냥한 맞소송에 놀랐다. 이것은 리소그래피에 관한 것이 아니었던가? ASML의 CEO 페터르 베닝크는 ASML이 일본 특허를 침해한 적이 없다고 부인하며, 맞소송에 대해 보도자료를 통해 이렇게 설명했다. "우리는 다른 선택의 여지가 없었습니다. 니콘은 협상을 진지하게 받아들이지 않았습니다. 우리는 가능한 모든 수단을 동원해 우리 자신을 방어할 것입니다."

글로벌 특허 소송이 쌓이기 시작했다. 그러나 ASML은 먼저 네덜란드에서 일본의 주장에 맞서 자신을 방어해야 했다. 빌럼 호잉은 마르틴 반 덴 브링크를 만나러 갔다. 마르틴은 그에게 첫 마디를 던졌다. "아, 당신이 그 유명한 변호사군요. 이 소송에서 이길 가능성은 얼마나 될까요?" 호잉은 80퍼센트 정도라고 추정했다. 반 덴 브링크는 폭발했다. "우리는 15개 이상의 소송을 진행 중입니다. 80퍼센트의 80퍼센트의 80퍼센트는 얼마나 되는지 계산해 보셨습니까? 이대로 가면 당신에게 돈을 다 지불할 수 없을 겁니다. 저는 80퍼센트의 15제곱근이 필요합니다! 그때까지 매주 금요일 오후에 와서 상황을 보고하세요."

그리하여 거의 매주 금요일, 요청대로 변호사들은 ASML에 모였다. 지적 재산권 부서와의 회의가 먼저 열렸고, 그 후에는 반 덴 브링크의 사무실에서 필수적인 브레인스토밍 세션이 진행되었다. 그들은 니콘이 실제로 ASML의 생산을 중단시키는 것에는 관심이 없다고 결론지었다. 니콘이 원하는 것은 돈이었다. 그것도 아주 많은 돈. 그러나 마르틴 반 덴 브링크는 경쟁사에 의해 코너로 몰리는 상황을 용납할 생각이 없었다.

네덜란드 판사는 자신의 책상 위에 쌓이는 소송 서류 더미를 보며 점점 지쳐갔다. 그 서류들은 'onderdompelinglithografiebelichtingsinrichting' 같은, 46자나 되는 긴 네덜란드어 단어들로 가득했다. 이는 침지 리소그래피 노광 장치를 뜻하는 단어였다. 참을성을 잃은 판사는 양측 변호사들을 소환했다. 이게 돈 문제라면, 좀 더 빠르게 해결할 수 있을 것이라고 생각했다. 그는 니콘과 ASML 간의 협의를 강제했지만, 니콘은 협상할 의사가 없었다. 그들은 먼저 소송에서 승리한 후 ASML을 코너로 몰아 더 많은 돈을 요구하고 싶었다. 이어서 샌프란시스코에서 열린 회의는 2시간도 채 되지 않아 끝났고, 변호사들은 그날 바로 암스테르담행 비행기에 올랐다.

네덜란드에서 진행된 첫 번째 네 건의 특허 소송은 ASML과 자이스의 승리로 끝났다. 하지만 이는 축하할 일이 아니었다. 회사는 매 소송마다 모든 것을 걸고 있었다. 다음 청문회 중 단 한 건이라도 패소하면 모든 것을 잃게 되는 상황이었다. 자이스는 이제 ASML과 완전히 얽혀 있었고, 그들이 가장 우려스러웠다. 두 회사는 니콘을 상대로 한 법적 전투에서 하나로 뭉쳤지만, 재판의 진행 속도는 반 덴 브링크의 말에 따르면 달팽이처럼 느렸다. 특허 분쟁에서는 돌파구를 마련하기 위해 계기가 필요했다.

1년 반이 지나 마침내 돌파구가 찾아왔다. 2018년 8월, 미국 국제무역위원회ITC는 니콘이 ASML과 자이스가 보유한 카메라 특허를 침해했다고 판결했다. 갑자기 니콘의 카메라 부문은 미국 수입 금지 조치에 직면하게 되었고, 일본 측은 긴장하기 시작했다.

ITC에 제소한 측으로서, ASML과 자이스는 자신들이 실질적인 경제적 피해를 입었다는 것을 입증해야 했다. 이를 위해서는 해당 특허 부품을 사용하는 카메라가 미국에서 판매 중이어야 했다. 모두의 놀라움 속에서, 2018년 가을 자이스는 ZX1이라는 카메라를 발표했다.

ZX1은 고정 렌즈와 대형 터치스크린을 갖춘 컴팩트 디지털 카메라였다. 제트 블랙 색상에 각진 디자인, 사진 편집 소프트웨어와 인터넷 연결 기능까지 탑재했다. 심지어 '촬영하고, 편집하고, 공유하라Shoot, Edit, Share'라는 캐치프레이즈도 있었다.

업계 언론은 당황했다. 자이스가 마지막으로 카메라를 만들었을 때는 필름 롤이 필요하던 시절이었다. 아이폰이 등장한 이후 디지털 카메라 판매는 급격히 감소했고, 대부분의 사람들은 사진을 찍기 위해 휴대폰을 사용하고 있었다. 이제 와서 자이스가 이 쇠퇴하는 시장에 진입하려는 것일까?

자이스는 ZX1이 2019년 초에 출시될 것이라고 약속했으나, 가격은 공개하지 않았다. 자이스의 미국 지사 팀이 몇 가지 프로토타입을 제작했고, 자이스는 프랑크푸르트에서 열린 포토키나 박람회에서 ZX1을 발표했다. 직원들은 언론을 박수로 맞이하며 성대한 행사를 열었다. 마치 세상이 뒤집힌 듯한 분위기였다. 12월에는 한 독일 사진작가가 ZX1을 처음으로 사용해보는 유튜브 영상이 등장했는데, 그는 뒤셀도르프의 리틀 도쿄 지역 스시 가게들을 돌아다니며 사진을 찍었다. 이는 일본을 겨냥한 또 다른 도발이었다.

니콘은 긴장하기 시작했다. 네 건의 소송에서 패소하고 ITC로부터의 수입 금지 위협까지 더해지자, 일본 측은 굴복하여 더 합리적인 조건으로 새로운 협상을 원했다. 양측은 이전에 니콘과 ASML 간의 소송을 다루었던 미국 판사 에드워드 인판테의 중재를 받았다. 2019년 1월 23일, 니콘, ASML, 그리고 카를자이스는 공동 성명을 발표했다. 합의가 이루어졌다. 독일과 네덜란드는 니콘에 1억 5천만 유로(이 중 ASML이 1억 3,100만 유로를 부담)를 지불하며, 2029년까지 특허 사용권을 확보했다. 또한 ASML은 판매되는 침지 장비 한 대당 0.8퍼센트의 로열티를 지불해야 했다. 이는 니콘이 처음에 요구했던 비율에 비하면 극히 적은 수치였다.

돌이켜보면, 니콘은 자신들의 지위를 과대평가한 셈이었다. 같은 제품을 개발하는 두 회사에 유능한 엔지니어들이 있다면, 유사한 아이디어는 쉽게 떠오를 수 있다. 니콘이 확보한 많은 특허는 유럽 특허청에서 너무 쉽게 승인된 것들이었지만, 결국 카메라 특허라는 심리적 타격이 승부를 결정지었다.

2019년 10월, 페이퍼 컴퍼니였던 타르시움은 세상에서 사라졌다. 그렇다면 '촬영하고, 편집하고, 공유하라'라는 슬로건을 내

세운 ZX1은 어떻게 되었을까?

몇몇 리뷰어들이 프로토타입을 손에 넣었고, 메탈 렌즈 캡, 조용한 셔터, 그리고 포함된 어깨끈에 대해 호평하는 동영상과 블로그 글들이 올라왔다. 하지만 모두가 같은 질문을 던졌다. 이 카메라는 도대체 언제 구매할 수 있을까?

2020년 10월, 잠시 동안 미국의 한 온라인 스토어에서 6천 달러에 주문이 가능한 것처럼 보였다. 하지만 ZX1은 실제로 판매된 적이 없고, 당연히 배송도 이루어지지 않았다. 사진작가들이 이에 대해 문의하자, 자이스는 "우리는 카메라의 모든 측면을 세밀하게 조정하는 데 신중을 기하고 있습니다"라는 공식 답변을 냈다. 그리고 거기서 이야기는 끝이 났다. 2020년 자이스는 ZX1을 '콘셉트 카메라'로 지칭했다. 마치 존재하지 않았던 것처럼, 단지 니콘을 괴롭히기 위해 만들었던 것처럼.

그러나 ZX1은 흔적을 남겼다. 사무실에서 마르틴 반 덴 브링크는 자신의 상과 기념품들을 뒤지다가 흰 상자를 꺼냈다. 그 상자 앞면에는 'Zeiss ZX1'이라는 이름이 새겨져 있었고, 여전히 플라스틱 포장이 씌워져 있었다. 사용 설명서도 그대로였다. 그는 카메라를 눈에 대고 미소 지었다.

"새것입니다. 작동하는지조차 몰라요. 한 번도 찍어본 적이 없거든요."

26장

달 위의 골프공

"죄송하지만, 바지도 벗으셔야 합니다." 자이스의 최고 기술 임원인 페터 쿠르츠 Peter Kurz와 토마스 슈탐러 Thomas Stammler는 빈틈이 없다. 그들의 철저히 보안된 클린룸에 들어가려면 먼지 없는 슈트뿐만 아니라, 섬유가 없는 속옷도 입어야 한다. 20초간 공기 샤워를 맞은 후에야 독일 남부의 오버코헨에 위치한 생산 홀에 들어갈 수 있다. 여기에서 자이스는 미래를 준비하고 있다.

ASML의 차세대 EUV 기계는 '하이 NA'라는 별칭을 가지고 있다. 이 거대한 스캐너는 14미터에 달하며, 너비가 1미터에 이르는 대형 거울을 포함한다. 광학 시스템만 해도 2만 개의 부품으로 구성되며, 무게는 12톤으로 현재 EUV 기계의 광학 장치보다 7배 더 무겁다. 크기가 커지면서 가격도 새롭게 책정되었다. '일반적인' EUV 시스템이 약 2억 유로의 비용이 드는 반면, 이 새로운 변형 모델은 그 두 배가 될 것으로 예상된다.

'하이 NA'의 가치는 2나노미터 이하의 정밀도로 칩 구조를 인쇄할 수 있는 능력에 있다. 이 정도의 축소는 렌즈의 개구각이 더 커지면서 가능했다. 기술적으로 말하자면, 수치 개구(NA, Numerical Aperture)가 0.33에서 0.55로 증가하는데, 이것이 로우 NA와 하이 NA의 차이점이다.

ASML의 공급업체들은 이 새로운 기계의 부품을 수년간 개발해왔다. 자이스는 렌즈 제조에 필요한 광범위한 준비 과정 때문에 일찍부터 생산을 시작해야 했다. 이로 인해 ASML은 2016년 자이스에 지분을 투자하게 되었고, 자이스는 이 투자를 연구 과정을 가속화하는 데 사용했다. 모든 요소를 파악하는 데 5년이 걸렸다.

자이스의 첨단 연구소는 오버코헨의 산들 사이에 위치해 있으며, 진동이 없는 두꺼운 콘크리트 층 위에 지어졌다. 그곳에서 ASML의 도움으로 자이스는 새로운 거울을 제작하기 위한 측정 기술을 개발했다. EUV 거울은 화장실의 평평한 거울과 다르다. 그들은 복잡한 형태를 가지고 있는데, 마치 놀이공원에서 볼 수 있는 왜곡된 거울처럼 생겼다. 문제는 표면이 빛을 방해 없이 반사할 수 있을 정도로 매끄러운지 측정할 수 있느냐에 있다. 독일에서는 "측정할 수 없다면, 만들 수 없다"는 말이 있다.

쿠르츠와 슈탐러가 계단을 내려갈수록 마치 제임스 본드 영화에서 나온 듯한 장면이 펼쳐진다. 거대한 방의 중앙에는 각각 잠수함만 한 크기의 반짝이는 두 개의 강철 실린더가 놓여 있으며, 그들은 거대한 금고 문처럼 생긴 문으로 봉쇄되어 있다. 파란색 클린룸 슈트를 입은 사람들은 신중하게 이 우주 시대의 기술 주변을 조심스럽게 이동한다. 이 실린더는 리소그래피 기계와 동일한 화학 조성을 가진 진공 상태를 유지하고 있으며, 거울의 편차를 검사하는 데 사용된다. 여기서는 원자 단위로 계산을 한다. 왼쪽 구석에 있는 데이터센터는 계산을 위해 테라바이트에 달하는 측정 데이터를 처리한다. 실린더 뒤에서는 노란 로봇이 선반에서 체계적으로 거울을 가져간다. 이 거울들은 인간이 들기에는 너무 무겁고, 떨어뜨리기에는 너무 귀중하다.

아주 작은 편차라도 웨이퍼에 그대로 드러나기 때문에, 거울은 온도 변화에 거의 영향을 받지 않는 재료로 만들어진다. 다행히도 자이스는 자사의 이전 항공우주 부문에서 얻은 지식을 활용할 수 있었다. 위성이나 칩 제조 기계는 전혀 다른 분야처럼 보이지만, 둘 다 극한 조건에서 작업을 수행해야 한다는 공통점이 있다.

몇 달 동안 로봇이 표면을 연마한 후, 자이스는 남은 원자들을 하나씩 제거한다. 그 다음 50개 이상의 초박형 반사층을 덧입히면 거울이 완성된다. "정확히 조준만 한다면, 이 거울로 달에 있는 골프공을 맞출 수도 있을 겁니다." 토마스 슈탐러가 말한다. 그는 더 흥미로운 비유를 덧붙인다. 하이 NA 시스템의 거울을 독일 면적만큼 늘린다고 가정하면, 가장 큰 불규칙성은 표면에서 최대 20마이크로미터만 돌출될 것이다. 이는 인간의 머리카락 한 올 두께보다도 얇다.

이곳에서 현기증을 느끼는 것은 아주 정상적인 일이다. 무균 상태의 공기 때문이 아니라, 미래 휴대폰에 들어갈 칩을 만드는 데 필요한 극도로 복잡한 도구들을 떠올리는 것만으로도 어지러움을 느낄 수 있기 때문이다. 펠트호번에서 발명된 기계는 유럽 전역에서 제작된 부품들로 조립되어 아시아와 미국의 칩 공장으로 배송된다. 그곳에서 실리콘 웨이퍼는 수많은 프로세서와 메모리 칩 생산으로 이어져, 몇 년 후면 이 칩들이 여러분의 손바닥 안에 들어갈 것이다.

얀 반 슈트Jan van Schoot가 이 모든 것을 철저히 관리하고 있다. 그는 ASML의 시스템 설계자로, 최초의 EUV 기계부터 최신의 하이 NA 세대까지 모든 설계에 참여했다. 새로운 광학 시스템의 요구 사항을 충족하기 위해 기계는 많은 조정이 필요하다. 그는 "항상 새로운 문제가 생긴다"고 말한다. 이를 해결하는 것은 그의 몫이다.

EUV 시스템 내에서 빛은 전체적으로 반사된다. 먼저 광원에서 마스크로, 그다음 마스크에서 실리콘 웨이퍼로 이동한다. 각각의 거울은 빛의 30퍼센트를 흡수하는데, 새로운 하이 NA 기계는 이전 버전보다 두 개 적은 거울을 사용한다. 이는 더 많은 빛이 전달되어 노광 속도가 빨라지며, 제조업체가 소중한 시간을 절약할 수 있다는 의미다.

그렇다면 처음부터 이러한 대형 거울을 사용하지 않은 이유는 무엇일까? 반 슈트는 ASML이 한 번에 깊이 뛰어들기를 좋아하지 않는다고 설명한다. "거울을 측정하는 장비는 점점 더 복잡해지고 있습니다. 우리는 항상 스스로에게 어디까지 밀어붙일 수 있을지, 그리고 얼마나 큰 위험을 감수할 준비가 되어 있는지 묻습니다. 첫 번째 광학 장치는 당시 사용 가능한 기술을 가능한 한 끝까지 밀어붙인 결과입니다."

칩 제조사들도 이 속도를 따라잡아야 한다. 새로운 시스템에서는 빛이 날카롭게 초점을 맞추는 영역이 약간 작아졌다. 마치 인물 사진을 촬영할 때 사진사가 눈에만 초점을 맞추고 나머지 얼굴은 흐릿하게 만드는 것처럼 말이다. 그 결과, 웨이퍼 표면의 편차에 추가적인 주의를 기울일 필요가 생겼으며, 다른 칩 기계들이 적용하는 층은 더 얇아져야 했다.

또 다른 문제는 하이 NA 시스템에서 EUV 빛이 마스크에 가파른 각도로 떨어져, 패턴의 일부만 제대로 반사된다는 것이었다. 이를 해결하기 위해 비대칭 또는 '와이드스크린' 거울이 사용되어 마스크에 더 많은 패턴을 담을 수 있게 되었지만, 시야각은 더 작아지고 칩 설계도 이에 맞춰 조정해야 했다.

그리고 ASML이 '데드 타임$^{\text{dead time}}$'이라고 부르는 문제가 있다. 이는 웨이퍼가 노광되지 않는 귀중한 몇 초를 의미하는데, 이 시간을 줄이기 위해 웨이퍼 테이블의 속도가 대폭 증가했다. 테이블은 이제 중력의 10배 이상의 힘으로 가속하여 빛 아래의 위치에 도달한다. 전투기보다 빠르게 움직이는 것이다. 하지만 기계에서 가장 빠르게 움직이는 부분은 마스크로, 원래의 칩 패턴이 담긴 마스크는 그보다 4배 더 빠르게 이동한다. 이러한 강한 힘을 제어하기 위해 반대 방향으로 무게추가 동시에 움직인다.

이러한 거대한 힘과 원자 단위의 정밀도를 조합한 시스템은 소프트웨어에 의해 제어된다. 거울의 위치를 계산하기 위해서는 엄청난 컴퓨팅 파워가 필요하며, 일련의 센서들이 끊임없이 거울의 움직임을 모니터링하고 그것이 웨이퍼에 미치는 영향을 분석한다.

토마스 슈탐러가 새로운 생산 홀의 문을 열자, EUV 거울이 연속적으로 조립되고 있는 장면이 펼쳐진다. 한 작업자가 고무망치로 광학 부품을 두드리는 소리가 울려 퍼진다. 하지만 아무도 놀라지 않는다. 최첨단 기술의 세계에서도 저렴한 수작업이 때로는 유용하기 때문이다. 결국 거울은 시스템 내에서 그 재질에 아무런 힘이 가해지지 않는 방식으로 매달리게 된다. 중력을 피할 수는 없지만, 자이스에 따르면 거울은 마치 '떠 있는' 것처럼 보인다.

가까운 방에서는 로봇들이 모조 부품으로 동작을 연습하며 움직임을 미리 프로그래밍하고 있다. 실제 하이 NA 거울은 이미 제작 중이지만, 각기 다른 단계에 있다. 하나의 거울을 제작하고 완성하는 데만 1년이 걸린다.

이 거울 전체 시스템은 곧 '광학 트레인optical train'에 배치될 예정이다. 완성된 리소그래피 기계는 두 층짜리 집만큼 크고 미래지향적인 기술로 가득 찬, 경외감을 불러일으킬 만큼 거대한 기계다. 클린룸도 이 거대한 기계를 수용하기 위해 확장해야 했다. 하이 NA 광학 장치가 조립되는 자이스 캠퍼스를 보면, 그곳이 주변에서 가장 높은 건물이라는 것을 쉽게 알 수 있다.

자이스에서는 약 1천 명의 직원이 새로운 기술 개발에 전념하고 있다. 협력 관계를 원활하게 유지하기 위해 ASML과 정기적인 회의도 갖는다. 이제 펠트호번의 지식과 오버코헨의 지식이 완전히 얽혀 있어, 투명성이 모든 것을 결정짓는다. "결혼보다 더 나빠요. 이제 서로를 절대 떼어놓을 수 없죠." 마르틴 반 덴 브링크의 농담이다. 자이스에서도 같은 농담을 한다. 이 결혼의 조건은 간단하다. 자이스는 ASML에게만 광학 장비를 제공하며, ASML은 자이스의 광학 장비만 사용한다. 그들은 지적 재산을 완전히 공유하며, '두 회사, 하나의 사업'이라는 오래된 슬로건은 여전히 유효하다. 어느 쪽도 완전한 인수를 원하지 않는다. 독일 측은 카를 자이스 SMT가 반도체 부문에서 벌어들이는 매출로 독립성을 유지하길 원한다. 그 매출은 2016년 12억 유로에서 2023년 36억 유로로 성장했다. 이는 장거리 협력 관계의 결실이며, 당분간 이 관계를 흔들려는 시도는 없을 것이다.

자이스는 준비가 되었지만, 하이 NA 기계는 2022년 도입 예정일을 맞추지 못했다. ASML과 그들의 공급업체들은 다른 종류의 스캐너에 대한 급격한 수요 증가에 휩쓸려 최신 기계의 일정을 연기할 수밖에 없었다. 시간을 절약하기 위해, 루벤에 위치한 연구 기관인 imec는 펠트호번에 있는 첫 번째 하이 NA 기계를 즉시 사용해 생산 테스트를 진행했으며, 노광된 웨이퍼를 벨기에 클린룸으로 왕복 운송했다. 시스템을 루벤에서 분해하고 재조립하는 데는 추가로 1년이 더 걸렸으며, 칩 산업은 더 이상 기다릴 수 없었다. 인텔이 최초로 하이 NA 시스템을 받을 회사로 첫 번째 줄에 서 있다. 이 기계를 펠트호번에서 오리건주 힐스보로에 있는 인텔의 연구소로 운송하려면 화물기 7대가 필요하다. 이는 세계에서 가장 큰 복사기로, 무게는 150톤에 달한다. 이 기계가 칩을 생산하기 시작하려면 적어도 2025년까지는 기다려야 할 것이다.

부두교적 감각

당신은 수억 유로의 가격표가 붙은 리소그래피 기계라면 칩 구조를 완벽하게 복제할 수 있을 거라고 생각할 것이다. 그렇다면 다시 생각해야 한다.

칩의 원본 이미지를 담고 있는 마스크는 감광층에 정확한 복제본을 남기지 않는다. 웨이퍼에서 발생하는 화학적 과정은 거칠고 지저분한 선을 만들어낸다. 그러나 수학적 모델을 통해 이러한 편차에도 불구하고 칩에서 전기 신호를 오류 없이 전달할 수 있는 패턴이 나타나도록 마스크의 형상을 계산할 수 있다. 이는 틱톡이나 인스타그램의 뷰티 필터에 비유할 수 있는데, 이 필터들은 얼굴의 '결점'을 수정하여 모델처럼 보이게 한다. 하지만 마스크를 만드는 데는 셀카를 찍는 것보다 훨씬 더 많은 시간이 걸리며, 칩의 패턴이 완벽한 이미지로 변환되는 데는 수주가 소요된다.

이 기술을 '컴퓨테이셔널 리소그래피'라고 하는데, 이는 칩 생산에 있어서 필수적인 연결 고리이다. 마르틴 반 덴 브링크는 90년대 후반에 ASML의 장기 전략을 수립할 때 이것을 알고 있었다. 칩이 작아질수록 오차의 여지도 줄어들며, 어느 시점에서는 이러한 조정을 위해 소프트웨어를 사용하는 것이 작동하는 칩을 계속 생산하는 유일한 방법이다.

네덜란드 기업은 일련의 인수를 통해 필요한 전문 지식을 확보했다. 1999년에 미국 스타트업인 마스크툴스 MaskTools를 인수했고, 2006년에는 실리콘밸리와 중국에 지사를 둔 브리온 Brion을 약 2억 7천만 달러에 인수했다. 브리온은 리소그래피 기계의 작동을 시뮬레이션하여 마스크를 제작하는 소프트웨어를 개발한 회사다. 복잡한 EUV 마스크를 제작하는 데는 50만 유로 이상의 비용이 들며, 계산하는 데에도 엄청난 시간이 소요된다. 이 과정을 가속화할 수 있는 스마트 소프트웨어를 사용하면 많은 비용을 절감할 수 있다.

ASML은 웨이퍼상의 오류를 카메라로 추적하는 자체 측정 장비 옐드스타 Yieldstar도 개발했다. 2016년에는 대만 기업 HMI를 27억 5천만 유로에 인수했는데, 이 회사의 장비는 전자빔을 사용해 웨이퍼를 임의로 샘플링하여 검사를 진행한다. 이러한 모든 응용 프로그램은 막대한 양의 데이터를 생성하며, 이 데이터는 모두 반도체 공장 내의 대형 컴퓨터 시스템에 저장된다. 이는 일종의 악순환이다. 더 강력한 컴퓨터를 설계하고 제조하기 위해서는 더 많은 컴퓨팅 파워가 필요하다.

실리콘밸리는 반도체 산업의 발상지이지만, 이 지역에서 마지막으로 운영되던 대형 반도체 공장은 2009년에 문을 닫았다. 그러나 칩 소프트웨어 전문가들은 여전히 캘리포니아에 남아 새로운 기술 대기업들 사이에서 자리를 잡았다.

ASML 실리콘밸리 지사는 산호세의 웨스트태스먼드라이브에 위치해 있다. 브리온과 HMI의 아시아적 배경은 로비에 있는 풍선으로 만든 거대한 용에서부터 단번에 알 수 있다. 이 용은 회사의 특허가 전시된 벽 옆에 자랑스럽게 자리 잡고 있다. 이곳에서는 중국의 춘절뿐만 아니라 4월 27일 네덜란드 국왕의 날도 중요한 명절로 여긴다. 참고로, ASML 직원들은 신코 데 마요 Cinco de Mayo(멕시코의 푸에블라 전투 기념 축제)도 함께 기념한다. 브리온의 공동 창업자인 유 카오는 이를 통해 공동체 의식을 강화하려 했다.

실리콘밸리 지사는 ASML의 다른 지사들과는 다르다. 2007년에 브리온 인수를 승인한 당시 CEO 에릭 뫼리스는 창업자들에게 펠트호번 본사의 지나친 통제를 허용하지 말라고 촉구했다. 그는 "ASML이 여러분을 그들의 기업 구조에 맞추려고 한다면 무시해도 됩니다. 문제가 생기면 저에게 전화하세요"라고 말한 바 있다. 펠트호번 본사는 스캐너 제작에만 집중하는 엄격한 프로젝트 조직을 갖추고 있으며, 이는 HMI와 브리온의 운영 방식과는 맞지 않는다.

브리온은 산호세에 위치한 삼성과 글로벌파운드리스와 같은 회사들에 광학 근접 보정 OPC 소프트웨어를 공급한다. HMI의 측정 기술은 ASML의 리소그래피 시스템에 비해 훨씬 더 많은 경쟁에 직면해 있다. 그러나 측정 기술, 보정 소프트웨어, 그리고 스캐너라는 이 세 요소가 결합하면 '홀리스틱 리소그래피 holistic lithography'의 기둥을 형성하게 된다. 이는 ASML이 칩 공장에서 오류 발생률을 줄이고 효율성을 높이기 위해 신중하게 구축한 생태계다. ASML 내부에서는 이 부문을 애플리케이션 부서라고 부르며, 현재 이 부서는 수십억 유로의 매출을 창출하고 있다.

그러나 ASML은 실리콘밸리에 모여 있는 수천 개의 기술 회사들 중 하나에 불과하다. 그래서 2023년에는 산호세의 트램을 ASML 로고로 도배했는데, 인지도를 높이려면 작은 노력도 중요하기 때문이다. 실리콘밸리의 모든 기술 회사와 마찬가지로, ASML도 끊임없이 뛰어난 소프트웨어 전문가들을 찾고 있다. 직원들은 기술 컨퍼런스나 미국 내 대학을 방문해 네덜란드 기업인 ASML과 7천 명의 미국 직원들이 무슨 일을 하는지 설명한다. 심지어 텔레비전 광고 캠페인도 진행하고 있다. 소프트웨어 전문가 아마드 엘사이드 Ahmad Elsaid는 업계에 속하지 않은 사람들에게 더 친숙한 슬로건이었다면 좋았을 것이라고 아쉬워했다. 그는 "제 아내가 제일 먼저 저에게 물었던 것은 '기술을 1나노미터씩 밀어붙인다는 게 대체 무슨 뜻이야?'라는 것이었어요"라고 말했다.

산호세에서 ASML은 인재 확보 경쟁에서 어려움을 겪고 있다. 2018년에서 2020년 사이, 상당수의 직원들이 구글, 페이스북과 같은 인근 대기업으로 이직했으며, 일부는 애플, 웨이모, 또는 테슬라의 자율주행차 소프트웨어 개발로도 진출했다. 실리콘밸리의 대형 기술 기업들이 더 높은 연봉을 제시할 순 있지만, ASML은 물리학자들에게 더 매력적인 고용주로 여겨진다. 적어도 브리온 부서의 직원인 천 장은 그렇게 믿고 있다. 그녀는 "여기서는 기초 과학과 경제의 경계에서 작업하며, 매일 새로운 것을 배울 수 있어요"라고 말한다. 장은 원자, 분자, 광학 물리학을 전공했기 때문에, 틱톡의 뷰티 필터 개발보다는 칩 기계의 최적화 소프트웨어를 작업하는 것을 더 선호한다고 한다.

산호세에서 주로 사용되는 언어는 영어지만, 만다린어도 자주 들을 수 있다. ASML 실리콘밸리는 소프트웨어를 개발하는 중국 선전의 수백 명의 동료들과 긴밀하게 협력하고 있으며, 칩 공장에서 측정 장비를 유지 보수하는 1,500명 규모의 팀도 있다.

산호세의 클린룸 중 하나에서는 후드를 연 상태로 마치 정비소에 있는 자동차처럼 새로운 HMI 시스템을 점검하고 있다. 이 장치는 전자빔을 사용해 웨이퍼의 결함을 스캔한다. 이번 버전에는 네덜란드의 기술이 더해졌는데, 전자 센서는 델프트에 본사를 둔 매퍼라는 회사에서 공급한 것이다. 2018년 말, 스타트업인 매퍼가 화려하게 파산한 후 ASML은 이 전자빔 기술과 100명의 숙련된 기술자들을 인수할 수 있었다. 매퍼는 펠트호번의 스캐너에 도전할 경쟁 제품을 만들 꿈을 꾸었지만, 그들의 유망한 멀티빔 기술은 결국 ASML 제품으로 흡수되었다. 델프트의 과학자들은 현재 산호세와 협력하여 데이터 처리를 획기적으로 향상시킨 새로운 버전을 개발 중이다. 이 버전은 2025년에 출시될 예정으로, 웨이퍼를 상세히 검사하는 데 필요한 엄청난 양의 데이터를 처리할 수 있을 것으로 기대된다.

산호세에서는 모든 것이 데이터 중심으로 돌아간다. 복잡한 계산을 수행하는 데이터센터는 클린룸 옆에 위치해 있다. 현재 소프트웨어는 일반적인 프로세서^{CPU}에서 실행되지만, 새로운 버전에서는 클라우드를 활용하고 빠른 그래픽 프로세서^{GPU}도 사용하여 대규모 데이터 세트에 AI를 적용할 수 있도록 설계될 예정이다.

측정 데이터의 폭발적인 증가로 인해 모든 변수를 예측 가능한 공식에 담는 것은 불가능해졌다. 이에 따라 브리온은 AI를 사용해 빛의 빔, 마스크, 그리고 웨이퍼 위에서 일어나는 화학 반응 간의 상호작용을 이해한다. 이때 사용되는 기술은 머신러닝으로, 신경망이 방대한 데이터 세트에서 패턴을 찾는다.

머신러닝에서는 컴퓨터가 인간이 쉽게 재현할 수 없는 결론을 도출한다. 소프트웨어는 리소그래피 기계를 어떻게 설정해야 최상의 결과를 얻을 수 있을지 사전에 예측할 수도 있다. 마르틴 반 덴 브링크는 이를 '부두 소프트웨어'라는 용어로 표현했다. 그는 "머신러닝이 어떻게 작동하는지 정확히 아는 사람은 없어요"라고 말한다. "하지만 AI에만 의존하면, 그 과정에서 더 이상 무언가를 이해할 필요가 없어지기 때문에 문제가 발생하기 시작하죠."

반 덴 브링크는 기술은 계산 가능하고 이해할 수 있는 것이어야 한다고 믿는다. ASML은 처음부터 물리학 법칙과 수학적 모델을 기반으로 설계를 구축했다. 자이스의 가장 복잡한 광학 장치도 결국 계산으로 설명되며, 이를 통해 제작된 것이 정확하고 결국엔 작동할 것이라고 확신한다.

"마르틴은 게으름 피우는 걸 싫어합니다"라고 산호세의 운영 책임자인 짐 쿤멘Jim Koonmen은 말한다. "모델을 이해할 수 없으니 컴퓨터를 훈련시켜 그저 좋은 결과를 기대하는 식의 태도를 견디지 못해요"라며, "그는 왜 물리적 원칙을 사용하는 모델링 대신 머신러닝을 선택하는지 이의를 제기합니다"라고 덧붙인다.

반 덴 브링크는 '암흑 마법'에 과도하게 의존하는 것이 위험하다고 본다. 모든 것을 부두 소프트웨어로 해결하면 경쟁사와 차별화될 수 없다는 것이다. 그는 마지막 단계에서는 AI가 빠르게 해결책에 도달하는 데 유용한 수단이 될 수는 있겠지만 물리적 모델이라는 부가가치를 포함하지 않으면 누구나 할 수 있는 일이 되어버릴 거라고 경고한다.

그는 이를 ChatGPT 같은 생성형 AI에 비유하며 수초 내에

읽을 만한 텍스트는 만들어내지만 새로운 것은 어떤 것도 추가하지 못할 거라고 장담한다. "ChatGPT에게 마르틴 반 덴 브링크에 대한 책을 써달라고 요청한 것과 같습니다." 궁극적으로 산호세에서 개발된 소프트웨어는 기계의 모든 구성 요소를 연결하는 접착제 역할을 한다. 이 소프트웨어 없이는 조명 시스템, 마스크, 렌즈를 최적으로 정렬할 수 없을 것이다.

그러나 소프트웨어에는 단점이 있다. 그중 가장 큰 문제는 복제가 쉽다는 것이다. 2014년, 브리온의 전직 직원 6명이 기밀 정보를 훔쳐갔다. 이들은 이메일을 통해 200만 줄의 소프트웨어 코드, 알고리즘, 매뉴얼 등을 유출하고 이를 기반으로 실리콘밸리에서 경쟁 회사를 설립했다. ASML은 삼성이 브리온과의 계약을 종료하려 하자 경각심을 느꼈다. 새로운 경쟁사가 의심스러울 정도로 뛰어난 제품을 내놓았기 때문이었다. 이 새로운 회사의 이름은 '크리스탈'로 발음되는 Xtal이었다.

2016년, ASML은 전직 직원들을 상대로 소송을 제기했다. 브리온의 창업자이자 기술적 양심으로 불리는 유 카오는 복잡한 증거를 설명하기 위해 수십 시간을 법정에서 보냈다. 판사와 배심원이 비공개로 Xtal의 코드를 검토했을 때, 알고리즘이 실제로 복제되었음이 밝혀졌다.

2019년, ASML은 8억 4,500만 달러의 배상 판결을 받았다. 하지만 Xtal이 이미 파산한 상태였기 때문에 배상금을 회수할 길은 없었다. 이 막대한 배상금은 기밀 정보를 빼돌리려는 또 다른 시도를 억제하기 위한 강력한 경고였다.

한편, Xtal의 창업자인 유 종창은 같은 시기에 중국에서 동팡징위안일렉트론Dongfang JingYuan Electron이라는 회사를 설립했다. 이 회사는 여전히 운영 중이며, 중국 정부로부터 보조금까지 받고 있다. ASML은 고객들에게 동팡과의 거래를 피하라고 경고했지만, 회사는 이 소송을 대중에게 공개하지 않기로 결정했다. ASML 매출의 1퍼센트 미만에 해당하는 사건이며, 훔친 정보와 삼성과의 계약 모두 안전하게 확보되었다고 판단했기 때문이다.

그러나 이 결정은 완전히 역효과를 낳았다. 네덜란드 신문 《헤트피난시엘레다흐블라트》가 이 소송을 보도하며 중국 정부가 데이터 절도를 주도했을 가능성을 제기한 것이다. ASML은 이에 경악하며 보도자료를 발표해 '음모론'일 뿐이라고 일축했고 "이에 대한 증거는 발견되지 않았다"라고 밝혔다. 그러나 이 사건은 ASML을 새로운 정치 무대로 밀어넣었다. 바로 지정학의 세계였다. 그곳에서는 모든 중국 관련 사안이 의심스러운 것으로 간주되었다.

미국과 중국 간의 기술 전쟁으로 인해 ASML의 산호세 시설에는 보이지 않는 장벽이 생겼다. 미국 정부는 새로운 고용 계약에 협조하지 않았으며, 일부 직원들은 국적 때문에 EUV 프로그램이나 중국 기업을 대상으로 한 첨단 기술 작업에 참여할 수 없게 되었다. 중국에서 근무하는 ASML의 수백 명의 직원들은 새로운 수출 규제가 자국에 미칠 영향을 우려해야 했다. 그러나 한 가지 장점도 있다. 브리온의 직원인 천 왕은 "ASML이 워낙 뉴스에 자주 나오다 보니, 이제 중국에 있는 부모님도 제가 어느 회사에서 일하는지 알게 됐어요"라고 말한다.

미디어와 정치인들은 ASML이 주요 반도체 공장에 얼마나 중요한 역할을 하는지 점점 더 인식하게 되었다. 세계의 시선이 '그 회사'에 집중되기 시작한 것이다. 미국 국회의사당 복도에서는 이 네덜란드의 기술 대기업을 이렇게 부른다. 4만 명 이상의 직원과 약간의 '부두교적 감각'을 결합하여 세상에서 가장 복잡한 기계를 만드는 그 신비한 회사 말이다. 이제 ASML이라는 이름은 더 이상 감춰진 비밀이 아니게 되었다.

반도체 초격차
ASML WAY

| 4부 |

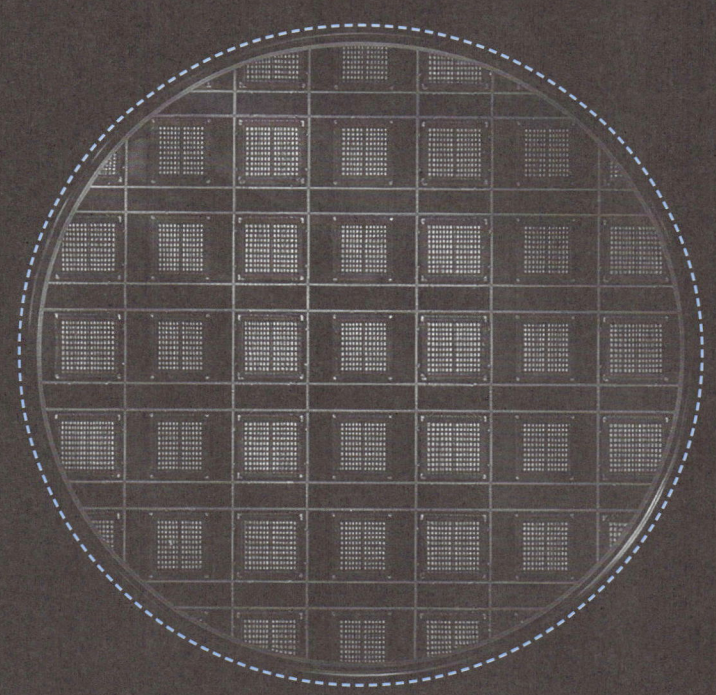

무대에 오르다

로봇이 '드리미 워터랜드'라는 경쾌한 곡을 삐걱거리며 연주한다. 이 곡은 80년대 중국의 민속 음악으로, 다가오는 멜로디는 화웨이 직원들에게 길을 비켜달라는 신호다. 부품을 실은 자율 주행 카트가 지나가고 있기 때문이다.

 2017년 여름, 약 2만 1천 명의 직원들이 동관에 위치한 화웨이 공장에서 일하고 있다. 동관은 대도시 선전의 외곽에서 발전한 도시이다. 1층에는 50개의 생산 라인이 있으며, 매일 3만 8천 개의 증폭기가 이동통신 기지국을 위해 생산된다. 한 층 위로 올라가면 스마트폰을 조립하는 화웨이 직원들을 볼 수 있다. 단조로운 작업이 반복되기 때문에 직원들은 두 시간마다 10분간의 휴식을 취할 수 있다. 대부분의 사람들은 그 시간에 스마트폰을 들여다보지만, 하루 두 번은 모두 모여 단체로 노래를 부르고 춤을 추는 시간을 갖는다. 이는 몇 시간 동안 생산 라인에 서 있던 직원들이 다리를 풀 수 있는 기회이다.

2017년, 화웨이는 여전히 축하할 만한 이유가 많았다. 수백만 명의 중국 시민들이 위챗에 몰두하면서 모바일 혁명의 혜택을 누렸고, 화웨이는 절정의 시기를 보내고 있었다. 이 거대한 시장과 국가 보조금, 저렴한 노동력 덕분에 화웨이는 유럽 경쟁사인 에릭슨과 노키아보다 훨씬 더 비용 효율적으로 기술을 생산할 수 있었다. 유럽 수출이 매출의 약 30퍼센트를 차지했고, 화웨이는 이미 애플의 스마트폰과 정면 승부를 벌이고 있었다.

화웨이는 하이테크 산업의 성공 사례로 떠올랐고, 중국은 자체 인터넷 기술과 소프트웨어 개발에 수십억 달러를 투자했다. 2017년, 유럽 특허청은 화웨이로부터 총 2,398건의 특허 신청을 받았는데, 이는 다른 어떤 기업보다 많은 수치였다. 이 특허 신청의 폭발적인 증가에는 한 가지 이유가 있었다. 바로 화웨이가 최신 이동통신 기술인 5G에 대비하고 있었기 때문이다. 5G는 대규모 기기들을 인터넷에 연결할 수 있게 해주며, 사회, 산업, 경제가 디지털화되는 과정에서 필수적인 기술로 자리 잡았다. 이 네트워크를 통제하면 세계를 통제할 수 있는 셈이다.

인터넷은 미국에서 군사-학술 협력 프로젝트로 탄생했으며, 그 영향력은 항상 미국에 있었다. 중국이 이러한 네트워크 기반 기술에 관심을 가지는 것은 당연한 일이다. 중국은 10억 명 이상의 인터넷 사용자를 보유하고 있는데, 이는 북미와 유럽을 합친 것보다 많다. 세계 53억 명의 인터넷 사용자 중 다수가 아시아에 거주하고 있는 만큼, 기술적 주도권이 서구에서 동양으로 이동하고 있는 것이다.

미국은 화웨이의 부상을 경계의 눈초리로 지켜보았다. 주요 미국 통신사들이 네트워크에 화웨이 장비를 사용하는 것을 금지했으며, 2012년부터 미국 정책 입안자들은 화웨이가 "거짓말을 하고, 속이며, 도둑질한다"고 주장했다. 화웨이의 소규모 경쟁사인 통신사 ZTE 또한 크게 다르지 않다는 평가를 받았다.

그러나 유럽의 통신사들은 중국 기술에 깊은 인상을 받았다.

그들이 사용하던 것보다 훨씬 저렴했기 때문이다. 또한, 2013년 에드워드 스노든의 폭로는 유럽인들에게 씁쓸한 뒷맛을 남겼다. 스노든은 CIA가 대규모 감청을 자행하고 있으며, 주요 IT 기업들의 백도어와 해킹된 전화 네트워크, 인터넷 케이블을 이용해 이를 수행하고 있다고 밝혔다. 심지어 유럽 정부 지도자들조차 그들의 동맹국에게 감시당하고 있었다.

스노든의 폭로는 미국 기술에 대한 신뢰를 크게 손상시켰다. 그 결과, 독일 최대 통신사인 도이치텔레콤은 2016년에 화웨이와 함께 퍼블릭 클라우드를 구축했다. 이 클라우드는 마이크로소프트와 아마존과 같은 미국의 주요 클라우드 제공업체의 대안으로 자리 잡을 예정이었다. 이렇게 중국 기술은 유럽 데이터센터와 통신 네트워크에 깊숙이 뿌리를 내렸다. 이를 지켜보던 미국은 너무나 순진한 행동이라고 생각하며 경악했다.

화웨이는 '중국이 가능하게 한다'는 의미로, 1987년 선전 인근의 특별 경제구역에서 독립적인 기술 기업 중 하나로 시작되었다. 선전은 전 세계 전자제품을 생산하는 도시로, 스마트폰, 컴퓨터, TV를 만들기 위한 모든 재료를 이곳에서 손쉽게 구할 수 있다. 또한 이곳은 애플의 아이폰을 조립하는 대만의 전자 제조업체 폭스콘의 거대 공장이 위치한 곳이기도 하다. 폭스콘 단지 바로 맞은편에는 화웨이 캠퍼스가 있으며, 수만 명의 직원들이 회사가 지은 거대한 기숙사에 살고 있다. 바로 옆에는 창립자인 런정페이의 사무실이 있는데, 그곳에서 보이는 아름다운 호수와 검은 백조의 모습은 마치 동화에서 튀어나온 듯한 광경이다.

중국은 전 세계에서 가장 큰 전자제품 제조 허브로, 세계 최대의 반도체 소비국이기도 하다. 그러나 자국의 반도체 산업이 아직 초기 단계에 있기 때문에, 중국은 대부분의 고급 프로세서를 수입해야 한다. 이들 중 상당수는 미국에서 들어오며, 중국 전자제품에 들어가는 메모리 칩도 대부분 외국 기업에서 공급받는다. 이러한 의존도를 줄이기 위해 2012년부터 공산당을 이끌어온 시진핑은 중국의 반도체 산업을 육성하려 하고 있다. 그의 10년 계획인 '중국제조 2025'는 새로운 반도체 공장을 건설하고 외국 반도체 기술을 인수하는 데 1천억 달러 이상의 국가 지원금을 할당했다. 중국의 목표는 2025년까지 10개의 전략적 산업 부문에서 자급률을 70퍼센트로 높이는 것이며, 그중 가장 중요한 부문은 현대화의 핵심인 반도체다.

중국의 반도체 제조업체들은 과거처럼 비효율적인 국영 기업이 아니다. 이제는 국가 및 지방 투자 펀드를 통해 자본을 지원받아 혁신과 기업가 정신을 자극하고 있다. 물론 일련의 실패와 부패 사건도 발생했지만, 이 정책은 2016년에 설립된 메모리 제조업체 YMTC와 같은 성공 사례를 낳았다. YMTC는 거의 즉시 경쟁력을 갖추었으며, 애플은 이 회사로부터 아이폰 메모리의 상당 부분을 공급받는 방안을 고려하기도 했다. 그러나 이 거래는 미국에서 너무 민감한 문제로 여겨져 결국 애플은 발을 뺄 수밖에 없었다.

중국은 화웨이의 자회사인 하이실리콘이나 유니소와 같은 기업을 통해 5G 휴대폰 칩 개발에서도 경쟁력을 갖추고 있다. 이러한 회사들은 SMIC와 마찬가지로 2000년대 초반에 설립되었다. SMIC는 대만의 TSMC로부터 많은 기술을 배워갔으며, 대만 특허 도용으로 여러 차례 소송을 겪기도 했다. 또한 해외에서 경험을 쌓은 중국인 '지식 노동자'들의 기술도 최대한 활용했다. 이는 시진핑의 전략 중 하나로, 서방 기업의 고급 기술 인력을 유인해 그들이 조국을 위해 일하게 만드는 것이었다.

시진핑은 2049년까지 중국의 부흥을 꿈꾸고 있다. 2049년은 중화인민공화국이 설립된 지 100년이 되는 해로, 중국이 세계에서 가장 강력한 문명으로서의 지위를 회복한다는 것이다. 19세기 말까지 중국은 여전히 세계에서 가장 부유한 나라였지만, 곧 미국이 그 자리를 차지했다. 20세기 말에 이르러 중국은 가난한 공산주의 국가에서 세계 2위 경제 대국으로 변모하기 시작했다. 이 급속한 발전은 중국의 지도자 덩샤오핑 덕분이었는데, 그는 선전과 같은 경제 구역을 통해 중국을 현대화하고 해당 지역을 세계 시장에 부분적으로 개방했다.

오랫동안 서방 국가들, 특히 미국은 중국이 세계 무역에 참여하게 되면 민주화될 것이라고 생각했다. 최초로 이를 시도한 미국 대통령은 닉슨으로, 그는 1972년 2월에 공산주의 중국을 역사적으로 방문하여 소련에 맞서 마오쩌둥과의 협력을 모색했다. 1980년대에 이르러 레이건 대통령은 중국에 대한 기존의 수출 규제를 완화했고, 클린턴 대통령 시절에는 미국이 중국 로켓을 이용해 첨단 위성을 발사하기까지 했다. 이 사건은 1996년에 일어났으며, 당시 미국 국가 안보에 대한 우려를 불러일으켰지만 클린턴은 이를 무시하며 "중국에 부적절한 기술 이전은 전혀 없었다"고 대중을 안심시켰다.

수년간의 협상 끝에 중국은 2001년 세계무역기구WTO에 가입했다. 많은 외국 기업가들은 이미 거대한 중국 시장과 저렴한 노동력에 매료되어 자본과 기술을 중국에 가져왔으며, 이는 중국을 더욱 부유하고 지식 면에서도 성장하게 만들었다. 그러나 이러한 발전이 중국을 더 민주적으로 만들지는 않았다. 정부에 대한 공개 비판은 금지되고, 시위는 억압되며, 외국 기업들은 부패와 기술 도용에 있어 적절한 보호를 받지 못했다. 중국 국민들은 정교한 시스템과 얼굴 인식 기술로 감시당하고 있으며, 그들의 온라인 행동은 분석되고 검열된다.

오바마 행정부는 아시아에서 커지는 중국의 경제적, 군사적 영향력에 대응하기 위해 아시아-태평양 지역으로 외교 정책을 전환했다. 중국은 미국의 자유주의 세계 질서에 위협이 되고 있고, 이를 억제하거나 심지어 되돌려야 한다는 판단이었다. 미국 내 정당 간의 깊은 분열에도 불구하고, 한 가지에 대해서는 의견이 일치했다. 바로 중국의 기술 발전이 자유 세계에 위협이 된다는 것이다. 곧 이 경쟁자는 AI와 사이버 스파이 분야에서 미국보다 강력해질 것으로 보였다.

미국에는 익숙한 이야기다. 또 다른 '스푸트니크 순간'의 문턱에 서 있는 것이다. 1957년, 공산주의 소련은 인공위성 스푸트니크를 지구 궤도로 발사하며 기술적 우월성을 과시했는데, 이는 미국인들에게 깊은 충격을 안겼다. 1950년대와 1960년대 미국과 소련이 벌였던 우주 경쟁처럼, 이제 중국과 미국은 기술적 우위를 두고 치열한 경쟁을 벌이고 있다. 그리고 5G 기술에서 미국은 또다시 뒤처졌다. 한때 네트워크 기술의 선구자였던 미국의 통신 공급업체들은 파산하거나 인수되었으며, 이제 미국은 유럽 공급업체에 의존하고 있다. 그러나 유럽 업체들도 화웨이의 경쟁력을 따라잡지 못하는 상황을 지켜봐야 한다.

2017년 초, 오바마 행정부는 시진핑의 '중국제조 2025'에 대응하기 위한 토대를 마련하기 시작했다. 그러나 이 전략의 실제 이행은 오바마의 후임자인 도널드 트럼프에게 맡겨졌다. 하지만 트럼프는 다른 목표를 가지고 있었다. 그는 먼저 중국과의 무역 불균형을 해소하는 데 주력하고자 했다.

2017년 1월 20일, 도널드 트럼프는 두 권의 성경 위에 손을 얹고 "미국을 다시 위대하게 만들겠다"고 선서했다. 그리고 곧바로 미국과 중국 간의 무역 갈등이 전면적인 기술 전쟁으로 빠르게 발전했으며, 그 첫 번째 타깃은 화웨이였다. 세계화된 반도체 산업은 지정학적 갈등에 휘말렸고, 네덜란드의 반도체 장비 제조업체 ASML은 예상치 못하게 이 중심에 서게 되었다. 기술 기업들은 곧 트럼프가 선호하는 무기를 알게 되었다. 그것은 그의 예측할 수 없는 트윗과 마찬가지로 예측 불가능한 수출 규제였다.

먼저 쏘고, 나중에 겨냥하기

그리고 원자폭탄이 터졌다.

미국 언론의 표현을 빌리자면, 2019년 5월 15일 도널드 트럼프는 중국과의 무역 전쟁에서 '핵 옵션'을 선택했다. 그는 화웨이를 미국 상무부산업안보국BIS의 '제재 리스트Entity List'에 올렸다. 이 리스트는 미국 기업들이 중국 통신사에 물품을 공급하려면 국가 안보 기준에 따라 심사 허가를 받아야 한다는 일종의 수출 금지 조치였다. 이로써 화웨이는 미국으로부터 새로운 소프트웨어와 칩, 즉 휴대폰과 통신망 장비를 만드는 데 필수적인 기술을 구매할 수 없게 되었다.

제재 리스트는 이미 성공한 전례가 있었다. 2016년, 이 규정으로 인해 중국 통신사 ZTE는 이란과 북한에 대한 미국의 제재를 위반한 후 무릎을 꿇었다. 칩 공급이 끊기면서 ZTE는 거의 파산 직전까지 갔고, 2017년 결국 잘못을 인정하며 12억 달러에 합의했다. ZTE 관련 문서를 조사하던 중, 미국은 화웨이에서도 제재 규정을 무시한 증거를 발견했고, 이는 2018년 말 화웨이 CFO 멍완저우가 캐나다에서 체포되는 단서가 되었다.

제재 리스트에 올리는 것은 중국 거대 기업에 대한 최후의 일격이었다. 미국은 화웨이를 국가 안보에 대한 명백한 위협으로 봤다. 화웨이는 산업 기밀을 도둑질하고, 중국을 위한 스파이 활동을 하며, 심지어 중국 군대의 영향력 아래 있다는 주장이 나왔다. 2019년 말까지 트럼프의 안보 자문을 맡았던 팀 모리슨은 미국의 입장을 분명히 했다. "화웨이는 공산당의 도구입니다. 이 회사는 무너져야 합니다. 비즈니스 업계에서 사라져야 합니다."

그러나 기대했던 '핵 효과'는 일어나지 않았다. 화웨이에 대한 금지 조치는 단 5일 만에 세 달 뒤로 연기되었고, 그 사이 중국 회사는 반도체 재고를 쌓을 수 있는 시간을 벌었다. 또한 화웨이의 자회사인 하이실리콘은 대만 TSMC 공장에서 최첨단의 칩을 생산했는데, 당시 TSMC는 아직 미국의 수출 규제를 받지 않고 있었다. "우리가 화웨이를 너무 키웠습니다." 모리슨은 실패한 봉쇄를 뒤돌아보며 한숨을 쉬었다. "ZTE를 놀라게 하는 덴 성공했지만, 화웨이는 무슨 일이 일어날지 미리 알고 대비하고 있었죠."

트럼프 행정부는 수출 규제가 미국의 반도체 산업에 미칠 영향을 과소평가했다. 일방적인 수출 제한으로 화웨이는 미국 외부에서 대체 공급업체를 찾았다. 이는 미국 반도체 기업들을 경악하게 했는데, 갑자기 매출의 3분의 1을 잃을 위기에 처했기 때문이다. 그들은 행정부에 산업의 '탈동조화'로 인한 위험성을 경고했다. 중국과 미국 기업 간의 상호 의존을 끊어버리면 미국이 더 뒤처지게 된다는 것이었다. 중국에서 발생하는 수익으로 새로운 기술 개발에 필요한 추가 자금을 확보하고 있었기 때문이다.

그러나 기업으로서 트럼프의 정책을 비판하는 것은 위험한 일이었다. 느낌표가 가득한 대통령의 트윗 하나로 주가가 순식간에 폭락할 수 있기 때문이었다. 기술 분야는 상무부의 문을 두드리며 국방부에서 동맹을 찾기 시작했다. 그들의 주장은 간단했다. 미국 국방부가 자국산 칩으로 만든 최첨단 무기를 원한다면, 먼저 반도체 산업이 번성해야 한다는 것이다. 즉, 이 최첨단 산업에서 앞서 나가고 선두에 서서 충분한 수익을 벌어들여야 했다. 결국 미국 반도체 제조업체들은 막후에서 중국에 대한 수출 허가를 계속 확보해나갔다.

화웨이 사건은 미국의 수출 규제가 경제적 무기로 변한 순간을 상징한다. 전 국무부 직원은 트럼프 행정부 시절 화웨이에 대한 조치를 조율하던 경험을 떠올리며 "모든 것은 화웨이가 이란과 북한에 대한 제재를 위반한 것에서 시작되었어요"라고 말했다. "하지만 갑자기 온갖 정책이 덧씌워졌죠. 모두가 중국 기업이

5G 기술에서 가장 큰 기업이 되는 것을, 그리고 그들의 소프트웨어에 있을지도 모를 백도어를 걱정하기 시작했어요."

일반 대중은 이에 대해 명확한 설명을 듣지 못했다. "그건 관료적 시간 낭비일 뿐이죠. 트럼프 행정부는 빠른 결정을 잘 내렸고, 우리에게 그 뒤처리를 맡겼어요." 이것이 트럼프 시대의 전형적인 방식이었다. 먼저 쏘고, 나중에 조준하는 것.

제재 리스트에 대한 책임은 특정 개인이나 기관에 귀속되지 않는다. 이는 국방부, 국무부, 에너지부, 상무부의 공동 작업으로 구성된다. 수출 통제를 시행하는 산업안보국은 상무부 산하 기관이다.

트럼프가 백악관의 열쇠를 손에 쥔 순간부터 조율은 잘 이루어지지 않았다. 대통령 본인도 2016년 대선에서 자신의 승리에 놀랐고, 정책을 준비하거나 부서 내 주요 정무직 임명에 필요한 전문가를 선정해놓지도 않았다. 하급 관리들은 갑자기 중요한 결정들을 처리해야 하는 상황에 놓였다. 실수라도 하면 즉시 해고되었다. 직원들은 트럼프가 충동적으로 행동하는 경향이 있어 너무 많은 문제를 대통령에게 보고하는 것을 꺼렸다. 그는 종종 '도자기 가게의 황소'처럼 섬세함 없이 행동하곤 했다.

책임자들은 자신들의 계획을 일부러 '트럼프의 광기'로부터 멀리 떨어진 곳에 두었다. 트럼프는 한 트윗으로 ZTE를 제재 리스트에 다시 올리려는 결정을 뒤집었고, 미국과 중국이 무역 협정을 체결하면 화웨이에 대한 금지도 철회될 수 있음을 암시했다. 2020년 2월 18일, 그는 트윗을 올렸다. "우리의 제품을 구매하려는 나라가 있다면 미국은 그다지 어려운 곳이 될 수 없고, 되지도 않을 것입니다. 늘 들먹이는 국가 안보 구실도 마찬가지입니다." 그리고 트럼프 특유의 방식으로 덧붙였다. "미국은 영업 중입니다!"

이 트윗은 미국의 동맹국들 사이에 큰 혼란을 일으켰다. 미국은 이들 모두에게 화웨이에 보안 우려가 있다며 네트워크에서 퇴출할 것을 촉구해왔기 때문이다. 그런데 이제 미국이 그 문을 다시 여는 것처럼 보였다. 1월에 공화당 정치인들은 또 다른 위협적인 법안을 발의했는데, 화웨이를 계속 사용하는 국가들과 정보 공유를 중단하자는 내용이었다. 네덜란드는 이에 충격을 받았다. 네덜란드의 이동통신사 3곳 중 2곳이 기지국과 네트워크에서 화웨이 장비를 사용하고 있었기 때문이다. 네덜란드 주재 미국 대사 피트 우크스트라Pete Hoekstra는 자국 일간지 NRC와의 인터뷰에서 우려를 누그러뜨리려 노력했다. 그가 약속할 수 있었던 건 "우리가 해결할 겁니다"라는 말뿐이었다.

모순들이 쌓여갔다. 마이크 폼페이오 국무장관은 다른 접근 방식을 취하며 인터넷을 둘로 나누고, 모든 '자유를 사랑하는' 국가들에게 '클린 네트워크'에 동참할 것을 촉구했다. 이는 화웨이가 없는 모바일 네트워크, 위챗과 틱톡이 없는 스마트폰, 중국 서버가 없는 클라우드를 꿈꾸는, 중국을 배제한 온라인 세계를 뜻하는 매력적인 이름이었다.

한편, 트럼프의 경제 자문 중 한 명은 델, 마이크로소프트, AT&T와 함께 '안티 화웨이' 기술을 신속히 개발할 것을 밀어붙였다. 법무장관 윌리엄 바는 미국이 유럽의 통신업체인 에릭슨과 노키아의 지배 지분을 확보하여 화웨이의 지배적 위치를 약화시키는 방안을 구상했다. 그러나 하루 뒤, 백악관은 그의 아이디어를 일축했다.

세상은 이런 무모한 계획들이 서로 엇갈리며 충돌하는 것을 경악하며 지켜봤다. 워싱턴에는 비합리적이며 상충하는 자아와 과도한 행동 욕구라는 그늘이 드리워졌다. 한 트럼프 자문관은 나중에 "닭장 하나에 있는 게 아니라 세 개의 닭장이 섞인 것 같았다"고 회고했다.

2020년 5월, 트럼프는 더 강력한 조치를 취해 TSMC가 화웨이를 위해 첨단 칩을 생산하는 것을 금지했다. 이는 대만 공장에서 미국 도구, 예를 들어 칩 설계 소프트웨어와 칩 제조 기계를 사용했기 때문에 가능한 조치였다. 이 조치로 미국은 화웨이를 타격하기 위해 자국의 치외법권을 확장했다. 전 세계의 모든 칩 공장이 미국 기술을 사용하고 있었기에, 모든 칩 공장은 미국의 수출 규제에 종속될 수 있었다.

화웨이가 시장에서 사라지자 TSMC는 즉각 매출의 상당 부분을 잃었다. 그 여파는 네덜란드 펠트호번에까지 미쳤다. 대만 기업이 즉시 칩 제조 장비 주문을 축소했기 때문이다. 예상치 못한 연쇄 반응이 이어졌다. 다른 중국 기술 기업들은 언제든 미국의 금지 리스트에 오를 수 있다는 두려움에 대량으로 칩을 비축하기 시작했다. 이는 자동차 산업의 칩 부족을 초래했는데, 이들이 최신 프로세서뿐만 아니라 스마트폰에 사용되는 최첨단에 덜 미치는 칩도 주문했기 때문이다. TSMC의 주문서는 넘쳐났고, 갑자기 그들은 ASML에 더 높은 생산량을 가진 광학 리소그래피 장비를 달라고 압박하기 시작했다.

중국의 우려는 현실로 드러났다. 2020년 12월, 중국 최대의 반도체 제조업체 SMIC는 군사 목적의 칩을 생산했다는 혐의로 제재 리스트에 올랐다. 이에 따라 미국은 새로운 수출 규정을 발표했다. 첨단 프로세서용 도구를 더 이상 SMIC로 수출할 수 없게 되었고, 구형 기술용 칩 제조 기계만 이론적으로 허용되었다. 이는 ASML에도 영향을 미쳤다. 수출 허가 없이는 미국산 부품을 SMIC에 공급할 수 없게 되었기 때문이다.

화웨이는 심각한 위기에 처했다. 구글이 더 이상 안드로이드 운영체제를 화웨이에 공급할 수 없게 되면서, 스마트폰 판매가 급락했다. 유튜브나 구글 지도가 없는 스마트폰을 원하는 사람은 없었다. 끊임없는 비난 속에서 화웨이의 명성은 실추되었고, 칩에 대한 수출 규제는 향후 제품의 성능에 대한 의구심을 불러일으켰다.

화웨이는 유럽에서도 입지를 잃었다. 각국 정부가 네트워크 규정을 강화했기 때문이다. 그러나 그 접근 방식은 미국만큼 공격적이지 않았다. 유럽은 중요한 원자재를 공급하는 무역 파트너인 중국과 지나치게 마찰을 빚고 싶지 않았다.

모든 유럽연합 회원국은 자국의 네트워크에 화웨이를 허용할지 여부를 스스로 결정할 수 있었다. 그러나 준수해야 할 유럽의 안전 지침이 있었다. 유럽연합은 이른바 '5G 보안 도구상자'를 두고 몇 달간 논의했다. 이는 미국 정책 입안자들에게는 마치 풀이 자라는 것을 지켜보는 것 같은 답답한 과정이었다. 그들은 단 이틀 만에 아무런 공지나 공개 발언 없이도 회사를 제재 리스트에 추가할 수 있었다. 이것이 미국의 방식이었다.

미국이 화웨이에 가한 일련의 조치와 비교하면, 유럽연합의 의사 결정은 확실히 더디게 진행되었다. 그럼에도 불구하고 변화의 조짐은 나타나기 시작했다. 2019년 말까지 네덜란드는 네트워크 제공업체가 '악의적인 세력의 영향을 받는 공급업체'로부터 유래한 의심스러운 장비를 모바일 네트워크에서 쉽게 제거할 수 있어야 한다고 요구했다. 화웨이나 중국을 직접 언급하지는 않았다. 이에 대해 네덜란드 주재 중국 대사 쉬 훙은 국영 신문에 발표문을 내는 것으로 대응했다. 그는 미국을 명시적으로 언급하지는 않았지만, 미국이 화웨이와의 관계를 단절하라고 네덜란드에 '정치적 압력'을 가하고 있다고 비난하며, 그들의 주장에는 아무런 증거가 없다고 말했다. "그들의 행동은 반역사적이고 반문명적"이라고도 덧붙였다.

이 같은 강도 높은 감시에 대응해 화웨이는 유럽연합에 자신의 투명성을 보여주기 위한 조치를 취했다. 브뤼셀에 있는 화웨이 사이버 보안 투명성 센터에는 션전 본사와 직접 연결된 '레드 존'이라 불리는 공간이 설치되었다. 이 투명성 센터는 대사관, 유럽 의회, 유럽 사이버 보안 기구 사이에 전략적으로 배치되었다. 레드 존에 들어가기 위해서는 보안문과 금속 탐지기를 통과해야 하며, 셰넌, 아인슈타인, 테슬라와 같은 유명한 발명가의 이름이 붙은 방을 지나가야 한다. 화웨이 직원들은 자신들을 발명가로 여긴다. 중국 공산당의 도구가 아니라는 것이다.

바닥을 따라 설치된 데이터 케이블은 안전한 연결을 통해 션전 본사로 이어진다. 이제 브뤼셀의 이 건물에서 전문가들은 중국 통신 장비의 소스 코드를 분석하고 수백만 줄의 소프트웨어를 검토해 잠재적인 백도어나 취약점을 찾아낼 수 있게 되었다.

그러나 소스 코드 자체는 핵심 문제가 아니다. '기술 전쟁'은 기술을 넘어선다. 이는 본질적으로 경제와 정치, 문화와 이념의 전쟁이다. 유럽 정부들은 중국과 또 다른 방식으로 연결되는 것을 우려하고 있다. 중국이 점점 전체주의 국가로 변모해, 중국 다국적기업들이 공산당을 위해 스파이 활동을 하도록 강요할 수 있다는 두려움이 있는 것이다. 이는 서방의 5G 인프라에 큰 위험을 초래할 수 있다.

미국에게 화웨이는 이상적인 타깃이지만, 분명히 최종 목표는 아니다. 경제적 복리가 걸린 이 문제의 규모는 거대하며 워싱턴은 이제 막 일을 시작했을 뿐이다.

상인의 정신

ASML은 전 세계와 거래하는 것을 숨기지 않는다. 펠트호번 본사에 들어서면 누가 새로운 리소그래피 장비에 관심을 가지고 있는지 쉽게 알 수 있다. 한국 고객이 방문하면 접수 데스크 네덜란드 국기 옆에 한국 국기가 놓이고, 중국 고객이 방문하면 중국 국기가 흔들리며 그들을 맞이한다. 간단한 제스처지만 정성을 담은 환영이다. ASML에게는 모든 고객이 동등하다. 그러나 이제 세계는 그렇게 단순하지 않다.

중국에서는 수십억 달러에 달하는 국가 지원을 받아 새로운 반도체 공장이 곳곳에서 생겨나고 있다. 2017년, 중국 고객들은

7억 유로 상당의 리소그래피 장비를 주문했다. "새로운 기록입니다." ASML의 CEO 페터르 베닝크는 그해 말 투자자들에게 이렇게 설명하며, 이는 "모두에게 매우 명확한 성장 기회"라고 전망했다. 몇 달 후, 중국 반도체 제조업체 SMIC의 이사 량멍송은 상하이에서 첫 번째 EUV 장비 구매 계약에 서명했다.

감사회는 즉시 이 주문의 위험성을 지적했다. "여기서 문제가 생길 겁니다. 미국이 우리에게 모든 걸 허락하지는 않을 거예요." 그러나 ASML 경영진은 그 우려를 일축했다. 펠트호번은 정치적 문제에 관여하지 않으며, 이미 수년간 중국 최대 반도체 파운드리인 SMIC에 장비를 납품해왔기 때문이다. 수백 대의 ASML 스캐너가 이 소중한 고객의 공장에서 가동되고 있었다.

2018년 11월, 최고 경영진은 감사회와 함께 중국 출장을 계획했다. 그들은 그곳에서 상하이 시장, 산업정보기술부 장관, 그리고 시진핑에게 직접 자문하는 국가발전개혁위원회 위원장을 만났다.

페터르 베닝크는 매년 대여섯 차례 출장을 갈 정도로 중국을 자주 찾았다. 그는 중국 고객들과 대화를 나누다 보면 종종 중국 정부와도 이야기하게 된다는 사실을 잘 알고 있었다. 그들의 대화에서 지적 재산권은 민감한 주제였다. ASML은 한 가지 조건하에서만 자사의 최첨단 장비를 중국에 수출하겠다고 했다. 그 조건은, 어떠한 경우에도 이 소중한 기술을 복제해서는 안 된다는 것이었다. 이에 대해 중국 관리들은 지적 재산권을 존중하겠다고 보장했으며, 심지어 자국의 법률 체계를 이에 맞춰 조정하겠다고까지 말했다. 베닝크는 이 약속이 불확실하다고 느꼈지만, 대화를 유지하고 관계의 문을 닫지 않는 것이 낫다고 생각했다. 그는 다리를 불태우는 성격이 아니었다.

2019년 1월, 베닝크는 ASML이 중국의 성장에 동참하길 원한다고 선언했다. "하지만 우리의 지적 재산권이 명백히 침해당하는 것을 보게 된다면, 그때는 끝입니다. 중국이 앞으로 10년에서 15년 내에 우리를 따라잡을 가능성은 전혀 없습니다. 그들은 우리보다 몇 광년 뒤처져 있어요. 광년!"

당시 베닝크는 여전히 EUV 장비가 중국으로 배송될 수 있을 것이라고 확신하고 있었다. 그는 워싱턴에서 반중 정서가 고조되고 있음에도 불구하고 미국 정치인들로부터 어떠한 압력도 받지 않고 있다고 주장했다. "ASML은 법을 따릅니다. 우리는 네덜란드 정부로부터 수출 허가를 받았기 때문에 중국에 수출할 수 있습니다. 그러니 압력이 있다면 그건 정부 간 문제일 겁니다."

그의 말은 맞았다. ASML이 네덜란드에서 중국 수출 허가를 신청하자마자, 미국은 중국에 EUV 장비가 들어가는 것을 막기 위한 외교적 캠페인을 시작했다. 2018년 말 부에노스아이레스에서 열린 G20 정상회의에서 네덜란드 총리 마르크 뤼터와 도널드 트럼프가 만났을 때 'ASML 문제'가 제기되었다. 뤼터는 실용적인 태도를 유지하며 미국 대통령을 둘러싼 혼란에 흔들리지 않으려 했다. 그에게는 미국과의 관계를 좋은 상태로 유지하는 것이 더 중요했다. 뤼터가 트럼프와 대화할 때의 전략은 소란을 언급하지 않는 것이었다. 그는 항상 웃음을 잃지 않으며, '내용'에 집중했다.

트럼프의 안보 자문관 팀 모리슨은 이후 여러 차례 헤이그를 방문해 네덜란드 정부 대표들과 회담을 가졌다. 미국의 외교적 공세는 국방부, 국무부, 그리고 백악관 직원들의 공동 노력으로 이루어졌다. 평소 국제 파트너십을 조롱하던 도널드 트럼프는 이례적으로 다자간 협정을 근거로 네덜란드에 긴급히 호소하기로 결정했다. 모리슨에 따르면, 미국이 우방국에 압력을 가하려는 의도는 아니라고 한다. "우리는 모두 EUV 기술이 얼마나 중요한지 알고 있습니다. 네덜란드 정부는 이 문제에 대해 독립적인 결정을 내릴 수 있습니다." 물론, 미국이 선호하는 결정을 내리는 것이 바람직하다는 전제가 따른다.

EUV 기술은 재래식 무기와 이중 용도의 상품 및 기술에 대한 다자간 수출 통제 체제인 바세나르 협정의 통제하에 있다. 이 협정은 1995년 12월 헤이그 근처 부유한 마을인 바세나르의 드위텐부르크 성에서 최종적으로 체결되었다. 협정 체결은 막바지까지 이어졌고, 축하 만찬이 시작되기 직전까지 프랑스와 러시아 대표들이 최종 문구에 합의하지 못했다. 그들의 논쟁은 성의 주방 구석에서 마지막 순간에 해결되었다. 1996년 7월, 협정은 발효되었고 현재 42개국이 민감한 기술의 수출을 공동으로 규제하고 있다. 바세나르 협정은 1993년까지 공산주의 국가들이 군사 기술에 접근하는 것을 막기 위해 운영되던 다자간 위원회 코콤 COCOM의 후속 협정이다. 이 협정 때문에 EUV 장비를 수출하려면 허가가 필요하다.

바세나르 협정은 군사적 목적으로 사용될 수 있는 장비의 수출을 규제한다. 여기에는 최첨단의 리소그래피 기계도 포함된다. 참여국의 전문가들은 매년 오스트리아 빈에서 모여 이중 용도로 사용할 수 있는 민감한 신기술 가운데 어떤 것을 리스트에 추가할지 논의한다. 장비가 널리 사용 가능해지면 협의를 통해 리스트에서 제거될 수도 있다.

미국이 2001년 ASML이 미국 경쟁사 SVG를 인수할 수 있도록 허가했을 때, EUV 기술의 독점권은 네덜란드로 넘어갔다. 그러나 바세나르 협정은 미국이 어떤 국가가 이 기술을 사용할 수 있을지를 결정하는 데 영향을 미칠 수 있는 길을 열어주었다. 이를 통해 중국이 5나노미터 또는 7나노미터의 정밀한 칩에 접근하는 것을 제한함으로써 중국의 혁신을 늦출 수 있었다. 대규모로 더 정밀한 선폭 프로세서를 제조하려면 EUV 장비가 필요하기 때문이다.

네덜란드 정부는 이 문제로 고민에 빠졌다. 어쨌든 네덜란드는 자국의 기술 대기업에 책임을 져야 하는 입장이었다. 원칙적으로 유럽은 이 문제를 도울 수 없었다. 유럽연합에서는 수출 통제가 법적으로 회원국 개별의 문제이기 때문이다. 하지만 강력한 동맹국인 미국의 압력을 무시할 수는 없었다. 내부자들은 이 상황을 네덜란드 외무부에 '미끼'를 던진 것과 같다고 묘사했다. 어떻게 처리하든 손에 더러운 얼룩이 남을 수밖에 없는 문제였다.

네덜란드가 처한 혼란은 놀랄 일이 아니었다. 미국은 중국과 실제 전쟁을 원하지 않기 때문에, 다른 모든 수단을 동원해 중국 기술을 통제하려 한다. 반도체는 현대 경제의 석유와도 같으며, 그 가치 사슬을 따라가다 보면 브라반트 주의 펠트호번 남쪽 32번 출구에 도달하게 된다.

ASML에서 정치적 문제는 전통적으로 부차적인 것으로 여겨졌다. 혁신 보조금을 확보하거나 위기 시 단축 근로 시간을 마련하는 데는 유용했지만, 기술에서 관심을 돌리는 일은 불필요한 소란으로 간주되어 즉시 배제되었다. 그러나 2018년 여름, 미국이 중국 메모리 칩 제조업체 푸젠진화로 미국 반도체 기계를 수출하는 것을 차단하면서 상황은 달라졌다. 이 사건은 마이크론과의 분쟁에서 비롯된 것이었기 때문에 화웨이 관련 캠페인만큼 큰 주목을 받지 못했지만, 펠트호번은 미국의 이 움직임에 충격을 받았다.

ASML은 이미 2018년 초에 정부와의 관계를 강화하기 위한 이사회 멤버를 영입했다. 다른 유럽연합 국가들이 브뤼셀에서 ASML로 흘러들어간 보조금에 불만을 제기했기 때문이다. 이 이사회 멤버는 프리츠 반 하우트였으며, 그는 2018년부터 2021년 은퇴할 때까지 정부 관계 팀을 이끌며 정책 입안자들 앞에서

ASML의 전략적 이익을 대변했다. 그는 지정학적 긴장으로 인해 업무량이 급증하자, 새로운 게임이 펼쳐지고 있음을 깨달았다.

프리츠 반 하우트에 따르면, ASML은 본래 외교적인 회사가 아니다. "우리는 매우 직설적입니다. 아니면 아니고, 맞다면 맞습니다. 그게 끝이에요. 정부는 이에 익숙해져야 합니다." 그러나 ASML도 정부에 익숙해져야 했다. 때로는 정부가 "아니요"라고 말하기도 했다. ASML이 가장 중요한 반도체 장비 시장을 지배하고 있는지는 몰라도 자신의 운명을 스스로 결정할 수 없게 된 것이다.

이런 상황은 여전히 큰 저항을 불러일으키고 있다. 펠트호번의 시각에서는 규칙을 만드는 사람들은 '그것'이 어떻게 작동하는지 이해하지 못한다. 여기서 말하는 '그것'이란 전 세계적으로 상호 의존적인 반도체 산업, 취약한 공급망, 복잡한 기술을 포함하는 전반적인 시스템이다. 이 세계는 상호 신뢰, 장기적인 계약, 자유 시장 역학에 의해 움직인다. 정부가 이 취약한 생태계를 방해하는 것은 허용할 수 없다. 무엇보다 ASML이 벌어들이는 막대한 수익 중 일부는 중국에서도 발생하며, 그 수익은 다시 네덜란드에 많은 일자리를 창출하고 있다.

ASML은 미국이 EUV 기술 차단을 통해 중국과의 경제 전쟁을 부추기고 있다고 주장한다. 이 기술은 대량의 첨단 반도체를 더 적은 오류로 제조하는 데 필요한 기술로, 주로 휴대폰 칩을 만드는 데 사용된다. 펠트호번의 관점에서 EUV 기술이 군사 용도로 사용될 것이라는 우려는 터무니없다. 무기 산업은 수년간 시장에 나온 검증된 리소그래피 기술을 사용하며, 대부분의 무기에 사용되는 칩은 노트북, 세탁기 또는 자동차에서 사용하는 '상용' 칩으로, 어디서든 쉽게 구매할 수 있기 때문이다.

하지만 미국의 입장은 다르다. 미국이 정의하는 '군사'는 전통적인 무기를 훨씬 넘어선다. 그들은 AI 분야에서 중국의 부상, 세계 순위를 지배하는 중국의 슈퍼컴퓨터, 그리고 베이징이 사용할 수 있는 사이버 무기들로 가득한 우월한 무기고를 두려워한다. 그리고 이 모든 것에는 한 가지 공통점이 있다. 그것들은 모두 첨단 반도체 칩을 필요로 한다는 것이다.

2021년까지 EUV 수출 허가에 대한 결정은 네덜란드 외교통상부 장관 시그리트 카흐 Sigrid Kaag의 책임이었다. ASML은 전통적으로 경제기후정책부와 좋은 관계를 유지해왔는데, 2017년부터 2021년까지 이 부서를 이끈 사람은 에릭 비어베스 Eric Wiebes였다. 그러나 그는 흐로닝언 지역에서 가스 채굴로 인한 지진 피해 문제에 집중하느라 바빴고, 2018년 초 산업 관련 포트폴리오를 차관 모나 카이저에게 넘겼다. 하지만 카이저가 이끄는 부서는 수출 허가에 영향을 미칠 힘이 거의 없었으며, 다만 워싱턴 주재 대사관을 통해 트럼프 행정부의 일련의 반중 조치로 인한 피해를 최소화하려고 노력했다.

EUV 수출 허가에 대한 최종 결정은 마르크 뤼터 총리의 세 번째 내각에서 이루어졌다. 이 내각에서는 정보 기관, 법무안보부, 국방부, 총리실이 경제부보다 우위에 있었다.

경제부는 전통적으로 기업들이 세계 무역에서 최대한 이익을 누릴 수 있도록 정부의 간섭을 최소화하는 방식을 지지해왔다. 네덜란드는 신자유주의적 무역 국가로서 30년 이상 세계화의 물결을 탔다. 이는 중국의 부상을 간과하고, 정치적으로 민감한 결정을 기업들에게 맡기는 결과를 낳기도 했다. 한 네덜란드 외교관의 말에 따르면, "이를 순진하다고 할 수도 있겠지만, 우리는 그 덕분에 엄청난 돈을 벌었다." ASML은 그러한 상인 정신의 전형이다.

그러나 네덜란드의 대중對中 시각은 변화하고 있었다. 2019년 5월, 네덜란드 외무부는 중국에 대한 비판적인 보고서인 "새로운 균형"을 발표했다. 이 보고서는 중국이 불공정 무역 관행, 사이버 스파이 활동, 기술 도용에 가담하고 있다고 지적했다. 또한 인권 상황 악화와 AI 분야에서 세계 리더가 되려는 중국의 야망에 대한 우려도 제기했다. 이 보고서는 '중국제조 2025'의 실현 가능성에 의문을 제기했지만, 그 끝이 어디로 향할지에 대해서는 깊은 불안을 표명했다. 즉, 국제 규범에서 벗어나 자체 규칙으로 운영되는 기술적, 과학적 초강대국으로서 중국의 부상에 대한 우려였다.

2020년 6월, 네덜란드 정보기관은 반도체 기업들을 겨냥한 중국의 스파이 공격을 경고했다. 이는 전혀 놀라운 일이 아니었다. 하이테크 부문은 이미 수년간 표적이 되어왔기 때문이다. 예를 들어, 2015년 초 ASML은 해킹 공격을 당했다. 해커들이 선전에 있는 ASML 자회사 브리온의 계정을 통해 ASML의 네트워크에 접근한 것이다. 샌디에이고에 있던 한 직원은 ASML과 사이머의 네트워크가 연결되자마자 무언가 잘못되었다는 것을 감지했다. 누군가 잘못된 비밀번호로 접속을 시도하고 있었다. 경고가 울리기 시작했고, 펠트호번에서도 문제가 발생했음이 드러났다.

여러 보안 회사가 피해 상황을 평가하기 위해 투입되었고, 미국에 있는 ASML 시설도 철저한 조사를 받았다. 이 디지털 대응팀들은 마치 사이버 소방대처럼 수주간 조사를 진행했다. 해커들은 백도어를 만들어 아이디와 비밀번호에 접근했으며, 이 정보를 일본의 컴퓨터 주소를 통해 ZIP 파일로 전송하기 시작했다. 보안 전문가들은 중국 해킹 그룹이 자신들이 찾고 있는 게 무엇인지 정확히 알고 있었다고 확신했다. 그들은 리소그래피 기계에 관한 문서를 노리고 있었다.

네덜란드 정보보안국[AIVD] 요원들이 펠트호번에 예고 없이 나타났다. ASML은 그들을 냉담하게 맞이했는데, 이는 AIVD가 단순히 호기심에서 온 것처럼 느껴졌기 때문이다. 특히 정보기관의 사이버 보안 전문가들이 ASML이 경제적 스파이 활동의 위험에 너무 느슨하게 대응하고 있다고 지적했을 때, ASML은 불편해했다.

이 해킹 사건으로 ASML은 가혹한 현실을 직면했다. 2015년 당시, 그들의 네트워크 보안은 매우 허술했다. 새로운 사이버 보안 팀이 이를 해결하기 위해 나섰고, AIVD와의 협력을 강화하기 시작했다. 주요 표적이 된 ASML은 정보기관에 귀중한 정보원이 되었는데, 펠트호번을 면밀히 관찰하면 중국 해킹 그룹의 공격 방식과 능력에 대해 많은 것을 배울 수 있었기 때문이었다. 사이머는 2013년 5월에 인수되었으며, 해킹 사건은 2015년 초 트위커스Tweakers 웹사이트에 의해 보고되었다. 이론적으로 해커들이 상당한 시간 동안 회사 네트워크에서 활동했을 가능성이 있었다.

ASML에 따르면, 침해는 신속히 중단되었고 중요한 정보가 도난당한 증거는 없었다. 간단한 보도자료에서 ASML은 "해커의 신원을 확신할 수 없다"고 밝혔지만, 한 가지는 분명했다. ASML의 서버는 사이버 전쟁의 최전선에 서 있었다.

ASML은 오랫동안 지정학적 무대에 오르는 것을 피하려고 했다. 그러나 프리츠 반 하우트는 그것이 순진한 생각이었다고 본다. 현대 세계의 기반을 만드는 장비를 생산하는 이상, 영원히 주목받지 않고 운영할 수는 없다.

2020년 1월, 외교적 갈등이 결국 표면화되었다. 로이터 통신은 미국이 네덜란드에 EUV 수출을 차단할 것을 요청했다고 보도했고, 갑자기 ASML은 세간의 주목을 받게 되었다. 트럼프의 무역 전쟁, 스파이 사건, 화웨이와 5G에 대한 논쟁이 맞물리며 엄청난 언론의 관심을 불러일으켰고, 펠트호번은 일면 기사로 등장했다.

수출 허가가 공식적으로 '검토 중'인 한, 중국은 EUV 장비에 접근할 수 없었다. 시그리트 카흐 장관은 ASML에 이를 미국에 설명해 그들의 압박을 완화하라고 권고했지만, 트럼프 행정부와의 협상은 만만치 않았다. 약 20명의 참가자가 온라인 회의를 여러 차례 열었다. 한쪽에는 ASML, 네덜란드 외무부, 워싱턴 주재 네덜란드 대사관이, 다른 쪽에는 미국 정부의 여러 부처 대표들이 참석했다. 카메라도 없고 소개도 없이, 그저 비인격적인 질문들이 쏟아졌다.

한편, 미국은 계속해서 압박 수위를 높였다. 2020년 10월, 네덜란드 국방부가 작성한 기밀 분석 보고서에는 '가장 중요한 전략적 파트너로부터 긴급한 요청을 받았다'는 내용이 담겼다. 그 경고는 이러했다. EUV 리소그래피에 접근하면 중국 방위 산업은 미사일, 드론, 사이버 전쟁을 위한 더 스마트한 알고리즘을 개발할 수 있다는 것이다.

결국 네덜란드는 이 조언에 따라 ASML의 수출 허가를 거부했지만, 이는 중국에 대한 직접적인 금지를 명시하지 않은 표현으로 이루어졌다. 외교적 포장에도 불구하고 결과는 동일했다. SMIC에 EUV 장비가 전달되지 않은 것이다.

뤼터 총리는 이러한 영구적인 중단 버튼이 양대 슈퍼파워를 만족시키기를 바랐다. 미국은 이에 만족했지만, 여전히 네덜란드를 주시했다. 만약 ASML이 뜻밖에 EUV에 대한 수출 허가를 받게 된다면, 그들은 준비된 플랜 B를 즉시 실행할 계획이었다. 2020년 11월, 트럼프 정부 내 대중 강경파 중 한 사람은 "탄환은 이미 장전되었다"고 말했다.

미국은 항상 '디 미니미스de minimis' 규칙을 비장의 카드로 갖고 있다. 이 규칙은 다모클레스의 검(왕좌 위 천장에 매달린 칼. 높은 자리에 있을수록 불안감, 위험이 존재한다는 뜻)처럼 국제 반도체 산업 전체에 위협을 가한다. 장비에 미국 기술이 조금이라도 들어가면, 상무부는 그 전체 장치에 대해 허가 요건을 부과할 수 있다. 통상적으로 이 기준은 미국 기술을 25퍼센트 사용했을 때 적용되지만, 만약 그 기준을 10퍼센트 이하로 낮춘다면, ASML은 난관에 부딪히게 될 것이다.

EUV 장비는 약 90퍼센트가 유럽 기술로 이루어져 있어 미국의 수출 규제 대상에서 제외된다. 그러나 스캐너에는 샌디에이고에서 부분적으로 제작된 광원도 포함되어 있다. 예를 들어, 조앤의 손으로 납땜되는 노즐이나 주기적으로 교체해야 하는 드롭릿 생성기 같은 것이다.

미국은 리소그래피 장비에 사용되는 부품 하나하나, 나사 하나까지도 알고 싶어했으며, 각 부품의 최종 목적지까지 파악하려 했다. ASML에 압력을 가하기 위해, 미국 당국은 절박한 반도체 제조업체들에게 필요한 ASML의 부품 배송 승인을 여러 차례 거부했다. 이 전술의 배후에는 강력한 국가안전보장회의NSC가 있었으며, 그들은 ASML이 장비에 들어가는 구성 요소의 세부 목록을 요구했다.

네덜란드 외교관들은 ASML을 대신해 이러한 비열한 접근 방식에 이의를 제기했다. 이는 거의 협박에 가까웠고, 심지어 NSC 내부에서도 동맹국을 이렇게 대하는 것이 적절한지 의문을 제기하는 목소리가 나왔다. 그러나 중국과 관련된 문제에서만큼은 그런 방식이 통용되었다.

ASML은 마지못해 목록을 작성했지만, 이를 무용지물로 만들기 위해 일부 창의적인 모호성을 포함시켰다. 나중에 그 목록을 추적했던 미국 전문가 중 한 명은 NSC의 요구가 애초에 설득력이 부족했다고 인정했다.

2020년, 중국에서 발생하는 ASML의 연간 매출 비중은 줄어들고 있었다. 중국에 대한 제재로 인해 고가의 EUV 장비가 대만과 한국으로 더 많이 팔려나가면서, 중국 외부에서 발생하는 매출 비중이 증가했다. EUV 수출 금지로 네덜란드만 문제를 겪은 것은 아니었다. 미국의 압력으로 한국의 SK하이닉스는 중국 우시에 있는 공장을 위해 주문한 EUV 장비 도입을 포기해야 했다. ASML의 두 번째 EUV 수출 허가 신청도 폐기되었다.

페터르 베닝크는 회사가 상당한 성장 잠재력을 가진 시장을 놓치는 것을 안타깝게 지켜보았다. ASML이 중국에서 급제동을 하는 동안, 미국은 가속 페달을 밟고 자신들의 이익을 챙기고 있었다. 중국의 반도체 제조업체들은 여전히 기존 DUV 장비를 사용해 멀티패터닝 기법으로 더 첨단의 칩을 생산할 수 있었다. 이는 여러 번의 노광을 연속으로 수행하는 방식으로, 첫 번째 인쇄 줄 사이에 추가로 문장을 인쇄해 페이지에 더 많은 단어를 넣는 기술과 같다. 하지만 이 기술은 더 첨단의 증착 및 에칭 장비가 필요하며, 이러한 장비는 주로 어플라이드머티어리얼즈, KLA, 램리서치와 같은 미국의 반도체 장비 제조업체로부터 나온다. 이들 미국 기업은 자신들의 매출이 줄어드는 결과로 이어지지만 않는다면, ASML이 중국에서 입지를 잃는 상황을 기쁘게 지켜볼 것이다. 반도체 공장에서 DUV 스캐너와 멀티패터닝을 사용하는 경우, 전체 투자 비용의 20퍼센트가 리소그래피 장비에 들어간다. 만약 멀티패터닝 대신 EUV를 사용하면, 그 비율은 30퍼센트로 증가한다. 새로운 반도체 공장 건설 비용이 약 150억 달러에 달한다는 점을 감안하면, 그 규모는 매우 크다.

EUV 사태로 ASML은 정부와의 관계를 강화하게 되었다. ASML은 네덜란드 헤이그의 여러 부처 및 미국 상무부와의 협력을 강화하고, 브뤼셀과 워싱턴 D.C.에 자체 대표부를 설치했다. 또한 미국 내에서 로비 팀을 구성해 더 이상 미국 반도체 기업들의 대표 조직인 반도체산업협회[SIA]에만 의존하지 않도록 했다.

2023년 말까지 ASML의 미국 내 로비 지출은 거의 제로에서 140만 달러까지 늘었다. 비교하자면, 경쟁사인 어플라이드머티어리얼즈는 그해 워싱턴에서 정책에 영향을 미치기 위해 200만 달러를 지출했다. ASML의 브뤼셀에서의 연간 로비 비용도 6배 증가하여 30만 유로에 달했다. 이러한 예산은 여전히 다른 기술 대기업들에 비하면 소박하지만, 한 가지는 분명하다. ASML에게 정치가 더 이상 부차적인 문제가 아니라는 것이다.

30장

워싱턴 D.C.의
죽음의 손아귀

뿔 달린 머리 장식을 한 남성이 전 세계 화면에 등장한 순간 그 모습은 모든 사람의 뇌리에 깊이 새겨졌다. 2021년 1월 6일 수요일, 제이콥 챈슬리, 일명 큐아넌 샤먼QAnon Shaman이 폭도들과 함께 미 국회의사당을 습격했다. 폭도들은 대선 결과를 받아들이지 않았고, 도널드 트럼프의 패배 이후 이어진 폭력적인 난동은 미국 민주주의의 중심부에 깊은 상처를 남겼다. 그러나 관계가 악화되었음에도 불구하고 공화당과 민주당은 한 가지에 대해서는 여전히 동의했다. 끊임없이 발전하는 중국이 공공의 적 1호라는 것이었다. 트럼프는 수출 규제를 통해 중국 기술 기업들을 억제할 수 있다는 사실을 깨달았고, 그의 민주당 후임인 조 바이든은 그 무기를 더욱 정교하게 다듬는 데 초점을 맞췄다. 바이든이 취임한 후, 미국은 더 이상 EUV 장비에 대한 수출 금지에 만족하지 않기로 했다. 백악관은 중국 반도체 산업의 목을 틀어쥐기를 원했고, ASML에 더 많은 양보를 강요하는 것이 그 방법이라고 판단했다.

워싱턴에서 기술 전쟁의 규칙을 만드는 사람들은 누구일까? 라파예트 광장의 보안 게이트를 통과한 후, 백악관을 바라보고 왼쪽이 아닌 오른쪽으로 가서 대통령이 기자들 앞에서 연설하는 서쪽 별관을 지나, 아이젠하워 행정동의 계단을 올라가보자. 프랑스 제2제정 양식으로 지어진 이 5층짜리 견고한 화강암 건물은 미국 행정부의 본거지다.

이 건물이 1888년에 세워졌을 때, 당시 전쟁부가 이곳으로 옮겨왔다. 그 기억은 이곳에서 근무했던 정부 관리들을 기념하는 표지판들로 여전히 남아 있다. 복도는 끝없이 반복되는 흑백 타일 패턴으로 장식되어 있으며, 속삭이기만 해도 메아리가 울린다.

이 건물에는 미국 대통령의 자문 기구들이 자리 잡고 있다. 그중 가장 영향력 있는 기구는 국가안전보장회의[NSC]로, 바이든에게 국가 안보와 외교 정책을 자문한다. NSC는 2층에서도 가장 아름다운 사무실을 차지하고 있다.

트럼프 행정부 시절, NSC는 혼란의 소용돌이에 빠졌다. 주요 인사들이 갑자기 떠나고, 많은 이들이 해고되었다. 그러나 현 바이든 행정부에서는 직원 수가 350명 이상으로 늘어나, 중국의 부상을 저지하고 미국 반도체 산업을 수십억 달러의 국가 지원으로 부흥시키기 위한 계획을 조율하고 있다. NSC는 관련 부서들이 수립된 전략을 준수하도록 감시하는 일도 했다. 지정학은 질서를 요구하지, 혼란스러운 닭장을 용납하지 않는다.

바이든은 취임 전부터 동맹국들과 수출 규제를 조율하기 위해 외교적 수단을 총동원했다. 미국은 여러 판에서 동시에 체스를 두기 시작했다. 미국과 유럽연합 간의 전략적 대화 기구인 무역기술위원회TTC에서는 수출 규제와 자국 반도체 산업을 지원하기 위한 자극 방안에 대한 논의가 이루어졌다. 미국처럼 유럽도 수십억 달러의 보조금을 통해 자국 반도체 산업을 지원하는 계획을 개발하고 있었다. 이는 아시아 외 지역에서 제조업체들이 생산을 확장하도록 유도하기 위한 황금 항아리와도 같았다.

미국은 또한 일본, 대만, 한국과 함께 '칩4 동맹'을 구축하려 했다. 그러나 일본과 한국은 전쟁과 영토 분쟁으로 얽힌 복잡한 역사를 공유하고 있어, 이들 국가를 조율하는 것은 쉽지 않았다.

ASML에게 특히 중요한 것은 '트릴렛trilats'으로 알려진 미국, 일본, 네덜란드 간의 비공개 삼자 회담이었다. 반도체 제조에 필수적인 장비와 소프트웨어를 공급하는 세 나라가 협력하여, 중국이 첨단 칩을 제조하는 데 필요한 도구를 얻지 못하게 함으로써 서방의 기술적 우위를 극대화하는 것이 목표였다. EUV 사례에서 성공을 거둔 후, NSC는 ASML의 또 다른 혁신인 첨단 침지 시스템에 주목하기 시작했다. 이 시스템은 DUV 광원을 사용하며, ASML이 이 분야에서 90퍼센트의 시장 점유율을 차지하고 있다. 이 장비로 만든 칩은 EUV만큼 첨단은 아니지만, 올바른 멀티패터닝 기법을 사용하면 복잡한 컴퓨팅 작업을 위한 강력한 프로세서를 생산하는 데 충분하다.

네덜란드는 미국이 이 시스템에 대한 수출 규제를 논의하고 싶어한다는 사실을 이미 알고 있었다. 2020년 12월, 트럼프의 네 번째 국가안보보좌관 로버트 오브라이언은 네덜란드의 조프리 반 레웬Geoffrey van Leeuwen과 만났다. 파리의 미국 대사관에서 오브라이언은 ASML의 중국 수출 문제를 거론했다. 반 레웬은 이 문제가 기술적 리더십에 대한 광범위한 논의에서 부수적인 이슈라고 생각했다.

워싱턴 D.C.에 있는 영향력 있는 싱크탱크들을 주목하는 사람이라면 더 강력한 조치가 다가오고 있음을 알았을 것이다. 바이든의 국가안보보좌관 제이크 설리번은 두 명의 NSC 직원, 타룬 차브라Tarun Chhabra와 사이프 칸Saif Khan이 준비한 사전 작업을 바탕으로 전략을 세우고 있었다. 이들은 아이젠하워 빌딩에서 일하기 전, 각각 브루킹스연구소와 CSET 같은 싱크탱크에서 광범위한 보고서를 발표한 바 있었다.

워싱턴에는 수백 개의 비영리 자문 기관이 있으며, 이들은 현 행정부에 정보를 제공하고 정부 인재 풀 역할을 한다. 미국 각 부처의 최고위직은 정치적으로 임명되며, 공화당과 민주당 모두 자신들의 전문가 풀을 보유하고 있다. 이러한 네트워크는 회전문식 정치 문화를 조장하는 경향이 있지만, 싱크탱크 관계자들은 이를 정책과 새로운 통찰력의 공생 관계로 묘사하기를 선호한다. 어떤 관점이든, 이는 워싱턴 D.C.를 움직이는 원동력이다.

2019년, 타룬 차브라는 '중국의 도전, 민주주의, 그리고 미국의 대전략'이라는 기사를 발표했다. 그는 이 글에서 미국과 그 동맹국들의 '민주적 자본주의'가 중국의 '권위주의적 자본주의'에 의해 위협받고 있다고 설명했다. 차브라에 따르면, 중국의 목표는 단순하다. 경제적 의존성을 만들어내고, 그것을 악용하는 것이다. 중국과 러시아 연합은 유라시아에서 적대적인 권력 블록을 형성했으며, 이는 미국의 번영과 안보에 '용납할 수 없는 위험'을 초래한다고 보았다.

2021년 3월, 사이프 칸은 중국이 서방 국가들의 반도체 장비에 얼마나 의존하고 있는지에 관한 연구를 발표했다. 이 보고서는 중국이 기술 경쟁에서 크게 뒤처져 있지만, 기술 도용, 외국 투자 활용, 그리고 자국으로 돌아온 지식 노동자들을 통해 자체 반도체 장비 개발을 가속화하려고 시도하고 있다고 주장했다. 칸은 ASML의 첨단 리소그래피 시스템에 대한 접근 금지가 중국의 주요 병목 현상이라고 결론지었다. 하지만 중국이 진정한 압박을 느끼려면, 네덜란드 정부가 협조해야 한다고 했다. 사실, 완전히 새로운 접근 방식이 필요했다.

앞서 언급했듯이, 네덜란드는 바세나르 협정의 이중 용도 리스트를 바탕으로 수출 허가를 규제한다. DUV 장비는 2014년에 그 리스트에서 제거되었는데, 새로운 기술인 EUV가 등장했기 때문이다. 2019년과 2020년에 미국은 DUV를 다시 규제 대상에 올리기 위해 바세나르 협정을 이용하려 했으나, 네덜란드는 벨기에와 독일과 함께 이를 반대했다. 펠트호번과 헤이그는 중국에 대한 EUV 제한이 이미 충분한 타협의 결과라는 데 동의했다.

그러나 이는 미국을 만족시키지 못했다. 미국은 바세나르 협정으로 중국의 발전을 늦출 수 없다면, 네덜란드와 일본 같은 동맹국들이 자국의 반도체 장비 제조업체와 DUV 스캐너에 대한 수출 규제를 자체적으로 시행해야 한다고 주장했다. 그렇지 않으면, 독자적인 조치로 문제를 해결하겠다고 경고했다.

2021년 초 바이든 취임 이후, 미국은 각 나라에서 이러한 규제가 어떤 형태를 띨 수 있을지 논의해왔다. 핵심 질문은 "누가, 무엇을, 언제 할 것인가"였다.

바이든 행정부를 대신해 초기 협상을 진행했던 미국 협상가는 삼자 회담이 처음에는 느린 외교적 춤사위 같았다고 설명했다. "우리가 먼저 우리 산업에 대한 규제를 시행하면서 얼마나 진지한지 보여주어야만 일본과 네덜란드와 선의의 논의를 시작할 수 있었습니다."

ASML은 처음에 네덜란드가 삼자 회담에 참여하는 것을 막으려 했다. 페터르 베닝크는 네덜란드 같은 '미키마우스 국가'가 주요 강대국들 사이에 끼어드는 것은 현명하지 않다고 생각했다. 하지만 베닝크는 결국 미국이 아무런 상의 없이 자신들의 규정을 강요하는 상황을 피하려면, 그래도 협상 테이블에 자리를 마련하는 것이 낫다고 판단했다.

네덜란드 정부는 국가 안보 관점에서 중국으로의 침지 스캐너 수출에 일부 제한을 가하는 건 가능하다는 입장이었다. 그러나 이는 세 국가가 동시에 조치를 취해야 한다는 조건하에서만 이루어질 수 있었고, 기존의 반도체 부족 현상이 더 악화되지 않도록 모든 조치가 강구되어야 했다. 또한, 봉쇄나 '탈동조화'에 가까운 조치는 지나치다고 여겼다. 중국은 에너지 전환과 반도체 산업에 필수적인 희토류 금속의 세계 최대 공급국이기 때문이다. 그리고 미국과 달리, 네덜란드 같은 '미키마우스 국가'는 자국에서 광물을 채굴할 천연 자원을 가지고 있지 않다.

대중對中 관계에서 네덜란드의 순진함은 사라졌지만, 이는 그들이 인정하고 싶은 것보다 더 최근에야 일어난 일이다. 2018년, 마르크 뤼터 총리는 대규모 네덜란드 무역 사절단과 함께 중국을 방문했으며, 화웨이가 네덜란드에 대규모 투자를 한 것에 대한 감사의 표시로 상을 수여했다. 그러나 1년 후, 뤼터는 이 초강대국이 기술적으로 지배적이 될 가능성을 염려하기 시작했다. 네덜란드는 이제 미국과 같은 입장이었고, 워싱턴과 점점 더 가까워지고 있었다.

중국의 부상에 대한 또 다른 전략적 우려도 존재했다. 중국이 아무런 견제 없이 성장하고 반도체 생산 능력을 더욱 공고히 한다면, 대만의 TSMC 같은 공장에 대한 의존도가 줄어들 수 있다. 이는 중국이 중화인민공화국 100주년을 맞이하기도 전에 대만을 점령하기 더 쉽게 만드는, 낮은 문턱이 될 수도 있다. 이러한 시나리오는 전 세계적으로 큰 문제를 초래할 수 있지만, 중국 자체에는 큰 부담이 되지 않을 것이다.

미국을 맹목적으로 신뢰하는 것도 중국에 의존하는 것만큼이나 순진한 일로 여겨졌다. 네덜란드 경제부는 미국이 국가 안보를 구실로 자국 반도체 기업들의 지위를 보호하기 위해 무역 정책을 주도하고 있다고 경고했다. 따라서 경제부는 네덜란드 기업들과 무역 이익을 보호하기 위해 협상 테이블에서 자신들의 발언권을 요구했다. ASML은 네덜란드 경제의 핵심 동력으로, 미국이 이 성장 엔진을 제한할 때까지 가만히 보고만 있지는 않을 생각이었다.

동시에 경제부는 중국의 야망을 더욱 경계했고, 정보기관의 경고에 따라 기업 부문에 대한 정부 개입을 늘려나갔다. 예를 들어, 2020년 경제부는 에인트호번에 기반을 둔 칩 스타트업인 스마트포토닉스Smart Photonics에 신속히 지분을 투자해, 중국의 투자펀드가 이 기업의 첨단 기술에 접근하는 것을 막았다. 네덜란드는 이제야 비로소 자국의 개방 경제를 보호할 필요가 있음을 깨달았다.

헤이그의 정부 소재지인 비넨호프와 백악관 간의 거리는 가까웠다. 영국이 유럽연합을 떠난 이후, 네덜란드는 미국의 가장 가까운 대서양 횡단 동맹국이자 가장 친한 친구가 되었다. 국가안보보좌관 제이크 설리번과 조프리 반 레웬은 두 달마다 암호화된 라인이나 와츠앱, 시그널을 통해 서로 최신 정보를 교환했다. ASML은 자주 논의 테이블에 올랐지만, 러시아의 공격이 심화되고 중국이 전체주의 국가로 변모해가는 상황에서 항상 최우선 의제는 아니었다. 두 국가안보좌관은 서방이 기술적 우위를 유지해야 한다는 점에 동의했다. 문제는 어떻게 할 것인가였다.

미국은 첫 번째 조치를 제안했다. 중국이 14나노미터 이하의 정밀도를 가진 프로세서를 자국에서 제조할 수 있는 능력을 갖추지 못하게 해야 한다는 것이었다. 메모리 칩에 대해서는 다른 기준이 적용될 예정이었다.

이러한 조치의 결과를 예측하기 위해 네덜란드 협상가들은 ASML이 제공한 정보에 크게 의존했다. 글로벌 반도체 산업에 촉수를 뻗고 있는 ASML이 이 분야에선 더 나은 통찰력을 가지고 있다고 믿었기 때문이다. 수출 규제의 '피해자'인 ASML은 상황이 더 악화되지 않도록 협력했다. 펠트호번에서 페터르 베닝크는 직접 조프리 반 레웬에게 반도체 기술에 대한 집중 강의를 제공하여 그가 이 주제를 이해할 수 있도록 도왔다. 반도체 산업은 항상 완벽하게 최적화된 가치 사슬이었기 때문에, 베닝크는 이 복잡한 시스템을 이해하지 못한 채 무작정 개입하려는 사람들이 있는 상황이 가장 두려웠다.

많은 기술적 논의가 헤이그 중앙역 바로 옆에 위치한 외무부나 바세나르에 있는 미국 대사관에서 이루어졌다. 바세나르 대사관은 바세나르 협정이 초안된 성 근처에 위치해 있다. 양국의 전문가들은 대사관 안뜰이 내려다보이는 2층 방에 모였다. 하얀 유리 테이블은 10명을 수용할 수 있었고, 큰 화면으로 안전한 영상 연결을 통해 추가 참석자들이 대화에 참여할 수 있었다. 벽에는 화이트보드, 시계, 그리고 네덜란드 지도가 장식되어 있었는데, 이는 중국의 반도체 산업을 늦추기 위한 필수 도구들이었다.

때로는 이중 회의가 열리기도 했다. 국가 기밀을 논의할 수 있는 회의와, 네덜란드의 두 기술 기업 전문가들이 참석하는 회의였다. ASML이 그중 하나였으며, 또 다른 익숙한 얼굴은 ASM 인터내셔널이었다. ASM 인터내셔널은 1984년 필립스와 함께 ASML의 기반을 마련한 회사로, 이들은 자신들의 고급 증착 장비 덕분에 테이블에 자리를 얻었다.

미국은 중국 반도체 산업의 기술 발전을 단순히 멈추는 것을 넘어, 후퇴시키려 했다. 그러나 이 메시지는 모든 종류의 칩, 특히 중국이 대량 생산하는 덜 첨단이거나 '성숙'한 프로세서의 심각한 부족 사태와 맞물려 좋지 않은 반응을 얻었다. 이 부족 사태는 부분적으로 2021년 코로나19 팬데믹으로 인해 발생했다. 원격 근무자들은 반도체 산업이 감당할 수 있는 것보다 더 많은 컴퓨팅 파워와 클라우드 용량을 필요로 했다.

이로 인해 프랑스와 독일의 자동차 제조업체들은 생산 라인을 중단해야 했으며, 중국 기업들이 추가적인 규제를 받아 더 심각한 부족 사태가 발생할 것을 걱정했다. 네덜란드 대표단은 프랑스와 독일에 협상 내용을 전달했지만, ASML의 큰 불만 중 하나는 유럽의 개입이 그 정도에 그쳤다는 것이었다. ASML은 삼자회담을 유럽연합 전반의 논의로 전환해 독일과 프랑스가 영향력을 발휘할 수 있도록 로비했다. 통합된 유럽의 입장은 중국과 미국에 대한 강력한 방어책이 될 수 있었기 때문이다. 그러나 결국 네덜란드는 홀로 남았다. 펠트호번에서는 다른 결론에 도달했다. 네덜란드 협상가들이 미국과의 협상에서 자신들의 영향력을 과대평가했음이 드러났다. 네덜란드인들이 키가 크긴 하지만, 이번에는 자신들을 실제보다 더 크게 생각했던 것 같다.

워싱턴에서 NSC는 산업안보국[BIS]의 제재 리스트를 엄격히 통제했다. 그 결과, 군사적 연관이 있는 수십 개의 중국 기업들이 리스트에 추가되었다. 트럼프 시절 많은 수출 허가 신청이 승인되었는데, NSC는 트럼프가 산업에 지나치게 관대했다고 보았다. NSC는 '하향식 정책'을 통해 수출 규제를 강하게 틀어쥐려 했다.

    ASML이 중국 반도체 제조업체 SMIC로부터 온 대규모 주문을 처리하기 위해 미국의 허가를 받아야 했을 때 이 제재 리스트 확대는 상당한 긴장을 불러일으켰다. 스캐너의 일부 예비 부품은 미국에서 생산된 것이었다. 예를 들어 샌디에이고의 자회사 사이머에서 제조한 DUV 광원이나 코네티컷 지사에서 만든 모듈

등이 그러했다. 이러한 부품은 네덜란드를 거쳐 중국으로 보내진다고 해도 여전히 미국 규제의 대상이었다. 펠트호번마저도 워싱턴의 긴 팔을 피해갈 수 없었다.

페터르 베닝크에게 이것은 새로운 워싱턴 행정부와 관계를 강화할 이유가 되었다. 그는 2021년 6월 브뤼셀에서 열린 G7 정상회담에서 만난 상무부 장관 지나 레이몬도에게 접근했다. 팬데믹으로 인해 그는 그해 10월이 되어서야 워싱턴을 직접 방문할 수 있었다. 네덜란드 외교관들과의 협의를 거쳐, 베닝크는 며칠간 12개의 회의를 일정에 끼워넣었다. 첫 일정은 미국자동차산업협회 방문으로, 칩 부족 문제를 논의하기 위해서였다. 자동차 로비는 강력했고, 베닝크는 이를 통해 정치인들에게 ASML에 지나친 제재를 가하지 말도록 설득할 수 있을 것이라 생각했다.

워싱턴에서 베닝크는 의사당 지하철을 타고 정부 건물 사이를 오가며 정치인들과의 회의, 산업안보국과 국방부 대표들과의 회의, 그리고 국가안전보장회의와의 저녁 식사에 참석했다. 모두가 '그 네덜란드 회사'를 위해 일정을 비웠다.

베닝크는 자신이 ASML의 가장 중요한 내부 대사라는 사실을 또 한 번 입증했다. 그는 워싱턴의 귀빈들 사이에서 물 만난 물고기처럼 활동하며, 미국인들과의 대화를 준비하기 위해 호텔에서 직원들과 함께 연습까지 했다. 팀원들이 핵심 질문을 제시하면, 그는 그에 맞는 논리를 하나씩 세워나갔다. 마치 크리스마스 트리를 장식하듯, 한 조각씩 근거를 쌓아갔다. 베닝크는 문제 해결에 있어 조화 모델을 선호하며, 본능적으로 사람들과의 연결을 만들어낸다. 그는 빠른 눈짓, 한마디의 개인적인 인사로 상대방을 편하게 만드는 방법을 알고 있다.

베닝크는 이념적 논의를 피하려 했지만, 늘 가능한 건 아니었다. 미국 외교관들과의 저녁 식사 중 그는 중국의 위구르족 문제와 관련해 반도체 산업의 역할이 무엇인지 질문을 받았다. 이 소수 무슬림 집단은 중국 정부에 의해 억압당하고 있었으며, 첨단 전자 장비로 감시받고 있었다. 베닝크는 "우리는 사람들을 체포하지 않습니다. 반도체 산업이 그 책임을 질 수는 없습니다"라고 답했다. 그리고 그는 반대로 미국의 학교 총격 사건과 총기 제조 업체의 책임에 대해 물었다. 그 순간 어색한 침묵이 흘렀다. 감히 미국을 가르치려 하다니.

베닝크는 많은 사실을 제시하는 것을 좋아하는데, 한 시간짜리 회의 가운데 45분을 세부 사항을 설명하는 데 할애하곤 한다. 특히 반도체 산업에서 상호 의존성에 대해 설명할 때 그는 타고난 교사처럼 보인다. 베닝크는 미국 정치인들에게 중국에 대한 압박이 그들의 자동차와 세탁기에 어떤 영향을 미칠지, 그리고 새로운 반도체 공장이 가동되기까지 얼마나 오랜 시간이 걸릴지 반복해서 경고했다. 그리고 미국인들에게 수치를 보여주었다. 미국 기업들이 반도체 산업에서 수익의 상당 부분을 취하고 있으며 중국에서 벌어들인 수익이 오히려 기술적 우위를 강화하는 데 투자될 수 있다고 설명했다. 그는 종종 "자신감을 가지세요!"

라고 말했다.

ASML의 감사회의 한 멤버가 지적했듯이, 페터르 베닝크는 주제에 매우 정통해 종종 자신의 해결책을 '즉시 사용할 수 있는 제품'처럼 제시했으며, 그로 인해 논쟁의 여지가 거의 없었다. 베닝크는 성급함을 경계하며 자신의 의견을 억누르고 이야기를 세련되게 풀어나가려 했다. 스토리텔링에 정교하고 세련된 서사를 엮었다는 뜻이다.

그러나 베닝크가 항상 참는 것은 아니었다. 그는 한 번은 10분 동안 중국의 위협에 대해 이야기하던 상원의원의 말을 가로막고 "당신이 모든 사실을 알고 있는 건 아닙니다"라는 직설적인 말을 내뱉었다. 나중에 네덜란드 외교관들로부터, 이번엔 그가 너무 직설적이었다는 이야기를 들었다. 미국인들은 '내 말을 명심하라'는 듯한 베닝크의 태도와 경고하듯 손가락을 들고 있는 모습에 쉽게 짜증을 냈다. 그러나 2021년 말까지 ASML은 SMIC에 대한 필요한 수출 허가를 확보했다.

한편, 미국은 삼자 회담이 느리게 진행되는 것에 점점 더 인내심을 잃고 있었다. 네덜란드 협상가들은 시간을 들여 미국의 제안을 세세하게 검토했다. 그러나 2022년 2월, 네덜란드가 필요할 때는 결단을 내릴 수 있다는 것이 분명해졌다. 러시아가 우크라이나를 침공하자마자 유럽 국가들은 즉각적인 제재 패키지로 대응했다. 유럽연합은 필요하다면 자국 경제에 타격을 주는 결정을 내릴 준비가 되어 있음을 보여주었다. 국가 안보가 피부로 느껴졌다. 에너지 요금만 봐도 많은 유럽인들은 이를 실감할 수 있었다.

미국은 네덜란드의 결단력에 긍정적으로 놀랐으며, 이는 우크라이나에 무기를 공급하는 데까지 이어졌다. 유럽 대륙에서 전쟁이 시작되자 기술적 우위의 전략적 중요성이 더욱 강조되었고, 새로운 세대는 그 의미를 실감하게 되었다. 네덜란드에서 생산된 '일상적인' 칩들이 우크라이나 도시를 공격하는 드론에 사용된 반면, 고급 칩들은 우크라이나의 방공망, 위성을 통한 데이터 수집, 그리고 적의 후방 깊숙한 곳에서 미사일 공격을 조율하는 데 사용되었다. 전쟁의 차가운 현실 속에서 그 판돈은 다르게 보였다.

미국, 네덜란드, 일본 간의 협상이 속도를 내기 위해서는 또 다른 위기가 필요했다. 2022년 8월, 미국 하원의장 낸시 펠로시가 대만을 방문하면서 그 전환점이 찾아왔다. 미국은 중국이 러시아의 우크라이나 침공에 자극받아 대만을 침공할 준비를 하지는 않을지 우려했다. 반면 중국은 미국이 이런 상징적 방문을 통해 대만을 독립 국가처럼 대하는 것에 분노했다.

대만인들은 70년 동안 중국 본토와 대립하며 살아왔고, 많은 이들은 중국의 군사적 위협에 익숙해져 그것을 일상생활의 일부로 여긴다. 일부 대만인들은 펠로시의 방문이 미묘한 양안 관계의 균형을 깨뜨렸다고 생각했다. 하지만 대다수는 여전히 미국의 지지를 환영했다. 특히 시진핑이 홍콩의 민주화 운동을 강력한 보안법으로 억압하는 것을 목격한 후, 대만인들은 중국에 더 가까워지는 것을 원하지 않게 되었다.

중국과 대만 간의 경제적 관계는 매우 긴밀하다. 민주적이고 자유로운 대만은 중국과의 무역 없이는 기능할 수 없다. 2022년, 중국과의 무역은 대만 GDP의 40퍼센트 이상을 차지했으며, 이는 미국과의 무역보다 세 배 이상 높은 수치였다.

중국은 펠로시의 방문에 대응해 대규모 군사 훈련을 실시했다. 이는 대만의 봉쇄 가능성을 시사하는 것이었다. 그러한 봉쇄는 대만 경제와 글로벌 경제에 치명적인 결과를 초래할 수 있었다. 미국은 거의 2년 동안 중국을 견제하기 위한 기술 동맹을 구축하려 애썼다. 그러나 중국 군함이 대만 주변을 도는 지금, 미국은 곧바로 행동에 나서야 한다는 것을 깨달았다.

코드네임 실종

곤잘로 수아레스^{Gonzalo Suarez}(친구들 사이에서는 '곤조'라고 불린다)는 자신이 있는 공간의 역사적 가치를 잘 알고 있다. 그는 자신의 사무실 천장을 가리킨다. 제2차 세계대전 중 맨해튼 프로젝트의 본부가 바로 이 건물, 5층에 있었다. 바로 그 자리에서 1942년 레슬리 그로브스 장군이 첫 번째 미국 원자폭탄 개발을 지휘했다.

   2023년이 된 지금, 이 워싱턴의 정부 건물에는 외교부가 자리하고 있으며, 새로운 전선에서 중국과의 기술 전쟁이 벌어지고 있다. 이곳에서 국제 안보 및 비확산국 부차관보인 수아레스는 '전략적 안보 가치를 지닌 산업'이 적의 손에 넘어가지 않도록 하는 임무를 수행하고 있다. 그는 플레처 법외교대학원에서 외교 기술을 익혔다. 예를 들어, 외교관들은 웃는 것을 좋아하지만, 중요한 것을 설득하려 할 때는 목소리를 낮춘다.

수아레스는 미국이 네덜란드와 일본과 함께한 모든 수출 규제 논의에 참여했다. 하지만 '기발한 스턴트'로 주목을 끌려는 머펫쇼의 푸른 새 곤조와는 달리, '곤조' 수아레스는 배후에서 활동했다. 2021년부터 그는 중국의 날개를 꺾기 위해 노력하는 협상 팀을 감독해왔다. 예를 들어, 미국이 바라는 대로라면, 중국 공장은 '핀펫finfet' 트랜지스터를 사용하는 칩을 생산할 수 없을 것이다. 이 트랜지스터는 프로세서의 가장 작은 수준에서 사용되는 지느러미 모양의 스위치다. 첫 번째 핀펫 기술은 2011년에 시장에 나왔으며, 이후 TSMC, 삼성, 인텔과 같은 회사들이 '0'을 '1'로 더 효율적으로 전환하는 더 나은 스위치를 개발했다. 이 스위치를 만들기 위해서는 첨단 칩 장비와 설계 소프트웨어가 필요한데, 미국 정부가 바라는 대로라면 중국은 이를 더 이상 받지 못할 것이다.

미국은 중국이 첨단 칩 기술에 접근하는 것을 차단함으로써 중국을 15년 뒤로 돌려놓겠다는 계획을 세웠다. 이를 달성하고 미국 공급업체에 한계를 설정하기 위해 상무부, 국무부, 국방부, 에너지부는 각각 반도체 산업 공급망에 정통한 전문가 2~3명씩을 차출해 팀을 구성했다. 2021년부터 이들은 보안이 철저한 영상 연결을 통해 또는 아이젠하워 행정동에 있는 NSC 사무실에서 회의를 가졌다. NSC가 논의를 주도했으며, 외교 협상은 주로 수아레스와 그의 팀에게 맡겨졌다. 기술적 세부 사항에 대해서는 국방부나 에너지부의 전문가들이 자문을 제공했다.

고품질의 에칭 장비, 측정 장비, 그리고 얇은 층을 적용하는 장비 없이는 좋은 칩을 생산할 수 없다. 그리고 이를 위해서는 어플라이드머티어리얼즈, 램리서치, KLA와 같은 공급업체가 필요하다. 이들 모두는 수십억 달러 규모의 기업이며, ASML의 시장 가치보다는 약간 낮아졌지만 여전히 큰 기업들이다. 미국 기업들은 중국에서의 칩 생산으로 막대한 수익을 올리고 있었으며, 페터르 베닝크가 지적했듯, 수출 규제로 인해 수익이 크게 감소할 위험에 직면했다. 이는 그들이 바이든 행정부에 지속적으로 불만을 토로하는 이유였다. "그 비판은 여전합니다. 하지만 우리는 경제적 피해를 최소화하려면 외과적으로 접근해야 한다고 봅니다." 수아레스의 외교적 답변이었다. 이면에서는 상무부와 국방부, 국무부 간의 격렬한 논쟁이 벌어졌고, 이로 인해 미국 NSC의 감시하에 무한히 수정되는 구글 공유 문서가 넘쳐났다.

한편, 중국의 기술 발전은 계속되었다. 2022년 여름, SMIC가 네덜란드에서 제공된 표준 스캐너를 사용해 7나노미터 칩을 생산할 수 있다는 사실이 드러났다. 서방 국가들이 EUV 기술을 차단했음에도, 중국의 진보는 멈추지 않았다. 중국 공장들은 주로 미국에서 온 장비를 사용해 칩을 개선하고 있었다. 기술적으로 말하자면, ASML의 침지 스캐너는 38나노미터의 정확도로

라인을 투사한다. 그 이하의 정밀도를 요구하는 작업은 다른 반도체 장비 공급업체의 몫이다. 펠트호번은 이 상황에 불편함을 느꼈다. 미국이 경제적 피해를 네덜란드 기업에게 떠넘기고 있다고 생각했기 때문이다.

그러나 시간이 촉박했고, 바이든 행정부는 더 이상 개입을 지체할 수 없었다. 2022년 11월 중간 선거를 앞두고 공화당은 민주당이 중국에 대해 너무 유약하다고 비판하며 더 강력한 조치를 요구했다.

결국 그들은 원하던 조치를 얻었다. 2022년 여름 첫 번째 세부 사항이 유출되었고, 10월 7일 금요일 전체 계획이 공개되었다. 이 발표 타이밍은 외교적 정밀함을 노린 것이기도 했다. 시진핑이 3선 집권을 발표하기 직전이었으나 중국 공산당 전국대회에 너무 가까운 시점은 아니어서 시진핑이 미국에 더 공격적인 태도를 취할 여유를 주지 않았다. 이러한 세심한 준비에도 불구하고, NSC나 국무부는 상징적인 '맨해튼 프로젝트'와 같은 매력적인 코드명을 떠올리진 못했다. 수아레스는 웃으며 말했다. "우리는 그냥 지루한 관료들입니다. 그래서 그저 '조치들'이라고 불렀죠. 코드명 생각하는 걸 깜빡했어요."

산업안보국[BIS]은 139쪽에 달하는 문서를 통해 기술적 세부 사항을 발표했다. 수출 규제 분야의 세계적인 권위자인 케빈 울프조차 이 문서에 충격을 받았다. 그는 말했다. "저는 이 일을 30년 동안 해왔고, 무엇을 예상해야 하는지 알고 있었습니다. 하지만 이 복잡한 규칙들을 이해하기 위해 139쪽짜리 문서를 열 번은 읽어야 했어요." 그의 눈에, 미국의 수출 규정은 일반인이 이해하기에는 너무 복잡했다.

오바마 시절 BIS에서 근무하면서 울프는 현재 기술 전쟁에서 사용되는 수출 규정을 설계했다. 그가 바로 제재 리스트를 사용해 중국 통신회사 ZTE를 무너뜨린 인물이었다. 이제 이 법률 전문가는 워싱턴의 유명 로펌 에이킨검프Akin Gump에서 기술 기업들을 수출 규제라는 복잡한 숲으로 안내하고 있다. 워싱턴 로비 활동의 중심지인 K스트리트에 있는 그들의 사무실 입구는 트럭 몇 대가 나란히 주차해도 문에 흠집조차 나지 않을 정도로 넓다. 결국 로비는 워싱턴에서 거대한 사업이다.

미국이 중국에 대한 기술적 우위를 극대화하기 위해 '작은 뜰 주위에 높은 울타리'를 세웠다고 국가안보보좌관 제이크 설리번은 말한다. 하지만 반도체 회사와 공급업체들은 그 울타리가 정확히 어디에 있는지 판단하기 어려웠다. 간단히 말해, 중국 반도체 제조업체들이 14나노미터 이하의 프로세서를 생산할 수 있게 하는 도구를 공급하는 것이 금지되었다. DRAM을 생산하는 칩 공장은 18나노미터로 제한되었고, 낸드NAND 메모리는 최대 128개의 레이어로 제한되었다.

수출 규제의 범위는 모든 첨단 상업용 칩으로 확장되었고, 이것이 특히 복잡한 상황을 만들었다고 케빈 울프는 지적한다. "BIS에서 일할 때, 나는 군사 목적으로 사용될 수 있는 특정 반도체, 예를 들어 프로그래머블 프로세서와 방사선 저항 칩에 대한 규칙을 설계했습니다. 하지만 이번 조치는 전체 국가를 겨냥하고 있습니다."

이 규제는 매우 정밀하게 조정되었다. 일반적으로 중국에 대한 제한은 전체 기업이 아닌 개별 공장, 때로는 생산 라인에 따라 결정되었다. 이는 중국에서 덜 첨단인 칩의 공급을 유지하는 데 기여했다. 어쨌든 미국인들은 여전히 자동차와 세탁기를 구매하고 싶어하기 때문이다.

그러나 10월 발표 이후 반도체 산업 전반에 걸쳐 공포가 퍼졌고, 케빈 울프는 그의 경력 중 가장 긴 시간을 일하게 되었다. 특히 기업들은 '미국인 조항'에 놀랐다. 이 조항은 미국 시민이 중국의 반도체 기업에서 일하는 것을 금지한다. 발표 직후, 미국 반도체 장비 제조업체의 주가는 급락했고, 엔비디아와 AMD 같은 칩 설계업체들은 자신들의 첨단 칩을 더 이상 중국에 공급할 수 없다는 사실을 깨닫게 되었다.

ASML은 신중을 기해, 미국 직원들이 법적 상황이 명확해질 때까지 중국에서의 활동을 일시적으로 중단하도록 지시했다. "우리의 발표는 꽤 서툴렀습니다." 한 NSC 관계자는 훗날 인정했다. 그러나 적어도 그 139쪽짜리 문서는 전 세계 산업의 주목을 한꺼번에 받는 데 성공했다.

이 조치는 중국에서 반도체 공장을 운영하는 외국 기업들에도 영향을 미쳤다. TSMC와 한국의 메모리 제조업체인 삼성과

SK하이닉스도 여기에 포함되었다. BIS는 빠르게 수정안을 내놓아 이들 기업에 1년의 유예 기간을 부여했다. 그러나 이는 큰 도움이 되지 않았다. 반도체 공장에 대한 투자 규모는 수십억 달러에 달하며, 보통 몇 년에 걸쳐 이루어지기 때문이다.

2022년 11월, 네덜란드 총리 마르크 뤼터는 아시아 순방에 나섰다. 그가 어디를 가든 화제는 같았다. ASML. 먼저 그는 발리에서 열린 G20 정상회담에서 중국 지도자 시진핑과 만났고, 시진핑은 유럽과 중국 간의 경제적 탈동조화에 대해 경고했다. 며칠 후, 뤼터는 서울에서 한국 대통령 윤석열을 만나 삼성과 SK하이닉스의 지도자들과 ASML의 페터르 베닝크와 함께 대화를 나눴다. ASML은 이미 한국에서 사업을 확장하고 있었으나, 한국 대통령은 반도체 산업의 '재편성'을 위해 네덜란드 회사가 한국에 추가 투자를 하길 원했다. 뤼터와 베닝크와의 대화는 한국 언론에 대대적으로 보도되었고, 마치 두 명의 네덜란드 총리가 방문한 것처럼 보였다. 마르틴 반 덴 브링크도 한국에 있었지만, 그는 주목을 받지 않고 고객들과의 기술적 논의에 집중했다.

미국은 10월 7일 첫 발을 내디뎠다. 이제 일본과 네덜란드가 그 뒤를 이어 조치를 취할 차례였다. 백악관 밖에서 한 블룸버그 기자는 익명의 소식통을 인용해 '합의'가 거의 완료되었다고 전했다. 이 유출은 네덜란드에 서두르라는 분명한 메시지를 보내고 있었다. 하지만 네덜란드 담당 장관인 외교통상부의 리셰 슈라이네마허Liesje Schreinemacher와 경제부의 미키 아드리안센스Micky Adriaansens는 NRC와의 인터뷰에서 네덜란드는 철저하고 신중한 평가를 위해 더 많은 시간이 필요하며, 어떤 경우에도 미국의 수출 규정을 그대로 복사하지는 않을 것이라는 입장을 전했다.

2022년 크리스마스를 앞둔 금요일 오후, 세 명의 네덜란드 장관이 펠트호번에 있는 ASML 본사에서 페터르 베닝크와 로저 다센Roger Dassen을 만났다. 아드리안센스와 슈라이네마허와 동행한 이는 외교부 장관인 보프케 우크스트라Wopke Hoekstra였다. 경제부와 ASML은 네덜란드 비즈니스 커뮤니티의 이익을 방어하기 위해 가능한 한 많은 동맹을 결집하려 했다. 그들의 입장은 네덜란드가 이미 EUV 기술에 대한 수출 금지로 충분히 양보했으며, ASML에 대한 더 가혹한 조치는 중국과 거래하는 다른 네덜란드 기업들에게도 영향을 미칠 수 있다는 것이었다.

세 장관을 설득한다고 해도 최종 결정은 수장에게 달렸다. 마르크 뤼터 총리가 결정을 내려야 했다. 뤼터의 시각에서, 국가 안보는 경제적 이익을 능가했다. 특히 세계가 폭발 직전의 상황이고 중국이 예측할 수 없는 움직임을 보이는 시점에서는 더더욱 그러했다. 중국의 위협은 상상이 아니었으며, 미국 정부로부터 오는 외교적 압박의 강도 또한 실재했다. 네덜란드는 워싱턴과 유사한 입장을 취하고 있었으며, ASML을 그 길로 끌고 가려 했다.

삼자 협력은 2023년 1월 말에 마무리되었다. 마르크 뤼터는 마침내 백악관의 초대를 받았으며, 그달 초 일본의 기시다 후미

오 총리도 이미 초대받은 바 있었다. 언론 앞에서 뤼터와 바이든은 서로에게 칭찬을 아끼지 않았고, 두 나라 간의 따뜻한 관계는 백악관 집무실의 벽난로 앞에서 더욱 불타올랐다. 'ASML'이라는 이름은 언급되지 않았지만, 미국 대통령이 속내를 드러내는 실수를 저질렀다. "우리 기업들…… 우리 나라들은 중국이 제기하는 도전에 맞서기 위해 긴밀히 협력하고 있습니다." 바이든이 장난스럽게 네덜란드 총리를 자신의 책상 뒤에 앉게 하는 동안, 국가안보보좌관 설리번과 반 레웬은 아이젠하워 행정동에서 만나고 있었다. 그들의 삼자 협의는 끝났다. 그러나 서명된 문서도, 주고받은 펜도 없었다. 이는 동맹국 간의 상호 합의였으며, 장기적인 협력의 시작이었다. 이제 어려운 부분이 남았다. 세부 사항을 정하는 일이었다.

2023년 3월 초, 슈라이네마허 장관이 네덜란드가 일본, 미국과 함께 수출 통제 조치를 시행할 것이라고 발표했을 때, 그 조치가 정확히 어떻게 전개될지는 여전히 불분명했다. ASML은 즉시 경제부와 협의하여 보도자료를 발표했다. 회사의 평가에 따르면, 최신 세대의 침지 스캐너 판매에만 허가가 필요할 것으로 보였다.

그러나 이는 확정된 것이 아니었다. '합의'가 마무리된 것처럼 보였지만, 기술적 제한에 대한 협상은 여전히 진행 중이었다. 그리고 미국이 원하는 대로라면, 이 협상은 끝나지 않을 수도 있었다. NSC는 중국의 기존 생산 능력을 후퇴시키기 위해 계속해서 압박을 가했는데, 이는 ASML이 이미 납품한 일부 장비들의 가동을 중단해야 한다는 의미였다.

이는 미국 입장에서 최선의 시나리오였다. 그러나 네덜란드에게는 상상도 할 수 없는 일이었다. ASML은 중국의 반도체 공장에서 800대 이상의 리소그래피 장비를 운영하고 있었다. 유지 보수, 수리, 예비 부품 공급이 없으면, 아무리 첨단 버전의 장비라 할지라도 곧 멈추게 될 것이었다. 펠트호번은 이를 막을 의무가 있었고, 그 의무를 이행하려 했다.

미국은 ASML이 이를 중단하도록 강제할 수 있는 능력을 가지고 있었지만, 그 카드를 너무 빨리 사용하진 않았다. 심지어 트럼프도 그 조치를 취하지 않았는데, 그러한 공격적인 조치는 신중하게 조율된 동맹 관계에 맞지 않는 것으로 여겨졌기 때문이다. 미국은 추가 규정을 통해 '허점을 막는' 부드러운 방식을 선호했고, 이는 이미 과부하 상태였던 산업안보국[BIS]에 더 많은 업무를 가중시켰다. 워싱턴 상무부 2층에서는 350명의 직원이 반도체 분야의 복잡한 규제, 제재, 거래를 관리하기 위해 필사적으로 일하고 있었다.

그러나 문제가 있었다.

미국의 수출 규정은 중국 반도체 공장과 중국 내 다국적기업의 공장을 구분했다. 또한, 미국은 중국의 생산 라인을 구분하는 세 번째의 매우 민감한 범주를 만들어, 네덜란드의 칩 기계가 이 공장들에선 완전히 금지되었고, 이미 설치된 기계의 유지 보수도 금지되었다. 이러한 생산 라인에 해당하는 공장은 총 9곳이었고, 그중 6곳에는 이미 ASML의 스캐너가 있었다. 미국에 따르면, 이 공장들은 군사 용도로 사용되는 칩을 제조하고 있었다. 중국 기업들은 종종 이름과 주소를 변경하기 때문에, 미국은 삼자 협력 파트너들과의 시간이 많이 소요되는 협의 없이 즉시 블랙리스트를 확장할 수 있기를 원했다. 수출 통제자들은 이를 두더지 잡기 게임에 비유했는데, 어디서 다음 표적이 나타날지 모르기 때문에 빠르게 대처해야 한다는 것이었다.

이러한 수출 규정의 구분은 미국이 네덜란드의 수출 정책에 직접적으로 영향을 미칠 수 있다는 의미였다. 네덜란드에 이는 선택 사항이 아니었다. 주권의 문제였다. 주권이 없다면 경제적 고려가 아닌 안보상의 이유만으로 규제를 부과할 수 없었다.

이 논쟁은 해결되지 않은 채 남았고, 미국과 네덜란드는 서로 의견이 다르다는 점을 인정하는 데 그쳤다. 합의는 명확하게 결론이 나지 않았고, 그로 인한 불확실성은 ASML에게 지속적인 골칫거리가 되었다. 어느 순간 네덜란드 정부가 협조하지 않기로 결정하면, 미국은 악명 높은 '디 미니미스' 규칙을 적용해 ASML의 중국 구매자들과의 계약을 강제로 종료시킬 수 있었다. 펠트호번의 시각에서 보면, 이는 미국이 자국의 경제적 이유로 중국 반도체 제조업체들을 억제하는 권한을 행사하는 것처럼 보였다. 체크메이트 상황에서 끝나는 체스 게임과는 달리, ASML은 명확한 해결책이 보이지 않는 끝이 없는 싸움에 갇혀버린 듯한 느낌이었다.

네덜란드는 중국과 서방 경제의 추가적인 분리를 반대했다. 미국은 이것이 자신들의 의도가 아니라고 주장했지만, 특히 의회에서 중국에 대해 더 공격적인 태도를 요구하는 공화당 매파들의 목소리를 듣다 보면 믿기 어려웠다. 그들은 여전히 중국에 더 강경한 태도를 요구하기를 원했다. 그러나 그들의 끊임없는 요구는 주로 정치적 선전으로, 실제로 행동에 옮기지 않고도 점수를 쉽게 얻을 수 있는 방법이었다.

하지만 NSC가 만약 시진핑이 대만에 손을 뻗거나 우크라이나 전쟁에서 러시아를 지지하기로 결정할 경우, 수출 규제를 '업그레이드' 할 수 있는 권한을 원한 건 사실이다. 긴급 상황 시에는 중국 반도체 공장을 파괴하는 것이 목표였다. 그들에겐 망치만 있으면 되었다. 미국은 중국을 저지하기 위한 몇 가지 도구를 갖고 있었는데, 예를 들어 중국이 널리 사용하는 미국의 칩 설계 소프트웨어나 영국의 ARM 칩 설계를 차단하는 방법이 있었다. 또한 네덜란드에 있는 ASML은 전례 없는 경제적 무기였다.

이는 작은 나라에 큰 부담이었다. 강대국들 사이에서 더 강하게 서기 위해 네덜란드는 계속해서 더 많은 다자 간 지지를 추구했다. 2023년 3월, 네덜란드는 DUV 수출 제한을 바세나르 협정의 이중 용도 리스트에 추가할 것을 제안했다. 이는 다소 이례적인 움직임이었는데, 네덜란드는 이전에 이와 동일한 시도를 하는 미국을 방해한 적이 있기 때문이다. 그리고 우크라이나 전쟁으로 인해 바세나르 협정이 사실상 동결된 상태에서, 네덜란드 외교관들은 그 제안이 열어줄 기회를 잘 알고 있었다. 하지만 이 시도는 무엇보다도 외부, 특히 중국에 네덜란드 조치의 논리를 보여주기 위한 제스처였다. EUV 기술을 사용하는 칩 기계가 바세나르 협정에서 수출 허가 목록에 들어간다면, 같은 수준의 칩을 생산할 수 있는 다른 기술에도 동일한 규제가 적용되어야 한다는 논리였다.

겉으로 보기에는 간단해 보인다. 그러나 헤이그는 지정학적 중요성이라는 부담을 혼자 짊어지고 싶지 않았다. 네덜란드는 중국이 반격 조치를 취할 경우 유일하게 타격받는 국가가 되지 않기 위해 다른 유럽연합 회원국들을 설득하여 새로운 수출 조치를 유럽 이중 용도 리스트에 추가하려 했다. 하지만 이는 너무 늦은 대응이었다.

중국은 즉각적으로 대응했다. 3월 중순, 중국 대표단이 수출 제한에 대해 논의하자며 헤이그에 있는 외교통상부의 문을 두드렸다. 중국은 이미 WTO에 이 문제에 대한 불만을 제기하며, 이러한 조치를 국가 안보를 가장한 산업 정책이라고 묘사했다. 중국에 따르면, 미국은 전 세계의 이익보다 자국의 이익을 우선시하는 '깡패'였다. 중국 상무부 부부장 링 지는 리셰 슈라이네마허 장관에게 분명한 메시지를 전달했다. 신중하라. 이에 슈라이네마허 장관은 네덜란드가 중국 반도체 산업을 마비시키고 싶지 않다고 강조했지만, 중국이 그 말을 받아들이려면 더 많은 설득이 필요했다.

4월 초, 중국은 WTO에 새로운 수출 제한에 대한 명확한 해명을 촉구했다. 그 직후, 네덜란드 대표단은 상하이의 옛 프랑스 조계지에 있는 진장 호텔에서 중국의 수출 전문가들과 만났다. 이곳은 1972년 리처드 닉슨과 헨리 키신저가 첫 미중 협정을 체결한 상징적인 장소였다.

중국 측의 입장은, 미국의 압박으로 인해 네덜란드는 베이징만큼이나 미국의 보호주의에 희생당하고 있다는 것이었다. 뜻밖에도 중국 반도체 산업의 전체 지도부가 참석했다. SMIC, YMTC, 푸젠진화 등 주요 기업의 CEO 여섯 명이 테이블에 마주 앉았고, 한 시간 동안 각자 네덜란드 대표단에게 자신들이 ASML에 얼마나 의존하고 있는지를 강조했다.

2023년 4월, 페터르 베닝크는 중국의 반도체 제조업체들과 상무부 장관 왕 원타오와의 회의를 위해 중국을 방문했다. 중국 고객들은 하나같이 "이 상황이 언제 끝날까요?"라는 질문을 던졌지만 베닝크는 답을 줄 수 없었다. 분명한 것은, 미국이 세계를 향한 자국의 역외 통제력을 풀 생각이 없으며, 네덜란드도 그들을 도울 것이라는 점이었다.

6월 말, 슈라이네마허 장관은 공식적인 조치를 발표했다. 당해 9월부터 45나노미터 이하의 해상도를 가진 칩을 생산할 수 있는 DUV 기계의 수출에 허가제를 도입한다는 것이었다. 가장 중요한 점은, 칩의 레이어를 1.5나노미터 이하의 정확도로 정렬할 수 있는('오버레이'라고도 한다) ASML 기계가 이 규제 대상에 올라, 중국 반도체 제조업체들이 멀티패터닝 기술을 사용하여 첨단 칩을 제작하는 것을 막는 것이었다. 이는 2017년부터 SMIC에서 이 기술을 완성해온 전 TSMC 직원이자 중국 기술 야망의 주역인 칩 마법사 량멍송의 발전을 늦추기 위한 시도였다.

슈라이네마허 장관은 허가를 받을 수 없어 중국에 수출을 못하는 기계가 연간 20대에 이를 것이라 추산했다. 실질적으로 이 제한은 일본과 미국의 암묵적인 합의에 따라 2024년 1월부터 발효되었으며, 이미 인도된 스캐너에 대한 유지 보수는 언급되지 않았다. 중국은 중국 대사관의 공개 서한을 통해 이 '부당한' 조치에 강력히 항의했다. 비판의 강도는 높았다. 네덜란드가 미국의 게임에서 졸로 이용당하고 있으며, 그로 인해 무역 국가로서의 명성이 더럽혀지고 있다는 내용이었다.

중국에 있는 800대 이상의 ASML 기계 중 절반이 중국 반도체 제조업체에 위치해 있으며, 대부분은 SMIC에 있고 나머지는 삼성, SK하이닉스, TSMC의 중국 지사에 있다. 페터르 베닝크의 예상에 따르면, 이번 수출 제한이 ASML의 매출에 큰 영향을 미치지 않을 것이었다. 외국 반도체 제조업체들은 단순히 다른 지역으로 확장을 선택할 것이고, 중국은 어차피 구형 반도체 기술에 몰두하고 있었기 때문이다. ASML은 계속해서 스캐너를 공급하려 했지만, '금지된' 기계에 필요한 수만 개의 부품을 개별적으로 등록해야 하는 바람에 방대한 관료적 절차에 발이 묶였다. ASML의 샌디에이고와 윌튼 지사에서도 지정학적 장벽이 곳곳에서 등장했는데, 이는 미국 시민권자는 중국으로 가는 제품 생산에 관여할 수 없다는 조항 때문이었다.

한편, 중국 고객들은 반도체 장비 주문을 늘리고 있었다. 2023년 3분기에는 ASML 매출의 거의 절반이 중국에서 발생했다. 이는 인텔과 TSMC 같은 다른 제조업체들이 반도체 시장의 일시적인 침체로 주문을 일시 중단하면서, 중국의 주문이 자연스럽게 앞줄로 당겨졌기 때문이다. 또한, 대형 중국 고객들은 그들의 기계 수명을 연장하기 위해 예비 부품을 비축하려 했다. 그러나 ASML은 이에 동조하기를 꺼리며 규제 기조를 지켰다. ASML은 중국 시장을 위한 맞춤 기계를 제작하지 않았으며, 회색지대를 불편해했다. 그들은 허용되는 한계를 넘어서 미국과 맞설 의사가 없었다. 그들은 말한 대로 행동했다. '예'는 '예', '아니오'는 '아니오'였다.

중국은 '모어 댄 무어 More than Moore' 전략(무어의 법칙을 뛰어넘는 또 다른 성장 전략)을 취할 수밖에 없었고, 가장 정교한 기술에 의존하지 않는 대신 에너지 전환, 전기차, 가전제품 또는 산업 자동화 등 대규모로 필요한 칩에 초점을 맞추기 시작했다. 동시에 중국 반도체 제조업체들은 미국의 주목을 받는 것을 피하기 위해 기술 발전을 자랑하는 것을 자제했다. 일부 공장은 기존의 14나노미터 기술을 '17'로 이름을 바꿔 제재를 피하려 했다. 그 누구도 미국의 눈에 띄고 싶지 않았다.

한편, 2023년 화웨이는 SMIC가 제작한 7나노미터 칩을 탑재한 5G 폰을 출시했다. 이는 중국이 뒤처져 있지만 완전히 멈춰 있지는 않다는 증거였다. 이 칩의 생산 방식은 워낙 노동집약적이어서 SMIC가 대량 생산할 수 있을지는 불확실했다. 기술적으로 7나노미터 칩은 새로운 것이 아니었지만, 화웨이는 미국 상무장관 지나 레이몬도가 중국을 방문했을 때 이를 자랑하고 말았다. 이는 분명 문제가 될 소지가 있었고, 곧바로 펠트호번에 시선이 쏠렸다. 미국은 네덜란드에 2024년 1월 전에 강력한 조치를 취할 것을 압박했고, 이에 네덜란드 정부는 중국으로 향할 예정이던 ASML 기계에 대한 여러 수출 라이선스 승인을 철회했다. 실제로 워싱턴이 고삐를 죈 이유는 ASML이 예상보다 훨씬 더 많은 DUV 기계를 중국에 수출하고 있었기 때문이었다. 반도체 산업이 일시적인 정체 상태에 빠진 동안, 중국은 계속해서 칩을 비축하고 있었다. 펠트호번에서 페터르 베닝크는 화상 회의를 통해 중국 고객들에게 이 소식을 전할 수밖에 없었다. 기계는 출하 준비를 마쳤지만, 미국은 ASML에 즉시 출하를 중단할 것을 요구했다. "지금 당장 문을 닫아라!"라는 지시가 내려졌다. 게다가 미국은 '디 미니미스' 규칙을 조정하여 ASML의 중국 수출에 대한 통제를 더욱 강화했다.

미국의 압박에서 벗어나기 위해 중국 정부는 자국의 반도체 산업이 대체 기계를 개발하도록 장려했다. 이 효과는 2018년 미국의 제재 리스트에 오른 푸젠진화 같은 중국 공장에서 나타나는 듯 보였다. 푸젠진화는 화웨이를 위한 프로세서를 생산하는 공장으로 전환했다. 중국의 반도체 제조업체들은 나우라Naura와 AMEC 같은 로컬 반도체 기계 제조업체들의 도움을 받아 서구 기술을 대체하는 데 성공한 것처럼 보였다. 비록 푸젠진화는 4년 동안 미국산 반도체 장비를 받지 못했지만, 웨이퍼는 여전히 생산 라인에서 굴러나오고 있었다.

이때 중요한 역할을 하는 것이 바로 지식 노동자들의 기여이다. 중국은 미국 기업의 전직 직원들이 가져온 지식을 통해 막대한 양의 정보를 습득했다. AMCE는 TSMC에 반도체 기계를 공급할 만큼 발전했으며, 미국 경쟁업체 램리서치를 상대로 특허 침해 소송을 제기하기도 했다.

하지만 리소그래피는 다른 이야기다. ASML은 2001년 미국의 리소그래피 기술의 마지막 잔재를 SVG로부터 인수했다. 이는 미국에서 수집할 최신 리소그래피 관련 전문 지식이 없다는 것을 의미하며 네덜란드 스캐너가 당분간 중국에 필수적임을 뜻한다.

중국에도 리소그래피 기계를 제조하는 경쟁 업체가 하나 있다. 바로 상하이마이크로일렉트로닉스SMEE다. 2002년에 설립된 이 회사는 ASML의 리소그래피 기술을 모방하려는 노력을 숨기지 않았다. 중국은 초창기에 펠트호번의 PAS 5500 모델 중 하나를 공개적으로 주문하여 그 기계의 비밀을 파헤치려 했지만,

ASML 장치는 너무 복잡해서 단순히 복제하는 것으로는 중국 기술의 급격한 발전을 이끌지 못했다. 2018년과 2019년, 프리츠 반 하우트와 마르틴 반 덴 브링크가 SMEE를 방문했을 때 이 회사는 더딘 출발을 하고 있었다. 그들의 방문은 호기심에서 비롯된 것이었다. 그들은 중국이 어떤 도전에 직면해 있는지 느끼고 싶었다. 정부의 재정 지원에도 불구하고, SMEE는 ASML이 제공할 수 있는 기술보다 15년 뒤처져 있었다.

현재 이 중국 회사는 주로 후 공정, 즉 기존 칩의 처리 및 패키징을 위한 기계를 공급하고 있다. 칩의 실제 생산을 담당하는 전 공정에서는 90나노미터 기술에 머물러 있다. 28나노미터 침지 시스템과 같은 더 나은 기술을 개발하고는 있지만, 이러한 실험들은 어려움을 겪고 있다. 중국의 반도체 공장들은 국산 기술보다는 검증된 ASML이나 니콘의 기술을 사용하는 것을 선호한다. 물론 현재까지는 그렇다. 가끔 중국 공장 라인에서 SMEE 시스템이 전시되어 있는 것을 볼 수 있지만, 이 기계들은 주로 정부 관계자들을 위한 보여주기식일 가능성이 크고, 실제로 칩 생산은 여전히 외국산 리소그래피 시스템에 의해 이루어지고 있다.

그러나 중국에 대한 수출 제한은 SMEE에 새로운 기회를 제공하고 있다. ASML과 니콘의 스캐너를 차단하는 더 강력한 조치가 취해진다면, 중국 제조업체들은 궁지에 몰릴 것이고 결국 SMEE를 선택할 수밖에 없을 것이다. 그 결과 SMEE는 더 많은 경험을 쌓고, 자금도 확보하여 자사 기계의 문제를 해결할 기회를 얻게 될 것이다. 더 많은 자금은 새로운 기술, 예를 들어 자체 칩지 스캐너 개발에 투자될 수 있다. 중국이 고립됨에 따라 독자적인 반도체 생산 체인을 개발할 수 있는 완전한 중국 경쟁자가 등장할 가능성도 커지고 있다.

이는 미국이 달성하고자 했던 목표와 정반대의 결과다. ASML 직원들이 미국의 전략을 도저히 이해할 수 없는 이유이기도 하다.

2023년 7월, 네덜란드가 ASML 수출 축소 조치를 발표한 직후, 중국은 이에 대한 대응으로 갈륨과 게르마늄의 글로벌 수출을 제한했다. 이 두 금속은 반도체 산업에서 중국에 의존하는 주요 자원이다. 중국의 조치는 과격한 수준은 아니었다. 중국은 여전히 ASML에 지나치게 의존하고 있었다. 대신, 중국은 세계 최대의 희귀 금속 공급국으로서 자신의 강력한 지위를 과시하려 했고, 이는 전 세계 기술 제품과 에너지 전환에 필요한 원자재를 공급하는 중국의 중요성을 서방에 상기시키려는 움직임이었다. 또한 추가적인 제한이 가해질 경우 벌어질 수 있는 사태를 서방 국가들에 예고하는 경고이기도 했다.

지정학적 균열은 반도체 분야뿐만 아니라 기술 공급망 전반에서도 분명히 드러났다. 생산 허브로 중국에 의존하던 주요 전자제품 제조업체들은 공정의 일부를 다른 곳으로 이전하기 시작했다. 애플은 정저우에서 발생한 폭동 이후 인도에서의 사업을 확장하기 시작했다. 당시 폭동으로 폭스콘 직원들이 중국 내 최대 아이폰 공장을 폐쇄한 바 있다. 삼성은 중국 공장을 베트남으로 이전하기 시작했다. 기업들은 리쇼어링reshoring 또는 프렌드쇼어링friendshoring을 통해 리스크를 분산시키고, 중국산 제품에 부과된 미국의 수입 관세를 피하고자 했다. 하지만 중국의 부품 공급업체와 그들의 거대한 전자제품 공장에서 완전히 벗어나는 것은 불가능했다. 세계 어디에서 한 번에 5만 명의 숙련된 노동자를 동원해 빠르게 추가 휴대폰을 조립할 수 있을까?

내부 규제의 변화는 중국 내 경제 상황을 악화시켰다. 시진핑은 종종 예측 불가능하고 불명확한 새로운 법률을 사업 부문에 직접 도입하곤 했다. 급격하게 시행되었던 코로나19 봉쇄 조치가 갑작스럽게 해제된 후에도 오랫동안 기대했던 회복세는 가속화되지 않았다. 중국 부동산 시장은 붕괴했고, 실업률은 상승했으며, 외국의 중국 투자도 급격히 감소했다.

시진핑의 주력 전략이던 '중국제조 2025'도 계획대로 진행되지 않았다. 중국은 여전히 수입 반도체에 크게 의존하고 있었으며, 세계 반도체 생산에서 중국 공장이 차지하는 비율은 여전히 적었다. 반도체산업협회SIA에 따르면 2021년 그 비율은 8퍼센트에 불과했다. 그 사이, 미국과 유럽은 자국의 반도체 공장에 더 많은 자원을 쏟아붓고 있었다. 서방이 중국만큼 잘하는 것이 있다면, 그것은 반도체 산업에 보조금을 퍼붓는 일이었다.

32장

수십억 달러가 쏟아지다

비록 2월이지만, 애리조나주 챈들러에 있는 인텔 건물 옥상 위로 태양이 가차 없이 내리쬐고 있다. 2023년, 올드프라이스로드에 있는 이 고층 건물은 미국 반도체 산업 재건을 가까이서 볼 수 있는 완벽한 장소다. 크레인의 숲으로 둘러싸인 이곳에서, 작업자들은 두 개의 거대한 반도체 공장을 위한 철골 구조를 조립하고 있다. 한때 이 지역은 대규모 양파밭 냄새로 가득했으나, 이제 트럭과 불도저에서 일어나는 먼지구름과 공기 정화 설비에서 나오는 수증기가 뒤섞여 새로운 향기를 풍긴다. 그것은 바로 '진보'의 냄새다.

2025년이 되면 Fab 52와 Fab 62는 수백만 개의 프로세서를 쏟아낼 것이다. 높이 4층, 축구장 4개 면적을 차지하는 이 공장의 생산 라인에서는 펠트호번의 EUV 기계가 가동되며, 기존 클린룸에 연속적으로 가스와 화학 물질을 공급하는 동일한 물류 센터와 연결될 예정이다.

이곳은 1980년대 초 인텔이 챈들러에 건설한 오코티요 캠퍼스다. 이 캠퍼스는 미국 반도체 거인의 주요 생산 거점이자 활발한 반도체 산업의 산실이 되었다. 이러한 이유로 ASML은 미국 최초의 운영 시설을 애리조나에 두기로 결정했다.

사막에서는 빗물이 귀하므로, 인텔은 공장에서 나오는 냉각수를 모두 재활용한다. 한편 챈들러에는 비 대신 수십억 달러의 보조금이 쏟아지고 있다. 인텔의 새로운 반도체 공장들은 520억 달러 규모의 '미국 반도체 지원법 CHIPS Act' 혜택을 받게 되었다. 이 중 390억 달러가 미국 내 반도체 제조를 촉진하는 데 쓰인다. 공장을 짓고 운영하기 위해 수만 개의 일자리가 창출되었다. 미국은 첨단 반도체 칩 생산에서 아시아 공장에 의존하고 있으며, 1990년대 초 세계 반도체 생산의 약 40퍼센트를 차지하던 비중이 2023년에 이르러 12퍼센트 이하로 떨어졌다. 조 바이든 대통령은 반도체 지원법을 통해 이 상황을 뒤집겠다는 포부를 밝혔다.

정부 지원을 받기 위해 기업들은 중국이나 기타 '우려되는 국가들'에 첨단 반도체 공장을 짓지 않겠다고 동의해야 했으며, 이러한 국가에서는 기존 생산 능력을 확장하는 것도 금지되었다. 반도체 지원법은 모든 측면에서 효과적이었다. 미국에서 더 많은 반도체가 생산되고, 중국에서는 그만큼 감소하는 결과를 낳았다.

인텔은 이 기회를 놓치지 않고 두 손으로 움켜잡았다. 이 반도체 제조업체는 애리조나 공장 확장을 위해 200억 달러를 투자하고 80억 달러의 보조금을 신청했으며, 오하이오에 있는 새로운 공장을 위한 주정부 지원도 받았다. 반도체 지원법은 인텔이 아시아 경쟁자들과의 격차를 좁힐 수 있는 촉매제가 되었다.

2021년 2월, 인텔은 팻 겔싱어(Pat Gelsinger)를 새로운 CEO로 영입했다. 이는 CEO의 잦은 교체와 제품 출시 지연으로 혼란스러웠던 시기를 마무리 짓기 위한 것이었다. 겔싱어는 취임 직후 ASML과 접촉했다. 그는 미국 내 확장을 위해 긴급히 EUV 기계가 필요했고, 동시에 유럽 내 반도체 산업을 건설하는 일에 유럽의 보조금을 활용하고 싶어했다.

한편, 유럽연합 정치인들은 자국 지역에 견고한 반도체 산업이 존재하는 것이 전략적으로 중요하다는 사실을 인식했다. 코로나19 팬데믹으로 유럽은 위기 상황에서 글로벌 생산망의 취약성을 직시하게 되었다. 유럽 국가들은 마스크와 같은 의료 물품이 갑작스럽게 부족해지자 크게 당황했다. 또한, 반도체 부족은 자동차 산업에 큰 충격을 주었고, 반도체 공급망의 취약성을 즉각적으로 인식하게 만들었다.

2023년 기준, 유럽연합 내 반도체 생산량은 전 세계 생산량의 8퍼센트에 불과했다. 완전한 자급자족은 가능하지 않더라도 유럽연합의 디지털 담당 집행위원 티에리 브르통Thierry Breton은 2030년까지 전 세계 반도체의 20퍼센트가 유럽에서 생산되기를 희망한다. 그의 야망만큼은 확실히 부족하지 않다.

인텔의 유럽 확장 계획을 원활하게 추진하기 위해 ASML은 팻 겔싱어에게 초기 논의 단계에서 도움을 주었다. 2021년 6월 인텔 CEO가 마르크 뤼터와 회의를 하기 위해 헤이그를 방문했을 때, ASML은 총리에게 의제를 제공했다. 뤼터가 기술적으로 서투르다는 점을 고려하면, 이는 필요한 일이었다. 그는 여전히 오래된 노키아 휴대전화로 문자 메시지를 보내고, 메모리가 부족해지면 파일을 곧바로 삭제하는 편이라고 이야기한 적이 있다.

회의가 끝난 후, 겔싱어는 브뤼셀로 이동해 유럽연합 집행위원회 부위원장 마르그레테 베스타게르Margrethe Vestager를 만나고, 루벤에 근거지를 두고 ASML과 긴밀히 협력하고 있는 연구소 imec을 방문했다. 브뤼셀과 브라반트 간의 소통은 원활했다. 예를 들어, 2021년 여름이 지나고 유럽연합 집행위원 티에리 브르통은 페테르 베닝크에게 전화를 걸어 ASML이 TSMC와 삼성과의 연결을 주선해줄 수 있는지 물었다. 브르통은 유럽에서 아시아 반도체 제조업체들의 확장을 추진하고 싶어했지만, 그들은 인텔만큼 적극적이지 않아 보였다.

11월, 브르통은 베스타게르, 유럽연합 집행위원장 우르줄라 폰 데어 라이엔Ursula von der Leyen과 함께 비공개 회의를 위해 ASML을 방문했다. 그들은 페테르 베닝크, 마르크 뤼터, 경제부 국장

포코 비셀라르Focco Vijselaar와 함께 ASML의 쇼룸인 '체험 센터'를 둘러보았다. 다음 날, 폰 데어 라이엔은 ASML이 "유럽 기술 부문을 더욱 경쟁력 있고 독립적으로 만드는 데 중요한 역할을 할 것"이라고 발표했다.

그녀는 시간을 낭비하지 않았다. 방문 직후 브뤼셀에서 요청이 들어왔다. 그들은 ASML에게 유럽 반도체 산업과 유럽연합 반도체법의 미래에 대한 비전을 담은 입장문을 작성해달라고 요청했다. 이 문서는 2022년 초까지 완료되어야 하며, 그 후 미국과 유럽연합 간의 무역기술위원회TTC 논의가 이어질 예정이었다.

ASML은 반도체 기업들과 협력해 장기 계획을 개발하기 시작했다. 데이터센터와 AI, 자율주행차, 스마트 전력망의 '폭발적' 성장으로 인해 앞으로 10년 동안 칩 수요가 두 배로 증가할 것으로 예상했다. 유럽이 자체 영토에서 가장 빠른 프로세서를 생산하는 반도체 공장을 원한다면, 아시아 또는 미국의 주요 반도체 거대 기업들의 도움이 필요할 것이다. 유럽의 반도체 제조업체들이 그 경쟁을 따라잡기에는 너무 뒤처져 있기 때문이다. 또한, 자동차 산업과 같은 분야에서는 더 일반적인 칩이 필요하고, NXP, 인피니언, ST마이크로일렉트로닉스와 같은 유럽 반도체 기업들도 확장이 필요했다.

산업의 핵심 주자로서 ASML은 유럽 반도체법의 형성에 직접적인 영향을 미치는 것처럼 보였다. 그러나 페터르 베닝크는 이를 과한 평가라고 느꼈다. 그는 자신의 회사가 '인플루언서'에 가깝다고 보았다. 결국, 최종 결정을 내리는 건 정치인들이며, 경제 논리가 항상 유일한 고려 사항은 아니었다.

하지만 이번의 경우에는 브뤼셀과 펠트호번의 계획이 잘 맞아떨어졌다. 2022년 2월 8일, ASML이 유럽 반도체 산업에 대한 입장문을 발표한 바로 그날, 유럽연합은 430억 유로 규모의 지원 계획을 발표했다.

예상대로 한 달 후, 인텔도 발표를 이어갔다. 인텔은 유럽 확장 프로젝트에 330억 유로를 투자할 것이며, 이 중 170억 유로는 독일 마그데부르크 인근의 대규모 공장에 투자될 예정이었다. 이곳은 독일 자동차 산업과 가깝고, 근처에 대학이 있으며, 애리조나와 달리 주변에 소가 없다는 점에서 모든 조건을 만족시켰다.

인텔은 이탈리아, 아일랜드, 프랑스, 폴란드, 네덜란드에 걸쳐 예산을 분배했고, 이에 대한 대가로 상당한 보조금을 기대했다. 마그데부르크에만 68억 유로를 요청했으며, 이는 예상 창업 비용의 40퍼센트에 해당했다. 한편, 프랑스는 글로벌파운드리와 프랑스 기업 ST마이크로일렉트로닉스가 운영하는 반도체 공장에 29억 유로를 투자했다.

유럽연합 반도체법은 유럽 정책의 전환점을 상징했다. 전통적으로, 회원국 간 경쟁을 방지하기 위해 국가 지원은 금지되어 있었고, 엄격한 조건하에서만 공공 자금을 기업에 지원할 수 있었다. 하지만 중국과 미국 간의 긴장 속에서 유럽연합은 산업 정책을 변화시켜야만 더 탄력적이고 독립적인 산업을 구축할 수 있다는 것을 인식하게 되었다.

유럽은 외세에 대한 의존으로 이미 고통스러운 대가를 치른 경험이 있었다. 우크라이나 전쟁이 발발하자마자 유럽은 갑작스럽게 러시아의 석유와 가스 공급에서 독립해야 했고, 이는 전례 없는 에너지 위기를 초래했다. 유럽은 반도체에서 유사한 상황을 피하고자 했다. 반도체 부족은 경각심을 일깨웠고, 모두의 머릿속에 최악의 시나리오가 떠올랐다. 2022년 9월, 티에리 브르통은 에인트호번 공과대학 입학식에서 "중국이 대만을 봉쇄하면 우리는 2주 안에 반도체 부족 사태에 직면할 것입니다"라고 선언했다.

실제로, 430억 유로 규모의 유럽 지원 패키지는 회복 기금, 조정된 혁신 프로그램, 그리고 무엇보다도 회원국들이 제공하는 막대한 자금의 혼합이었다. 이 제안은 2023년 초에 브뤼셀의 행정 절차를 거쳐 마침내 통과되었지만, 반도체 산업의 경기 침체와 맞물렸다. 장기적으로는 성장할 수 있지만, 이러한 산업의 급락과 급등은 조수의 흐름처럼 필연적이었다.

이 침체로 인해 인텔은 독일에서의 확장을 늦추었다. 공장 투자 비용이 170억 유로에서 300억 유로로 급등하면서, 인텔은 독일 정부에 요청했던 지원금 규모를 68억 유로에서 100억 유로로 상향 조정해 독일인들을 놀라게 했다. 인텔은 TSMC가 애리조나 공장에 400억 달러를 투자하는 것에 대응하기 위해 마그데부르크에 더 많은 생산 라인을 구축하고자 했다. 받아들이기 어려운 요구였지만, 독일은 결국 동의했다.

패트 겔싱어는 이 보조금 폭풍의 중심에서 빛나는 별이었다. 그는 조 바이든 대통령이 2022년 국정연설에서 반도체법을 의회에서 통과시키려고 애쓰는 모습을 지켜보았다. 법이 통과되기까지 예상보다 오랜 시간이 걸렸다. 양당 모두 미국 반도체 산업 지원의 필요성에는 동의했지만, 다른 문제들을 둘러싼 극단적인 의견 차이로 실질적인 결정을 내리는 데 어려움을 겪었다.

이로 인해 인텔 CEO는 큰 좌절을 경험했고, 2022년 6월에 오하이오 프로젝트의 건설을 중단하기로 결정했다. 그의 메시지는 명확했다. "지원금을 보여주면, 불도저는 계속 움직일 것이다." 2022년 8월 백악관 정원에서 '반도체 및 과학법'이 마침내 서명되었을 때, 겔싱어는 미소를 지었다. 건설을 멈추겠다는 위협이 효과를 발휘한 것이었다.

인텔이 오하이오 평원에 건설 중인 공장들, 조 바이든이 '꿈의 들판'이라고 부른 그 공장에는 200억 달러가 투입되었으며, 챈들러의 새 공장인 Fab 52 및 Fab 62와 동일한 설계를 따랐다. 입구부터 내부 디자인까지, 심지어 화장실의 위치까지도 같았다. 이미 효과가 입증된 설계를 굳이 바꿀 필요가 없었다.

인텔은 이러한 '완벽 복제' 원칙을 생산 라인에도 적용했다. 제조 공정의 모든 세부 사항을 철저히 분석해 오류를 없애고, 이를 다른 공장에서도 똑같이 복제했다. 반도체 전문가들은 연구를 거듭하며 방법론을 정교한 절차로 번역했다. 이 과정에서 인텔은 신중하게 접근했다. EUV 기계들은 이미 오리건주 힐스보로에 있는 개발 부서의 클린룸에서 수년간 테스트를 진행 중이었다. 인텔은 경쟁에서 한 발 앞서기 전에 모든 위험을 제거하고자 했다. 하지만 그 한 발은 거대 기업 입장에서도 큰 도약이었다. 무엇보다 TSMC와 삼성은 이미 5년 전에 대량 EUV 생산을 시작했다. 아시아의 경쟁자들은 위험을 덜 두려워했고, 기계가 사실상 마모된 전선으로 겨우 연결되어 있을 때에도 이미 생산 라인을 구축했다. 빠르게 실수를 하며 문제를 해결하는 것이 핵심이었다. 실수를 빨리 하는 자가 혁신도 빠르게 이룬다.

하지만 인텔의 접근 방식은 달랐다. 통합 장치 제조업체로서 인텔은 자체 칩을 설계하고 제조했다. 인텔의 x86 아키텍처는 오랫동안 세계를 지배했으며, 1980년대 이후 거의 모든 윈도우 PC나 서버에 이 칩이 들어갔다. 2006년 이전에 새 컴퓨터를 구입했다면, 아마도 컴퓨터 앞에 붙은 '인텔 인사이드' 스티커를 떼어본 경험이 있을 것이다. 반면 '립 어헤드Leap Ahead'라는 새로운 슬로건은 그리 잘 달라 붙지 않았다.

수십 년 동안 인텔은 PC 판매 시장에서 강력한 지배력을 유지하며 반도체 산업을 이끌어왔다. 그러나 유연한 파운드리 모델과 군사적 수준의 엄격한 관리 체계를 갖춘 동양의 도전자가 등장하면서 상황이 변하기 시작했다. 아시아 경쟁자들은 혁신 주기가 훨씬 짧은 스마트폰 혁명에 더 잘 대응했다. 인텔의 프로세서는 에너지 효율이 뛰어난 ARM 칩 설계와 경쟁할 수 없었으며,

ARM 칩은 모바일 산업 전체의 기반이 되었다.

퀄컴, AMD, 엔비디아와 같은 팹리스(반도체 설계 전문) 기업들은 아시아 공장을 통해 더 발전된 기술에 일찍 접근할 수 있었다. 그들은 TSMC에 분기마다 웨이퍼 수요를 반영해 주문을 조정할 수 있었다. 인텔도 결국 이 팹리스 추세에 뛰어들었고, 패트 겔싱어가 취임하면서 다른 회사의 칩을 제조하는 새로운 사업부 '인텔 파운드리 서비스'를 시작했다. TSMC와 같은 순수 파운드리는 아니었지만, 필요했다. 타사로부터 주문을 받지 않으면 최신 기술에 대한 투자를 회수할 만큼의 대규모 운영이 불가능했기 때문이다. 변화를 거부하던 기업에게는 급진적인 문화 혁명이었다.

겔싱어는 회사의 사활을 걸었고, 그에게는 비장의 무기가 있었다. 인텔은 아시아 경쟁자들과 맞설 수 있는 대서양 지역의 유일한 반도체 제조업체였다. 인텔이 없으면 반도체 산업의 힘의 균형을 바꾸는 일은 불가능해 보였다. 중심 지역은 의심할 여지 없이 아시아였다. 삼성과 TSMC는 자국에 가장 발전된 칩 생산을 유지하기를 원했기 때문이다.

아시아 반도체 회사들도 보조금의 혜택을 누리고 있었다. 삼성은 170억 달러를 들여 텍사스에 공장을 건설하기 시작했으며, 유럽에 공장을 설립하는 방안도 고려했다. TSMC도 일본에서 확장을 시작했으며, 일본은 '래피더스^{Rapidus} 프로젝트'를 통해 보조금 지원을 아끼지 않았다. TSMC는 또한 독일 드레스덴에 보쉬, NXP, 인피니언과 함께 공장을 건설할 계획을 세웠다. 이 공장은

50억 유로의 보조금을 받게 될 것이다.

이러한 프로젝트는 한국과 대만이 자국에서 추진하는 확장 계획에 비하면 소박한 편이었다. TSMC는 미국에서 가장 발전된 칩 기술을 생산하는 데 신중했는데, 이는 대만의 반도체 공장이 없어지면 실리콘 방패가 약화될 수 있기 때문이었다. 그러나 해결책이 제시되었다. 미국에서 첨단 칩 생산을 늘리는 대가로 대만은 미국의 추가적인 군사 지원을 원했고, 미국은 이에 응답했다. 2022년 9월, 낸시 펠로시의 논란이 된 대만 방문 한 달 후, 미국은 11억 달러 규모의 무기 지원을 승인했다. 3개월 후, TSMC는 애리조나 공장에 대한 투자를 120억 달러에서 400억 달러로 늘리면서 더 새로운 생산 기술을 포함시켰다. 칩과 무기, 무기와 칩. 이것이 바로 기술 전쟁의 본질이었다.

첫 삽을 뜨기 몇 년 전부터 ASML은 TSMC가 애리조나 북부에 공장을 세울 계획이 있다는 걸 눈치챘다. 회사는 지원 인력을 훈련시킬 시간이 필요했다. 복잡한 EUV 기계를 유지 관리하는 데는 2년 반이 걸린다. ASML은 그간 대만 타이난에서 이 훈련을 제공해왔지만, 연간 1만 6천 명을 교육할 수 있는 애리조나 교육 센터를 새롭게 설립하기로 결정했다. 다만 학교를 크게 짓는 건 문제가 아니었다. 과연 학교를 채울 학생이 그만큼 있을까 하는 것이 문제였다.

기술 인재 부족은 미국의 반도체 전략에서 아킬레스건이었다. 미국의 교육 수준은 아시아에 비해 훨씬 떨어진다. 조 바이든에게 반도체법은 미국 교육 시스템을 향상시킬 기회를 제공했다. 그는 의회에 미래의 기술 직업을 준비하기 위해 수십억 달러를 배정해달라고 요청했다. 반도체 산업뿐만 아니라, 미국 전역이 업그레이드될 필요가 있었다.

2022년 12월, 바이든은 애리조나에 있는 TSMC 공장에 첫 번째 반도체 장비가 도착한 것을 환영했다. 이를 기념하기 위해 공장 건물에 '메이드 인 아메리카'라는 대형 배너가 걸렸지만, 이 공장은 전적으로 대만 회사 소유였다. 공장의 배경은 전형적인 미국풍이었다. 선인장이 듬성듬성 서 있는 사막 평원, 그리고 그 옆에 소음이 끊이지 않는 벤에버리 사격장. 이 공개 사격장은 누구에게나 열려 있으며, 잠금 가능한 용기에 총을 넣기만 하면 5살짜리 아이도 여기서 권총을 쏠 수 있다.

TSMC는 샴페인을 터뜨렸고, 개막식 후 바이든은 몇몇 소수의 인사들과 회담을 가졌다. AMD, 엔비디아, 애플의 지도자들이 지켜보는 가운데, TSMC 회장 마크 류는 바이든에게 문구가 새겨진 웨이퍼를 선물했다. 반도체 산업에서 흔히 주고받는 반짝이는 디스크였지만, 그것만으로도 바이든을 기쁘게 만들었다.

페터르 베닝크는 미국 대통령의 오른쪽에 앉아 있었다. 이번에는 그의 성을 정확하게 발음했다. 대통령 전속 사진사가 트위터에 올릴 사진을 찍을 때, 베닝크는 미국 국기 바로 옆에 서 있었고, 그의 주황색 넥타이는 성조기와 나란히 단정하게 나부꼈다.

TSMC의 창립자이자 반도체 기술의 개척자인 모리스 창도

이 행사에 참석했다. 그는 새 공장에 건배를 들었지만, 연설은 다소 침울한 방향으로 흘렀다. "세계화는 거의 죽었고, 자유 무역도 마찬가지입니다"라고 그는 말했다. 정치적인 동기를 제외하면, 반도체 생산을 전 세계로 확산하고 중복시키는 것은 무의미하다는 게 그의 생각이었다. 전체 공급망이 함께 움직여야 할 것이고, 서구의 노동 윤리에 대해서도 그는 별다른 기대를 하지 않았다. TSMC의 미국 공장이 계획보다 늦게 가동을 시작한 것도 놀랍지 않았다. 수십억 달러의 보조금에도 불구하고, 리쇼어링의 비용은 더 높은 가격으로 이어졌다. 제조업체의 효율이 떨어지면 혁신에 투자할 돈도 줄어들기 마련이다. 기술 전쟁의 희생양이 된 무어의 법칙도 마찬가지로 사라질 운명이었다.

펜타곤을 휩쓴 공포

모나 카이저는 나쁜 소식을 전하는 것을 좋아하지 않는다, 특히 크리스마스 직전에. 하지만 이번에는 선택의 여지가 없었다. 네덜란드 경제부 장관은 공용차에서 내려 펠트호번의 ASML 본사로 서둘러 들어갔다. 20층에서 그녀는 ASML 이사회에 전화로 전하지 못한 말을 꺼냈다. "미국과 문제가 생겼습니다. 매퍼 때문이에요. 펜타곤에서…… 우리를 도와줘야 해요!"

2018년 12월, 워싱턴, 헤이그, 펠드호번 사이의 외교선이 분주하게 움직이고 있었다. 미중 간 기술 전쟁이 국제 언론의 헤드라인을 장식하기 전부터 이미 완전히 다른 싸움이 막후에서 벌어지고 있었던 것이다. 이는 중국의 손에 넘어갈 위험에 처한 네덜란드의 반도체 기술에 관한 일이었다.

이 모든 것은 델프트에 본사를 둔 매퍼로부터 시작되었다. 매퍼는 2000년부터 전자빔 기술을 연구해왔다. 전자로 칩에 복잡한 패턴을 새기는 기술로, 매퍼의 이른바 멀티빔 기술은 기술적인 혁신을 이뤄냈다. 하지만 상업적으로는 팔기 어려웠다. TSMC는 2010년에 매퍼의 기계를 시험해봤으나, ASML의 광학 리소그래피 기계가 대량 칩 생산에 더 적합하다는 결론을 내렸다. 전자 대신 광자(光子, photon)를 사용하여 칩 패턴을 한 번에 복제할 수 있었기 때문이다. TSMC는 EUV를 선택했고, 매퍼의 기계를 델프트로 반환했다.

매퍼는 방향을 전환해야 했고, 심각한 재정난에 빠져 결국 2018년 말 파산했다. 그 결과, 가치 있는 지식이 공중에 떠돌게 되었다. 상업적으로 성공하지는 못했지만, 델프트의 기술은 전략적으로 중요한 것이었다. 이로 인해 펜타곤은 불안을 느끼기 시작했다.

모나 카이저가 펠드호번의 문을 두드린 지 한 달 반이 지난 2019년 1월 28일, ASML은 파산한 매퍼의 지적 재산을 인수하고 실직한 고급 인력들을 모두 채용했다. 보도자료는 ASML이 파산 재산을 얼마에 인수했는지에 대해 언급하지 않았고, 그 뒤에 숨겨진 놀라운 이야기 또한 언급하지 않았다.

그 이야기는 미국에서 시작된다.

2018년 글로벌파운드리스가 EUV 프로그램을 중단하면서 미국 방위 전문가들의 두려움은 현실이 되었다. 미국이 가장 빠른 칩에서 손을 놓고 있다는 우려가 커졌다. 펜타곤은 문제가 다가오고 있음을 감지했다. 미국 국방부는 현대 칩의 대다수가 미국 내에서, 미국의 감독하에 제조되기를 원했다. 이를 '신뢰할 수 있는 파운드리^{trusted foundry}'라 부르며, 전략적으로 필수적이라 여겼다. F-35 전투기나 첨단 드론, 또는 비밀 정보기관의 장비에 사용되는 칩이 해외 공장에서 제조될 경우, 사보타주나 해킹에 훨씬 더 취약해질 수 있었다.

글로벌파운드리스의 중단과 인텔이 아시아 반도체 제조업체와의 경쟁에서 뒤처지는 상황이 결합하며 미국은 점점 불리해져 갔다. 펜타곤에 이는 용납할 수 없는 일이었다. 2018년, 미국 방위 전문가들은 TSMC및 삼성과 논의를 시작했다. 이들 회사는 미국에 첨단의 칩 공장을 짓겠다고 했지만, 그 대가로 30억에서 80억 달러의 국가 지원을 요청했다. 이는 펜타곤이 감당할 수 있는 것보다 훨씬 더 많은 금액이었다. 그러던 중, 델프트에서 선물처럼 온 고급 기술이 레이더에 포착되었다. 바로 매퍼였다.

매퍼는 델프트 공과대학에서 시작되었다. 충전 입자 광학 전문가인 피터르 크루이트^{Pieter Kruit} 교수가 학생들에게 상업용 리소그래피에 적용할 수 있는 전자빔 시스템을 설계해보라고 한 것이 시초였다. 이 기술의 가능성에 흥분한 두 명의 학생, 베르트얀 캄퍼베이크^{Bert Jan Kampherbeek}와 마르코 빌란트^{Marco Wieland}는 졸업 후 2000년에 크루이트 밑에서 회사를 설립했다. 빌란트는 기술 개발을 주도했고, 캄퍼베이크는 사업적인 부분을 맡았다. 항상 그렇듯이, 사업을 유지하기 위해서는 자금을 모으는 것이 필수였다.

매퍼는 아서 델 프라도의 공동 자금을 받아 운영되었다. 네덜란드 반도체 산업의 선구자인 델 프라도는 또 한 번 잠재력이 있는 기술을 발전시키는 데 도움을 주었다. 1988년에 ASML에서 물러나야 했지만, 그는 유망한 반도체 기술에 대한 안목을 결코 잃지 않았다.

매퍼의 접근 방식에서는 값비싼 마스크가 더 이상 필요하지 않았다. 칩 패턴은 여러 테라바이트 크기의 컴퓨터 메모리에서 나와, 전자빔을 통해 전자에 민감한 층에 반복적으로 기록되었다. 이 과정은 일반적으로 몇 시간이 걸리지만, 멀티빔 기술을 통해 매퍼는 작은 렌즈로 전자를 1만 3천 개 이상의 빔으로 나누고, 각 빔에 49개의 광선을 추가하는 방법을 고안했다. 이는 구식 TV가 전자빔을 사용해 수백 개의 스캔 라인으로 화면에 패턴을 그리는 방식과 비슷하다.

매퍼의 첫 번째 제품이 2007년에 완성되었고, 회사는 TSMC와 프랑스 그르노블에 있는 연구소 CEA-Leti에 두 개의 시제품을 판매했다. 이 스타트업은, 만약 생산 속도를 시간당 10~20개의 웨이퍼로 늘릴 수만 있다면, 연기되고 있던 EUV 장비에 대한 훌륭한 대안이 될 것이라고 믿었다. 10개의 장비를 나란히 배치해도 ASML의 스캐너 한 대보다 저렴할 것이라는 생각이었다. 적어도 계획은 그랬다.

그러나 현실은 훨씬 더 복잡했고, TSMC가 시제품을 반납한 후, 델프트의 스타트업은 방향을 전환했다. 대량 생산 시장에서는 전자빔의 수요가 없더라도, 소량으로 생산하는 첨단 칩 시장에서의 수요는 여전히 남아 있었다. 미국 방위 산업이 주요 타깃 중 하나였다. 예를 들어, 펜타곤의 연구 부서인 DARPA는 이미 2003년에 전자빔 프로그램에 자금을 투자한 적이 있었다.

매퍼의 최신 장비는 한 단계 진보한 것이었지만, 이를 생산하기 위해서는 추가 자금이 필요했다. 2012년, 러시아 국영 기금인 루스나노Rusnano가 4천만 유로를 투자해 14퍼센트의 지분을 인수했다. 매퍼는 러시아 이사를 영입했고, 모스크바의 첨단 기술 단지인 테크노폴리스에 공장을 세웠다. 이 공장은 렌즈를 생산하기 위한 미세 전자기계 시스템을 제조하기 시작했다. 이른바 마이크로시스템은 일반적인 리소그래피 기계를 사용해 생산되는 일종의 칩이다. 이를 위해 매퍼는 경쟁사인 펠드호번에 있는 ASML로부터 기계를 주문했다. 내부 뉴스레터에는 이에 걸맞는 풍자적인 제목이 실렸다. "매퍼가 ASML을 샀다." 델 프라도 역시 이 아이러니를 즐겼다. 2013년 모스크바를 방문했을 때, 그는 버려진 ASML 상자 위에 거만하게 앉아 펠드호번 로고를 가리며 장난기 넘치는 표정을 지었다.

대다수 주주의 열정에도 불구하고, 기술적 문제로 인해 매퍼의 발전은 지연되었다. 그렇다고 델프트의 기술이 쓸모없었다는 것은 아니다. 오히려 전자빔은 패턴을 기록하는 데뿐만 아니라 칩의 오류를 검사하는 데에도 유용했다. 이것이 ASML이 매퍼에 관심을 갖게 된 이유였다. 매퍼의 기술은 2016년에 ASML이 인수한 대만 기업 HMI의 검사 장비에 완벽하게 추가될 수 있었다. 그 무렵, 마르틴 반 덴 브링크와 요스 벤쇼프는 델프트를 여러 차례 방문했다. 그들은 빌란트에게 ASML에서 전자 센서를 개발할 의향이 있는지 물었으나, 창립자는 이를 거절했다. 그는 자신의 회사를 성공시키겠다는 결심을 굽히지 않았다. ASML은 매퍼를 인수할 수 있는지 검토했으나, 진지한 제안은 하지 않았다.

2016년 9월, 아서 델 프라도가 84세의 나이로 세상을 떠났다. 이는 큰 충격이었다. 그는 사망 몇 달 전까지도 매퍼에 적극적으로 관여하고 있었고, 그의 죽음으로 매퍼는 가장 중요한 재정 후원자를 잃었다. 델 프라도의 가족 자금은 그의 유언에 따라 암 연구에 사용되어야 했기 때문에, 기술 회사를 더 이상 유지할 수 없었다. 이는 젊은 나이에 암으로 세상을 떠난 그의 아내와의 약속이었다.

2018년 초, 매퍼는 6개월 안에 새로운 투자자를 찾지 못하면 문을 닫을 처지에 놓였다. 이미 2억 유로 이상이 이 기계에 투입되었고 그 완성이 가까워지고 있었기 때문에, 캄퍼베이크가 상황의 심각성을 설명해도 아무도 믿지 않는 듯했다. 그러나 러시아 국영 기금이 매퍼의 지분을 갖고 있다는 점은 2014년 크림반도합병과 말레이시아 항공 MH17편 격추 사건 이후 서방의 민감한 정서 속에서 큰 걸림돌이 되었다. 러시아의 지대공 미사일로 격추된 MH17편에는 298명이 타고 있었다.

재정 후원자를 찾기 위해 돌멩이 아래까지 샅샅이 뒤졌다. 캄퍼베이크는 일본, 싱가포르, 미국의 칩 기계 제조업체들을 만나기 위해 전 세계를 비행했지만, 모두 허사였다. 한때 어플라이드 머티어리얼즈가 투자 의사를 보이기도 했지만 그 회사는 결국 발을 뺐다.

매퍼는 중국으로 눈을 돌렸다. 빌란트는 판다의 고장으로 알려진 청두로 가서 EUV의 대안을 개발하는 일에 투자자들과 관계자들의 관심을 모았다. 캄퍼베이크는 베이징으로 날아가 투자자들과 만났다. 진지하게 관심을 표하는 이들도 있었지만, 매퍼는 시간이 촉박했다. 파산이 임박했고, 그들은 거래를 성사시켜야 했다. 중국 측은 네덜란드에서 온 이 깜짝 제안을 덥석 받아들일 수 없었다. 그동안 매퍼는 델프트 직원들에게 급여를 조금이라도 더 지급하기 위해 어쩔 수 없이 모스크바 공장을 루스나노에 매각했다. 240명의 직원들은 이미 시간이 촉박한 상황이었다.

2018년 여름, 매퍼는 미국 국방부에 도움을 요청했다. 그들은 이전 논의에서 펜타곤이 멀티빔 기술에 관심을 가지고 있다는 사실을 알고 있었다. 이 기술은 현대 무기 시스템이나 정보기관 장비에 사용될 고유한 칩을 '설계'하는 데도 사용될 수 있었다. 이들 기관은 장비가 해킹될 수 없다는 확신이 필요했다. 각 칩에 고유 번호를 부여하면 그들이 누구와 통신하고 있는지 확실히 알고, 적이 이를 가로채지 않도록 안전하게 통신할 수 있었다.

펜타곤은 매퍼의 기술을 활용해 신뢰할 수 있는 파운드리에서 소규모로 고급 칩을 생산할 수 있다고 생각했다. 하지만 러시아 투자자가 있다는 사실 때문에 거래는 불가능했다. 국방부의 한 직원은 미국 회사들이 매퍼에 투자해 러시아 측을 제거하는 방안을 시도하기도 했지만 주요 무기 제조업체들은 이에 미온적으로 반응했다. 텍사스주 포트워스에 있는 시큐어파운드리에도 연락이 갔다. 시큐어파운드리는 전직 해병이자 미 사이버 사령부의 기술 국장이었던 렉스 킨이 설립한 회사로, 그는 여전히 반도체 분야에서 활동하며 대학들로부터 국방 프로젝트에 사용될 첨단 칩의 특허를 인수하는 일을 하고 있었다.

펜타곤은 시큐어파운드리에 직접 명령을 내리지는 않았다. 그렇게 하면 책임이 따르기 때문이었다. 그러나 명확한 힌트를 던졌다. 매퍼가 심각한 재정 위기에 처해 있으며, 누군가가 나서서 이 네덜란드 기술을 구해 미국 방산업계에 이바지하면 좋을 것이라는 메시지였다. 킨은 팔을 걷어붙였다. 이 과제에 그의 이름이 적힌 것이나 다름없었다.

전직 해병 킨은 델프트 팀과 만났고, 캄퍼베이크를 몇 주 동안 포트워스로 초청해 거래를 성사시키려 했다. 캄퍼베이크는 킨의 재정 고문의 집에 손님으로 초대되었다. 그는 네덜란드 혈통의 지역 은행가였으며, 깊은 신앙을 가진 가족들과 함께 매일 아침 6시에 성경 공부를 위해 식탁에 둘러앉았다. 텍사스식 환대의 극치였으며, 사냥총과 권총으로 가득 찬 큰 찬장이 함께했다. 그 순간 캄퍼베이크는 '이건 벼랑 끝에서의 도박이다'라고 생각했다. 그는 회사를 구하기 위해 참호 속으로 기꺼이 들어갔다.

킨과 캄퍼베이크는 미국 국가안보국[NSA]과 함께 계획을 세웠다. 미국 정보기관은 델프트에 있는 멀티빔 기계를 두 대 주문했는데, 총 2천만 달러 규모였다. 펜타곤이 NSA를 대신해 그 금액을 바로 지불하면 시큐어파운드리는 미국 정부 기관에 기계를 공급할 유통권을 획득하고, 매퍼는 새로운 자본을 확보할 수 있었다. 펜타곤은 이에 동의했지만, 먼저 러시아 문제를 처리해야 했다.

킨은 암스테르담에서 루스나노 대표들과 만났다. 2012년 이후 러시아 측은 지분을 확장해 이제 매퍼의 27.5퍼센트를 차지하고 있었다. 하지만 그들은 매각에 관심이 없었다. 그렇게 된다면 자신들이 투자한 금액의 일부분만 돌려받을 수 있고, 자신들은 본국에서 조롱거리가 될 것이 뻔했기 때문이다. 루스나노는 매퍼가 파산하여 차라리 더 높은 권력에게 책임을 돌릴 수 있기를 바랐다. 그러나 러시아 측은 이사회의 자리를 포기하고 그들의 지분을 외부 신탁으로 이전할 용의가 있으며, 매퍼가 앞으로 몇 년 더 모스크바에서 칩을 계속 구매한다면 그렇게 하겠다고 말했다. 킨은 악수를 했다. 그에게는 거래가 성사된 것처럼 보였다.

시큐어파운드리는 네덜란드 경제부와 긴밀하게 협력하며 이

전 과정을 처리했다. 매퍼는 여러 혁신 대출 기관에 총 3,200만 유로의 미지급 대출금을 가지고 있었다. 킨은 워싱턴 주재 네덜란드 대사관 경제 특사가 서명한 문서를 받았다. 그는 매퍼에 투자할 수 있는 허가를 얻었고, 경제부는 대출금을 즉시 상환할 필요가 없다고 했다. 회사가 구제되기까지 어떤 장애물도 없는 것 같았다.

12월 초, 렉스 킨은 델프트에 모인 매퍼 직원들에게 거래가 완료되었다고 알리며, 터널 끝에 빛이 보인다고 말했다. 마지막 말만큼은 맞았다. 그러나 완전히 잘못된 이유로. 다음 날, 킨이 미국 귀국 길에서 레이캬비크를 경유할 때, 동료 중 한 명으로부터 불안한 전화를 받았다. 펜타곤이 더 이상 응답하지 않고 침묵에 들어갔다는 소식이었다.

매퍼는 펜타곤 내부의 정치적 문제와 강력한 방위산업체 사이의 음모에 희생되었다. NSA에는 두 대의 기계 구입에 배정된 2천만 달러가 있었지만, 해당 거래를 담당하던 인물은 다른 직책으로 이동했고, 그의 후임자는 자금을 인텔의 보안 칩 프로젝트로 돌렸다. 영향력 있는 인텔은 군사 감독하에 프로세서를 제조하는 '정부 소유, 민간 운영GoCo' 공장을 관리하고 있었다. 동시에 미국 방위산업체의 로비 그룹이 펜타곤을 방문해 네덜란드 경쟁자가 등장하는 것을 원치 않는다는 뜻을 전달했다.

렉스 킨은 그의 거래가 서서히 무너지는 것을 지켜봤다. 2018년 말, 펜타곤의 느린 관료주의는 그 어느 때보다 더 크게 발목을 잡고 있었다. 전 대통령 아버지 조지 부시의 장례식으로 워싱턴은 며칠 동안 멈춰 있었고, 펜타곤이 다시 매퍼 거래 자금을 요청하려고 했을 때 또 다른 장애물이 나타났다. 12월 22일, 민주당이 도널드 트럼프 대통령의 멕시코 국경 장벽 건설 계획을 저지하면서 미국 정부가 셧다운에 돌입한 것이다. 셧다운은 35일 동안 지속되었으며, 이는 미국 역사상 가장 긴 예산 동결이었다.

매퍼는 시간이 없었다. 델프트의 엔지니어들은 몇 달 동안 급여를 받지 못했고, 설립자 빌란트는 직원들이 실업급여를 받을 수 있도록 회사 파산을 선언해야 할 정확한 날짜까지 계산해두었다. 12월 19일, 매퍼는 지급 유예를 신청했고, 12월 28일에 파산이 선고되었다. 18년간의 멀티빔의 모험은 그렇게 끝이 났다.

매퍼 거래를 망쳤다는 사실을 깨달았을 때, 펜타곤엔 공황이 찾아왔다. 러시아나 중국이 파산 자산을 가져가면 어떻게 될까? 미군이 델프트산 발명품의 잠재력을 인정했다면, 다른 강대국들도 이미 이를 주목하고 있을 게 분명했다. 그들의 우려는 틀리지 않았다. 매퍼는 이미 과거에 ASML의 중국 경쟁사인 SMEE와 대화를 나눈 적이 있었고, 중국 투자자들도 멀티빔 기술에 관심을 표명한 바 있었다.

미국은 헤이그에 경고를 보냈다. 12월, 펜타곤은 네덜란드 국방부와 경제부에 긴급 서한을 보냈다. 그 내용은 이러했다. "귀국의 중요한 칩 기술이 적대 세력의 손에 넘어갈 위험에 처해 있습니다. 이를 막아야 합니다." 그들은 미국 대사관을 통해 직접 마르크 뤼터 총리에게 연락해 이 기술이 중국이나 러시아로 사라지지 않도록 해야 한다고 간청했다. 총리는 이 기술을 네덜란드에 남기든지, 그럴 수 없다면 기술을 파괴하는 한이 있더라도 막아야 했다. 펜타곤은 매퍼가 ASML에 인수된다면 멀티빔 기술은 더 이상 발전하지 않을 것이라고 판단했다. 그 기술이 중국의 손에 넘어가는 것보다는 그게 더 나은 선택이었다.

이것이 바로 2018년 겨울날 모나 카이저 국무장관이 펠트호번에 있는 ASML 본사로 뛰어들어가 "매퍼를 인수해야 합니다"라고 외친 이유였다. 네덜란드 정부는 중국이 움직이려 할 경우 이를 막을 법적 근거가 없었다. 관련 법안이 작성 중이었지만, 아직 승인이 필요했다. 모든 희망은 펠트호번에 달려 있었다. ASML은 멀티빔 리소그래피 기술에 별 이점이 없다고 판단했다. 기술적 가능성은 제한적이었고, 이미 EUV 기술이 유럽의 칩 공장에서 운영 중이었다. 하지만 델프트의 특허와 기술 지식에는 관심이 있었다. 매퍼의 엔지니어들이 칩을 생산하겠다는 오래된 꿈을 포기하고 칩을 검사하는 방향으로 전환만 한다면 충분했다.

"우리는 그들과 대화할 의지가 있습니다." 페터르 베닝크는 매퍼가 지급 유예를 신청한 다음 날, BNR 라디오 기자에게 말했다. 숙련된 정치가처럼 후속 질문을 교묘히 피했지만, ASML이 매퍼의 지식 가치를 이미 인식하고 있었던 것은 분명했다. 2018

년 6월, 마르코 빌란트는 마르틴 반 덴 브링크로부터 직접 '마르틴 반 덴 브링크 상'을 수상하기도 했다.

그동안 경매 관리인은 매퍼의 잔여 자산을 경매에 부쳐 주 채권자인 델프라도 펀드와 경제부에 변제할 계획을 세웠다. 당연히 시큐어파운드리의 렉스 킨도 입찰자 중 하나로 참석했다. 전 해병대원이었던 그는 1월에 네덜란드 투자자 팀을 급히 모아 전 매퍼 직원들과 함께 파산 자산에 입찰했다. 관리인은 또한 매퍼 엔지니어들이 이전에 접촉했던 중국 투자 펀드에도 연락을 취했다. 입찰가를 올리려는 목적이었지만, 오히려 미국 측에 불리한 상황을 초래했다. 매퍼의 기술이 중국으로 넘어가서는 안 되는데, 그가 중국을 입찰에 초대해버린 것이었다.

정치인들에게 이 경매의 결말은 하나뿐이었다. 매퍼의 자산이 펠트호번의 손에 들어가는 것이었다. ASML은 3,500만 유로에 입찰했으나, 킨 역시 그 금액에 맞출 수 있었다. 그러나 ASML이 7,500만 유로로 금액을 올리자, 경쟁자는 더 이상 따라올 수 없었다. 낙찰되었다. 매퍼의 유산은 팔렸다.

ASML은 비싼 대가를 치러야 했지만, 이 계획에 협조할 의향이 있었다. 매퍼의 전문성은 매우 가치 있었다. 어디서 100명의 칩 기술 전문가를 찾을 수 있겠는가? 그것도 펠트호번에서 130킬로미터 떨어진 곳에서 말이다. 또한 ASML 경영진은 매퍼의 지식을 보존하는 것이 애국심을 보여주는 행위라는 점에서 나쁠 것이 없다고 판단했다. 점수를 쉽게 따는 방법이었다. 마침

ASML과 미국 및 네덜란드 정부와의 관계가 악화되고 있었기 때문에, 조금이라도 선의를 보여줄 필요가 있었다.

2019년 1월, 렉스 킨이 매퍼 직원들에게 자신을 '백마 탄 기사'로 소개한 지 6주 후, 펠트호번에서 온 대표단이 델프트 사람들로 꽉 찬 방 앞에 섰다. 즉석에서 마련된 무대에 오르기 직전, 매퍼의 공동 설립자 중 한 명이 ASML 관계자들에게 속삭였다. "당신들이 이겼어요."

240명의 직원들은 일자리와 지식을 보존하기 위한 계획을 들었다. 원한다면 누구나 ASML에 합류할 수 있었다. 기계공들은 브라반트에서 일해야 했지만, 엔지니어들은 델프트에 머물러 매퍼의 문화가 바로 사라지지 않도록 했다. 100명 이상의 기술자가 ASML로 이동해 HMI가 위치한 산호세 부서에 합류했다. 매퍼의 설립자 마르코 빌란트는 즉시 합류하지는 않았지만, 6개월 동안의 많은 고민과 정원 가꾸기를 거친 후 ASML의 제안을 수락했다. 그는 혁신적인 기술 공로를 인정받아 펠로우로 임명되었다. 반면 베르트 얀 캄퍼베이크는 전 동료 몇 명과 함께 튤립 재배용 농업 로봇을 만드는 새로운 회사를 창립했다. 또 하나의 훌륭한 네덜란드 수출품이었다.

매퍼의 지적 재산권은 ASML의 손에 들어갔고, 이는 ASML이 이미 여러 번 겪은 특허 분쟁에서 스스로를 방어할 수 있는 필수적인 방패 역할을 했다. 델프트에 남아 있던 모든 노트북과 하드 드라이브는 민감한 소프트웨어가 다른 곳에 넘어가지 않도록 신중하게 파기되었다.

펜타곤과 미국 에너지부는 ASML을 설득해 매사추세츠의 신뢰할 만한 파운드리에서 고유 코드가 부여된 표준 칩을 생산할 수 있도록 멀티빔 장비를 유지할 것을 요청했다. 그러나 펠트호번은 정중히 거절하며, 그 목적을 위해서라면 다른 기술을 사용하는 것이 더 낫다는 조언을 해주었다. ASML은 매퍼 2.0에 관심이 없었고, 델프트에서 일하는 인재들이 주력해야 할 일에 방해가 될 뿐이라고 여겼다.

2019년 10월, 매퍼의 창립자들과 이해 관계자들이 마지막으로 모였다. 델프트의 한 생선 요리점에서 둥근 테이블을 사이에 두고 그들은 18년간의 멀티빔 역사를 되돌아보았다. 그들은 펜타곤과의 거래가 마지막 결정타였음을 인정했지만, 이미 오랜 시간 동안 파멸의 길을 걷고 있던 것도 사실이었다. 그 자리에는 비난도, 원망도 없었고, 그저 델 프라도 생전에 기계를 시장에 내놓지 못한 것에 대한 아쉬움만이 남았다. 그에게 줄 수 있는 게 하나 있었다면, 그것이었을 것이다.

매퍼 사건은 네덜란드가 자국의 칩 기술의 전략적 가치를 얼마나 인식하지 못하고 있는지를 여실히 보여주었다. 이 민감한 기술이 중국의 손에 쉽게 넘어갈 뻔했다는 사실은 나라에 큰 경각심을 불러일으켰다. 2023년, 네덜란드는 'VIFO 법'을 도입하여 투자, 합병 및 인수 시 국가 안보 문제를 면밀히 검토하도록 했다. 이 법은 반도체 산업과 같은 민감한 기술 분야에서 활동하는 주요 공급업체와 기업을 감독하며, 2020년 9월부터 소급 적용되었다. 또한 2023년에는 전략적인 기업이 원치 않는 손에 넘어갈 위험이 있을 경우 즉각 개입할 수 있도록 예산 1억 유로를 책정했다. 헤이그는 이를 통해 또 다른 매퍼식의 공황을 방지할 수 있기를 기대했다.

매퍼 거래의 흔적은 여전히 남아 있다. 7천만 유로가 네덜란드 경매 관리인의 계좌에 보관되어 있으며, 행정 문제와 관련한 프랑스 신탁 관리인의 소송이 진행 중인 가운데 채권자들에게 분배될 예정이다. 만약 멀티빔 기계를 가까이에서 보고 싶다면, 델프트 공과대학 물리학 건물을 방문하면 된다. 커피 머신 옆에 기술적 내부를 들여다볼 수 있도록 창문이 달린 진공 챔버가 있다. 이 전시물은 2023년 초, 베르트 얀 캄퍼베이크와 매퍼 프로젝트의 시작을 함께한 피터르 크루이트 교수가 공개했다.

크루이트 교수는 은퇴 후 2021년 새로운 경력을 시작했다. 그는 이제 미국의 반도체 장비 제조업체 어플라이드머티어리얼즈의 전자빔 부서를 이끌고 있다. 이 회사는 ASML처럼 전자를 이용해 작동하는 검사 기계를 만든다. 그의 재능 있는 제자였던 마르코 빌란트가 이제는 경쟁업체에서 활동하는 상황에서, 과연 제자가 스승을 뛰어넘을 수 있을지 확인할 기회다.

렉스 킨에게 멀티빔 모험은 아직 끝나지 않았다. 이 전직 해병

대원이 가장 잘 아는 것은 아무리 많은 좌절을 겪더라도 끈질기게 버티는 법이다. 킨은 프랑스의 CEA-Leti에 있던 매퍼 기계를 구매해, 세계가 코로나19 위기로 혼란스러울 때 25개의 상자에 담아 미국 동부 해안으로 공수했다. 2022년부터 이 기계는 메릴랜드의 방위산업체 노스럽그루먼의 클린룸에 자리를 잡았으며, 칩 생산을 시작할 준비를 마쳤다. 매퍼 특허권을 소유한 킨은 ASML의 협조를 받아야만 라이선스를 획득할 수 있다. 아직 고객이 누가 될지 모르지만, 한 가지는 분명하다. 펜타곤이 문을 두드린다면, 그들은 그 대가를 선불로 지불해야 할 것이다.

| 5부 |

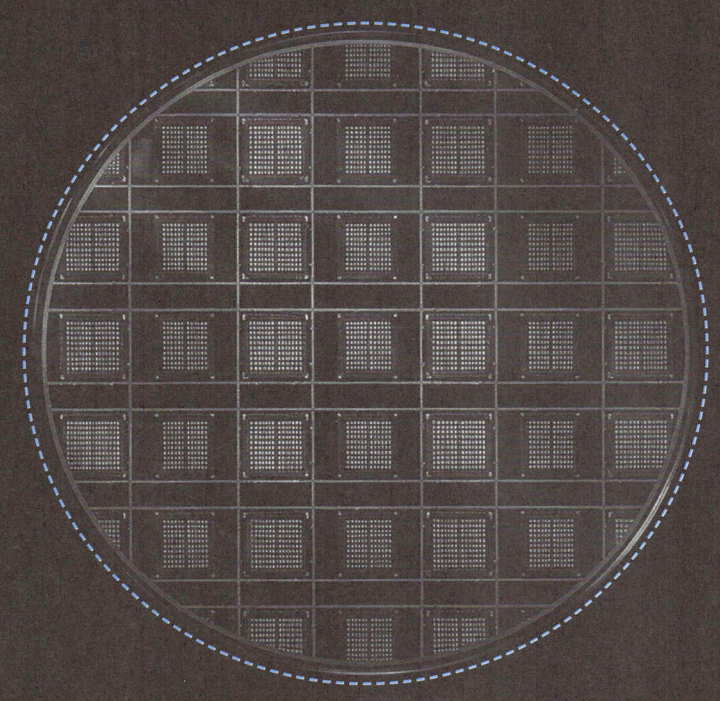

성장통

"우리는 더 이상 우리의 부를 숨길 수 없게 되었죠." 마르틴 반 덴 브링크의 목소리에는 후회가 담겨 있다. 그는 창문 너머로 공장과 사무실, 그리고 멀리까지 뻗어 있는 건설 크레인을 바라본다. 새로 지어진 건물들이 꽤 멋지게 느껴진다. 물론 디자인이 조금 달랐으면 좋았겠지만, 그가 모든 일에 간섭할 수는 없다.

반 덴 브링크의 20층 사무실은 ASML이 얼마나 확장되고 있는지를 볼 수 있는 완벽한 장소이다. 아니, 더 정확히 말하자면 폭발하고 있다고 해야 할 것이다. 미국식 캠퍼스가 이 타워를 둘러싸고 있으며, 활기찬 레스토랑, 옥상 정원이 있는 강당, 사설 슈퍼마켓, 선명한 파란색의 러닝 트랙, 그리고 독서, 게임, 뜨개질을 위한 '충전실'이 마련되어 있다. 이 캠퍼스라면 밖으로 나가지 않고도 평생을 살 수 있을 것이다.

2023년 현재 ASML은 4만 2천 명이 넘는 직원을 두고 있으며, 세계에서 가장 가치 있는 50대 기업 중 하나로 자리 잡았다. 이는 6년 전과 비교해 두 배에 달하는 수치이다. 펠트호번에는 2만 명이 넘는 사람들이 근무하고 있으며, 이 숫자는 향후 6년 안에 다시 두 배로 늘어날 것으로 예상된다. 공급업체까지 포함하면 브라반트 지역에 7만 개의 추가 일자리가 생긴다는 의미이다. 이 불가능해 보이는 성장은 외부 세계를 사로잡은 정치적 혼란보다 ASML에게 더 큰 걱정거리이다. 펠트호번은 지정학에 신경 쓸 여유가 없다. 오직 위를 향해 가야 하며, 지연은 선택지가 아니다.

40년에 걸쳐 ASML은 놀라운 변화를 겪었다. 스타트업으로 시작해 스케일업을 거쳐 시장을 선도하는 기업으로 자리 잡았고, 이제는 독점 기업으로 자리를 굳혔다. 미국과 중국 간의 기술 전쟁이 격화되는 가운데서도 확장은 멈출 줄 몰랐다. 에너지 전환과 AI 혁명의 여파로 칩에 대한 수요가 폭발했고, 세계는 한 가지를 원하게 되었다. 더 많은 칩 장비. 엔비디아 같은 회사들은 전적으로 TSMC에 의존하고 있으며, ChatGPT와 그 파생 애플리케이션들이 요구하는 컴퓨팅 성능을 제공할 프로세서는 충분히 생산되고 있지 않다. 분석가들은 2030년까지 세계 칩 시장이 두 배로 성장해 1조 달러 규모의 산업이 될 것이라고 예측하고 있다. 이는 ASML의 주문서에 그대로 반영된다.

이 주문을 책임지는 사람은 판매 이사 서니 스탈네이커로, 칩 제조업체들과 수십억 달러 규모의 계약을 성사시키는 데 능숙한 베테랑이다. 하지만 서니처럼 숙련된 사람조차도 그 능숙함이 한계에 다다랐다고 느낀다.

2017년, 마르틴 반 덴 브링크는 스탈네이커에게 인텔과 '하이 NA' EUV 장비 구매 계약을 체결할 것을 지시했다. 그의 EUV 마스터 플랜의 미래는 오로지 그 주문에 달려 있었다. 스탈네이커가 해야 할 일은 5억 달러의 가격 차이를 메울 방법을 찾는 것뿐이었다.

불가능해 보이는 과제였다. 당시 '하이 NA' 장비는 설계도상으로만 존재했으며, ASML은 여전히 자사의 일반 EUV 장비를 제대로 작동시키기 위해 고군분투하고 있었다. "우리 스스로도 언제 제대로 작동하게 될지 몰랐어요"라고 스탈네이커는 농담하듯 가볍게 말한다. 그럼에도 불구하고 그녀 덕분에 인텔을 설득하는 데 성공했고, 다른 칩 제조업체들도 곧 뒤따랐다. 임무 완수, 미래 확보.

그러나 EUV가 탄력을 받자 ASML의 문제들이 시작되었다. 놀랍게도 ASML을 당황하게 만든 것은 갑작스러운 DUV 장비 수요였다. 수년간 ASML은 매년 약 200대의 DUV 시스템을 생산해왔다. EUV가 시장에 출시되면 이러한 침지 스캐너에 대한 수요가 줄어들 것으로 예상되었고, ASML은 이미 이에 맞춰 공장 직원들을 재교육하고 있었다. 그러나 현실은 다른 방향으로 흘러가고 있었다. 2020년, 서니 스탈네이커는 DUV 주문이 분기당 약 200대로 4배 증가하는 것을 지켜보았다. ASML은 압도당했다. 도저히 감당할 수 없는 수량이었다. 그러나 마르틴 반 덴 브링크는 이를 그렇게 어려운 문제로 여기지 않았다. "무엇이 그렇게 힘든 거지?" 그는 동료에게 한숨을 쉬며 말했다. "그냥 평소 하던 일을 두 배나 세 배로 하면 되는 거 아닌가?"

주문량 급증의 원인 중 하나는 중국 정부의 전략 변화였다. 미국의 수출 규제로 인해 압박을 받은 중국은 DUV 장비를 사용하여 확립된 칩 기술을 수용하기로 결정했다. 자동차가 바퀴 달린 컴퓨터로 진화하면서 덜 첨단인 이른바 '레거시' 칩에 대한 수요가 늘고 있었다. 한편, EUV 스캐너에 대한 수요도 계속 증가했다. 이미 수십억 유로에 달하는 스탈네이커의 주문서가 넘쳐나고 있었다. 문제를 더 복잡하게 만드는 것은 EUV 칩을 생산하기 위해서는 칩의 덜 중요한 레이어를 노광하는 데 DUV 장비가 더 많이 필요하다는 사실이었다. 결국 수요는 계속 증가했다.

이것은 완벽한 폭풍이었고, 팬데믹 한복판에서 펠트호번을 강타했다.

회사의 전례 없는 성공은 결국 부메랑이 되어 돌아왔다. 2021년, ASML은 그해 주문 들어온 장비의 3분의 2만을 납품할 수 있었다. 과도하게 혼잡한 공장, 과중한 업무량에 시달리는 물류 조직, 펠트호번 근처만 가도 압박감이 느껴졌다. 매달 수백 명의 새로운 동료들이 합류하고 있음에도 불구하고 직원들의 업무량은 계속 증가하고 있었으며, 해외 지사와 공급업체 네트워크의 ASML 지점에 건설 크레인이 있는 것은 익숙한 광경이 되었다.

제조업에서 ASML이 차지하는 중요성에 의문을 가지는 사람은 더 이상 없었다. 필립스의 폐허에서 새로운 경제적 기적이 부활하여 소위 '브레인포트Brainport'라고 불리는 네덜란드의 첨단 기술 지역의 기초가 되었다. 그러나 브라반트 지역은 이 번영의 무게에 짓눌리기 시작했다. 이는 에인트호번 주변의 고속도로, 폭발하는 노동 시장 또는 과밀한 주택 시장에서 모두 드러났다.

칩을 축소하는 것에 관해서라면, ASML이 더 배울 것은 남아있지 않다. 하지만 이 정도 규모로 조직을 확장하면서 스스로를 잃지 않는 것은 전혀 다른 이야기이다.

가족이 전부다

두 사람이 말할 때 눈을 감고 들으면 누구의 목소리인지 거의 구분할 수 없다. 브라반트 사투리, 약간 울림이 있는 목소리, 필요 이상으로 말하지 않는 스타일. 그러나 한 가지는 확실하다. 이들은 본질을 중시하는 실용적인 사업가들이다.

빔Wim과 빌럼 반 데어 리흐트Willem van der Leegte는 나란히 앉아 있다. 에인트호번에 있는 VDL그룹 본사다. 이 부자父子 듀오는 네덜란드에서 가장 큰 산업 복합체를 일구어냈다. 이들 100개 기업은 제조업의 모든 스펙트럼을 아우른다. 거대한 건설이든 나노미터 단위의 정밀 작업이든, 그들이 제공할 수 없는 것은 없다.

VDL 가문은 3대에 걸쳐 이어져왔다. 회사는 1953년 피터르 반 데어 리흐트Pieter van der Leegte에 의해 설립되었으며, 그의 아들 빔이 곧 회사를 이끌었다. 2018년에는 손자 빌럼이 CEO가 되었고, 그의 형제와 자매가 그를 지원하고 있다. 반 데어 리흐트 가문은 고속도로 건너편에서 ASML이 급격히 성장하는 모습을 지켜보았다. 그리고 그들은 빠르게 이 여정에 동참했다.

"이제 원이 완성되었다." 2006년 빔 반 데어 리흐트가 필립스로부터 인에이블링테크놀로지스그룹ETG을 인수했을 때 한 말이다. 그는 역사에 대한 감각이 있었다. 1950년대 초반, 그의 아버지도 ETG에서 일했었다. 당시에는 '필립스 머신 팩토리'라는 이름이 아직도 건물 전면에 뚜렷하게 쓰여 있었다. 반 데어 리흐트는 ETG를 5,100만 유로에 인수했다. 돌이켜보면, 이는 훌륭한 거래였다. 이 가문은 ASML의 성공을 발판으로 삼아 성장했고, 그 결과 1만 5천 명 이상의 직원과 연간 약 60억 유로의 매출을 기록하는 거대 기업으로 성장했다. 2015년 빔은 그의 형 헤라르트 반 데어 리흐트의 회사인 지엘프리시전도 인수했다. 가족을 하나로 묶어두기 위해서였을 것이다. 브라반트에서는 그게 중요하니까.

자이스와 함께, VDL은 ASML의 가장 중요한 파트너로 꼽힌다. 그들은 작동 가능한 스캐너를 조립하는 데 필요한 핵심 부품을 펠트호번에 공급한다. 최신 기계는 70여 개의 공급업체에서 온 30만 개 이상의 부품으로 구성되며, 이 외부 네트워크가 리소그래피 기계 전체 제조 비용의 약 80퍼센트를 차지한다.

알멜로에 있는 VDL의 ETG 공장만 봐도 네덜란드 제조업이 어떻게 변모했는지를 알 수 있다. 최신 레이저 장비 사이로 1970년대의 이끼색 필립스 기계를 여전히 찾아볼 수 있는데, 이들은 마치 과거의 유물처럼 남아 있다. 여전히 작동만 된다면, 쉽게 치워지지 않을 것이다.

알멜로에서 VDL은 ASML의 리소그래피 기계의 하단부를 제작한다. 20톤짜리 이탈리아산 알루미늄 블록이 마침내 1.5톤짜리 정밀 가공된 프레임이 된다. 마치 시내버스를 파일로 갈아내어 미니 쿠퍼 크기로 줄이는 것과 같다.

이 프레임에는 강력한 자석이 채워진다. 만약 금속 물체를 몸에 지니고 가까이 가면, 영원히 그곳에 붙을 것이다. 이러한 힘은 웨이퍼 테이블을 기계 내에서 앞뒤로 이동시키는 전동 모터를 구동하는 데 필요하다. 이는 마치 자기 부상 열차처럼 작동한다.

알멜로에서는 EUV 기계의 진공 챔버도 생산하며, 자이스가 EUV 거울을 장착하는 모듈도 여기서 만든다. 이러한 부품들은 매우 엄격한 요구 사항을 충족해야 한다. 알멜로에서는 분자 한 개라도 흘러나가면 안 된다는 이유로, 직원들은 특정 샴푸와 데오도란트를 사용해야만 클린룸에 들어갈 수 있다. 자이스는 알멜로에서 온 그 어떤 미세한 분자도 허용하지 않는다.

수십억 달러 규모의 회사인 VDL은 반도체 산업의 부침을 견딜 수 있는 능력을 가지고 있다. VDL은 첨단기술을 필요로 하는 다른 많은 고객들도 있기 때문에, ASML과 일할 때 필요한 투자 비용을 회수할 수 있다. "ASML이 요구하는 높은 기준 때문에 우리도 자체적으로 성장해야 했습니다." 빌럼 반 데어 리흐트의 설명이다. 그의 회사는 한 걸음 더 나아갔다. VDL이 ASML 기계의 한 부품에 대해 전적인 책임을 지게 된 것이다. 이른바 '웨이퍼 핸들러'는 실리콘 웨이퍼를 정확히 웨이퍼 테이블에 배치하는 로봇 팔로, 나노미터 단위에서 노광 작업을 준비한다. 이 로봇 팔의 설계와 유지 보수는 VDL이 직접 담당하며, 다른 회사들로부터 필요한 부품을 공급받는 일도 관리한다. 이는 ASML이 신경 쓸 문제가 하나 줄었다는 의미다. 기계는 이미 충분히 복잡하기 때문에, 다른 누군가가 더 잘 할 수 있다면 그 일은 기꺼이 그들에게 맡긴다.

모든 다른 공급업체와 마찬가지로, VDL도 ASML의 성장 속도를 따라가야 한다. 이는 새로운 기술자와 개발자를 채용하고, 새로운 건물에 투자하며, 비상 클린룸을 설치하여 생산 능력을 확장하는 것을 의미한다. 하지만 ASML의 체인에 있는 모든 업체가 동일한 속도로 가속할 수 있는 것도 아니고, 그러고 싶어하지도 않는다. 작은 공급업체들에게 ASML은 간절히 바라는 동시에 두려운 고객이다. 이 변덕스러운 고객이 이들 회사에 내미는 요구 사항은 높이 올라갈 수 있는 기회만큼이나 그들을 두렵게 한다. 펠트호번은 엄격한 지침을 가지고 있으며, 공급업체들은 ASML이 자체적으로 선택한 회사에서 제공한 제품만을 사용할 수 있다. 지정된 재료를 대체할 여지는 없으며, 반도체 공장에서 발생할 수 있는, 혼란을 야기할 모든 요소를 제거해야 한다.

ASML은 계속해서 기준을 높이고 있다. 공급업체들은 매년 더 정밀하게, 더 깨끗하게, 그리고 더 나은 가성비를 제공해야 한다. 지문 하나도 허용되지 않는다. 심지어 안경 다리의 고무 미끄럼 방지층도 문제가 될 수 있다. 이 고무가 가스를 방출하여 민감한 EUV 거울을 손상시킬 수 있기 때문이다.

ASML은 단지 까다롭기만 한 것이 아니라, 예측 불가능하기도 하다. 성장기에는 공급망에 충분한 속도와 생산량을 확보하기 어렵다. 그러나 주문이 줄어들면 모든 것이 과잉이 되고 공급업체들은 자본 집약적인 재고를 떠안게 된다. 이 무게를 짊어지면서 버티는 것은 결코 쉽지 않다. 더 작은 회사들은 가격 리스크를 짊어진 채 ASML을 위해 고가의 생산 방식에 투자했다가 다른 고객들에게는 너무 비싸 시장에서 밀려날 위험도 껴안고 있다.

리스크를 줄이기 위해 ASML은 공급업체들에게 펠트호번에 대한 매출 의존도를 40퍼센트 이하로 유지할 것을 요구한다. 이 지침은 반도체 산업의 불황기에 회사들이 무너지는 것을 방지하기 위한 것이다. 그러나 반도체 시장의 거침없는 성장과 밀려드는 주문을 맞이했을 때 그 비율을 유지하는 것은 생각처럼 쉽지 않다. 이런 상황에서 AMSL의 반응은 대체로 동일하다. "알아서 해결하세요."

ASML의 소싱 및 조달 팀은 지연을 일으키는 업체들을 철저하게 기록하고 관리한다. 만약 ASML의 '탑 5 리스트'에 오르게 된다면 심각한 문제가 생겼다는 의미다. 공급업체가 문제가 될 때, ASML은 즉시 지원팀을 보내 문제를 해결하고자 한다. 그리고 망설임 없이 결정을 내린다. 예를 들어, 한 네덜란드 공급업체가 생산 용량 문제를 겪고 있을 때—유럽 내에서 필수적인 생산 도구를 구할 수 없어서였다—ASML은 즉시 그 장비를 미국에서 공수해왔다. 수송비로 수만 유로를 지불하더라도 몇 주의 납기를 단축하는 것이 충분히 가치가 있다고 판단한 것이다.

모든 공급업체는 ASML 내에 자신만의 '대부godfather'를 두고 있다. 하지만 문제가 심각해지면 더 높은 권위자가 개입하게 된다. 2021년, 한 공급업체가 중요한 메카트로닉스 부품의 반복적인 문제를 해결하지 못하자, 페터르 베닝크는 그 회사의 경영진을 교체해야 한다고 강력히 주장했다. 그리고 베닝크에 따르면, 이 문제에 논의의 여지는 없었다. 그는 "우리 전문가 팀이 이미 조사를 마친 상태였습니다. 저는 판결을 내리는 판사일 뿐입니다"라고 말했다.

ASML은 때때로 자사의 공급업체를 자기 자본으로 직접 지원하기도 한다. 자이스에 '하이 NA'를 위한 지원이 필요할 때도 그랬다. 마지막 수단은 인수합병이다. 사이머가 EUV 장비의 광원을 제대로 작동시키지 못했을 때 ASML은 사이머를 인수했다. 규모가 약간 작은 사례로는, 2012년에 ASML이 직원 90명 규모의 비데벤모션^{Wijdeven Motion}이라는 회사를 인수한 것이다. 이 회사는 선형 모터를 공급하며, 파산 직전에 있었다.

또한 독일의 가족 경영 회사 베를리너글라스^{Berliner Glas}도 ASML의 요구를 따라가지 못했다. 이 회사는 1,600명의 직원이 일하며 웨이퍼가 놓이는 초평면 거울을 만든다. 2020년, ASML은 베를리너글라스에 차세대 EUV를 위해 7천만 유로를 투자하라고 요구했다. 그러나 독일 측은 이를 거부했고, 결국 ASML은 회사를 인수하여 속도를 높이기로 했다. 그들이 직접 해야 한다면 그렇게 할 것이다. 1년 내에 베를린에 있는 회사에서 그 효과를 볼 수 있었다. 베를리너글라스는 ASML 베를린으로 이름을 바꾸었고, 불필요한 사업 부서를 매각했으며, 새로운 건설 작업을 이미 완료했고 추가 사무실 임대 계약도 체결했다. 그리고 독일 측의 신중함은 사라졌다.

마르틴 반 덴 브링크는 "우리는 여기서 아무것도 **만들지** 않는다"라고 말한다. 약간의 과장이 섞인 말이지만, 그의 의도는 명확하다. ASML은 리소그래피 장비를 조립만 할 뿐이고, 부품은 다양한 공급업체들로부터 제공받는다는 것이다. 이 모델 덕분에 ASML은 모든 일을 원활하게 진행할 수 있었고, 초창기 수십 년에 걸쳐 놀라운 회복력을 발휘할 수 있었다. 반면에 수직적으로 통합된 일본의 경쟁업체들은 여전히 대부분의 부품을 자체적으로 제작하는 데 발목이 잡혀 있었다. 마치 경량급 복서가 헤비급 복서보다 빠르게 일어날 수 있는 것과 같다.

ASML은 유연성을 유지하기 위해 더 많은 공급업체를 확보하는 것을 피한다. 모든 공급업체는 자신만의 책임을 지니고 있으며, 이는 그들이 펠트호번을 위해 투자한 하이테크 기술을 다른 고객으로부터 회수할 수 있도록 장려한다. 이러한 이유로 ASML은 2006년 빔 반 데어 리흐트가 비공식적으로 제안한 ETG의 공동 인수 제안을 거절했다.

리소그래피 시스템 전체에 대한 감독과 관리는 펠트호번이 책임지고 있지만, ASML은 이러한 책임을 네트워크 전반에 걸쳐 분산시키고자 한다. 이 기계의 가장 복잡한 부품들은 단일 공급업체에 의존하는데, 이는 특정 부품의 공급자가 단 하나라는 뜻이다. 따라서 높은 수준의 신뢰가 필수적이다. 이는 전통적인 조달 전략과 다르다. 전통적인 전략은 비용 절감과 리스크를 완화하기 위해 공급업체를 경쟁시킨다. 하지만 ASML의 모델에는 장점이 있다. 공급업체들은 사실상 기계의 공동 개발자가 되며, 그들은 문제가 발생했을 때 스스로 문제를 해결할 수 있을 만큼 기계에 깊이 관여하고 있다.

2010년에 프레데릭 슈나이더^{Frédéric Schneider}가 최고운영책임자^{COO}로 부임했을 때, 그는 펠트호번이 소수의 회사들에 사업의 성공 여부를 맡기는 것을 보고 놀랐다. 슈나이더는 모든 민감한 부품에 대해 백업 공급업체를 찾고자 했지만, 이사회는 단일 소싱과 상호 의존성 원칙을 유지하기로 결정했다. 전체 반도체 산업에서 가장 신뢰할 수 있는 관계는 단 한 명의 신뢰할 수 있는 파트너와 구축된다. 프리츠 반 하우트는 이를 비유적으로 설명했다. "배우자가 다른 사람과도 똑같이 깊은 관계를 맺는다면 어떨 것 같아요?"

반도체 제조업체들 또한 몇몇 중요한, 매우 전문화되고 대체 불가능한 공급업체들에게 운명을 맡긴다. ASML이 그 대표적인 예다. 리소그래피 장비에 대한 ASML의 독점적 지위는 ASML을 대체 불가능하게 만든다. 반도체 산업은 깊고도 취약하게 연결된, 매우 귀중하지만 부서지기 쉬운 사슬과도 같다.

그러나 2018년 12월, 단일 소싱의 위험성이 드러났다. 펠트호번 근처의 손에 위치한 기술 회사 프로드라이브Prodrive에서 화재가 발생한 것이다. 프로드라이브는 리소그래피 장비의 모터를 제어하는 시스템을 공급하는데, 대형 데이터 랙에서 실행되는 일종의 소프트웨어를 말한다. 그리고 그날 밤, ASML의 이 중요한 부품의 유일한 공급원이 연기 속에 사라졌다.

프로드라이브가 첫 번째로 연락한 곳은 소방서였고, 두 번째는 펠트호번이었다. 같은 날, ASML은 위기 대응 팀을 파견하여 피해를 평가했다. IT 시스템이 더 이상 작동하지 않았기 때문에, ASML은 즉시 50대의 고성능 컴퓨터를 제공했다. 보험 회사가 피해를 평가하기도 전에, 직원들은 이미 타버린 공장에서 사용할 수 있는 장비를 구해내기 시작했다. 다른 공급업체들도 도왔다. 물론 이것은 순전히 이타적인 행동은 아니었다. ASML이 기계를 납품할 수 없다면, 모두가 피해를 보기 때문이다.

이것이 ASML이 소방관 역할을 한 마지막 사건은 아니었다. 2021년 10월, VDL이 사이버 공격을 당했을 때, 펠트호번의 IT 전문가들이 즉시 현장에 도착했다. 할 수 있는 일이 많지는 않았다. VDL은 해커들을 몰아내기 위해 모든 컴퓨터의 전원을 차단해야만 했다. IT 시스템을 완전히 복구하는 데에는 한 달이 걸렸다.

그러나 공급망에 가장 큰 위협이 된 것은 다름 아닌 ASML 자신이었다. 회사는 반도체 산업의 성장을 완전히 과소평가했으며, 그로 인해 팬데믹 기간 동안 급증하는 수요는 공급업체들에게도 충격을 주었다. 공급업체들은 ASML에서 쏟아지는 주문량과 변경 사항에 압도되었다. 어떤 변경 사항은 매주 20~30 차례 발생하기도 했다. 뒤늦게 ASML은 공급업체를 상대로 자신들이 업데이트를 더 잘 할 수도 있었다는 점을 인정했다. 그들은 공급업체들이 직면한 수요를 엄청나게 과소평가했다. 게다가 팬데믹 위기는 그들 자신의 공급망에도 혼란을 일으켰고, 새로운 반도체 장비의 부품을 제조하는 데 필요한 기계들 역시 이에 필요한 반도체를 기다리고 있었다. 희소성의 악순환이었다.

ASML은 마치 혼잡한 교차로에서 경적을 울리는 자동차들 사이에서 교통을 통제하는 경찰처럼 이러한 병목 현상을 해결하기 위해 끊임없이 싸워야 했다. 어떤 부품이 가장 긴급한가? 누가 가장 오랫동안 기다렸는가? 누가 우선순위를 가져야 하는가?

펠트호번 내의 서로 다른 부서들이 동시에 공급업체에 압박을 가해 상황이 더욱 복잡해지는 경우도 있다. 공장과 개발자들이 마치 하나의 뼈다귀를 두고 싸우는 두 마리 개처럼 서로의 일을 방해하곤 한다. 각 팀이 동시에 작업을 진행하는 바람에 기술 도면들이 서로 상충하는 경우도 종종 발생한다. 또한 공급업체들은 ASML의 빠른 성장으로 인해 신입 직원들이 업무 습득 적응 과정을 겪는 것을 지켜봐야 한다. 이들 신입 사원은 기술적으로는 능숙하지만, 실무 경험이 부족하여 수많은 약어들이 난무하는 미로에서 길을 잃곤 한다.

VDL도 펠트호번 팀이 극단적인 확장으로 어려움을 겪고 있다는 점을 인정한다. 빌럼 반 데어 리흐트는 "단기간에 많은 인원을 고용하면 회사의 문화를 유지하기 어려워진다"고 말하며, VDL도 같은 처지에 있다고 결론 내린다. "그들의 문제는 우리에게도 영향을 미칩니다. 그것이 우리의 상호 의존성의 일부죠. 서로 윈-윈하거나, 모두가 패배합니다."

겉으로는 ASML이 고군분투하는 공급업체들 때문에 급증하는 반도체 장비 수요를 처리하지 못하는 것처럼 보인다. 이로 인해 투자자들은 ASML의 공급망 관리에 불만을 터뜨렸다. 하지만 그들은 더 큰 문제가 있다는 사실을 알지 못했다. 회사 역사상 가장 혼란스러운 해의 한가운데, ASML이 한마디로 급작스러운 심장마비를 겪었던 것이다.

5L, 아니 5-Hell에 오신 것을 환영합니다

"…… 오늘 함께해주셔서 감사합니다."

ASML 투자자 통화가 공식적으로 종료되자마자, 페터르 베닝크와 CFO 로저 다센은 펠트호번의 이사회 회의실에서 대화를 나누기 시작한다. 2021년 7월, 그들은 방금 2분기 실적 발표를 마친 참이다. 한 시간 동안 일곱 명의 금융 전문가들이 지켜보는 가운데, 다센과 베닝크는 분석가들의 질문에 번갈아가며 답변을 했다. 예상치 못한 질문에도 대비했으나, 그런 질문은 없었다. 모든 질문은 반도체 부족과 추가 리소그래피 장치의 절실한 필요성에 관한 것이었다. 다센은 투자자 통화를 "생산 물량에 대해 스무 가지 다른 방식으로 물어보는 것에 불과했다"고 요약했다.

두 사람은 오래전부터 알고 지내온 사이다. 베닝크와 마찬가지로 다센도 회계 법인 딜로이트에서 일했으며, 둘은 좋은 팀워크를 자랑한다.

"로저, 주가 변화가 있나?" 베닝크가 묻는다.

"아, 그냥 595였다가 다시 600이야." 다센이 답한다.

베닝크는 이러한 투자자 통화를 20년 넘게 해왔다. "매번이 쇼타임이죠. 단 한 시간만에 나락으로 떨어질 수도 있고요."

ASML은 너무 빠른 성장에 휘청이는 것처럼 느껴지기도 한다. 펠트호번의 높은 본사 건물도 마찬가지다. 바람이 불면 철골 구조물에서 삐걱거리는 소리가 난다. 베닝크는 안심시키듯 "원래 그런 거예요"라며 삐걱대는 소리를 흉내 낸다.

조금 더 떨어진 곳에서는 건설 노동자들이 펠트호번 캠퍼스에 있는 물류 센터의 마무리 작업을 하고 있다. 길이가 거의 1킬로미터에 달하고 축구장 10개 크기의 이 최첨단 35미터 높이 창고는 2년도 채 되지 않아 완공되었다. 최상층에는 3천 명의 직원을 위한 사무실이 있으며, 아래층에는 3만 개의 팔레트를 보관할 수 있는 공간이 있다.

ASML은 과거 물류 센터를 여러 장소에 분산시켜 운영했다. 새로운 기계를 위한 부품과 예비 부품은 각각 다른 창고에 보관되었고, 조립된 시스템은 완전히 다른 홀에서 포장되었다. 하지만 이 새로운 건물은 모든 물류 과정을 한 번에 처리한다. 이곳이 바로 ASML의 새로운 심장부인 5L로, 입출고를 위한 여러 '흐름'을 관리한다.

움직이는 로봇, 자동 선반, 택배를 배분하는 나선형 미끄럼틀이 있는 새로운 물류 센터는 기술적 걸작이다. 모든 것이 공장 클린룸으로 이어지는 중앙 복도, 즉 동맥과 완벽하게 연결되어 있었다. 서류상으로는 완벽해 보였다.

5L은 2021년 7월 말에 가동을 시작했다. 하지만 ASML의 이 새로운 생명줄은 스위치가 켜지자마자 문제를 일으켰다. 잘못될 수 있는 것은 모두 잘못되었다. 창고를 제어하는 소프트웨어가 공장의 소프트웨어와 통합되지 않았고, 회로가 나가버렸으며, 상자나 라벨도 없었다. 부품들은 ASML의 공장에 들어가기 전에 항상 세심하게 청소되어야 하지만, 더 이상 그럴 수 없었다. 들어오지도 나가지도 못하는 상황이 되었다.

창고 밖에 줄지어 서 있는 공급업체의 트럭들이 내부의 혼잡한 상황을 말해주었다. 어떤 운전사들은 화가 나서 트위터에 글을 올렸다. "한 시간 반 동안 손가락만 빨고 있어." 또 다른 운전사는 다른 곳에 먼저 배달을 하려고 차를 돌렸다가 부품이 급하게 필요하다는 ASML의 연락을 받고 재차 차를 돌렸다. 한 트럭 운전사는 "네덜란드에서 제일 빌어먹을 주소, ASML 5L"이라는 트윗을 남겼다.

서니 스탈네이커는 휴가 중에 한국 고객으로부터 메시지를 받았다. "우리가 주문한 장치는 어디에 있습니까? 벌써 화물기에 실렸어야 하잖아요." 알고 보니, 물류 센터는 포장 자재를 찾지 못했고 기계는 여전히 ASML에 남아 있었다. 스탈네이커는 이것이 일시적인 혼잡이기를 바라며, 이메일에는 "창고 이전에 따른 사소한 문제"라고 적었다. 하지만 일주일 후 그녀가 돌아왔을 때, 5L은 완전히 마비된 상태였다. 극도의 성장세 한가운데, 고객들이 더 많은 기계를 요구하는 상황에서 말이다.

첫 주 동안, 아무도 최고 경영진에게 5L이 공장을 멈춰 세웠다는 사실을 알릴 용기를 내지 못했다. 페터르 베닝크가 8월 초에 인텔 회장 오마르 이슈라크와 함께 ASML 공장을 둘러볼 때, 낯선 장면이 그들을 맞이했다. 클린룸에 사람이 거의 보이지 않았다. "무슨 일이야?" 베닝크가 한 직원에게 물었다. "사람들은 다 어디 갔어?"

"다 집에 갔어요. 일주일 넘게 자재를 받지 못했어요"라는 대답이 돌아왔다.

베닝크는 손님이 상황을 눈치채지 못하도록 네덜란드어로 말했다. 세계에서 가장 복잡한 기계를 만드는 회사가 창고를 옮기는 방법을 알아내지 못한 것이다. 이슈라크가 떠나자마자, 베닝크의 공손한 미소는 사라졌다. 그는 분노에 차서 책상으로 직행해 이메일을 작성했다. "대체 무슨 일이야?"

다음 분기 보고서에서 로저 다센은 ASML의 물류 센터에서 '초기 문제'가 발생했다고 언급했다. 한편, 펠트호번에서는 위기

대책팀이 꾸려졌다. 5L의 문제로 인해 교체 부품이 반도체 공장에 전달되지 못했으며, 심각한 반도체 부족 사태 속에서 기계가 대규모로 가동 중단되었다. 이는 세계가 가장 원하지 않는 일이었다. ASML은 자신들의 어깨에 반도체 산업 전체의 무게가 실려 있음을 느꼈다.

8월 초, ASML은 수천 명의 직원들에게 동원 요청을 보내 5L을 돕게 했다. 이메일에는 절박한 톤이 묻어 있었다. "당신이 바꿀 수 있습니다!" 곧바로 회사의 모든 부서에서 자원봉사자들이 소포 송장과 뽁뽁이를 들고 분주히 오갔다. 소프트웨어에 의존할 수 없으니, 수작업으로 처리하거나 그럴 수 없다면 포기해야 했다.

자원봉사자 팀은 노란색 조끼를, 물류 직원들은 파란색 조끼를 입었다. 그들은 이미 5L에 별명을 붙였다. '5-Hell'이다. 공장 직원들은 몇 달 전부터 이 이전이 문제를 일으킬 수 있다고 경고해왔지만, 그들의 목소리는 타워의 꼭대기까지 전해지지 않았다.

5L에서 발생한 문제로 인해 수억 유로의 매출이 사라졌고, 직원들은 극심한 스트레스를 받았다. 노조는 2022년 이사회 보상 정책에 대한 논평에서 이 문제를 심각하게 우려했다. 최고 경영진의 보너스는 작업 현장에서 벌어진 혼란을 고려하지 않았고, 공장 내 결근율은 증가했으며, 회사 상담사는 일정이 꽉 찼다. 기계를 납품해야 한다는 엄청난 압박 속에서, 직원들은 '아니오'라고 말할 수 없다고 느끼며 불가능한 상황에 갇혀 있었다.

회사는 결코 고객에게 '아니오'라고 하지 않는다. ASML의 주문서는 넘쳐나고 있지만, '할 수 있다'는 정신에 단단히 사로 잡힌 펠트호번은 생산량을 늘리기 위해 온갖 노력을 기울인다. ASML은 부품을 재사용하여 용량을 확장하고, 자체적인 신속 배송 서비스를 시작했다. 일반적으로 기계는 두 번 테스트된다. 한 번은 펠트호번에서, 또 한 번은 칩 공장에서 조립이 완료된 후 이루어진다. 그러나 펠트호번에서의 테스트 중 일부를 고객의 현장에서 수행함으로써 납품 시간을 3~4주 단축할 수 있었다. 반도체 제조업체들은 이 제안을 덥석 받아들였다. 그들은 시간이 더 걸리는 기계보다는 '작동할지도 모를' 기계를 더 원했다. 자동차 제조업체들의 절박한 요구와 화난 정치인들의 압박이 그들 뒤에서 숨 쉴 틈 없이 쫓아오고 있었기 때문이다.

5L이 초래한 심각한 지연은 3개월 이상 지속되었다. 무엇이 잘못되었는지에 대한 광범위한 조사가 이루어졌고, 관리 실패의 결과로 결론이 내려졌다. 위험은 심각하게 과소평가되었고, 공장의 소규모 프로젝트로 여겨졌던 것이 실제로는 회사 전체의 심장을 수술하는 일과 같았다. 게다가 일이 잘못될 경우를 대비한 플랜 B나 백업 계획도 없었다. ASML의 최고운영책임자인 프레데릭 슈나이더마저도 이 사태에 당황했다.

몇몇 관리자가 이 실수 이후 새로운 직책으로 옮겨졌지만, 아무도 해고되지 않았다. 처벌은 ASML 문화의 일부가 아니었다. "책임감이 우리 문화의 약점 중 하나입니다"라고 서니 스탈네이커는 한탄했다. 그러나 페터르 베닝크는 다르게 생각했다. "물론 우리는 매우 화가 났습니다. 다른 회사였다면 책임자가 해고되었을 겁니다. 하지만 저 또한 똑같이 책임이 있다고 느꼈습니다. 이런 시기에는 우리 모두가 거울을 들여다봐야 합니다."

물류 센터에서의 자원봉사 활동은 팀워크에 도움이 되었지만, 동시에 ASML이 직면한 몇 가지 가혹한 현실을 드러냈다. "우리는 성장하는 방법을 모릅니다"라고 인사부 책임자인 페터르 발리에르^{Peter Ballière}가 설명한다. "우리는 고객과 제품에 너무 집중한 나머지 우리 자신을 잊어버렸습니다."

발리에르가 2018년에 입사했을 때, 그는 모든 프로세스가 완벽하게 조정된 하이테크 천국에 들어가는 줄 알았다. 하지만 현실은 그 반대였다. ASML은 심각하게 뒤처져 있었고, 대기업에서 기대할 수 있는 시스템과 프로세스는 존재하지 않았다.

발리에르는 자동차 산업에서 오랫동안 일하며 모든 것이 최적화에 중점을 두는 곳, 즉 한 푼 한 푼이 중요한 환경에서 일해 왔다. 하지만 펠트호번의 법칙은 달랐다. 고객의 마감일을 맞추는 것이 중요하고, 수익성은 나중의 문제처럼 보였다.

ASML은 이제 프로세스를 개선해야 할 규모에 도달했음을 인식하고 있다. "하지만 관료주의로 변질되지 않은 채로요"라고 발리에르는 덧붙인다. ASML 직원들을 분노하게 하는 단어가 하나 있다면, 그것은 바로 '관료'라는 단어다.

회사는 조직 개편에 어려움을 겪고 있다. 기술 인력이 요구하는 자유와 지원 부서가 요구하는 절차가 충돌하여 '카우보이'와

'관료' 간에 빈번한 충돌이 일어난다. 이 갈등은 '우리의 새로운 기업문화 Our New Enterprise'를 의미하는 ONE 프로젝트의 도입에서 가장 두드러진다.

ONE은 재고 관리 개선을 목표로 한 장기 프로젝트다. 각 스캐너가 수십만 개 부품으로 구성되어 있어 이는 쉬운 일이 아니다. 이 부품들은 수백 개의 다양한 공급업체에서 오며 끊임없이 변화한다. 거의 모든 칩 기계가 다르다. 기업 자원 관리 ERP는 Y2K 버그 시기의 소프트웨어를 기반으로 했으며, 이후 철저한 업데이트를 받아야 했다. 물론, 업데이트는 일어나지 않았다.

이것이 페터르 베닝크가 '프랑켄슈타인'이라고 부르는 재고 시스템의 탄생이었다. 이 시스템은 너트와 볼트, 그리고 혼란스러운 버튼에 기대 ASML에서 아슬아슬하게 살아남았다.

칩 기계가 공장에서 고장 나면, 예비 부품은 곧바로 도착하거나 신속하게 현장으로 보내져야 한다. 이럴 경우 ASML은 정기 화물 항공편에서 우선순위를 확보하기 위해 높은 프리미엄을 지불한다. 다른 화물을 내리고서라도 화물 자리를 확보하기 위해서다. 그러나 ASML은 종종 부품 발송에 어려움을 겪는다. 내용물이 잘못되거나, 잘못된 아이템이 보내지거나, 심지어는 빈 상자가 전 세계를 돌아다니는 경우도 있다. 프랑켄슈타인의 괴물처럼 악몽 같은 일이다.

다른 개선 프로그램들이 실패한 후, 펠트호번은 ONE에 눈을 돌렸다. 2019년에 윌튼 지점이 처음으로 이 시스템을 시험하게 되었다. 결과적으로 미국 직원들은 관료적 장벽에 정면으로 부딪혔다. 창고에 실제로 있는 부품들도 등록이 잘못되어 발송되지 못했다. 그들의 반응은 항상 똑같았다. "컴퓨터가 안 된다고 하네요."

ONE은 회사에 깊이 뿌리박힌 습관들과 곧바로 충돌했다. "회사 절반은 칩 제조업체가 부품을 긴급히 필요로 한다며 빨리 하라고 하고, 나머지 절반은 모든 규칙을 따르라고 합니다." 한 직원이 답답해하며 불평한다. 그녀는 마르틴 반 덴 브링크에게 단지 ONE 시스템의 어떤 행정적 장애 때문에 윌튼에서 오는 자재를 몇 주나 기다려야 한다고 설명해야 하는 불운한 임무를 맡았다. 반 덴 브링크는 분노하며 "당신 미쳤어?"라고 응수했다. "지금 당장 차를 몰고 가서 창고에서 그 부품을 가져와요."

ASML이 생산하는 기계들처럼 회사의 계획에도 불확실성이 가득하다. 새로운 공장과 사무실은 자주 너무 작다는 것이 드러나며, 심지어 물류센터도 처음부터 비좁았다. 이는 반복되는 패턴이다. 2013년, ASML은 6억 유로를 들여 EUV 공장을 지었지만, 전기와 수소가 계획보다 훨씬 더 많이 필요하다는 것이 나중에 밝혀졌다. 새로운 파이프를 설치해야 했고, ASML은 실수를 바로잡느라 수백만 유로를 날렸다.

하지만 추측은 작업 과정의 불가피한 일부인 것처럼 보인다. 공장은 기계가 정확히 어떻게 작동할지, 얼마나 많은 고객이 주문할지 확신이 서기 전에 지어진다. ASML이 확실히 아는 한 가지는 위험을 전부 고려하다 보면 칩 기계를 제때 배송할 수 없다는 것이다. 새로운 클린룸을 건설할 때는 한 주, 한 주가 소중하다. 펠트호번의 계약업체들은 공장을 완공하기 위해 전국적인 3주간의 건설 휴가 동안에도 계속 일을 한다. 그들은 후한 보너스를 받는다.

ASML은 자사의 조직이 항상 최적으로 운영되지는 않는다는 점을 인정한다. 프리츠 반 하우트에게는 이 문제에 대한 나름의 공식이 있다. 그는 "당연히 천 번 반복하는 일은 표준화해야 합니다. 하지만 비효율성을 제거하는 데 너무 많은 시간이 걸려서 더 중요한 일을 하지 못하게 된다면, 그 비효율성은 그냥 받아들이는 게 낫습니다. 당신이 훌륭한 칼뱅주의자라면 '이걸 막을 수 없었을까?'라고 묻겠지만, 우리는 그냥 흘려보내라고 합니다"라고 설명한다.

이는 건강한 기업이 누릴 수 있는 일종의 사치다. 예를 들어, 2021년에 ASML은 60억 유로에 가까운 수익을 올렸는데, 이는 전년 대비 70퍼센트 증가한 수치다.

하지만 그해에 조직적 문제들이 축적되면서 ASML은 몇 가지 고된 현실과 마주해야 했다. 페테르 베닝크는 "우리의 맹점은 물류적 실수에 있습니다. 우리가 EUV를 만들 수 있으니 다른 모든 것도 할 수 있다고 생각한 거죠"라고 설명한다. 그들은 리소그래피 시스템의 기술적 장애물은 멀리서도 볼 수 있지만, 고객이 "기계는 언제 오나요?"라고 전화할 때까지는 물류 문제에 눈을 뜨지 못했다.

이 문제를 해결하기 위해 2023년에 웨인 앨런^{Wayne Allan}이 추가로 이사회 멤버로 임명되었다. 앨런은 방대한 운영 경험을 바탕으로 조달을 개선하고 공급망을 관리하는 임무를 맡았다. 이 움직임은 이사회에서 '카우보이'들과 '관료'들 간의 균형에 변화를 일으켰다. 반 덴 브링크는 ASML의 자유로운 기술 문화를 옹호하는 입장을 고수하며, 절차와 과정에 얽매이는 것을 절대 허용해서는 안 된다고 생각한다. 그는 회의 중에 핵심 성과 지표 KPI라는 말이 언급되기만 해도 방에서 나가버릴 정도로 이를 사소하게 여긴다. "나는 옆방에서 실제 내용에 대해 이야기하겠어. KPI에 대해 이야기하고 싶은 사람은 여기 남아도 돼요."

하지만 ASML은 전체 운영이 다시 붕괴하는 것을 방지하기 위해 조직을 간소화해야 한다는 것을 알고 있다. 5L의 트라우마 이후, 펠트호번에서는 '개선된' 개선 프로그램을 시작했다. BPI(Business Performance Improvement, 비즈니스 성과 개선)는 오래된 문제를 가리키는 새로운 약자다. 즉, 수백 개의 공급업체에 퍼져 있는 끊임없이 변화하는 제품의 물류망을 어떻게 처리할 것인가에 관한 문제 말이다.

계획은 ASML이 기계를 만드는 방식대로 재고 관리에 접근하는 것이다. 즉, 프로그램 관리를 철저히 한다는 뜻이다. 해결할 수 없는 문제들은 명확한 마일스톤을 가진 더 작은 부분들로 나눌 수 있다. 이 방법은 적어도 이론적으로는 괴물을 길들이는 하나의 방법이다.

BPI 프로젝트는 기계 설계의 기본 사항부터 시작되므로 ASML의 기술 이사인 마르틴 반 덴 브링크의 관리하에 있다. 결국은 그도 혼란을 정리하고 싶어한다. 약간의 혼란을 남겨둘 수만 있다면.

36장

세부사항을 먼저 읽어라

완전한 혼란 속에서도 주최자는 그 상황을 즐기고 있다.

　2016년 여름, ASML의 고위 임원들을 위한 연례 바비큐 파티가 진흙탕으로 변했다. 마르틴 반 덴 브링크는 비포장 도로 옆에 위치한 외딴 집에서 이 행사를 주최하고 있었다. 손님들의 차는 옆 들판에 주차되었고, 몇 시간 동안 내린 폭우로 그 들판은 늪이 되어버렸다. 50대 이상의 차가 완전히 빠져버렸고, 마르틴이 이웃에게서 빌린 트랙터마저 진흙 속으로 빨려들어가 더 큰 트랙터를 불러야만 했다.

마르틴은 재빨리 낡은 옷으로 갈아입고, 그가 가장 좋아하는 체크무늬 셔츠를 입었다. 이 상황이 그에게는 그저 웃긴 일이었다.

반 덴 브링크에게 남의 고통을 즐기는 악취미가 있는 건 아니다. 그는 그저 자기 눈으로 브라반트 진흙 속에서 펼쳐지는 사회 실험을 관찰하고 있었다. ASML의 리더들은 앞서거니 뒷서거니 하며 차 주변에서 넘어지고, 파트너와 말다툼을 벌였다. 압박이 가해지면 사람들의 본색이 드러나는 법이다. 그리고 바로 그때 동료들이 진정으로 어떤 사람인지 알 수 있다.

프랑스 이사회 멤버 중 한 명인 프레데릭 슈나이더는 자신의 르노 에스파스를 진흙 속에서 빼낼 수 없었다. 한스 마일링은 사륜구동 볼보를 타고 쉽게 그를 추월해나갔다. 똑똑한 차 선택, 그리고 더 똑똑한 충고. "항상 후진 주차를 해야 하고, 탈출 경로를 확보해야 해. 동굴인들도 그건 기본 생존 전략으로 알았을 거야."

ASML 직원 몇 명은 다른 출구 전략을 시도했지만, 나무 그루터기에 걸려 꼼짝도 못했다. 한 테슬라 운전자의 소프트웨어는 오프로드 모드로 전환되기를 거부하고, 동료들이 매뉴얼을 뒤적이는 동안 그는 그 자리에 갇혀 있었다.

트랙터는 사브를 더욱 깊은 땅 속으로 끌고 들어갔다. 재무 최고 책임자인 볼프강 니클은 트랙터가 자신의 차에 다가가는 것을 상상할 수 없었고, 결국 스스로 문제를 해결하기로 했다. 그의 아내는 하이힐을 신고 흰 드레스를 입은 채 차를 뒤에서 밀었고, 그는 운전석에 앉았다. "하나, 둘, 셋……, 지금이야!" 차가 앞으로 쏠리자 아내도 함께 쏠렸다. 얼굴이 진흙탕에 처박혔다. 결국 마지막 차가 빠져나가기까지 4시간 이상이 걸렸다.

마르틴 반 덴 브링크에게 ASML은 거대한 사회 실험과도 같다. 그는 일부러 혼란을 만들고 사람들을 불편하게 만드는 걸 좋아한다. 그들이 어떻게 반응하는지, 흔들리는지 보기 위해서다. 그는 사람들을 장난감처럼 가지고 놀면서 그들의 반응을 파악하고 싶어한다. 그러나 약점이나 기술적인 문제가 드러나면, 반 덴 브링크는 다른 사람들에게 개입하라고 격려한다. "저 사람이 어떤 어려움을 겪고 있는지 봤지? 그를 도와줘야 해."

그와 함께 일하는 사람들에 따르면, 마르틴은 상대방을 꿰뚫어보는 능력을 가지고 있다. 무언가 잘못되었다는 냄새를 맡을 수 있지만, 그가 해결책을 알려주지는 않는다. 당신은 반박하고 방어하기 위해 있는 것이지, 그의 말에 모두 동의하기 위해 있는 게 아니다. 연구 이사인 요스 벤쇼프는 이를 아주 잘 알고 있다. "마르틴에게 절대 해서는 안 되는 말이 있어요. '아, 위대한 브링크 님, 정말 훌륭한 계획이네요!'"

그리고 이처럼 혼란스럽고 시끄러운 기술적 논쟁 속에서 가장 창의적인 해결책이 나오곤 한다. 이는 문제를 드러내는 완벽한 방식이다. 리소그래피 기계에 약한 고리가 하나만 있어도, 또는 나사 하나만 느슨해져도, 전체 반도체 공장이 멈출 수 있기 때문이다.

이로 인해 ASML의 최고 경영진조차도 기술적인 세부 사항에 대해 잘 알고 있다. "이건 정말 짜증나는 일이기도 해요." 프리츠 반 하우트가 설명한다. "우리가 항상 더 잘 알고 있다고 생각하는 것처럼 보일 수 있지만, 그건 사실이 아니에요. 뭔가 잘못된 이유를 이해하려면 몇 가지 세부 사항을 알아야 해요. 그것이 1년에 한 번 발생할 오류인지, 아니면 훨씬 더 자주 발생할 수 있는 것인지 알아내야 하거든요."

반 덴 브링크의 접근 방식은 ASML의 독특한 기업 문화를 형성하는 기초가 되었다. 그는 글로벌 기술 기업 안에서도 스타트업의 분위기를 유지하는 환경을 만들었다. 어떤 사람들은 이것이 불가능한 일이라고 말할 수도 있지만, 분명 그 과정에서 여러 가지 도전이 있었다.

ASML의 많은 관리자는 반 덴 브링크의 스타일을 모방하려고 한다. 회사 내에서는 이를 가리키는 약어도 있다. 바로 'BIG', 즉 'Brink Imitatie Gedrag(브링크 흉내내기)'다. 이 대립적인 접근 방식은 기술 팀에서 특히 인기가 많다. 동료들은 서로 공개적으로 도전하고, 심지어 상층부에서는 네덜란드 기준으로 봐도 갈등이 심하게 일어난다. "ASML에서 일하기 전에 먼저 사용 설명서에 적힌 작은 글씨를 꼼꼼히 읽어야 해요"라고 로저 다센은 충고한다. 예상되는 부작용으로 단단한 마음과 두꺼운 낯짝이 포함된다는 내용이다.

다센은 2019년 ONE 시스템을 도입하는 과정에서 고군분투할 때 동료들로부터 심한 비판을 받았다. 그가 알다시피 이는 개인적인 공격이 아니었다. 모두가 ONE이 어려운 과제라는 사실을 알고 있었기 때문이다. 그럼에도 불구하고, 비난의 강도는 그에게 충격을 주었다. 회사를 다니면서 그는 ASML 직원들이 끊임없이 서로를 몰아붙이는 모습을 보았다. "처음엔 '세상에, 여기서 대체 무슨 일이 벌어지고 있는 거지?'라고 생각했어요. 하지만 그들이 방을 나갈 때면 서로 등을 두드리며 커피를 마시거나 맥주 한 잔하러 가더군요."

ASML에서 실수를 찾아내는 것은 최고의 여가 활동이다. 기술에만 국한된 이야기는 아니다. 페터르 바이에르는 동료들이 파워포인트 프레젠테이션에서 '잘못된' 글꼴이 사용된 것조차 불평하는 것을 목격했다. 그 자신도 2018년 인사부서를 맡으면서 비슷한 힘든 경험을 했다. 유럽의 복잡한 개인정보 보호 규정에 대해 이사회에 처음 프레젠테이션을 하던 중, 갑자기 제지를 당했다. 그는 규정의 세부 사항을 충분히 이해하지 못했다는 지적을 들었고 "ASML에서는 항상 깊이 있는 논의를 할 수 있어야 한다"는 말을 들었다. 이곳은 고수들이 모인 곳이지 차를 마시는 모임이 아니었다. 새로운 인사부장은 회의를 나가며 자신이 곧 해고될 것이라고 확신했다.

많은 ASML 직원들이 유사한 '죽을 뻔한 경험'을 가지고 있다. 그런 경험을 겪고 일어난 뒤에도 또 몇 번의 싸움을 이겨내야 한다. 그것이 당신이 올바른 사람인지, 즉 알맹이 있고 자만하지 않는 사람인지 확인하는 방법이다. ASML에서는 자신이 모르는 일에 자주 직면하기 때문에 자신이 아는 것에 대해 자랑하는 일이 거의 없다. "ASML 직원들은 멀리서도 진정성을 알아본다"고 베닝크는 말한다. 이들은 회사를 우선시하는 사람을 존중하며, 자기 자신을 먼저 생각하는 사람을 경계한다.

계속해서 실수에 집중하다 보면 신입 사원들이 엄격한 규칙과 씨름하다가 결국 떠나버리는 일도 생긴다. ASML은 전통적으로 '수평적으로 들어오는 외부인'을 유지하는 데 어려움을 겪었는데, 특히 관리직에서 그러했다. 이러한 신입 동료들에게는 별명이 있었다. 바로 '수평으로 유입된 넥타이 Horizontaal Instromende Stropdas' 줄여서 'HIS'다. 처음 30년 동안, 외부에서 사람을 영입하여 핵심 직책에 앉히는 일은 드물었다. 그 결과 ASML은 외부 세계와 어느 정도 고립된 상태를 유지했다.

베닝크와 반 덴 브링크가 2013년 동시에 사장이 되었을 때, ASML 직원들은 회사의 대립적인 스타일이 다른 국가의 동료들에게 어떻게 인식될 수 있는지 배우기 위해 '문화적 인식' 교육을 받았다. 첫 번째 교훈은 '무엇을 말하거나 행동하기 전에 상대방의 입장에서 생각하라'는 것이었다. 하지만 많은 ASML 직원들에게 이 공감은 일방통행이었다. 그들은 모두가 네덜란드 사람처럼 행동해야 한다고 생각했다. 직설적이고, 숨김없이 말하는 것이 이상적인 모습이었다.

그러나 모든 사람이 네덜란드의 직설적인 방식으로 자란 것은 아니었다. ASML은 전 세계 144개국 출신의 사람들을 고용하고 있으며, 이들의 교육 수준은 매우 높다. 직원 중 90퍼센트는 대학 학위나 고등 교육을 받은 사람들이며, 물리학자, 기계 엔지니어, 소프트웨어 개발자, 컴퓨터 과학자 등 다양한 배경을 가지고 있다. 이들을 하나로 묶는 것은 기술에 대한 열정이다. 하지만 펠트호번의 과학도들과 해외 지사 간에는 큰 문화적 차이가 있다. 아시아에서 ASML의 스타일은 현지 기업에서 볼 수 있는 엄격한 위계구조보다 훨씬 자유롭다. 그곳에서는 상사가 무능한 관리자일지라도 결코 공개적으로 비판하지 않는다. ASML은 국제 직원들을 안심시키기 위해 관리자를 비판하거나 비윤리적인 행동에 대해 불만을 제기할 수 있는 익명의 보고 시스템인 '스피크업Speak Up'을 도입했다.

ASML의 미국 지사에는 7천 명이 넘는 직원들이 있다. 이들 중 많은 이들에게 네덜란드식 직설적인 소통 방식은 지나치게 무례하게 느껴진다. "미국인으로서, 우리는 서로를 그렇게 대하지 않는다"라고 샌디에이고 지사의 직원들은 말한다.

2001년에 윌튼의 SVG가 ASML에 인수되었을 때, 그곳의 직원들은 처음에는 네덜란드 동료들이 지나치게 강압적이고 공격적이라 생각했다. 문화적 차이는 이것만이 아니었다. 미국 직원들은 자신의 문제를 드러내는 데 주저했다. 미국인들의 승리 지향적인 사고방식이나 완벽을 추구하는 태도와 맞지 않았던 것이다.

ASML은 윌튼의 직원들에게 이러한 주저함을 극복하는 교육을 제공했다. 이 교육에서 ASML은 네덜란드의 폴더(간척지) 관리

방식에 비유되었다. 폴더는 물이 들어오지 않도록 제방을 쌓아 만들어지며, 모든 사람은 다른 이들이 그들이 쌓은 제방을 제대로 점검했을 거라고 신뢰해야 한다. 교훈은 이렇다. 자신의 결점을 숨기지 말고, 도움을 받을 수 있도록 자신의 필요를 드러내라. 홀로 세상을 구하려 하지 마라. 유명한 네덜란드 동화 속 한스 브링커처럼, 자신의 손가락 하나로 제방을 막으려다가는 모두가 물에 빠질 것이다.

네덜란드에서는 직함이 큰 의미를 가지지 않는다. 존경은 공헌을 통해 얻어지는 것이며, 그것이 최고의 아이디어가 떠오르는 방식이다.

이것이 과학적 이상이라고 유스트 프렝켄Joost Frenken은 믿는다. 프렝켄은 ARCNL 연구소를 이끌며 오랜 시간 ASML과 긴밀히 협력해왔다. "아무도 다른 사람에게 무엇을 하라고 지시하지 않습니다. 만약 당신이 좋은 계획을 가지고 있거나 실수를 발견하면, 그것을 말해야 합니다. 심지어 일주일밖에 안 된 신참도 토론에 기여해야 하죠." 프렝켄은 이것이 네덜란드의 특성이라고 생각한다. "다른 나라에서는 위계질서가 방해 요소가 됩니다. 위에 있는 사람들의 자아가 집단 사고의 모든 힘을 빨아들이기 때문이죠."

계급이 드물게 영향을 미칠 때도 있지만, 펠트호번의 정글에는 여전히 규칙이 있다. 페터르 베닝크는 그 규칙을 잘 알고 있다. "용기를 내어 발언하고, 생각하는 바를 말하며, 동료들에게 데이터를 폭탄처럼 퍼부을 수 있는 거대한 파워포인트를 만들어라."

ASML에서의 하루는 경쟁으로 가득 차 있다. 누가 가장 많은 숫자를 제시할 수 있는가, 누가 다른 사람의 슬라이드에서 가장 많은 실수를 찾아낼 수 있는가. 개발 부서의 전 수장 헤르만 붐Herman Boom에 따르면 "항상 누군가는 당신이 하고 있는 일이 틀렸다고 말할 겁니다. 엔지니어들이 자신의 실수를 인정하는 데 몇 주가 걸릴 수도 있죠. 실수를 지적한 동료를 칭찬하는 일 따위는 없습니다."

엔지니어들은 대안적인 솔루션을 제시하며 팀 단위로 일하고, 그들의 아이디어 중 어느 것이 최종적으로 기계에 사용될지 경쟁한다. 최종 결과물은 종종 여러 아이디어가 결합된 것이다. 발명을 단 한 사람의 '창시자' 몫으로 돌릴 수 있는 경우는 거의 없다.

실수에 많은 관심이 집중되지만, 칭찬은 드물다. 한 관리자는 "내 동료 중 한 명은 자신이 받은 칭찬을 저장하는 별도의 이메일함을 만들었어요"라고 말했다. 네덜란드인들에게 칭찬을 독려하기 위해, ASML은 '인정 도구Recognition Tool'라는 앱을 개발했다. 이제 동료들은 가상세계에서 서로의 등을 두드릴 수 있고, 충분한 포인트를 모으면 온라인 상점에서 사용할 수 있는 50유로 또는 250유로 상당의 기프트 카드를 받는다.

기술적 성과를 축하하는 일은 소박하게 이루어진다. 보통 티셔츠 하나나 사진 한 장으로 끝난다. 펠트호번은 언제나 일에 집중하며, 항상 다음 마감일을 코앞에 두고 있다. 광원 성능이 새로운 기록을 달성했을 때, DUV 장비가 연간 100만에서 200만 장의 웨이퍼를 생산했을 때, 혹은 200번째 EUV 장비가 출하되었을 때의 반응은 모두 똑같다. 그냥 한 손을 치켜드는 제스처뿐이다. 프리츠 반 하우트는 "절대 처음을 축하하지 마라"고 말한다. "첫 번째 기계가 계속 작동할 수도 있지만 그냥 녹아내릴지도 모른다"는 것이다.

어려운 문제들이 가장 많은 관심을 받는다. '쉬운 문제'는 방 안에서 가장 똑똑한 사람으로 인정받기엔 충분히 흥미롭지 않기 때문이다. 이 현상은 ASML의 '불 끄기' 문화가 자라나기에 완벽한 환경을 만든다. 직원들은 문제가 보이기만 하면 바로 행동에 나서지만, 문제 자체를 사전에 방지하려는 관심은 부족하다. 한 관리자는 이렇게 말한다. "ASML은 영웅들을 격려합니다. 비행기를 타고 긴급한 문제를 해결하러 가면, 당신이 그 영웅이 되는 거죠. 하지만 그냥 약속한 일을 잘 지키면, 아무도 관심을 주지 않습니다." 하지만 이런 '불 끄기' 문화는 방화범을 키울 위험도 있다. 문제가 생기게 만들고, 이를 '영웅적'으로 해결해 스포트라이트를 받으려는 사람들 말이다.

ASML은 단거리 경주 하듯 달리는 마라토너와 같다. 마지막으로 심각한 침체가 있었던 것은 2009년이었고, 그 이후로 회사는 기하급수적으로 성장하고 있다. 조직을 개선할 시간이 없었다.

2023년에 반도체 산업이 일시적으로 둔화되고 주문이 지연되면서, 펠트호번에서는 살짝이지만 안도의 한숨이 흘러나왔다. 아주 살짝.

이 시점에, 펠트호번에는 엄청난 규모의 신입 직원들이 몰려들고 있다. 2023년에는 직원의 3분의 2가 회사에 입사한 지 5년이 채 되지 않았고, 4분의 1은 1년도 채 되지 않았다. 2022년에만 1만 명의 새로운 직원이 합류했는데, 이는 원래 계획보다 6천 명이 더 많은 수치다. 2년 이상의 경력을 가진 직원들은 코치와 '버디'가 되어 신입 직원들이 ASML이라는 별에 안전하게 착륙할 수 있도록 돕는다. 이는 효과가 있는 듯하다. 신입 직원의 95퍼센트가 입사 후 12개월이 지나도 여전히 회사에 남아 있었으며, 이는 다른 기술 기업에서는 보기 힘든 유지율이다. 하지만 신입 직원들을 교육하는 데는 시간이 걸리며, 기존 직원들의 업무 부담은 그만큼 커진다.

무엇보다 가장 큰 문제는 관리자 급에서 자주 보이는, 공감이 부족하고 사람을 대하는 데 서툰 기업 문화다. 고함 치는 행위나 직설적인 행동을 아무리 개인적으로 받아들이지 않는다 하더라도 이를 감당하기는 쉽지 않다. ASML 직원들이라면 이런 스타일의 관리를 더 잘 받아들이겠지만, 다른 조직에서 이 정도의 대립은 선을 넘었다고 느낄 수 있다.

"ASML은 변화를 갈망하고 있습니다." 2023년에 인사 관리 최고 책임자 발리에르는 이렇게 말했다. 그의 눈에 ASML은 성숙할 필요가 있는 청소년과 같다. 그래서 매년 1,500번 이상의 리더십 교육 세션이 열리고, 회사의 최고 경영진 전체가 ASML의 미래를 준비하기 위한 워크숍에 참석해야 한다. 발리에르가 2024년 은퇴를 앞둔 만큼, ASML은 빠르게 성숙해야 한다.

다가오는 세대 교체는 우려를 낳고 있다. 페터르 베닝크와 마르틴 반 덴 브링크를 비롯해 초기부터 함께해온 많은 엔지니어들이 ASML에서의 임기를 마칠 시점에 이르고 있다. 이 베테랑들은 ASML이 곧 더 이상 의지할 수 없게 될 귀중한 기술적 노하우를 가지고 있다. 그들의 지식은 어느 매뉴얼에서도 찾을 수 없다. 그들은 말로 가르치며, 작업 현장에서 직접 전수한다. 이 '구세대'는 눈을 감고도 조직 내에서 움직일 줄 알며, 필요한 때에 누구에게 연락해야 하고, 누구와 정수기 앞에서 이야기해야 하는지 정확히 알고 있다. 너무 많은 사람들이 한 번에 들어오면서 이러한 집단 기억은 점차 사라지고 있으며, 베테랑들도 함께 사라지고 있다. 한때 자발적으로 이루어졌던 일들이 이제는 규칙으로 문서화되지 않으면 모두 잃어버릴 위험에 처해 있다.

하지만 ASML 직원들은 원래 규칙을 좋아하지 않았다. 그들은 자신만의 방식으로 일을 처리하는데, 이는 종종 갈등으로 이어진다. 이런 갈등 중 하나가 자원을 두고 공장에서 일하는 직원들과 개발 부서 간에 발생했다. 양측 관리자는 해결책으로 학교 운동장에서 쓰던 방식처럼, 같은 사무실에서 함께 일하며 직원들에게 공동의 목표를 가지고 있다는 것을 보여주기로 했다.

이 문제는 5L에서도 핵심적인 갈등의 원인으로 작용했다. 페터르 베닝크는 ASML에 더 필요한 것이 있다고 했는데, 그는 이를 '수평적 충성심'이라고 불렀다. "우리가 새로운 사람들을 채용하면, 그들은 즉시 자신의 특정 업무에만 몰두하게 됩니다. 이제는 거의 자연법칙처럼 굳어졌죠. 특정 업무에는 효과적일 수 있지만, 전체적인 그림을 위해서는 그렇지 않습니다."

ASML은 초전문가들 간의 연결을 촉진할 경험이 많은 리더들이 필요하다. 회사는 'T자형' 관리자, 즉 한 분야의 전문성과 그 주변 주제에 대한 충분한 이해를 가진 사람을 육성하려 한다. 'T자형' 관리자가 되려면 회사에서 오랜 기간 다양한 역할을 맡아본 경험이 필요하다.

베닝크는 또한 ASML 직원들이 마음을 열 필요가 있다고 생각한다. CEO로서 그는 스스로 모범을 보여 아침 일과를 바꾸어 직원들에게 더 쉽게 다가가도록 노력한다. 오전 7시 30분, 그는 항상 ASML 캠퍼스 내에 있는 식당인 플라자에서 커피, 크루아상, 그리고 그래놀라를 곁들인 요거트를 먹는다. 이 아이디어는 간단하다. "누구든지 원하면 와서 나에게 말을 걸 수 있다." 외국에서 온 젊은 ASML 직원이 상상 속의 장벽을 넘어 그의 어깨를 툭 치며 말을 걸면, 그날은 베닝크에게 그야말로 기쁨이 넘치는 하루가 되는 것이다.

한편, ASML의 다양성은 성별, 성적 지향, 국적, 신경 다양성 등 모든 분야에서 점점 증가하고 있다. 1984년에 구레나룻을 하고 실험복을 입고 일하던 베이비붐 세대는 이제 ASML 인구의 극히 일부에 불과하다. 직원 대부분은 X세대와 Y세대에 속하며, 평균 연령은 39세다.

여성이 전체 인력의 20퍼센트밖에 되지 않기 때문에, ASML은 여성 직원 수를 늘리기 위해 노력하고 있다. ASML을 다룬 TV 다큐멘터리에서 젊은 여성 직원들이 많이 등장하자, 마르틴 반 덴 브링크는 자신은 주로 비만인 백인 남성들과 시간을 보낸다고 농담했다. 어쨌든 최고 경영진 가운데 여성의 수는 여전히 제한적이며, 관리직에 있는 여성은 약 11퍼센트에 불과하다.

하지만 최소한 서니 스탈네이커에 따르면, 회사에서 여성의 의견이 체계적으로 과소평가되는 일은 없다. "물리학 전공 학생으로서, 나는 이미 여성 동료가 거의 없는 환경에서 일하는 것에 익숙해져 있었어요. ASML에서는 최소한 내가 말하는 걸 진지하게 받아들여 줍니다. 내가 여성이라는 사실은 별로 중요하지 않아요. 혹시 가끔 그런 일이 있더라도, 신경 쓰지 않아요." 한 번은 다른 부서의 누군가가 기술적인 문제에 대한 스탈네이커의 진단이 옳은지 확인하려고 그녀의 남성 동료에게 물었을 때, 그녀는 곧바로 "저기요, 제가 방금 그렇게 말하지 않았나요?"라고 대꾸했다.

ASML에는 자폐 스펙트럼이나 ADHD를 가진 사람들의 비율이 일반 평균을 훨씬 상회하는 것으로 추정된다. 매우 세부적인 사항에 장기간 집중해야 하는 복잡한 문제 해결에 특화된 업무가 자폐 스펙트럼과 잘 맞기 때문이다. 반 덴 브링크 자신도 난독증을 겪고 있음을 숨기지 않았고, 이러한 신경 다양성을 지닌 집단을 목표로 삼는 것을 적극적으로 옹호한다. 그들은 ASML이 필요로 하는 분석적이고 창의적인 사고자들로, 종종 다른 사람들의 입장을 이해하는 데 어려움을 겪기도 한다.

이렇게 많은 새로운 얼굴과 개성을 잘 돌아가는 조직에 통합하는 것은 쉽지 않은 일이다. 4만 명이 넘는 개성 강한, 고학력 인력을 어떻게 조화롭게 유지할 수 있을까? ASML은 비순응주의자들이 자유롭게 일할 수 있는 환경을 제공한다고 주장하지만, 동시에 동료들을 고려해야 한다. 이는 2020년에 도입된 ASML의 세 가지 핵심 가치, 즉 '세 가지 C'로 요약된다. 도전Challenge, 협력Collaborate, 배려Care. 협력은 보상 구조에 통합되었다. 자신의 업무에만 집중하고 협력하지 않는 사람들은 더 낮은 보너스를 받는다. 도전은 결코 부족한 적이 없지만, 상호 배려는 부족하다.

코로나19 팬데믹 직전, 모든 ASML 직원들은 이 세 가지 C를 강화하기 위한 카드 게임에 참여했다. 스캐터고리 게임(창의력과 어휘력을 겨루는 파티 게임. 플레이어들은 주어진 카테고리에 맞는 단어를 제한 시간 내에 떠올려야 한다)과 비슷했지만, "이번 주에 팀원에게 해준 일이 무엇인가요?" 또는 "마지막으로 언제 당신의 의견을 요청받았나요?" 같은 수십 개의 개인적인 질문들로 구성되어 있었다. 이는 팬데믹 동안 동료애를 유지하는 데 도움을 주었지만,

그 이후 과중한 업무량으로 인해 아무도 그 카드 게임을 할 시간이 없었다.

페터르 발리에르에 따르면, 세 가지 핵심 가치는 마르틴 반 덴 브링크의 접근 방식을 반영한다. "사람들은 그의 행동을 따라 하는 것이 아니라, 그의 의도와 가치를 따라야 해요. 마르틴을 잘 아는 사람이라면, 그가 배려심 많은 사람이라는 걸 알 겁니다. 물론 권위적이지만, 그 뒤에는 이기심이나 정치적 의도가 없어요."

반 덴 브링크의 리더십 스타일은 반도체 업계에만 국한된 것이 아니다. 한 감사회 멤버는 미디어 업계에서도 유사점을 발견한다. 이 업계에서도 종종 비전을 가진 사람이 소수의 세부 사항에 집착하고 모든 사람에게 절대적인 헌신을 요구하며 회사를 이끄는 경우가 많다. 비록 그 과정에서 소리를 지르더라도 말이다. ASML에서도 마찬가지로 미시적 관리와 촉박한 마감일이 작업 전반에 스며들어 있다. 이 회사는 언제든 즉시 행동에 나설 준비가 되어 있는 조직으로 성장했다. 모든 것이 어제 끝났어야 하고, 내일이면 구식이 된다. 반 덴 브링크는 자신의 열정적인 회의 스타일을 "논거에 기반한 공정한 싸움"이라고 설명하면서도, 자신의 방법론이 재임 기간 동안 성숙했다고 덧붙인다. "내가 누군가에게 소리를 지르는 건 그 사람이 나를 두려워하고 더 두려워하게 만들기 위해서가 아니에요. 무언가를 움직이고, 무언가를 시작하게 만들기 위해서입니다. 그래서 나는 여기에 감정을 담는 거예요. 그리고 사람에 따라 더 많이 하기도 하고 덜 하기도 해요. 내가 어디까지 갈 수 있는지 아니까."

세상이 팬데믹 동안 팀스 콜과 줌 미팅으로 전환되면서, '감정'을 얼마만큼 주입해야 할지 판단하는 것이 어려워졌다. "화상 회의를 할 때는 내 피드백 루프의 80퍼센트를 놓친다"고 마르틴은 말한다. 사람들의 몸짓 언어를 읽어야 하는데, 사람들이 화면 속 작은 사각형으로만 보일 때는 그것이 어렵다.

그는 심지어 ASML의 아시아 고객들과도 직접 대면하기를 고집한다. 여행 제한이 있던 2021년 9월에도 마르틴은 페터르 베닝크와 함께 대만으로 날아가 신주 인디고 호텔에서 TSMC 경영진을 만났다. 그들이 도착했을 때 호텔은 완전히 두 구역으로 나뉘어 있었다. 한쪽은 ASML을 위한 공간이었고, 다른 한쪽은 TSMC를 위한 공간이었다.

베닝크와 반 덴 브링크는 항상 감시를 받았다. 그들이 방을 나설 때마다 정해진 경로를 따라 호텔 중앙의 큰 회의실로 인도되었다. 회의실 중앙에는 경계선이 그어져 있었고, 참석자들은 투명 아크릴판을 사이에 두고 4미터씩 떨어져 앉아야 했다. 모든 참석자들은 심지어 저녁 식사 중에도 마스크를 착용하도록 경비원이 지켜보고 있었다. 참석자들은 서로의 말이 들리지 않아 마이크를 사용해야 했다. "그래도 정말 멋진 회의였다"고 반 덴 브링크는 훗날 회상했다. 투명 아크릴판은 바이러스의 확산은 막을 수 있었지만, 마르틴이 사람을 읽는 것을 막지는 못했다.

37장

내 뒷마당에서는 안 돼

프리츠 필립스는 자랑스러울 것이다. 에인트호번의 무지크헤바우(콘서트홀)의 그 유명한 산업가의 이름을 딴 홀에서 연주하는 밴드는 놀라운 공연을 펼치고 있다. 다른 방에서 들려오는 소리가 그들의 인도네시아 팝 음악과 어우러진다. 여기서는 인도 춤, 저기서는 남아프리카 록, 마무리로 브라질 카니발 음악도 살짝. 이 예술가들은 한 가지 공통점을 가지고 있다. 그들 모두 에인트호번 주변 지역을 글로벌 도시로 탈바꿈시킨 첨단 기술 회사 ASML에서 일한다. 세계 각지에서 온 똑똑한 사람들을 만날 수 있는 곳이다. 이것이 바로 가족, 친구, 이웃 누구나 환영하는 연례 음악 행사 'ASML 온 스테이지'다.

2023년 3월이고, ASML은 완전히 무대 중심에 섰다. 특별히 그러려고 한 것은 아니다. 회사가 너무 커져서 다른 브라반트 기업들 뒤에 숨을 수 없게 되었을 뿐이다. 오랫동안 펠트호번의 칩 기계 제조업체는 DAF 트럭, 필립스, 칩 제조업체 NXP, VDL과 같은 지역에서 가장 중요한 제조 기업 그룹인 '빅 파이브'에 속해 있었다. 그러나 2020년에 리소그래피 시스템에 대한 수요가 폭발하자, ASML은 다른 기업들을 압도적으로 앞질렀다. 가장 빠르게 성장하고, 가장 큰 고용주가 됐으며, 연구 개발에 가장 큰 투자자로서 2023년에만 40억 유로를 투자하고 있다. 브라반트 남동부는 네덜란드 첨단 기술 산업의 두뇌들이 모여드는 본거지가 되었으며, 그래서 브레인포트 지역이라고 불린다.

ASML은 A67 고속도로와 켐펜반Kempenbaan이라 불리는 긴 도로 사이 작은 땅에 자리 잡고 있다. 회사가 얼마나 빠르게 성장하고 있는지 보고 싶다면, N2 고속도로에서 펠트호번-자위트 출구로 빠져나가거나, 에인트호번 중앙역에서 데런 산업단지로 가는 버스를 타면 된다.

1980년대의 독특한 흰색 '모자'로 특징지어진 원래의 본사는 2022년에 철거되었다. 대신 만 명의 직원을 수용할 수 있도록 설계된 새로운 오피스 복합단지가 그 자리에 세워졌다. 초기 시절을 상기시키기 위해 오래된 외관의 일부가 보존되었다. 이 건물에는 또 다른 기억이 있다. 1986년 어느 금요일, 프리츠 필립스가 이곳을 방문했다. 12월 12일이었고, 80대인 필립스 씨는 직접 운전해서 본사로 오겠다고 고집했다. 그러다 실수로 사무용 가구 제조업체인 아렌드가 소유한 다른 흰색 건물에 도착했는데, 물론 그들은 존경받는 산업가에게 투어를 제공할 기회를 놓치지 않았다. 시간이 지날수록 ASML 경영진은 점점 걱정이 커졌다. 몇 차례 전화를 돌린 끝에, 그들은 실종된 손님을 찾아냈다. 그는 마침내 그날 늦게 올바른 흰색 건물에 나타났고, 자신이 본 것에 크게 감명받았다. 그는 떠나면서 조언 한마디를 남겼다. "여러분, 견뎌내십시오." 그리고 그들은 그렇게 했다.

요즘 ASML의 본사는 그냥 지나치는 게 더 어렵다. 데런 산업 단지에 있는 이 복합 단지는 성장하면서 주변의 모든 땅, 도로, 사업체, 주택을 흡수하고 있다. ASML은 심지어 13채의 집과 인근 스포츠 복합단지를 포함하는 구역 전체를 구매하여 나중에 철거할 예정이다. 마치 모노폴리 게임을 하는 것 같다. 그러나 대부분의 경우, 이 기술 거인은 트위스터 게임(플레이어가 다양한 색깔의 원판 위에 손과 발을 놓으며 균형을 잡는 파티 게임)에 얽혀 있다. 그들은 사용 가능한 빈 땅을 조금이라도 얻기 위해 무리한 조치를 취하면서 상황을 헤쳐나가려 했다. 하지만, 항상 성공하는 것은 아니다. 예를 들어, 2023년에 ASML은 자체 사무실과 연구 부서 일부를 철거해야 했다. 이는 자본의 낭비이지만, 공장은 클린룸을 확장하기 위한 공간이 절실히 필요했다. 망설일 시간이 없다. 그냥 진행해야 한다.

주변 주민들은 그들의 큰 이웃이 계속해서 경계를 바꾸고 새로운 건물을 세우면서 덩달아 혼란을 겪고 있다. 2023년, ASML은 전 지점에서 새로운 건설 프로젝트에 착수하는 데 10억 유로 이상을 지출했다.

토지 이용 계획을 변경할 때, 펠드호번 시는 이 칩 기계 제조 업체가 '글로벌, 국가적, 지역적'인 면에서 차지하는 경제적 중요성을 일관되게 강조한다. 다시 말해, 수직적으로 성장해야 한다면 그렇게 하도록 허용해야 한다는 것이다. 표준 EUV 시스템은 높이가 3~4미터인 반면, 새로운 하이 NA 시스템은 5~6미터에 달한다. 구성 요소를 들어올리는 데 필요한 추가 높이와 클린룸의 공기를 처리하는 데 필요한 전체 층을 더하면, 결국 높이가 20~30미터인 공장이 된다. 그리고 아무리 많은 녹지대와 방음벽이 있어도 이러한 건물이 주변을 지배하는 것을 막을 수는 없다.

점점 더 복잡해지는 기계를 다루면서, ASML은 엔지니어들의 네트워크를 긴밀하게 유지하려고 노력하고 있다. 원격으로 일하는 대신, 개발 부서는 수천 명의 기술자들이 물리적으로 함께 있기를 바란다. 이는 인터페이스, 즉 기계 모듈 간의 연결 요소를 논의하기 쉽게 만들며, 공장과의 협업을 향상시키는 데 도움이 된다. ASML의 직원들은 마르틴이 그의 피드백 철학에서 설파한 것처럼, 얼굴을 맞대고 앉을 때 서로를 더 잘 '읽을' 수 있다. 이는 오해를 줄이지만, 통근자 수를 늘리기도 한다.

브라반트 남동부에서 매일 통근자로 사는 건 힘든 일이다. 대부분의 사람들이 차로 출근하여, 켐펜반과 주변 고속도로를 가로지르는 접근로에서는 매일같이 교통 체증이 발생한다. 그리고 ASML이 아무리 많은 주차장을 건설해도, 결코 충분하지 않다.

2019년에 ASML은 지역 도로 개선, 새로운 셔틀 버스 제공 및 자전거 대안을 시행하기 위해 1,250만 유로를 기부했다. 직원들이 자가용 출근을 하지 않기를 바라며, 정부 주도의 실험인 MaaS^{Mobility as a Service}에도 참여했다. 펠드호번 주변의 교통 혼잡 수준이 팬데믹 이전 수준으로 돌아오자, 정부는 마법의 해결책이 실패했다는 것을 깨달았다. MaaS 프로젝트는 '너무 복잡하다'고 판단되어, 2023년에 중단되었다. 대안으로, 회사는 직원들에게 무료 대중교통을 제공하고 자전거를 보관할 추가 사물함을 설치했다. 이제 펠드호번 직원의 약 40퍼센트가 자전거로 통근하며, 이는 전국 평균보다 높다.

캠퍼스에 더 쉽게 접근할 수 있게 하려는 시도는 종종 민주적인 장벽에 부딪힌다. 에인트호번의 주민들은 데런과 하이테크 캠퍼스 사이에 놓일 4미터 너비의 고속 자전거 도로 계획에 반대하고 있다. ASML의 주변 지역에 대형 주차장을 건설하려는 계획도 비슷한 반대에 직면했다. 아무도 자기 뒷마당에 2,500대의 자동차가 모여 있는 박스를 원하지 않는다.

실제로 ASML은 확장 계획에 대해 '아니오'라는 말을 거의 듣지 않는다. 때때로 도면을 조정해야 하거나, 22층 본사를 허가 없이 건설했을 때처럼 일부 항의하는 주민들에게 재정적 보상이 필요할 수 있다. 한 지방 프로젝트 매니저는 "여기는 싱가포르가 아닙니다"라고 말했다. 글로벌 기업이라도 펠트호번의 규칙을 따라야 한다. 이 도시에 맞춰 ASML의 모든 확장 계획을 추진하는 일은 마치 무어의 법칙처럼 점점 복잡해지고 있다.

수년 동안 브레인포트 지역은 지역 인프라를 개선하기 위해 다양한 출처에서 자금을 모아왔다. 그러나 ASML의 예상 규모가 두 배로 증가함에 따라 더 큰 예산이 필요해졌다. 9개 지자체로 구성된 에인트호번의 대도시 지역은 2040년까지 약 6만 2천 채의 추가 주택과 7만 2천 개의 일자리를 찾아야 할 것이다. 전체 브레인포트 지역을 구성하는 21개 지자체에는 십만 채의 주택이 추가로 요구된다. 이러한 규모의 증가에 ASML이 전적으로 책임이 있는 것은 아니지만, 그들이 주요 원인인 것은 확실하다. 브레인포트의 추정에 따르면, ASML에서 추가로 일자리 하나가 생기면 해당 지역에는 1.5개의 일자리가 창출되는 효과가 있다. 펠트호번에 따르면, 그마저도 보수적인 추정치다. 첨단 기술 부문은 건설, 의료, 교육에서도 일자리를 만들어낸다. 이를 감안하면, 일자리 수는 2~3개로 뛰어오른다.

브레인포트재단은 지역 신경망의 중심지로, 지역 정부, 기업, 교육 기관이 모두 협력하기 위해 모이는 곳이다. 그들은 이 재단을 통해 정부에 추가 재정 지원을 압박하는 통합 전선을 구축한다. 그러나 시장과 기업들이 헤이그의 문을 아무리 두드려도, 남부의 첨단 제조 산업은 구조적인 도움을 거의 받지 못한다. 이는 역사적 신경을 긁는다. 브라반트는 '란트스타트'라고 불리는 지역 밖에 위치해 있는데, 이 지역은 네덜란드 인구의 절반이 거주하는 주요 도시와 마을의 집합이다. 전통적으로 권력의 중심지로, 문화적 자본과 국가 자금이 이 지역에 집중되어왔으며, 이는 남부 지역에 불리하게 작용했다. 그러나 브레인포트재단이 지적하듯이, 브라반트는 란트스타트보다 연구에 더 많은 투자를 한다. 덧붙여, ASML과 그 공급망 네트워크로 인해 에인트호번 주변 지역 주민 1인당 부가가치는 로테르담이나 암스테르담보다 높다.

헤이그는 브레인포트의 호소를 보통 한 귀로 듣고 한 귀로 흘린다. 대부분의 정책 입안자들 눈에, ASML은 이해하기 어려운 시장을 위해 이해하기 어려운 장비를 만드는 회사. 칩이나 컴퓨터와 관련된 뭔가이지만, 정확히는 알지 못한다. 2018년에 뤼터 내각은 배당세를 폐지하여 네덜란드에 대형 다국적기업을 유지하는 일에 더 관심이 있었다. 그들의 수십억 달러 계획은 결국 실패로 끝났다. 유니레버는 2020년에 떠났고, 셸은 2021년에 본사를 영국으로 이전하여 일종의 역 브렉시트로 완전히 영국 기업이 되었다. 림부르크에 기반을 둔 식품 회사 DSM도 뒤따라 세 번째로 떠나는 다국적기업이 되었다. 필립스는 네덜란드에 남아 있지만, 회사는 과거의 껍데기일 뿐이며, 시가총액은 ASML에 비하면 왜소하다.

헤이그에서 상황을 제대로 인식하기 위해서는 치명적인 칩 부족과 지정학적 긴장감이 극적으로 고조되어야 했다. ASML은 네덜란드 최대의 다국적기업일 뿐만 아니라, 주요 일자리 창출자이다. 이런 기업이 발전하고 주변 지역을 앞으로 나아가게 하기 위해서는 지원이 필요하다. 그러나 책임 있는 부처들은 신속하게 행동에 나서지 않는다. 브레인포트재단의 다른 임원들과 더불어 재무 이사인 로저 다센은 수년간 정부에 재정 지원을 요청해왔다. 우연히도, 결정적인 응답이 왔을 때 다센은 수천 피트 상공에서 그들과 함께 있었다.

    2022년 6월, 미키 아드리안센스와 슈레이네마허 장관은 베를린에서 열리는 회의에 참석하기 위해 네덜란드 정부 전용기에 탑승했다. 로저 다센도 기술 기업 대표단의 일원으로 항공기 뒤쪽에 함께 있었다. 독일 영공에서, 아드리안센스는 인프라 및 수자원 관리부 장관인 마크 하버스를 호출하여 브레인포트 지역에 자금을 할당하는 것을 고려할 것인지 물었다. 그는 동의했고, 다년간의 인프라 및 교통 프로그램을 통해 브레인포트의 인프라와 주택을 개선할 것이며 이를 위해 2022년 말까지 16억 유로의 예산을 비축하겠다고 약속했다. 비용의 3분의 1은 지역 및 지방 정부가 부담하며, 비즈니스 커뮤니티의 도움으로 에인트호번 중앙역에서 데런까지 고품질의 대중교통 노선이 만들어질 것이다. 그러나 이것만으로는 충분하지 않다. 펠트호번 주변에 교통 허브를 새로 만들어 교통 체증을 완화해야 한다. 그리고 주택도. 엄청난 수의 주택이 필요하다. 모두의 예상에 따르면, 에인트호번의 주민 수는 향후 20년 동안 23만 명에서 30만 명까지 성장할 것으로 예상된다. 물론 많은 ASML 직원들은 도시에 살고 싶어한다. 그러나 건설은 느리게 진행되고 있으며, 새로운 직원들은 근처 도시와 마을에서 집을 구해야 한다. 이는 교통 혼잡을 더욱 악화시킬 것이다.

해외에서 온 새로운 근로자들은 주택 시장에서 이점을 가지고 있다. 네덜란드에서의 첫 5년 동안 세금 감면을 받으며, 급여의 30퍼센트에 대해 소득세를 내지 않는다. 덕분에 주택 입찰에서 (유리한) 유연성을 갖지만, 일반 소득을 가진 사람들은 이로 인해 가격 경쟁에서 밀려난다. 네덜란드 정치인들이 이 세금 감면을 폐지하자고 제안할 때, ASML과 다른 기술 기업들은 불만을 드러냈다. 그들은 국제 인재를 유치하고 유지하는 것이 중요하며, 이를 통해 네덜란드 경제를 성장시킬 수 있다고 주장했다. 한편으로는 네덜란드의 심각한 주거난으로 인해 평균 소득을 갖는 많은 성인들이 부모를 떠나지 못하고 있으며, 여기엔 돌파구가 보이지 않는다.

브라반트에서는 필립스가 주택 부족을 처리한 방식을 종종 떠올리게 된다. 1930년대에 이 전자 회사는 드렌츠 도르프 Drents Dorp 라는 지역 전체를 건설하여, 북부에서 온 이주 노동자들을 위해 수천 채의 주택을 완비했다. 그 당시에는 여성과 아이들이 공장에서 일했는데—그들의 작은 손은 기기 조립에 완벽했다—남성들은 집에서 채소를 재배했다. 그 결과, 드렌츠 도르프의 많은 집들은 놀랍도록 긴 마당을 가지고 있다.

ASML은 자체 마을을 건설할 의도가 없다. 대신 이 회사는 브레인포트의 이름을 단 주택 기금에 수백만 유로를 투자한다. 목표는 기술 부문 바깥에서 일하는 사람들까지 포함하여 모두에게 부담 가능한 중간 가격대의 주택을 제공하는 것이다. ASML은 또 다른 필립스가 되고 싶지 않지만, 에인트호번도 소수만이 주택을 감당할 수 있고 노숙자가 거리를 지배하는 또 다른 샌프란시스코가 되고 싶지 않다.

펠트호번과 에인트호번에 정착하는 외국인 직원들은 계속해서 지역을 풍부하게 하고 완전히 새로운 성격의 층을 추가한다. 국제인들은 퇴근 후에 서로를 찾아 스포츠를 즐긴다. 주말마다, 인도와 파키스탄 선수들이 지역 축구 클럽인 VV 헤스털에서 크리켓을 하기 위해 필드에 나선다. 약 2천~3천 명의 인도 출신 사람들이 현재 에인트호번 주변에서 살고 일하고 있으며, 13가구의 남인도 가족이 모여 살아 현지에서 '커리 레인'으로 불리는 거리도 있다. 이는 에인트호번 공항과 펠트호번 사이의 새로운 지역인 메어호번에 정착한 국제 커뮤니티에 붙여진 별명인 '워크호번'보다 좀 더 친근한 이름이다. 미묘함은 네덜란드인의 강점이 아니다.

그럼에도 브레인포트 지역에는 더욱 많은 기술 인재가 필요하다. 이용 가능한 인재는 부족하고, ASML은 그 부족한 노동력의 상당 부분을 차지한다. 2023년에 칩 산업이 둔화되기 시작했을 때에도, ASML은 매달 400명의 새로운 직원을 충원했다.

꽉 막힌 노동 시장은 ASML과 브라반트의 다른 기업가들 사이에 마찰을 일으킨다. ASML의 급여는 다른 브레인포트 기업들보다 약 20퍼센트 높으며, 펠트호번의 관대한 이익 분배와 보너스 정책과 경쟁하는 것은 거의 불가능하다. 이는 자체적인 위험을 수반한다. 공급망의 기업들이 새로운 근로자를 유치할 수 없다면, ASML 자체도 정체될 것이다. 동시에, 다른 회사의 직원들이 ASML에 지원하려는 것을 막을 수 있는 방법도 없다.

칩 기계 제조업체는 새로운 직원을 찾기 위해 지역 풀 바깥에서 인재를 찾는 것을 선호하며, 해외 대학 등으로 눈을 돌린다. 그러나 모든 제조 회사들과 마찬가지로, ASML도 칩 기계를 조립할 숙련된 기술자들이 필요하다. 이러한 장인들은 드물어서, ASML은 한때 자동차 정비사들을 유치하려고도 했다. 그러나 그 캠페인은 목표를 빗나갔다. '더러운 차고를 깨끗한 클린룸으로 바꾸자'와 같은 경멸적인 슬로건이 브라반트에서 환영받을 리 없다. 이는 펠드호번의 신중하게 꾸며진 이미지와 어울리지 않는다. 친절한 이웃이 되려고 노력해야 한다. 지역 주민들을 위한 방문의 날이나 물류 센터를 건설하기 위해 철거해야 했던 '베티 할머니'의 집을 기념하는 작은 기념비 같은 것들 말이다.

ASML은 펠트호번에서 집처럼 편안함을 느낀다. 언제나 친근한 페터르 베닝크가 지역 슈퍼마켓에서 식료품을 쇼핑하거나 쿠폰을 기다리는 모습을 자주 볼 수 있다. 어쨌거나 그는 그 마을의 주민이다. 그러나 ASML은 오랫동안 '그저 또 다른 이웃'이 아니었다. ASML은 유럽에서 가장 가치 있는 기술 회사이며, 이는 이 작은 마을의 한계를 훨씬 뛰어넘는 기준의 적용을 받는다는 것을 의미한다. 따라서 이 칩 기계 제조업체가 노조의 경멸에도 불구하고 메탈렉트로Metalektro 단체 노동 협약에서 벗어나려고 시도하는 것은 놀라운 일이 아니다. ASML에 따르면, 직원들을 위한 단체 재정 협정은 더 이상 첨단 기술 분야의 다국적기업에 적합하지 않다. 그렇다, 이제 다국적기업인 것이다. 캠퍼스를 걸어 다니면 그것을 느끼고 볼 수 있다. 직원의 40퍼센트가 해외에서 충원되면서, 펠드호번은 글로벌 마을이 되고 있다.

수년간, ASML의 경영진은 생존 모드에 있었다. 그들의 마음 속 유일한 질문은 다음 주, 아니 심지어 다음 날을 어떻게 버틸 것인가였다. 그러나 회사가 현재의 규모로 성장하자, 외부 세계는 ASML을 다른 시각으로 보기 시작했다. 결과적으로, ASML은 자신의 거품에서 벗어나 보다 성숙한 세계관을 가져야 한다. 이를 염두에 두고, 이사회는 이제 이 회사도 연례 보고서에서 자신을 다르게 표현해야 한다고 촉구했다. 건조한 숫자들의 나열이 아니라 사람들이 공감할 수 있는 설득력 있는 이야기를 제공하라는 것이다. 전통적으로 ASML의 보고서는 그저 스테이플러로 묶인 숫자 목록이었다. 직접적이고 요점만을 담은 진정한 ASML의 방식이었다. 이에 대해 전 CEO 에릭 뫼리스는 "그냥 화장지에 인쇄하라"는 농담을 하곤 했다.

ASML은 반쪽짜리 조치를 취하지 않는다. 연례 보고서는 이제 지난 한 해 동안 기업이 헌신했던 모든 세부 사항을 담은 방대한 출판물이 되었다. 2023년판은 300쪽이 넘으며, 그 절반은 지속 가능성, 다양성 및 회사의 사회적 책임에 할애되었다. ASML은 단지 더 나은 칩을 만들고 싶어하는 것이 아니라 전 세계를 개선하고 싶어한다. 이것은 첨단 기술을 갖춘 신세대 인재들을 고무하기 위한 약속이다. 그들은 수익 너머의 이상을 추구하는 고용주를 인정한다.

2023년, ASML은 지역사회 참여 이니셔티브를 시작했다. 목표는 2025년부터 매년 최소 1억 유로를 ASML의 이익에도 부합하는 지역사회 프로젝트에 투자하는 것으로, 기술 교육 촉진이 핵심이다. 예를 들어, ASML은 주니어 아카데미를 설립하여 브라반트 남동부의 초등학생 6만 명이 기술에 친숙해지도록 하고 있다. 브레인포트 지역에서는 제조업, 특히 ASML이 어려움에 빠지는 것을 막기 위해 더 많은 손과 두뇌가 긴급히 필요하다. 기술 부문에만 수천 개의 일자리가 열려 있으며, 이는 기술 부문의 성장과 네덜란드 노동력의 고령화로 인해 더욱 복잡해지고 있다. 초등 교육 향상만으로는 7만 개가 넘는 공석을 채우기 어렵다.

고등 교육 기관인 TU 에인트호번, 틸뷔르흐의 폰티스, 수마 컬리지는 필요한 수의 기술 학생들을 교육할 수 있는 역량이 부족하다. 기술 대학은 2032년까지 학생 수를 1만 3천 명에서 2만 1천 명으로 늘리기를 원하지만, 주택 부족으로 인해 관심 있는 인재들을 받아들이지 못하고 있다. 게다가 직업 교육 프로그램에서도 기업들의 높은 수요에도 불구하고 기술 분야를 선택하는 젊은이들이 줄어들고 있다.

브라반트에서 ASML의 성장 한계가 서서히 보이기 시작하고 있다. 이 회사의 직원 수는 2030년까지 8만 명에 육박할 것으로 예상되며, 그중 절반은 펠트호번에서 일하게 될 것이다. ASML이 가져오는 번영과 주변 모두의 안녕 사이 균형이 임계점에 다다르고 있다. 거대한 기업이 성장하면서, 지역의 기술 인재를 흡수하고 공급망을 지배하고 있다. 동시에, 이 기업은 네덜란드 지식 경제에서 가장 큰 일자리 창출자이다. 그것은 부정할 수 없다.

에인트호번 지역은 모든 명운을 한 대기업에 걸 때 발생하는 위험을 알고 있다. 90년대에 필립스의 극적인 구조 조정은 도시와 그곳에 거주하던 노동자의 정신을 황폐화시켰다. 필립스의 해체는 여전히 진행 중이다. 2023년 여름, ASML은 해고 위기에 처한 필립스의 에인트호번 출신 전문가 100명을 깜짝 고용했다.

브레인포트재단은 다양성을 유지하고, ASML 이외의 기술 기업들이 번창할 수 있는 충분한 공간과 인재를 원한다. 재단의 목표는 의료 분야, 에너지 전환, 양자 칩 또는 광자 기술과 관련된 신흥 핵심 기술에 초점을 맞춘 다양한 기업들이 에인트호번과 그 주변에 자리 잡는 것이다. 이러한 새로운 기술들의 산업 생산을 확대할 수 있게 되면, 벨기에의 플란더스나 북부 림부르흐와 같은 주변 지역으로 진출할 수 있다. 이는 전국에 공장을 세웠지만 혁신의 중심인 NatLab을 중앙에 유지했던 옛 필립스식 접근의 현대적 해석이다.

펠트호번이 포화 상태에 이르렀기 때문에, ASML은 이제 에인트호번의 하이테크 캠퍼스, 덴 보쉬의 '홈 오피스', 델프트의 옛 매퍼 부서와 같은 위성 사무소를 이용하고 있다. 연구실의 일부도 에인트호번 공과대학교와 가까운 위치로 이전했다. 이 거대한 트위스터 게임에서 남은 마지막 자유의 땅 중 하나이다. 이 투자는 수억 유로의 비용이 들지만, ASML은 숨 쉴 공간이 필요하다.

그러나 ASML은 브라반트에서만 성장하는 것이 아니다. 해외 지사들도 발맞추고 있다. ASML은 2022년에 한국의 경기도와 대만의 신 타이페이(New Taipei City)에 추가 투자를 했으며, 각 확장에는 수억 달러의 비용과 수천 명의 새로운 직원이 필요하다. 코네티컷의 윌튼 지사도 상당히 확장되어, 2020년 인구조사에 따르면 18,503명의 주민이 있는 이 마을을 활기찬 첨단 기술 허브로 탈바꿈시켰다. 네덜란드식 통근을 위한 넓은 자전거 도로까지 완비되어 있다. 댄버리로드를 따라 늘어선 광고판들은 새로운 ASML 직원들을 유치하려고 애쓴다. "모든 것의 일부인 회사의 일부가 되십시오." 뉴잉글랜드의 숲은 이러한 성장을 수용할 충분한 공간이 있다. 적어도 지역 정치인들은 그렇게 해주겠다고 한다. ASML이 납부하는 재산세는 시 예산의 2퍼센트를 차지하고 있으며, 더 많은 성장은 윌튼의 공공 서비스에 더 많은 자금을 끌어들일 수 있다는 것을 의미한다. 우리는 당신에게 칩 기계를 제조할 공간을 주고, 당신은 우리에게 놀이터와 운동장 건설을 위한 돈을 준다. 펠튼에게는 나쁜 거래가 아니다.

펠트호번이 한계에 도달하면, 회사는 일부 표준 기계를 해외에서 조립할 수도 있을 것이다. 이로써 칩 공장에 더 가까워지겠지만, ASML은 이런 상황을 피하려고 한다. 공급업체 네트워크는 쉽게 이전될 수 없으며, 최신 세대의 스캐너는 항상 개발 부서와 가까운 곳에서 생산되어야 하기 때문이다. 이것이 ASML 방식이다. 생산 라인이 짧을수록 학습의 속도도 빨라지고 실수를 식별하고 수정하는 일도 쉬워진다. 그 결과 빠른 진전이 가능하다.

ASML은 과거 생산의 일부를 펠트호번에서 멀리 이전하는 것을 고려한 적이 있었다. 1997년, 합작 투자 파트너와 함께 대만에 추가 공장을 지으려는 진지한 계획이 있었다. TSMC는 강력한 에너지가 되어가고 있었고, 펠트호번은 이를 따라잡고 싶었다. 그들의 계획은 착착 준비되고 있는 것 같았다. 공장 부지가 신주로 결정되었고, 엔지니어들을 선발해 이동할 준비까지 마쳤다. 그러나 아시아 금융 위기가 닥치면서, 그 계획은 보류되었다.

ASML의 가장 오래된 기계에 대한 유지 보수 책무도 자주 논의의 대상이 된다. 수십 년 전 마르틴 반 덴 브링크가 개발한 PAS 5500 세대의 기계들은 좀처럼 고장나지 않는다. 2023년 현재, 전 세계적으로 거의 2천 대에 이르는 이 기계들이 여전히 가동 중이며, '성숙한' 기술로 만든 칩에 대한 수요도 높다. ASML에서 '중고 가게'로 불리는 부서가 에인트호번 공항 근처와 대만의 린커우에서 이 기계들을 재정비한다. 그러나 기계의 내구성이 감소할 기미가 보이지 않자, ASML은 이 유지 보수를 무기한 계속해야 하는지에 대한 질문에 직면했다.

이 기계들이 망가질 것처럼 보이진 않지만 어쨌든 고장이 났을 때 교체할 부품이 필요하다. 그러나 ASML의 공급업체들은 새로운 스캐너에 대한 주문을 처리하느라 매우 바쁘고 그러한 구식 부품을 제조하는 데 높은 비용을 청구한다.

바로 이 지점에서 ASML은 2018년 무렵, 중국 경쟁사인 SMEE에 이 기계의 라이선스를 판매하는 방안을 고민했다. 그들이 그 기계와 부품의 생산을 인수하면, ASML은 새로운, 더 복잡한 기술에 자원을 집중할 수 있다. 그 거래는 또한 SMEE를 ASML이 관심 없는 덜 발전된 틈새 시장으로 제한할 것이다. 그러나 그 일은 결코 일어나지 않았다. 마르틴 반 덴 브링크는 그 아이디어를 버렸다. 그는 전 세계에서 가동 중인 5천 개 이상의 ASML 시스템을 일컫는 '설치 기반'을 통제하길 원했다. 경쟁을 막기 위해서는 중고 가게가 필요하다.

이 결정은 오랫동안 잠자고 있었다. 몇 년 후, 중국 경쟁자와의 긴밀한 협력을 워싱턴과 헤이그에 설명해야 하는 일은 ASML이 가장 반기지 않는 일이 될 터였다.

퍼즐 한 조각

운전사는 펜타곤 북쪽에 차를 세운다. 이곳에서 포토맥강 너머로 하늘을 뚫을 듯 서 있는 워싱턴 기념탑을 볼 수 있다. 강 건너편에는 버지니아주 알링턴이 자리하고 있으며, 미국 정부 부서 중 가장 큰 국방부가 위치해 있다.

페터르 베닝크는 VIP 입구로 향한다. ASML의 CEO인 그는 국방부 연구 및 공학 차관인 하이디 쉬우와의 약속을 위해 이곳에 왔다.

2022년 여름, 중국을 대상으로 한 수출 규제에 대한 협상이 한창이었다. 베닝크에게는 미국 측에 중국 반도체 산업을 너무 강하게 억제하는 것의 위험성을 설명할 30분의 시간이 주어졌다. 그러나 쉬우 차관은 다른 위험에도 관심을 보였다. 중국이 ASML이 공급하는 기계를 분해하고 복제할 수 있지 않겠느냐는 것이다. "그렇지는 않습니다"라고 베닝크가 대답했다. 중국이 시도는 했지만 ASML의 하드웨어는 이야기의 반쪽에 불과하다. 모든 부품을 어떻게 조합하느냐, 바로 거기에 진짜 마법이 있는 것이다. ASML 전문가들의 노하우 없이는 중국이 이 기계를 복제할 가능성은 거의 없다.

쉬우 차관은 또 다른 질문을 던졌다. 그녀는 대만 출신으로 대만의 많은 반도체 전문가들이 거액의 연봉에 끌려 중국으로 떠나고 있었다. 기술 지식을 가지고 중국으로 넘어가는 직원들이 산업 스파이 노릇을 하지 않을지 걱정되지 않느냐는 것이었다.

이번에는 베닝크도 아니라고 말할 수 없었다.

2022년 연례 보고서에 담긴 이야기이다. 그해 초, 중국의 한 직원이 펠트호번에서 무역 비밀을 가지고 도망쳤다. ASML은 이를 공식적으로 인정하지 않았지만, 해당 데이터는 이후 화웨이에서 일하게 된 사람이 가져간 것으로 알려졌다. 기술 전쟁이 시작된 이래, 이 거대 통신사는 자체 반도체 기술 개발에 집중해왔고, 2022년 말에는 'EUV 리소그래피'라는 기술로 특허를 받기까지 했다. 이것이 화웨이가 실제로 그러한 기계를 만들 수 있다는 증거는 아니었지만, 그들의 야망을 분명히 보여주는 신호였다.

이 사건은 수출 규정을 위반했을 가능성이 있어 ASML은 이를 공개적으로 밝혔다. 시기는 최악이었다. 수출 규제 협상이 한창일 때, ASML은 자신들의 취약성을 인정할 수밖에 없었다. 그러나 베닝크는 펠트호번에서 열린 투자자 회의에서 이 사건이 미친 실질적인 영향은 없다고 확신시켰다. 도난당한 정보는 "거대한 퍼즐의 하나의 조각일 뿐이며, 그 퍼즐의 전체 그림이 그려진 상자조차 없는 상태였다." 다시 말해, 쓸모없는 정보였다는 것이다.

하지만 ASML이 산업 스파이의 희생양이 된 것은 이번이 처음이 아니며, 마지막도 아닐 것이다. 지정학적 긴장으로 인해 펠트호번은 국제적인 주목을 받았고, ASML은 중요한 타깃이 되었다. 이 회사는 2022년 한 해에만 2,800건의 사이버 공격을 받았는데, 이는 랜섬웨어 공격부터 지식 재산을 훔치려는 시도에 이르기까지 다양했다. 안팎에서 펠트호번의 퍼즐 조각 하나를 노리고 해커들이 몰려들었다.

ASML의 지식은 내부와 공급업체 네트워크 전반에 걸쳐 여러 링크로 퍼져 있다. 리소그래피 기계는 디자인, 생산, 운영 등 모든 면에서 복잡하다. 따라서 작동하는 기계를 만드는 데 필요한 단일 청사진은 존재하지 않는다. ASML의 리소그래피 시스템을 40년간 이끌어온 총책임자인 마르틴 반 덴 브링크조차도 이 기계들이 어떻게 작동하는지 모든 것을 알지는 못한다.

대부분의 엔지니어는 퍼즐의 작은 조각 하나만을 담당하며, 그 조각에 대해선 모든 것을 알고 있다. 프리츠 반 하우트는 이를 철학적으로 표현했다. "어떻게 해야 하는지 아는 사람은 왜 그렇게 해야 하는지 모르고, 왜 그렇게 해야 하는지 아는 사람은 어떻게 해야 하는지 모릅니다."

역사적으로 ASML은 민감한 데이터를 보호하는 데 큰 노력을 기울이지 않았다. 도면이나 기타 기술 데이터는 해당 작업과 직접 관련이 없더라도 쉽게 접근할 수 있었다. 지금도 EUV 광원에 관한 과학 연구는 온라인에서 찾아볼 수 있다. ASML은 개방형 혁신 문화를 고수하며, 정보가 자유롭게 교환될 수 있는 커다란 지식 네트워크를 육성했다. 회의나 고객, 파트너 회사, 연구소와 자유롭게 정보를 공유했다. ASML 내부에 부족한 전문 지식은 신속하게 외부에서 끌어왔다. 엔지니어들은 정보 흐름을 막는 모든 장벽이 발전을 저해할 뿐이라고 여겼다. 이러한 환경에서는 불신이 자리할 곳이 없다. "나는 내 사무실에 들어오는 사람을 원칙적으로 신뢰합니다. 그렇지 않으면 내 일을 할 수 없으니까요." 마르틴은 이렇게 말했다.

이는 낙관적인 태도이지만, 감사회는 이를 순진하다고 여겼다. 그들은 끊임없이 ASML에 지식 재산에 대한 방어를 강화하라고 경고했다. 하지만 실수를 통해 배우는 법이다. 2015년 해킹 사건은 ASML이 IT 보안을 대대적으로 전문화하는 계기가 되었다. 2015년 이후, 보안팀은 10명에서 300명 이상의 전문가로 확대되었다.

ASML의 보안 전문가들은 동료들에게 자신이 다루는 민감한 정보를 더욱 신중하게 관리할 필요가 있음을 설득하는 어려운 임무를 맡게 되었다. 이는 관료적인 형식주의 때문이 아니라 절박한 필요성 때문이었다. 이란이나 시리아 같은 국가 출신의 사람들은 이제 제재로 인해 특정 기술에 참여할 수 없게 되었고, ASML은 법적으로 그들에게 특정 정보를 차단해야만 했다. 직원들은 더 이상 리소그래피 기계의 모든 부분에 접근할 수 없으며, 자신이 맡은 퍼즐 조각과 밀접하게 연관된 부분에 대해서만 정보를 요청할 수 있었다. 예를 들어, 웨이퍼 테이블을 담당하는 엔지니어는 샌디에이고에서 진행되는 주석 방울 관련 연구나 델프트에서의 전자빔 작업을 알 필요가 없는 것이다.

ASML은 상당한 수업료를 치르고서야 내부 데이터 절도의 위험성을 깨닫게 되었다. 2014년, 실리콘밸리 지점에서 근무하던 중국인 직원들이 최적화 소프트웨어를 가지고 도망친 사건이 있었다. 이들은 경쟁사인 크리스탈[Xtal]을 창립했지만, 거의 즉시 적발되었다.

악의적인 직원이 데이터를 훔치는 것을 방지하는 가장 좋은 방법은 그들이 문을 밟기 전에 미리 걸러내는 것이다. 이것이 바로 페터르 바이에르가 2018년에 인사 관리 책임자로 취임했을 때, ASML이 사전 고용 심사를 전혀 하지 않고 있다는 사실에 충격을 받은 이유다. 특정 책임이 따르는 직책에 지원하는 후보자들에 대해 단 한 번의 신원 조회도 이루어지지 않았다. 2021년, ASML은 마침내 이를 받아들였다. 주요 직책에 있는 사람들은 이제 '선행[Good Conduct] 증명서'를 제출해야 하며, 일부 직책의 경우

ASML은 네덜란드 정보보안국[AIVD]에 보안 조사를 의뢰했다. 이 조사는 공항 직원들이 보안 구역에서 심사를 받는 것과 유사하다. 그러나 ASML이 여러 차례 요청했음에도 불구하고, 네덜란드 정부는 요지부동이다. AIVD는 그렇게 많은 사람들을 심사할 역량이 없다.

ASML은 또한 네덜란드 밖의 해외에서 새 직원들을 심사할 때 외국 정부들과 협력하려고 한다. 세계 무대에 등장한 이후, 이 기술 회사에 지원하는 사람들의 수는 연간 약 30만 명에 이르렀다. "우리가 여전히 잘 알려지지 않았더라면 좋았을 텐데"라고 말하며 한 ASML 직원은 한숨을 내쉰다. "이제는 완전히 다른 부류의 사람들까지 끌어들이고 있다고요."

AIVD는 오랫동안 ASML 같은 기업을 목표로 한 경제 스파이 활동을 경고해왔고, 민감한 정보를 가지고 중국을 여행하는 사람들에게 귀국 후 장비를 완전히 초기화하거나 심지어 파괴하라고 조언했다. ASML 관리자들은 이러한 과정을 번거롭게 생각하며, 기기 관리에도 대충이다. 한 관리자는 자신들에게 느긋한 면이 있다고 인정한다. 그들이 보기에 노트북에 충격적으로 중요한 내용 따위는 없으며, 그저 더 많은 기계를 판매하려는 계획이나 고장난 기계에 대한 고객 이메일이 있을 뿐이다. 그러나 AIVD는 다르게 생각한다. 그들은 때때로 여행 중인 ASML 직원을 미끼로 사용하여 중국이 미리 준비된 휴대폰에 스파이웨어를 설치하려고 시도하지는 않는지 확인하기도 한다. 의심스러운 점은 발견되지 않았지만, 그렇다고 해서 스파이 활동이 일어나지 않는다는 뜻은 아니다.

세계에서 가장 복잡한 기계를 독점적으로 공급하는 기업으로서, ASML은 다른 어떤 기업도 이 퍼즐의 모든 조각을 맞출 만큼 충분히 똑똑하지 않다고 생각한다. 만약 극히 드물게 그런 일이 일어난다고 해도, ASML은 아마 그들에게 행운을 빌어줄 것이다. 이 기계는 외부인이 조작하기에는 너무 복잡하다. 이는 마치 서투른 운전자가 포뮬러 1 자동차의 운전대를 잡는 것과 같아서, 첫 번째 코너에서 사고를 낼 것이 뻔하다.

이러한 자신감은 외부인에게는 순진하거나 오만하게 보일 수 있다. 지식 재산 도난은 단기적으로는 큰 영향을 미치지 않지만, 장기적으로는 그 여파가 상당하다. ASML은 이 문제에 철저히 실용적으로 접근한다. 기술 경쟁에서 승리하는 유일한 방법은 상대보다 더 빨리 달리는 것이다. 보안이 항상 완벽할 것이라는 생각이나, 중국에서 자사의 특허가 항상 존중될 것이라는 기대는 모두 순진하다. 산업 스파이는 늘 따라오는 것이므로, 모든 이가 당신의 일거수일투족을 지켜보고 있다고 생각해야 한다. 그 사이 최대한 많은 돈을 벌고, 그 자본을 연구에 재투자하여 한 발 앞서 나가야 한다. 경쟁에서 이기고 싶다면 "혁신에서 그들을 앞서라."

그러나 이 전략의 경제적 논리는 기술 전쟁으로 인해 점점 더 약화되고 있다. 중국이 첨단 반도체 제조에서 차단되고 궁지에 몰릴수록, 퍼즐의 빠진 조각을 얻기 위해 어떤 수단이라도 사용할 것이 분명하기 때문이다. 게다가 중국 정부는 독립적인 국가 반도체 산업을 개발하기 위해 사실상 무제한의 예산을 할당했다. 상대의 자금력이 그렇게 막강하다면 이기기 어렵다.

중국인은 네덜란드인, 미국인, 대만인에 이어 ASML에서 네 번째로 많은 인구 비중을 차지한다. 약 1,500명의 ASML 직원들이 중국에서 일하고 있으며, 실리콘밸리의 직원 중 절반가량이 중국인이다. 중국 여권을 소지하고 있으면 특정 정보에 접근하거나 펠트호번의 일부 클린룸을 방문할 수 없는데, 이는 미국의 수출 규정을 위반하기 때문이다. 반대로, 미국인 직원들은 중국 반도체 회사에서 일할 수 없다.

이러한 차별적 경계선은 ASML이 협력하는 기관들, 예를 들어 기술 대학이나 네덜란드 응용과학연구소[TNO]에서도 분명히 드러난다. 네덜란드 정부는 중국이나 러시아 같은 국가로 학생들을 통해 민감한 기술 지식이 유출되는 것을 방지하기 위한 법안을 준비하고 있다. 물론, 여기에는 반도체와 칩 기계에 대한 연구도 포함된다.

네덜란드 대학들은 때때로 박사 후 연구를 하려는 중국인 후보자들을 심사하기 위해 AIVD에 도움을 구한다. 중국 군과 연계된 것으로 알려진 7개 대학, 즉 '국방 7자녀' 출신 학생들에 대해서는 전면 금지 조치가 내려졌다. 이러한 기관 출신 학생들이나 그들의 가족들은 중국 정부를 위해 정보를 수집하라는 압력을 받을 수 있으며, 일부는 획득한 지식을 공유해야 한다는 조건이 붙은 장학금을 받기도 한다. ASML도 이 대학들과의 협력을 축소하고 있지만, 여전히 중국의 기술 인재들에게 기회를 열어놓고 있다.

중국의 인재가 대체 불가능하며, 국적에 따른 차별은 ASML의 정책에 어긋나지만, 회사는 지정학적 한계를 무시할 수 없다. 암스테르담 대학과 협력하여 설립된 ARCNL 연구소에는 나노리소그래피를 연구하는 여러 명의 중국인 박사 과정 학생들이 있는데, 이들은 이제 ASML과의 일부 회의에 참석할 수 없다. 러시아는 민감한 지역이다. 펠트호번은 EUV 기계의 플라즈마 원료를 연구하는 데 도움을 준 러시아 과학 연구소 ISAN과의 협력을 중단했다. 모스크바 남쪽에 위치한 ISAN에는 러시아 플라즈마 물리학자들이 실험을 진행한 EUV 광원의 축소판이 있었다. 그들의 기여는 EUV를 가동하는 데 결정적인 역할을 했으며, 펠트호번으로 이주한 러시아 연구원들의 작업도 마찬가지였다.

"우리는 포용적이지만 더 이상 순진하지 않다"고 페터르 바이에르는 말한다. ASML은 또한 펠트호번 내부의 위험을 인식하고 직원들의 네트워크 행동을 모니터링하기 시작했다. 누군가 문서를 복사하거나 파일을 개인 이메일로 보내는 등 의심스러운 행동을 하면 경보가 울리는 첨단 탐지 소프트웨어가 설치되었다. 이 모니터링은 효과가 있었고, 가끔씩 파일을 빼돌리려는 사람들이 적발되었다. 그리고 만약 적발되면, 가혹한 대응이 기다리고 있다. 발리에르는 그저 메시지만 보내는 것이라고 말한다.

그가 원하지 않는 것은 ASML 내에 두려움의 문화를 조성하는 것이다. 직원들은 서로를 맹목적으로 신뢰할 수 있어야 한다. 신뢰가 없으면 대부분의 작업이 불가능하기 때문이다. 그럼에도 불구하고 보안 조치는 더욱 엄격해지고 있다. 공장과 연구실의 ASML 직원들은 이제 도난을 방지하기 위해 탐지 게이트를 통과해야 한다. 회사 네트워크의 장벽도 높아졌다. 이제는 재고 시스템에서 기술 도면을 무작위로 다운로드할 수 없으며, 엔지니어들이 실용적인 팁을 공유하는 위키백과 스타일의 사이트도 보안이 더 엄격한 IT 환경으로 옮겨졌다. ASML은 또한 칩 공장의 보안을 강화하기 위해 무장 경비를 도입했다. 서니 스탈네이커는 "우리에겐 주의해야 할 새로운 규칙들이 너무 많아요. 모두 매우 중요하지만, 그럼에도 불구하고 일할 시간을 어떻게든 찾아야 하죠"라고 말한다.

직원들은 피싱 시도를 인지하고 발견하는 교육을 받는다. 메일함에 무작위로 구직 인터뷰 초대장이 도착했다고? 조심해야 한다. 바로 이러한 상황에서 사람들이 자신이 일하는 회사에 대해 장황하게 이야기하는 경우가 많기 때문이다. 이러한 인터뷰들 중 일부는 정보를 얻기 위해 고안된 완전한 허위 인터뷰일 수 있다.

현장 전문가는 이러한 피싱 시도에 특히 취약하다. 팹에서 칩 기계를 완성하는 엔지니어들은 광범위한 실무 경험을 가지고 있으며, 인텔, 삼성, TSMC와 같은 고객들의 민감한 데이터를 자주 접하게 된다. 그리고 이 데이터는 피싱범들에게 금덩어리와도 같다. 최대의 칩 제조업체인 TSMC가 외부 세계와 거의 차단된 상태를 유지하는 것도 이 때문이다. "누구도 믿을 수 없다"고 대만인들은 말한다. 그들의 섬은 중국의 기업 스파이들로 가득 차 있으며, 전국적으로 '제로 트러스트' 사이버 보안 정책이 시행되고 있다. 타당한 이유가 있다. 2018년부터 2020년 사이에, 중국 해커 그룹이 신주에 있는 7개 이상의 칩 회사에 침투하여 칩 설계도를 훔쳤다.

이 해커 그룹은 ASML에서 멀지 않은 곳에 위치한 칩 제조업체 NXP의 컴퓨터 네트워크에서 2년 동안 눈에 띄지 않게 활동했다. 범인들의 목표는 칩 설계도였으며, 메일함과 기타 민감한 정보 출처를 뒤졌다. NXP가 이를 2020년 초에 발견했을 때, ASML에 경고를 보냈다. 다행히도 이번에는 펠트호번의 시스템이 위험에 처하지 않았다.

TSMC의 컴퓨터 역시 침입을 피할 수 없었다. 2018년 8월, TSMC의 한 공급업체 직원이 노트북으로 로그인했을 때, 실수로 '워너크라이Wanna-Cry' 컴퓨터 바이러스(2017년에 발생한 대규모 랜섬웨어 공격으로, 전 세계의 수많은 컴퓨터 시스템을 감염시킨 악성 소프트웨어)의 변종을 퍼뜨리면서 여러 공장이 가동을 중단해야 했다.

2022년 9월 글로벌 사이버 보안 서밋에서 대만 디지털 장관 오드리 탕이 이 사건을 언급했다. TSMC 정보 보안 책임자인 제임스 투 역시 청중 속에 앉아 있었다. 대만에서 정부와 기술 산업은 밀접하게 얽혀 있으며, 칩 공장을 보호하는 데 도움이 될 수만 있다면 무엇이든 최전선에 투입한다.

다음 차례로 화면에 네덜란드인의 얼굴이 나타났다. ASML의 정보 보안 책임자인 에르나우트 레이머Aernout Reijmer이다. 펠트호번에서 원격으로 접속한 그는 '신뢰의 원Circle of Trust'에 대한 발표를 하기 위해 한밤중에 일어났다. 신뢰의 원이란 네덜란드 10대 기업의 보안 책임자들이 협력하여 실시간으로 디지털 취약점과 해커 그룹에 대한 경고를 공급업체들과 공유하고, 보안 서비스 데이터를 공유하는 협력 관계다. 이 이니셔티브는 아직까지 경제 활동을 보호하는 공식적인 지침이 없는 상태에서 일종의 우회로로 고안되었다. 네덜란드에서는 정책 입안자들이 제조업의 전략적 중요성을 과소평가하는 경향이 있다.

공급업체의 취약성은 2021년 10월 사이버 공격으로 VDL이 가동을 중단했을 때 분명해졌다. ASML은 예방 조치로 외부 세계와 연결된 회사 네트워크를 일시적으로 차단했다. 1년 후, VDL의 빌럼 반 데어 리흐트는 AIVD 국장과 함께 ASML 캠퍼스를 방문해 브레인포트 지역의 기업가 200명과 자신의 경험을 공유했다. VDL의 요점은 이랬다. 네덜란드에서 가장 큰 산업 기업조차 사이버 공격에 타격을 입을 수 있다면, ASML의 더 작은 공급업체들은 신속하게 대응하고 보안을 최우선 과제로 삼아야 한다. 단 하나의 랜섬웨어 공격, 하나의 문제만으로도 전체 가치 사슬이 무너질 수 있다.

기계 설계만이 ASML이 관리하는 민감한 문제는 아니다. 펠트호번은 전 세계 거의 모든 주요 칩 공장을 감시하며, 자발적으로 생산 데이터를 공유하는 제조업체들의 리소그래피 시스템으로부터 실시간 업데이트를 받는다. 대부분의 제조업체는 기꺼이 데이터를 제공하며, 이를 통해 ASML은 기술 문제를 더 신속하게 해결하고 전체 생산 능력을 파악할 수 있다. 이 방식으로 칩 제조업체들은 다시 주문해야 할 기계 수를 더 정확하게 추산할 수 있다. 너무 많은 기계를 주문하면 과잉 생산이 발생하고, 과잉 칩은 시장 붕괴를 초래할 수 있다. 이는 어떤 제조업체도 원하지 않는 일이다. ASML이 매년 가능한 많은 기계를 판매하고 싶어할 것 같지만, 회사는 장기적으로 균형 잡힌 시장을 더 선호한다.

ASML은 2009년 대형 위기 이후 이 접근 방식을 도입했다. 연결된 제조업체들은 자신들의 현재와 예측된 전 세계 칩 생산 점유율만을 볼 수 있다. 이는 ASML이 전체 칩 생산 지형에 대한, 독특하고도 완전한 개요를 가지고 있음을 의미한다. 이 매우 민감한 데이터는 철저히 보호되어 ASML 직원 중 극소수만 접근할 수 있다. 이 시스템은 고객들의 감사를 받으며, ASML의 자체 청사진보다도 더 엄격한 보호를 받는다.

펠트호번은 마침내, 유럽에서 가장 가치 있는 기술 기업의 영업 비밀을 보호하기 위해서는 방벽을 강화해야 한다는 것을 깨달았다. 그러나 변하지 않는 것도 있다. 2023년 초, 마르틴 반 덴 브링크가 타이페이에서 택시 뒷좌석에 핸드폰을 두고 내렸다는 것을 한 시간 뒤에야 깨달았을 때 아무도 놀라지 않았다. 누구든 핸드폰을 가져갈 수 있었지만, 그는 전혀 신경 쓰지 않았다. 그저 다시 돌아올 것이라고 믿었다. 항상 그랬으니까. 그의 주변 사람들은 마르틴의 마음이 일상적인 문제에는 거의 힘을 쏟지 않는다는 것을 알고 있다. 15년 후를 내다보고 있는 사람이라면 그럴 수밖에 없다.

마르틴의 법칙

그가 무언가를 말하고 싶을 때면, 보통 관련 없는 질문으로 시작한다.

"토마스, 당신 은퇴 언제 한다고 했죠?" 마르틴이 묻는다.

"아마 10년쯤 후일 걸요?" 자이스의 기술 이사인 토마스 슈탐러가 대답한다. 2021년 여름, 두 사람은 자이스와 ASML의 새로운 상업적 계약을 기념하며 잠시 함께 시간을 보내고 있다. 맥주가 흐르고, 음식도 훌륭하다. 미래를 내다보기에 완벽한 순간이다.

"그러면 당신이 은퇴하고 나서 5년, 10년 후를 위한 계획을 세웁시다."

지난 40년 동안 ASML 기계가 인쇄하는 미세 선폭은 마이크론에서 몇 나노미터로 줄어들었다. 이는 약 천 배 더 작아진 셈이다. 눈에 보이지 않던 것이 거의 측정할 수 없을 정도로 작은 것으로 변해가는 여정이었다. 기계가 실리콘 웨이퍼의 감광성 층에 더욱 정확하게 빛을 비추도록 기술 혁신을 거듭하는 일은 매번 불가능한 일처럼 보였다. 그러나 ASML은 지금까지 해냈다. 하지만 그 끝은 어디일까?

하이 NA 기계의 생산이 가까워짐에 따라 반 덴 브링크의 은퇴도 다가오고 있다. 그러나 마르틴은 이것이 ASML에서의 그의 마지막 업적이 되는 것을 원하지 않는다. "마지막으로 만든 것에서 멈추면 안 돼죠. 나는 끝을 보지 못할 유산을 남기고 싶어요." 하지만 그 지평선에 있는 목표는 이미 이름을 가지고 있다. 하이퍼 NA다. 그 기계가 실제로 등장할지는 불확실하다. 그러나 ASML에서 무엇이건 확실한 적이 있었던가?

2021년 토마스 슈탐러와의 대화 이후, ASML은 자이스에 더 큰 렌즈 구경을 가진 EUV 광학 기기를 설계할 수 있는지 문의했다. 하이 NA가 0.55의 렌즈 구경을 가지고 있다면, 하이퍼 NA는 0.7을 넘어서 더욱 정밀한 칩 구조를 노출할 수 있게 될 것이다. 그 렌즈는 최고의 선택이지만, 거울의 크기를 키우면 전체 스캐너도 더 커져야 한다. 그리고 이 기계는 이미 그 자체로도 충분히 거대하다.

하이 NA 기계를 설계하는 일은 예상보다 훨씬 더 복잡했다.

넓은 각도의 렌즈는 까다로웠고, 웨이퍼는 더 빠르게 움직여야 했으며, 거울은 달에 있는 골프공을 맞출 정도로 정밀해야 했다. 하지만 이러한 기술적 난관을 극복한 오버코헨은 이제 새로운 도전에 맞설 정신적 여유가 생겼다. 기술적인 관점에서 볼 때, 새로운 목표는 도달 가능한 것으로 보인다. 자이스는 하이퍼 NA가 전혀 새로운 측정 기술을 필요로 하지는 않을 것이라 예상한다. 이는 귀중한 시간을 절약해줄 것이다. 문제는 이 기계를 구입할 자금을 누가 대느냐는 것이다.

EUV 분야에서 독점적인 지위를 누리고 있는 펠트호번은 새로운 리소그래피 도입에 관한 모든 결정을 지배하고 있는 듯하다. 하지만 펠트호번이 무시할 수 없는 변수가 하나 있다. 바로 경제다.

무어의 법칙은 더 이상 유효하지 않다. 현재의 속도로는 2년마다 트랜지스터를 두 배로 늘리는 것은 지속 가능하지 않다. ASML의 연구 이사인 요스 벤쇼프에 따르면, 발전은 물리적인 한계가 아니라 경제적인 이유로 제한된다. 그러한 제약이 없다면, 원자가 칩의 선 사이를 지나지 못하게 되는 시점까지는 40년이 더 걸릴 것이라고 그는 추정한다.

반도체 제조업체들의 마케팅 부서 말을 믿는다면, 칩 패턴은 계속해서 빠르게 축소되고 있다. 최신 유행은 기술을 설명할 때 옹스트롬(1옹스트롬=0.1나노미터) 단위를 사용하는 것이다. 그러나 이 용어는 칩 산업이 더 작은 크기로 축소하려면 투자 비용이 너무 커서 수익을 낼 수 없는 지점에 빠르게 접근하고 있다는 사실을 숨긴다. 그게 바로 진짜 한계다. 만약 칩 제조업체들이 하이퍼 NA 기계에서 더 이상 가치를 추가할 수 없다면, ASML은 그 기계를 생산해도 얻을 것이 없다. 쉽게 말해, 비용이 너무 많이 든다는 뜻이다.

최첨단 칩 기계를 구매할 수 있는 대형 칩 제조업체는 소수에 불과하다. 만약 인텔이 삼성과 TSMC와의 경쟁에서 뒤처지면, 그 두 선두 주자만 남게 된다. ASML은 남아 있는 칩 제조업체의 수에 대해 크게 걱정하지 않는다. 예상대로 시장이 계속 성장하기만 하면 된다. 그리고 걱정할 이유도 없다. 데이터센터, 통신 네트워크 심층 데이터 처리, 스마트 산업 및 헬스케어, 에너지 전환, 그리고 더욱 지능화된 AI 등에는 점점 더 많은 연산 능력과 저장 용량이 필요하다. 세계는 데이터에 중독되었으며, 이 중독을 끊는 것은 불가능에 가까운 일임이 증명되고 있다.

이러한 종류의 칩을 제조하는 업체들은 하이퍼 NA가 제공할 미래를 기대하고 있다. 즉, 나노 규모의 복잡한 구조에서 더 작은 세부 사항을 인쇄함으로써 더 좋은 성능을 얻을 수 있으리라는 기대다. 예를 들어, 기존의 핀펫 기술을 대체한 새로운 세대의 더 효율적인 트랜지스터는 '게이트 올 어라운드 gate-all-around' 또는 '나노시트 nanosheet'라 불리며, 이 스위치는 핀 모양이 아니라 미세한 튜브 형태로, 0에서 1로 변환할 때 에너지 손실이 적다.

ASML은 메모리 칩 제조업체들도 하이퍼 NA 기계를 주문하도록 설득하고 있다. 하지만 데이터 저장에 사용되는 낸드 칩에서는 더 작은 선폭이 더 이상 필요하지 않다. 낸드 칩은 수백 개의 층이 쌓인 3D 구조로, 그 세부 구조는 상대적으로 조악하다. 또한, DRAM 칩(작업 메모리에 사용된다)도 쌓아올려질 가능성이 있다. 모든 것이 수직으로 쌓이게 되면, 크기를 줄이는 속도는 느려질 것이다. 그러나 제조업체들과의 논의 끝에, 반 덴 브링크는 하이퍼 NA가 더 작은 메모리 셀을 제조하는 데 매력적일 수 있다고 결론을 내렸다. "고객을 어떤 것에 흥분하게 만들고 나면, 문을 나서는 순간부터 스스로 의문을 품기 시작합니다. 우리가 하이퍼 NA를 선택해서 10년 후에 그 기계를 만들 수 있다면, 상황이 완전히 달라질 수도 있겠지요."

반 덴 브링크는 ASML을 독점 기업으로 키웠지만, 그는 항상 ASML이 칩 제조업체들에 얼마나 의존하고 있는지를 강조한다. "우리가 아무리 많은 돈을 벌어도, 우리는 고객에게 의존합니다. 그것을 잊는다면, 모든 것이 잘못될 거예요."

그러나 칩 제조업체들 역시 펠트호번에 전적으로 의존하고 있다. 하이 NA 기계를 구매할 때, 그들은 4억 유로를 지불하지만, 출하될 때까지도 그 기계는 작동조차 하지 않는다. 그들이 받을 수 있는 투자에 대한 보장은 ASML의 "해내겠다"는 약속뿐이다. ASML의 제한된 생산 능력도 칩 제조업체들 간 경쟁에서 하나의 무기로 사용된다. 인텔이 최초의 하이 NA 기계를 구매했을 때, 삼성과 TSMC는 이로 인해 그들의 기계를 더 오래 기다려야 한다는 사실을 알고 있었다. 이 움직임은 인텔이 경쟁에서 이기기 위한 야심 찬 계획의 첫걸음이었다.

일부 칩 제조업체들은 의도적으로 ASML의 구형 기계를 고수하는데, 이 시스템들은 여전히 일본의 기계로 대체될 수 있기 때문이다. 이는 그들에게 협상력을 제공하고, ASML에 불만이 있을 때 사용할 수 있는 지렛대 역할을 한다.

ASML의 지배적인 위치 때문에, 펠트호번은 항상 긴장감을 유지해야 한다. 이것이 마르틴이 모든 면에서 겸손을 강조하는 이유다. 그의 가장 큰 두려움은 ASML의 거대한 시장 지배력이 오만이나 안일함으로 이어질 수 있다는 것이다. 90년대 니콘이 그랬던 것처럼 말이다. 당시 일본은 리소그래피 기계 시장을 지배했지만, 칩 제조업체들의 요구를 따라가지 못하면서 새로운 경쟁자가 등장할 틈을 열었다. 리소그래피 기계에 문제가 생기면 ASML은 책임을 지고 해결했지만, 니콘은 덜 유연했고, 그 결과 시장을 잃어버렸다.

'겸손을 유지하라'는 접근 방식을 이해하지 못하는 동료들은 마르틴이 올바른 태도를 갖추도록 돕는다. ASML 직원들은 고객의 문제를 해결하는 데서 그치지 않고 그 문제를 함께 느껴야 한다. 한 엔지니어가 칩 제조업체가 겪고 있는 웨이퍼 변형 문제는 그들의 잘못이라고 말했을 때, 마르틴의 눈썹이 치켜 올라갔다. "당연히 그들 잘못이지, 우리 잘못은 아니지." 그가 냉소적으로 반응했다. "좋아, 그럼 우리 기계에서 웨이퍼를 아예 빼버리자고.

문제 해결됐네."

작은 제스처로 상황을 부드럽게 만들 수 있다면, 그 행동을 주저할 필요가 없다고 한 관리자는 말한다. "몇 백만 유로짜리 렌즈를 공짜로 준다고 해서 문제가 생기진 않아요. 하지만 그 고객이 협조를 거부했다고 마르틴에게 전화를 걸면, 그땐 크게 혼나는 거지."

회사가 정상에 머무는 시간이 길어질수록, 실패할 수 있는 미래를 상상하는 것은 더 어려워진다. 정상에 있는 게 자연스러운 질서의 일부처럼 느껴질 수 있지만, 반 덴 브링크는 세상이 그렇게 돌아가지 않는다는 것을 알고 있다. 그는 왜 젊은 세대가 이를 이해하기 어려운지 안다. 그들은 아직까지 심각한 칩 위기나 대규모 해고를 겪어본 적이 없기 때문이다. "일부 사람들은 모든 것이 그냥 저절로 이루어질 거라고 생각해요. 우리가 두 번 성공했으니, 세 번째도 당연히 성공할 거라고 말이죠."

그는 자신의 편집증을 소중히 여긴다. 위험은 언제나 도처에 도사리고 있다. 엔지니어들과 그들이 가고 있는 길에 대해 상의할 때조차 의심이 그의 혈관을 타고 흐른다. "우리가 오른쪽으로 가기로 결정했다면, 집에 가서 밤새도록 누워서 정말 오른쪽으로 가야만 하는지 고민을 합니다."

마르틴은 위험에 익숙하다. 그렇지 않다면 90년대 초 ASML이 불가능해 보이는 EUV 프로그램에 수십억을 투자하기로 한 결정을 설명할 방법이 없다. 동시에, 반 덴 브링크는 잘못된 결정을 내리는 것이 두렵다. 그에게 이는 모순이 아니다. "나는 회사를 위해 도박을 한 적이 없습니다. 우리는 항상 돈을 벌기 위한 또 다른 전략을 준비해두고 있지요."

앞으로 10년에서 15년 동안 ASML은 단순히 선형 축소, 즉 제곱 밀리미터당 트랜지스터 수를 늘리는 것만을 내다보지 않는다. 또한, 팹 내 개선은 최적화 소프트웨어와 측정 검사를 통해 이루어질 것이며, 이는 곧 매퍼의 기술로 강화될 것이다. 이를 통해 칩의 레이어가 최소한의 이동으로 더 잘 맞도록 할 수 있다. 이러한 모든 측정값은 리소그래피 기계로 전달되며, 이는 기술을 복제하기 어렵게 만드는 요소가 되기도 한다. 먼 미래를 위한 보험인 셈이다.

이제 EUV에 대한 신뢰가 어느 정도 쌓이면서, 개발자들은 다른 스캐너들을 업그레이드하는 일에 눈을 돌리고 있다. 자동차 산업에서 요구되는 칩은 덜 복잡한 DUV 기계와 80년대의 '빈티지' 모델인 구형 PAS 시스템으로 만들어진다. 이 역시 빠르게 성장하는 시장이며, ASML은 이 기회를 놓칠 생각이 없다.

동시에, 엔지니어들은 기존 EUV 기계의 수율과 가용성을 개선하려고 노력 중이다. 광원은 여전히 제한 요소이며, ASML은 결국 드롭릿의 주파수를 초당 5만 회에서 10만 회로 높이고자 한다. "터지지만 않으면 괜찮다"고 반 덴 브링크는 말한다.

드롭릿을 더 효과적으로 분해할 수도 있다. 현재 레이저는 유명한 주석 팬케이크를 두 차례 때린다. 하지만 이 주석은 완벽하게 평평하지 않다. 크레페보다는 두꺼운 테두리가 있는 피자에 가깝다. 이는 모든 주석이 완전히 활용되지 않는다는 뜻이다. 그러나 레이저에 한 번 더 펄스를 추가하면 드롭릿을 더 잘 분쇄할 수 있다. 예상할 수 있듯이, 이 3단계 폭발은 더 많은 에너지를 생산한다.

다가오는 10년은 모든 것이 에너지를 중심으로 돌아갈 것이다. 크기를 축소하는 속도는 느려질 수 있지만, 칩의 에너지 소비는 계속 줄어들고 있다. 에너지 절감을 달성하기 위해 칩 제조업체들은 고등학교 화학 선생님이 기겁할 만한 새로운 재료와 금속을 실험 중이다. 또 다른 방법은 하나의 칩에 여러 개의 특화된 구성 요소, 즉 칩렛chiplets을 결합하여 더 강력한 프로세서를 만드는 것이다. 이러한 반도체를 하나의 패키지로 결합하는 것은 복잡하지만, TSMC는 2년마다 에너지 효율 성능(EEP, Energy-Efficient Performance)을 3배로 늘릴 계획이다. ASML의 역할은 이러한 목표를 달성하는 데 필요한 도구를 제공하는 것이다. 2021년, 마르틴은 EEP 예측을 향후 10년을 위한 가이드라인으로 제시했다. 무어의 법칙이 느려지고 있지만, 마르틴의 법칙은 어려움 속에서도 계속해 나아간다

EUV 스캐너의 효율성은 여전히 약점으로 남아 있다. 레이저는 매우 많은 양의 전력을 소비하지만, 그중 상당 부분이 낭비된다. 이 문제의 해결책은 독일 남부 슈투트가르트 근처의 디칭엔이라는 작은 마을에서 찾을 수 있다. 이곳에서 트럼프는 EUV 기

계에 생명을 불어넣는 레이저를 제작하고 있다.

ASML의 간소한 건물들과 비교해보면, 트럼프 공장은 마치 현대 미술관처럼 보인다. 강철, 나무, 콘크리트로 지어진 세련된 라인들이 돋보인다. 지하의 복도 네트워크는 흠잡을 데 없는 생산 공장과 둥근 형태의 블라우토프 레스토랑을 연결하는데, 이곳에서는 정오가 되면 따뜻한 점심 식사가 제공된다. 독일 바덴뷔르템베르크주에서의 점심시간은 언제나 정시에, 정확하게 이루어진다. 마치 그들의 레이저처럼 말이다.

가까운 테스트 챔버에서 트럼프의 엔지니어가 삼중 레이저 증폭기를 테스트 중이다. 이산화탄소, 헬륨, 질소의 혼합물은 귀를 찢을 듯한 날카로운 소음과 함께 제트 엔진만큼 강력한 레이저 빔을 만들어낸다. 15개의 대형 컴퓨터 랙이 그 주변을 둘러싸고 전력을 제어한다. 이 거대한 기계는 매우 복잡해서, 섬세한 거울, 파이프, 필터, 센서들로 가득 차 있어 전문가들이 오류를 찾아내는 데 몇 주가 걸릴 수 있다.

테스트가 끝나면 17톤에 달하는 레이저는 해체되고, 수작업으로 청소된 후 칩 공장으로 배송되어 서브팹에 설치된다. 그곳에서 리소그래피 기계와 잠망경을 통해 연결되고, 마침내 드롭릿 폭발이 시작된다. 사이머와 ASML과 협력하여 트럼프는 EUV 요구사항에 맞추기 위해 수년간 레이저를 조정했다. 그 노력은 결실을 맺고 있다. 디칭엔에서 1,500명이 ASML 레이저 작업에 종사하고 있으며, 매년 8억 유로의 수익을 창출한다. 이 정도면 공장을 현대적인 건축 걸작으로 탈바꿈시키기에 충분하다.

EUV 레이저는 상상할 수 없을 만큼 강력하다. 하지만 여기서 멈출 필요는 없다. 디칭엔의 클린룸에서 독일인들은 남은 에너지를 모두 짜내기 위해 열심히 작업 중이다. 에너지를 더 잘 활용하는 한 가지 방법은 고체 상태의 별도 레이저를 사용해 첫 번째 부드러운 충격을 유도하는 것이다. 이렇게 하면 가스를 더 이상 소비하지 않아 더 강력한 충격을 위한 추가 에너지를 확보할 수 있다.

에너지 절약은 필수적이다. 트럼프는 계산을 마쳤다. 2022년, 디칭엔은 ASML에 70개 이상의 레이저를 공급했다. 이 레이저들이 최대 용량으로 작동하면, 한 해 동안 슈투트가르트의 63만 명 주민 전체가 사용하는 에너지만큼 소비된다.

이는 자랑할 만한 일이 아니다. 그린피스의 추정에 따르면, 2030년까지 글로벌 반도체 산업의 에너지 소비는 2021년의 두 배인 237테라와트시^{TWh}로 증가할 것이다. 이는 호주 전체의 에너지 사용량에 맞먹는 수치다. 그린피스는 또한 세계 최대의 칩 제조업체인 TSMC의 에너지 소비가 같은 기간 동안 3배로 증가할 것이라고 예상한다. 이 전망은 이미 지역 인프라에 큰 부담을 주고 있는 대만에게는 문제가 된다. TSMC는 섬 전체 에너지의 6퍼센트 이상을 소비하고 있으며, 일부 지역에서는 냉각용으로 전체 가용 수자원의 10퍼센트를 사용하고 있다.

하지만 EUV 기계가 막대한 양의 전력을 소모하는 반면, 그 기계가 생산하는 칩은 이전 세대 칩들보다 더 에너지 효율적이다. 장기적으로는 전 세계 에너지를 절약할 수 있다. 그러나 트럼프가 잘 알고 있듯이, 드롭릿의 주파수를 높이면 EUV 광 생성의 효율을 훨씬 더 높일 수 있다. 레이저 시스템이 생성하는 상당한 양의 열도 물로 냉각되어 이 물은 인근 가정과 지역 사회 난방에 사용할 수 있다. 잉여 열을 활용해 유용한 에너지로 전환할 수 있는 방법은 TSMC와 인텔의 환영을 받는다. 이들은 환경에 미치는 영향을 줄이는 것을 중요하게 여긴다. 그리고 ASML은 고객이 원하는 것을 제공해야 할 것이다.

트럼프는 이를 해결하기 위해 노력하고 있으며, 가정에서 재사용할 수 있는 온도로 레이저 시스템을 냉각하는 새로운 방안을 고안하고 있다. 마르틴에게는 지역 난방 전문가로서의 경력이 있기 때문에, 이는 개인적인 과업이기도 하다. 새로운 목표가 지평선에 떠올랐다. 바로 EUV 광원에서 나오는 폐열을 활용하는 것이다. 이것은 ASML에 남길 또 하나의 그의 유산이다.

오른쪽을 피하라

ASML에서 40년에 걸쳐 경력을 쌓아온 반 덴 브링크는 자신만의 거대한 캐릭터를 만들어냈다. ASML은 기계에 집중하는 회사이기 때문에 그 밖의 모든 것은 여기서 흐릿해지는 것처럼 보인다. 그는 종종 애플 창업자 스티브 잡스와 비교된다. 둘은 기질과 전략적 통찰력의 조합, 세부 사항을 보는 눈과 기발한 마케팅 감각을 공유한다. 그리고 스티브 잡스처럼, 반 덴 브링크는 고객이 요구하는 것을 단순히 제공하는 것이 아니라, 그들에게 필요한 것이 무엇인지를 알려준다. 그리고 고객은 그를 신뢰한다. ASML의 전략 전반에서 애플의 방식을 엿볼 수 있다. 하드웨어, 소프트웨어, 서비스의 완전한 통합은 물론, 브라반트의 '지니어스 바$^{Genius Bar}$'까지.

"다 헛소리예요." 마르틴은 투덜거린다. "이 회사는 한 사람에 의해 좌지우지되는 게 아니란 말입니다." 그의 눈에는 ASML에 미친 자신의 영향은 모두 타이밍 문제였다. 필립스의 선구자들이 발명한 기술을 발전시킬 수 있었던 것은 그저 운이 좋았을 뿐이라고 그는 생각한다. 마르틴이 보기에 ASML은 40년이 아닌 50년 동안 존재해온 셈이다. 게다가 그는 리소그래피 기계 전체를 다뤘던 마지막 경영자다. 자연스럽게 그의 역할은 점점 확장되었다. 마르틴은 연구 개발, 지적 재산권을 감독하며, 칩 제조업체들과 논의하고, 여유 시간에는 새로운 발명품을 고안한다. 2022년, 반 덴 브링크는 머신러닝 관련 특허를 등록했으며, 이는 ASML의 실리콘밸리에서 '부두^{Voodoo}' 소프트웨어를 개발하는 데 기여했다. 가장 복잡한 기술을 이해하려는 열정은 여전히 남아 있지만, ASML의 기술력이 워낙 광범위해 따라잡기가 쉽지 않다.

8년간 함께 회사를 이끌어온 페터르 베닝크와 반 덴 브링크는 2022년에 계약을 2년 더 연장했다. 급격한 성장, 코로나바이러스, 물류 악몽, 지정학적 혼란이 모두 한꺼번에 닥쳤고, 두 사람 다 ASML을 이 시점에서 떠나고 싶지 않았다. "마치 어디선가 갑자기 화물 열차가 달려와 모든 것을 부수며 지나가는 것 같았다"고 베닝크는 묘사한다.

인생의 한 장을 마무리할 때 그들은 어떤 모습일까? 그 빈자리를 누가 메우게 될까?

최근 몇 년 동안 ASML은 새로운 세대의 관리자들을 양성해왔다. CFO 다센도 베닝크로부터 일부 업무를 넘겨받아 브레인포트 지역을 대표하며 헤이그에서 정치인들과 악수를 나누고 있다. 네덜란드와 벨기에 국왕이 루벤에 있는 imec 연구소를 방문했을 때, ASML을 대표해 참석한 사람도 다센이었다. 그가 단순히 친근한 얼굴만 담당하는 건 아니다. 2021년, 다센은 EUV 제품 라인 책임자인 프랑스 이사회 멤버 크리스토프 푸케Christophe Fouquet와 함께 자이스와의 상업적 협상을 이끌었다. 푸케는 어플라이드머티어리얼즈와 KLA에서 근무한 후 2008년에 ASML에 합류했다.

베닝크와 함께, 반 덴 브링크도 이제 다른 경영진들과 산책을 하며 지식을 공유하고 아이디어를 나눈다. 그만의 방해받지 않는 대화 방식이다. 푸케의 차례가 되면, 그는 아침 7시에 쏟아지는 빗속을 두 시간 동안 함께 걸었다. 외부 세계도 이제 프랑스인 푸케를 알아가고 있다. 2023년 6월, 《니케이아시아》와 《파이낸셜타임스》는 그와의 인터뷰를 실었으며, 그 인터뷰에서 그는 전 세계 칩 산업의 '불가능한' 분리에 대한 자신의 견해를 전했다.

그러나 마르틴 같은 사람은 다시 없을 것이다. 헤르만 붐에 따르면, ASML이 그의 자리를 채우려면 여러 사람이 필요할 것이다. 붐은 개발 부서를 이끌었고 나중에 DUV 제품 라인을 담당했으며, 동료들은 그를 '미니 마르틴'이라고 부른다. 그는 확실히 마르틴의 리더십 스타일을 좋아한다. "그에게서 무엇을 해야 한다는 식의 말은 들은 적이 없어요. 그저 당신 스스로 그 일을 해야 한다고 느끼게 만들죠."

반 덴 브링크의 설득력은 그의 어린아이 같은 열정에 있다고 서니 스탈네이커는 말한다. "그건 마치 '현실 왜곡의 장' 같은 효과가 있어요. 마르틴은 당신의 관점을 흔들어놓고, 불가능한 일을 가능하게 만들 수 있다고 확신하게 만들죠. 그가 내가 30년 동안 이곳에 머물러 있는 이유예요."

그 열정은 신체적으로도 나타난다고 스탈네이커는 덧붙인다. 절대 마르틴의 오른쪽에 앉으면 안 된다. 만약 그렇게 된다면 무슨 일이 꼭 발생한다. 페터르 베닝크도 이 사실을 잘 알고 있다. 그는 한국을 방문했을 때 서니의 호텔방에서 열린 업무 회의에 참석했는데, 유일한 빈 자리가 마르틴의 오른쪽에 있었다. 반 덴 브링크가 열정적으로 연설을 하다가 얼음물 가득 든 잔을 베닝크의 노트북과 바지에 엎질렀다. 베닝크는 혼잣말로 욕을 하며 노트북을 옆으로 돌려 물을 빼냈다.

베닝크는 사무실에서 마르틴에겐 덤벙대는 면이 있다고 살짝 꼬집는다. 그는 마르틴의 걸음걸이를 흉내내기도 했는데, 약간 뒤뚱거리며, 발끝을 바깥으로 향한 채로 걷는다. 그런 걸음걸이는 문제를 일으키기 딱 좋다. 어느 토요일 아침, 둘은 둘 다 포르쉐를 산 적이 있는 자동차 딜러숍에서 우연히 마주쳤다. 카푸

치노를 마시며 스포츠카들을 감상하고 있었는데, 한 컨버터블이 마르틴의 눈길을 끌었다. 그는 차로 걸어가다가 타이어에 발이 걸려 넘어졌고, 가득 찬 커피를 가죽 시트에 쏟고 말았다. "젠장." 그는 혼잣말로 중얼거렸다.

반 덴 브링크는 4년마다 포르쉐 카이엔을 교체하러 딜러에게 가는데, 차는 항상 여기저기 흠집투성이다. "사실 이 차는 너무 과시적이야. 동료들 중 많은 사람이 그런 차를 타고 있어. 우리가 20년 전에 말했지. 회사 상황이 좋지 않을 때는 이런 과시적인 차를 타는 게 현명하지 않다고 말이야."

자동차는 ASML CEO가 가장 좋아하는 장난감이지만 페터르 베닝크는 자신의 소중한 포르쉐 컬렉션을 자랑하지 않는다. 반면 로저 다센의 이탈리아 스포츠카 사랑은 잘 알려져 있다. "다센은 더 공개적으로 즐기죠." 반 덴 브링크가 말을 멈추고 문장을 어떻게 끝낼지 생각하며 말했다. "하지만 그건 그 사람 삶의 한 측면일 뿐이에요. 사람을 비슷한 점으로 존중해야지, 당신이 하지 않을 일을 기준으로 판단하면 안 되죠."

그는 설교하고 싶지는 않지만, ASML 직원들은 겸손하고 도움을 주는 사람이 되어야 한다고 믿는다. 이럴 때면 반 덴 브링크의 성장 배경이 드러난다. 그는 더 이상 종교적이지 않지만, 네덜란드 성경벨트에서 자란 것은 그의 삶에 지속적인 영향을 남겼다. 칼뱅주의적 성향과 자신의 부를 조화시키는 일은 쉽지 않다. ASML의 임원 보수는 국제 기술 기업들의 수준에 맞춰져 있으며,

이에 매년 수백만 유로를 번다. 이는 엄청난 돈이며, 반 덴 브링크는 그 사실을 잘 알고 있다. 그리고 1995년 이후 그의 주식 포트폴리오는 계속 상승했다. "난 그걸 흥미로운 변수라고 생각해본 적이 없어요. 이런 변수가 있다는 것은 사치죠. 나도 알아요."

부자가 되는 것을 부끄러워할 필요는 없지만, 그걸 과시하는 것은 예의에 어긋난다. 그래서 반 덴 브링크는 2001년 사내 잡지에 자신의 말과 함께 사진이 실린 것이 그렇게 불만스러웠다. "승마는 돈이 많이 드는 취미라고요! 내가 이런 풍족한 삶을 살고 있다는 걸 다른 사람들에게 어떻게 설명해야 하죠? 사람들이 내가 자만에 빠졌다고 생각하지 않을까요? 내가 일하는 회사보다 나 자신을 더 키우는 일에 관심이 있다고요."

ASML 직원들은 금융적 성공에 취해버리기 쉽다. 매년 3월, 이익 배당 기간이 되면 브라반트 지역의 상점들은 ASML 직원들이 순식간에 수만 유로를 벌었다는 사실을 알아챈다. 게다가 단기와 장기 보너스도 따로 있다. 이런 후한 급여가 ASML을 '황금 우리(Golden cage, 외적으로는 매우 좋게 보이지만, 내적으로는 구속감을 주는 상태)'라고 부르는 이유다. 겉보기에는 알 수 없다. 직선에 각진 건물들은 기능성만을 외치고 있다. 플라자 레스토랑만이 유일하게 유쾌하게 디자인되었는데, 어딘가에서라도 사람들을 환영하는 느낌을 주어야 하기 때문이다. 똑같은 미술 작품이 수년간 사장들의 사무실에 걸려 있지만, 아무도 신경 쓰지 않는다.

ASML 직원들은 세계를 끊임없이 돌아다닌다. 여행은 조직적으로 이루어지지만 그 이상은 기대하지 않는 것이 좋다. 엔지니어들은 프리미엄 이코노미석을 이용하고, 장기간 해외에 머물 경우 하루 60~100유로의 일당을 받는다. 부사장들은 비즈니스 클래스를 이용하지만, 다른 직원들은 대륙 간 출장 사이에 60일 미만의 간격이 있을 때만 업그레이드를 받을 수 있다. 비행기에서 내리면 곧바로 일에 착수한다. 만약 외딴 호텔에서 1~2주 동안 의무적인 격리 생활을 해야 한다면? 받아들여야 한다. 이것도 계약의 일부다. 이 규칙은 감사회 멤버나 경영진에게도 동일하게 적용된다. 그들이 고객과 함께 미국 출장을 갈 때는 대개 80년대 양탄자와 천장 타일이 있는 평범한 호텔에 묵는다. 반도체 세계는 수율이 핵심이지, 제트족들이 사는 세상이 아니다.

이러한 네덜란드식 절약 정신은 오랫동안 ASML의 특징이었다. 20년 전 펠트호번을 방문한 고객이라면, 치즈 샌드위치와 우유 한 잔을 받았을 것이다. 그들은 제조업체들이 기계를 보러 온 것이지, 점심을 먹으러 온 것이 아니라고 생각했다. 요즘은 조금 더 화려해져서 크루아상도 제공된다.

ASML은 네덜란드를 남북으로 가르는 강 남쪽에서 태어났지만, 북쪽의 칼뱅주의 정신 아래 성장했다. 이는 ASML이 맡고자 하는 역할과 잘 맞아떨어진다. 최대 수익을 추구하는 오만한 기술 회사가 아닌, 반도체 산업에 가치를 더하는 공급업체들의 관리자로서의 역할 말이다.

그러나 가장 특징적인 문화의 전파자들이 떠나면 이러한 규범과 가치가 희미해질 위험이 있다. 반 덴 브링크가 떠나면 단순히 그가 수행해온 수많은 역할 때문만이 아니라, 큰 공백이 생길 것이다. 이 공백 속에서 그가 종식시켰던 잡생각이나 동기들이 다시 자라날 수 있으며, 그로 인해 ASML이 가장 두려워하는 정치와 자아가 조직에 스며들 가능성이 커질 수도 있다. 하지만 반 덴 브링크는 걱정하지 않는다. 그의 말에 따르면, ASML은 처음부터 기술과 회사를 자신보다 우선시하는 사람들, 큰 퍼즐의 한 조각이 되기를 원하는 사람들을 자연스럽게 끌어들여왔다. 페테르 베닝크도 같은 생각이다. "아무도 중요하지 않아요. 다만 책임이 큰 자리만 있을 뿐이죠." 베닝크는 이렇게 말한다. 연 매출 270억 유로를 올리는 회사의 수장이라서 할 수 있는 말이다. 그의 아내가 사람들이 그를 20년 전과 다르게 본다는 것을 알고 있는지 묻자, 베닝크는 그 사실을 받아들이는 것이 어렵다고 인정한다.

회사 내 기술자들과 대화하다 보면 베닝크의 역할을 과소평가할 수도 있다. 그는 기술적 배경이 부족하고, 반 덴 브링크만큼 직설적이지 않기 때문이다. 그러나 베닝크의 능력 덕분에 회사 내 '카우보이들'이 충분히 활동할 공간을 가졌고, 가장 폭발적인 성격의 사람들도 함께 일할 수 있었다. 한번은 대화 중에 그가 사무실에 걸린 만화 그림 쪽으로 걸어갔다. 이 만화는 ASML 경영진을 도운 컨설턴트가 준 선물로, 'Petriduct'라는 서명이 적혀 있었다. 페터르, 즉 '다리 놓는 사람'을 위한 것이다.

ASML 직원들은 보통 일과 사생활을 분리한다. 이는 개인적인 감정을 배제해야 하는 회사에서 흔한 일이다. 하지만 회사를 떠난 후에도 페터르가 반드시 계속 볼 동료가 한 명 있다면 그건 마르틴이다. "그는 진정성과 순수함을 가진 사람이죠. 모든 것이 순수하지 않고, 종종 타협해야 하는 세상에서 그건 매우 어려운 일이에요."

페터르가 가장 잘하는 것은 외부 세계와의 완충 역할을 하는 것이다. 마르틴은 가끔 누군가나 무언가에 대해 화가 난 상태로 페터르의 사무실에 들어와 폭풍처럼 불만을 쏟아붓는다. 페터르는 그의 격렬한 발언을 그저 흘려듣는다. "그가 마음이 가라앉을 때까지 기다립니다. 뭐가 그렇게 그를 흥분하게 만들었는지 알고 싶거든요. 만약 그 이면에 근본적인 문제가 있다면 내가 도와야 하고요."

반 덴 브링크는 이러한 완충 역할이 필요하다. 초창기 시절에는 스티프 비테코크라는 수호천사가 그 곁에 있었다. "그는 나의 조언자였죠. 내가 자주 화가 나서 '이건 말도 안 돼', '저건 작동하지 않아' 같은 말을 쏟아내면, 스티프는 그저 내가 진정될 때까지 기다려줬어요. 그러고 나면 늘 마음이 가라앉았고, 그건 참 편안한 일이었죠."

그러나 그는 오래 앉아 있지 않는다. 일할 수 있는 시간이 조금이라도 나면 반 덴 브링크는 언제나 일한다. ASML의 회의에서도 모두가 발표에 집중해야 할 때조차, 그는 항상 노트북을 두드린다. 아무도 그에게 이의를 제기하지 않는다. 투자자나 주주 회의를 위한 프레젠테이션이 있다고? 그에게는 일을 할 절호의 시간이다. 그렇지 않으면, 청중들 사이에 자리를 잡고 기술 도면을 검토할 것이다. 그의 의견은 언제나 방대하다. 이것이 그가 복잡한 자료를 지속적으로 숙달할 수 있는 비결이다. 바로 '강력한 두뇌의 힘'이다.

한 번은 그런 프레젠테이션이 끝난 후, 은퇴한 투자자가 베닝크에게 다가와 과장된 말투로 이렇게 물었다. "혹시 반 덴 브링크 씨가 회의록을 작성하는 건가요?" 그 순간을 떠올리며 베닝크는 눈에 눈물이 고일 정도로 크게 웃음을 터뜨렸다. 그러고 나서 목소리를 낮추며 말했다. "마르틴은 나에게 특별한 사람이에요. 애정이 깊지요."

"그들은 마치 부부 같아요." 서니 스탈네이커가 웃으며 말했다. 그녀는 마르틴이 흥분해서 말을 장황하게 하거나 소리를 지르기 시작할 때 베닝크가 회의에서 눈을 굴리는 모습을 본다. "또 시작이네." 베닝크는 한숨을 쉬며 그를 진정시키려 한다. "마르틴, 마르틴, 마르틴……"

세계 무대에서 활동하다 보면 쉽게 지치곤 한다.

"조금이라도 쉬고 있는 거 맞아?" 반 덴 브링크가 동료 사장에게 묻는다.

2023년 봄, 두 사람은 펠트호번 20층에서 우연히 마주쳤다. 베닝크는 방금 중국에서 돌아왔고, 반 덴 브링크는 미국에서 돌아온 참이었다. "엄청 바쁜 게 눈에 보이네." 반 덴 브링크가 툭 하고 던진 말이다. 반 덴 브링크는 베닝크가 외부 세계에서 눈에 띄는 것을 좋아한다는 것을 알고 있다. 하지만 그는 또한 동료가 2년 동안의 고된 시련 끝에 피로에 시달리고 있다는 것도 느낀다.

그의 우려가 베닝크에게 전달되었는지는 확실하지 않다. "자신에 관한 이야기라면, 페터르는 듣고 있다는 말을 쉽게 하지 않죠." 그가 말했다. 그리고 부드러운 목소리로 덧붙였다. "페터르는 '아니'라고 말하는 걸 어려워해요. 그래서 금세 일정에 휩싸여 버리곤 하죠."

그들은 4주 동안 서로를 보지 못했다. 최근 몇 년간, 이는 상상도 할 수 없는 일이었다. 그들은 보통 훨씬 더 자주 서로를 찾았고, 특히 ASML이 빠르게 성장하며 새로운 리더십을 준비하고 있는 지금은 더욱 그렇다. 이런 시기에는 자주 만나야 한다. 전화 통화는 옵션이 아니다. 마르틴과의 전화 통화는 항상 짧다. 그는 눈을 보고 이야기하고 싶어한다.

"서로를 그리워하는 거죠." 베닝크는 결론을 내렸다. 이제 캄피나에서 산책할 시간이다.

5월의 어느 금요일 저녁, 펠트호번 건물은 거의 텅 비어 있었다. 베닝크는 문을 잠갔다. 비서들은 이미 집에 돌아갔고, 복도 건너편 사무실의 불도 꺼져 있었다. 거의 보이지 않을 정도로 닳아버린 ASML 로고가 새겨진 낡은 서류 가방을 손에 들고, 그는 엘리베이터 쪽으로 걸어갔다.

1995년 IPO 이후, 세상에서 가장 복잡한 기계인 EUV의 성공으로 이어진 커다란 아치가 있었다. 그 여정 대부분을 반 덴 브링크와 베닝크가 함께 걸었다. 마치 최첨단 세계의 음과 양처럼.

마르틴에게는 한 가지 후회가 있다. 약 10년 전, 한 다큐멘터리 제작자가 EUV 개발 과정을 촬영하고 싶어했을 때 거절했던 것이다. 그때는 그런 위험을 감수할 용기가 없었다. "당시 나는 EUV가 실패하면 사람들이 나를 비웃을까봐 두려웠어요."

하지만 EUV는 성공했다. 그리고 ASML은 새로운 네덜란드 동화를 썼다. 그것은 손가락으로 둑을 막은 한스 브링커의 이야기가 아니라, 발견한 모든 문제점을 놓치지 않고 해결하려 한 마르틴 반 덴 브링크의 이야기다.

| 에필로그 |

The ASML Way

ASML의 초기 사진들을 보면 작업자들이 리소그래피 시스템 주위에 무릎을 꿇거나 웅크리고 있는 모습을 볼 수 있다. 몇몇은 금속 내부에 몸을 밀어넣은 바람에 몸통이 스캐너에 삼켜져 보이지 않는다. ASML은 사람들이 방해 없이 온전히 집중할 수 있도록 밀폐된 돔을 만들었다. 그들은 펠트호번의 이 평행 우주를 소중히 여기지만, 어느 정도 고립되어 있기도 하다.

처음부터 ASML이 가진 가장 큰 장점은 단일 제품에 대한 집중이었다. 이 덕분에 네덜란드는 일본 경쟁자들을 따돌리고 무자비한 속도를 낼 수 있었다. 제정신인 사람이라면 과연 누가 완성되지 않은 리소그래피 기계를 공급하려 할까? 불완전성을 파악하고 그것을 제거하는 ASML의 능력은 칩 제조업체들과의 긴밀한 협력에 달려 있다. 이러한 수준의 협력 덕분에 스캐너는 제때 가동되고 웨이퍼를 생산해낸다.

미국의 리소그래피 기계 제조업체들은 과거에 갇혀 있었다. 그 이유는 간단하다. 시장 리더인 인텔은 하이엔드 칩 생산에서 위험을 회피하는 전략을 따랐다. 이 전략은 인텔의 공장에서 일관된 결과를 보장해야 했던 미국 공급업체들에도 영향을 미쳤다. 미국의 리소그래피 장비 제조업체들은 가장 중요한 고객만을 염두에 두고 기계를 설계했다. 이는 그들이 아시아에서 입지를 잃는 결과를 초래했는데, 아시아 칩 제조업체들은 더 빠른 생산 기술에 투자하고 있었기 때문이다. 이 흐름은 ASML에 유리하게 작용했다. 미국 공급업체들의 운명은 첫 번째 EUV 기계가 가동되기 훨씬 전부터 이미 결정되어 있었다.

오랫동안 ASML은 급박한 마감 기한이 없는 문제는 무시했다. 여기에는 직원들에게 영향을 미친 대립적인 직장 문화, 한계에 다다른 물류, 그리고 보안에 취약한 민감한 데이터 관리 문제가 포함된다. 내부 조직 재편에 있어서 ASML은 잘 봐줘도 무계획적이었다. 이는 펠트호번에서 자주 나타나는 패턴이었다. 상황이 완전히 잘못되어야만 변화가 일어났다. 회사 내에는 강한 '불 끄기' 문화가 깊이 뿌리박혀 있었는데, 이는 빌럼 마리스가 1999년 네덜란드 신문 《데폴크스크란트》와의 이별 인터뷰에서 "매일 무언가가 여기저기서 무너진다"고 말한 것으로도 알 수 있다.

    ASML의 목표 지향적 접근 방식은 엔지니어들뿐만 아니라 전략적 결정에도 적용되었다. 회사는 대담한 인수합병, 깊이 있는 협력, 그리고 10년 또는 15년 앞을 내다본 투자로 성장했다. 고객에게 보증금을 요구하거나 투자에 동의하도록 하여 경제적 난관을 피할 수 있었고, 인수 시도나 특허 공격에 직면할 때마다 더 강해졌다.

ASML은 필립스 엔지니어들의 유산을 바탕으로 수십 년간의 실험과 산업화를 통해 정점을 이루었다. 엔지니어들은 설계를 끊임없이 정교화하여 리소그래피 기계가 무어의 법칙에 맞춰 성능의 한계를 넘지 않고도 계속해서 기능을 향상시킬 수 있도록 했다. 마치 한계까지 늘어났지만 끊어지지 않는 고무줄처럼.

혁신 능력은 ASML의 공급망으로도 확장되었다. 이 집단적 두뇌는 마르틴 반 덴 브링크를 중심으로 결속했다. ASML에 들어오는 모든 사람은 그가 만들어낸 대립적인 문화에 놀란다. 하지만 펠트호번에서 자주 떠다니는 말처럼, "마찰 없이는 영광도 없다." 그 결과, 자발적인 선택 메커니즘이 나타났다. 열을 견딜 수 없으면, 주방에서 나가야 했다.

"마르틴이 테이블에 없으면 아무 일도 일어나지 않는다." 이는 한 ASML 관리자가 내린 결론이다. 그러나 다재다능한 카리스마 있는 인물에만 의존하는 건 위험하다. ASML은 빠르게 성장하고 있기 때문에, 새로운 스타일의 리더십이 필요하다. 사실, 반 덴 브링크는 대기업을 이끈 적이 없었다. 그는 ASML을 마치 성숙한 다국적기업의 몸을 가진 반항적인 신생아처럼, 스타트업을 이끄는 방식으로 지도했다. 이는 독특한 이중 리더십이 아니었다면 재앙이 될 수도 있었다. 그리고 여기서 페터르 베닝크가 등장한다. 그는 언제 주도권을 잡고, 언제 한 발 물러서야 할지를 판단할 줄 아는 공인 회계사였다. 베닝크는 반 덴 브링크의 변덕을

에필로그

억제하지 않으면서도 조율할 수 있는 조직을 구축했다.

ASML에서 새로운 시즌이 시작되었고, 이제 감사회가 리더십을 선택할 차례다. 2023년, 덴마크인 닐스 안데르센^{Nils Andersen}이 의장직을 맡았다. 이 지명은 ASML의 유럽적 정체성을 보여주기 위한 의도로 이루어졌다. 유럽에서 덴마크인은 네덜란드인과 가장 가까운 민족 중 하나로 여겨진다. 안데르센은 과거 유니레버와 악조노벨을 관리한 경험이 있기 때문에 네덜란드 기업 문화에도 정통하다.

2023년 말, ASML은 2024년 4월 말 은퇴할 예정인 베닝크와 반 덴 브링크의 후임으로 크리스토프 푸케를 선택했다. 프랑스인 푸케는 네덜란드에서 15년간 생활하고 일해왔지만, 그의 리더십 하에서 ASML의 독립적이고 자유로운 문화를 유지하는 것은 도전이 될 것이다. 에릭 뫼리스가 CEO로 재임했을 때의 경험은 여전히 모두의 기억 속에 생생하다. 나폴레옹을 칭송하던 뫼리스는 펠트호번의 순종적이지 않은 문화에 신경을 곤두세웠다.

여기엔 추가적인 위험도 따른다. 네덜란드 리더십은 항상 펠트호번 주변 지역과 강하게 연결되어 있었다. 다른 나라에서 온 CEO가 더 이상 브라반트 지역에서 사업을 지속할 이유를 찾지 못한다면, ASML의 일부를 다른 곳으로 이전하는 데 아무런 문제가 없을 수도 있다. ASML의 성장이 국경을 초월하면서, 이 문제는 더욱 시급해졌다. 2023년 11월, 헤이그의 여러 부처는 ASML의 국내 확장을 지원하기 위한 부처 간 그룹을 결성했다.

이들은 네덜란드를 기술 기업들에게 더 매력적인 장소로 만들기 위해 25억 유로를 추가로 투자하는 계획에 '베토벤'이라는 암호명을 붙였다.

로저 다센이 유일한 네덜란드 출신 이사회 멤버로 남으면서, 최고 리더십은 그 어느 때보다도 국제적이 되었다. ASML의 문화는 페터르 베닝크가 좋아하는 강력한 보르도산 블렌드 와인처럼 다양한 글로벌 인재들의 조합이다. 그가 이를 묘사한다면, 40퍼센트의 유럽식 사회자본주의, 40퍼센트의 아시아식 규율, 20퍼센트의 미국식 자유 정신으로 설명할 것이다. 이 독특한 성격은 이해관계자의 가치를 중시하고, 혁신과 자유로운 사고에 집중하는 문화를 엮어내며, 세계 무역을 받아들이고 특유의 직설적인 성향을 더한 국가에서 성장해왔다.

어떤 면에서는 ASML은 고풍스러운 네덜란드 스타일을 간직하고 있다. 동시에, 그 규모는 네덜란드 기업으로서는 전혀 전형적이지 않다. 전 세계 곳곳에 파란 로고가 새겨진 흰색 컨테이너들이 쌓이고 있고, 경영진은 수십억 유로를 투자하며 다른 기업들은 꿈에서나 기대할 수 있는 규모의 주문을 아무렇지도 않게 받는다. 이런 거래들은 칩 제조라는 고립된 세계 밖으로는 거의 알려지지 않으며, 헤드라인에 오르는 일도 드물다. 이러한 상대적 무명성은 이 시장의 특성이기도 하다. 리소그래피 시장의 선두주자인 ASML은 소수의 고객만을 보유하고 있으며, 소비자들에게 제품을 판매하지 않는다. ASML은 이를 개의치 않는다. 자신들의 잠재력을 완전히 확신하고 있으며, 외부의 간섭은 불필요한 소음일 뿐이다.

이 모든 것을 감안한다면, ASML이 이 책의 집필을 위해 문을 개방한 것이 놀라운 일이다. 그러나 이 이야기를 들려줘야 할 이유가 있었다. 오랫동안 이 회사는 그들이 하는 독특한 일에 대해 정치적, 사회적 인정을 받지 못했다. 칩 기술은 너무 어렵고 복잡하다는 인식이 있었다. 정치인들은 무역과 서비스에 크게 의존하는 네덜란드의 경제 상황에서 자국의 제조업에 더 관심을 가져야 하는 건 아닌지 의문조차 품어보지 않았다. ASML은 종종 헤이그에 있는 정부에게 보이지 않는 존재가 되어버린 것 같았다. 그러나 자국의 성장 능력을 초과하지 않기 위해, 지역 환경에 지나친 부담을 주지 않기 위해, 그리고 강대국들 사이에서 짓눌리지 않기 위해 ASML은 연방 정부의 지원이 필요하다. 네덜란드의 브라반트주에서 기술 거대 기업이 탄생했지만, 정부의 소극적 태도로 인해 ASML은 국가적 무대에서 약자로 남게 되었다.

세계가 칩의 중요성에 눈을 뜨면서, 글로벌 경제가 ASML에 얼마나 의존하고 있는지가 명확해졌다. 반도체 시장에서 지배적인 위치를 차지하는 것은 막대한 책임을 동반한다. 그래서 ASML은 스스로에게 엄격한 규칙을 부과했다. 대형 칩 제조업체와 소형 칩 제조업체를 동등하게 대우하고, 과도한 가격을 요구하지 않는다.

마르틴 반 덴 브링크는 끊임없이 겸손함을 유지하려 애썼다.

그는 회사의 독점적 지위를 남용하는 것이 ASML의 몰락을 초래할 것임을 알고 있었다. 따라서 ASML이 중국 고객에 대한 판매를 제한하는 합의를 따른 것은 네덜란드의 칩 기계는 글로벌 시장을 위해 기술 발전을 돕는 역할을 수행해야 하며, 이익 창출은 그저 부수적인 결과일 뿐이라는 그들의 평소 철학과는 다른 것이었다.

이러한 관점은 ASML의 세계관과도 일치한다. 기술 전쟁에서 칩은 무기로 정의되지만, 펠트호번은 이를 다르게 본다. 그들에게 기술은 정치적이지 않다. 기술은 세상을 연결하고 더 나은, 더 깨끗한, 더 건강한, 더 효율적인 세상을 만드는 수단이다. ASML은 모든 칩 제조업체에 기계를 공급하는 중립적인 공공 서비스 회사로 자신을 내세운다. 페터르 베닝크에 따르면, 이는 이상한 비유가 아니다. 그러나 베닝크는 덧붙인다. "불행히도, 그러한 공공 서비스는 종종 엄격한 규제를 받지요. 그렇다면 우리를 규제하는 건 누구일까요? 네덜란드? 유럽? 아니면 세계?"

현재로서는 미국이 규칙을 정한다. 이는 브라반트 입장에서는 받아들이기 힘든 현실이다. 돌이켜보면, ASML의 성장은 유리한 지정학적 환경 속에서 이루어졌다. 1989년 철의 장막이 무너진 후, 서구 자본주의는 유일하게 실행 가능한 경제 시스템처럼 보였다. 오직 경제 논리와 산업적 기지가 누가 최고의 칩을 생산하고, 그 장비를 제조할 수 있는지를 결정했다. 그러나 시진핑의 중국이 미국의 기존 지배력을 위협하자, 지정학적 경계가 다시 강하게 모습을 드러냈다. 냉전 시대에 철의 장막이 있었다면, 지금의 기술 전쟁에는 '실리콘 장막'이 생긴 것이다.

시진핑에 따르면 미국 민주주의는 쇠퇴하고 있으며, 중국이 더 나은 미래를 위한 대안을 제공한다고 한다. 이에 대응해, 미국은 중국의 기술적 부상을 대량살상무기의 확산과 유사하게 다루고 있다. 즉, 중국의 칩 개발과 생산을 억제하고, 가능하다면 이를 후퇴시키려 한다. 기술 패권을 둘러싼 전쟁이 가열되고 있으며, ASML은 그 중간에 끼어 있다.

이 지속적인 위협은 글로벌 지형을 재구성하고 있다. 수출 제한의 위험을 줄이기 위해, 미국의 첨단 칩 제조 장비 공급업체들은 싱가포르와 같은 국가로 생산과 연구를 다각화하고 있다. ASML도 윌턴과 샌디에이고 공장의 일부를 다른 곳에 복제하는 방안을 고려 중이다. 이렇게 하면 모든 고객에게 지속적인 공급이 가능하지만, 효율적인 움직임은 아니다. 그럼에도 불구하고, 세계는 그런 방향으로 나아가고 있다.

공급망이 붕괴하는 동안 새로운 정책들이 등장하고 있다. 미국과 유럽연합은 중국의 민감한 기술에 대한 외국인 투자를 더욱 면밀히 검토하고 있으며, 네덜란드는 기술 분야의 중국 학생들을 심사를 통해 받아들일 계획이다. 이는 ASML에 가장 큰 타격을 가한다. 자본과 기술력에서 어려움을 겪을 수밖에 없기 때문이다. ASML은 국적에 따라 직원들을 다르게 대할 수밖에 없게 되었지만, 기술 혁신의 속도를 유지하기 위해서는 144개국에서 들어오는 모든 기술 인재가 절실히 필요한 상황이다.

네덜란드의 중국에 대한 수출 제한 조치가 발표된 후, 페터르 베닝크와 로저 다센은 DUV 기계에 대한 협상을 평가하는 자리를 가졌다. 그들은 국가 고급 기술 산업을 보호할 명확한 인물이 정부에 없다는 사실을 받아들이기 어려웠다. 공식적으로는 2023년 7월에 네 번째 내각이 붕괴한 마르크 뤼터 총리가 그 책임자였다. 그러나 뤼터는 책임을 장관들에게 넘겼고, 장관들은 다시 그들의 관료들에게 떠넘겼다. 책임은 여러 부처로 나뉘었고, 마치 뜨거운 감자처럼 돌려졌다. 결국, 누구도 책임을 지지 않았다.

게임의 규칙은 모호하다. 이것이 정치가 모호한 이유이며, 특히 원자 단위의 정밀함으로 문제를 해결하는 데 익숙한 회사의 눈에는 더욱 그렇다.

ASML은 네덜란드 정부의 비장의 카드가 되었고, 이를 통해 셸과 유니레버 같은 다국적기업들이 이미 떠난 상황에서도 네덜란드는 세계 무대에서 여전히 중요한 역할을 맡게 되었다. 마르크 뤼터 총리가 2023년 1월 조 바이든 대통령의 초청을 받기 직전, 그는 네덜란드를 '미국과 대등하게 맞설 수 있는 자신감 있는 반도체 기술을 가진 세계적 강국'으로 묘사했다. 그러나 이는 과신에 가까웠다. 펠트호번의 천재들을 등에 업고 있으면 기술 분야에서는 초강대국처럼 보일 수 있지만, 외교 무대에서는 주요 강대국들에 비해 여전히 왜소하다. 뤼터의 지정학적 자문팀은 손

에필로그

에 꼽을 정도로 적은 반면, 미국은 수십 명의 노련한 전문가들이 여러 부처와 국가안전보장회의[NSC]에서 일하고 있다. 게다가 미국 경제는 네덜란드 경제의 약 20배에 달한다. 네덜란드는 자국의 기술 거인을 정치적 힘으로부터 보호하기에는 너무 작았고, 유럽의 파트너들을 한데 모아 추가적인 지원을 받는 데도 실패했다.

이를 염두에 두면, 미국이 네덜란드에 강하게 압박을 가한 것이 헤이그의 협상가 입장에서는 전혀 놀랄 일이 아니었을 것이다. 2023년 10월 17일, 미국은 '허점을 막고' 중국의 반도체 산업의 성장을 늦추기 위한 일방적인 조치를 발표했다. 이 수출 규제는 칩 레이어를 2.4나노미터의 정확도로 정렬할 수 있는 ASML의 기계를 겨냥하고 있었다. 반면 네덜란드는 1.5나노미터를 제한선으로 설정했다. 이러한 규제는 중국의 첨단 공장을 겨냥해 대략 5세대의 기술 발전을 저해하려는 것이었다.

미국은 한 발자국 발을 뗄 때마다 20년 전 자신들이 자발적으로 포기했던 리소그래피 기술에 대한 통제권을 되찾아가고 있다. '디 미니미스' 기준을 25퍼센트에서 0퍼센트로 낮추는 것은 기업들을 미국의 뜻에 굴복시키는 완벽한 수단이다. 그 결과, ASML은 해당 기계를 중국에 수출하기 위해 워싱턴의 승인을 받아야 한다. 그리고 미국은 네덜란드 정부를 압박해 ASML이 중국 팹에서 장비를 유지 보수하는 것도 중단할 것을 요구하고 있다.

유럽이 이스라엘과 하마스 간 전쟁으로 분열된 가운데, 이러한 조치들에 대한 외교적 반발은 표면화되지 않고 있다. 유럽연합 국가들이 말다툼을 벌이는 동안, 미국 항공모함은 이스라엘 해안으로 항해 중이다. 마치 러시아의 우크라이나 침공 이후 군사적 지원을 제공했을 때처럼, 미국은 다시 한번 자국 군사력의 중요성을 과시하고 있다. ASML의 중국 수출 통제는 마치 흥정의 도구처럼 사용되고 있으며, 유럽연합이 미국의 보호를 받기 위해 지불해야 하는 보험료 역할을 하고 있다.

페터르 베닝크가 ASML을 '그저 인플루언서에 불과하다'고 생각할지 모르지만, ASML은 그 이상이 되었다. ASML은 반도체법의 그물망 속 핵심 플레이어로, 미국의 하이테크 제국주의와 중국의 확장에 맞서 유럽이 내놓을 대응책이 될 수 있는 강력한 산업적 존재이다. 장기적인 관점에서 이러한 입장을 유지할 필요가 있다. 마치 한국이 대만의 세계 최강 반도체 중심지 자리를 차지하려는 것처럼 말이다. 윤석열 대통령은 심지어 펠트호번의 제품 설명서를 암기할 정도였다. 베닝크는 이 사실에 놀랐다. 그럼에도 불구하고 네덜란드는 여전히 자국 기술 산업의 중요성을 과소평가하고 있다. 베닝크는 에인트호번에서 한 연설에서 네덜란드를 '뚱뚱하고, 어리석으며, 배 부른 상태'라고 비꼬았다.

2023년 4월, 프랑스 대통령 에마뉘엘 마크롱이 네덜란드를 국빈 방문했을 때, 그는 베닝크와의 일대일 면담을 강력히 요구했다. 그는 방금 중국에서 시진핑을 만나고 돌아온 참이었다. 이후 그는 《폴리티코》와의 인터뷰에서 유럽이 강력한 세계적 플레이어가 되어야 하며, 대만 문제에 휘말리지 말아야 한다고 말했다. 이는 과거에도 그가 자주 던졌던 정치적 수류탄에 가까운 발언이었다.

암스테르담 대학교의 사이언스파크에서 마크롱과 베닝크는 약 45분간 지정학과 대만에 대해 논의했다. 프랑스 측은 네덜란드가 미국의 압력에 그렇게 쉽게 굴복한 것에 놀라움을 금치 못하며 자신들이라면 결코 그러지 않았을 것이라고 말했다. 한편, 베닝크는 ASML이 주도하는 강력한 유럽 하이테크 산업의 필요성에 대해 마크롱과 프랑스 정치인들이 진지하다는 것을 깨달았다. 마침내 누군가가 그들의 이야기를 들어주고 있었다.

네덜란드는 충실한 대서양 동맹국임을 증명했지만, 더 강력한 유럽연합 국가들로부터 외교적 지원을 받았더라면 다른 입장을 취할 수도 있었다. 그러나 수출 통제가 국가적 문제로 남아 있는 한, 유럽연합 회원국은 여전히 자국의 이익을 우선시할 가능성이 크다.

프랑스는 자국의 문제에 대한 통제권을 절대 포기하지 않을 것이다. 이를 위해 이미 너무 많은 무기를 판매했기 때문이다. 독일도 ASML이 계속 전속력으로 가동되는 한 수출 제한으로 인한 자국의 경제적 피해를 최대한 피하려 할 것이다. 하지만 독일 또한 중국과의 관계에서 어려움을 겪고 있으며, 이러한 국가적 시야 차단으로 인해 ASML은 회원국들로부터 전반적인 가치를 인정받지 못하고 있다. 그 결과, 유럽은 기술 전쟁에서 자신들이 가진 힘을 제대로 발휘하지 못한다.

ASML이 제시하는 미래의 모습은 점점 더 많은 칩을 필요로 하게 될 세상이다. 칩 부품은 점점 더 작아질 것이다. 이로 인해 존재론적인 질문이 떠오른다. 반도체 산업은 언제까지 ASML의 기술 혁신에 의존할 것인가? 경제가 활발하게 돌아가는 한, ASML의 앞서가는 지위는 넘어서기 어려워 보인다. 마치 중력을 벗어나기 위해 시속 4만 킬로미터로 날아가는 로켓이 더는 저항을 받지 않는 것처럼 말이다.

펠트호번의 ASML은 세계 주요 칩 공장에 촉수를 뻗고 있다. 이 수천 대의 '학습하는' 기계들로 구성된 네트워크는 생산을 개선하기 위해 방대한 양의 데이터를 수집한다. 이로 인해 ASML의 생태계는 전체 산업에서 필수불가결한 존재가 되었다. 하지만 이것이 언제까지 계속될 수 있을까?

새로운 기술이나 더 저렴한 경쟁자가 등장할 가능성도 있다. 예를 들어, 캐논은 그 상업적 가치는 아직 증명되지 않았지만 나노임프린트 리소그래피 nano-imprint lithography 를 사용해 칩 표면에 패턴을 새기는 기계를 만들었다. 한편, 중국 기업들은 태양광 패널, 통신 네트워크, 배터리 및 전기차에서 상당한 시장 점유율을 달성했으며, 반도체 제조 장비 시장에서도 주요 경쟁자가 될 수 있다. ASML은 이를 심각하게 받아들이고 있다. 그들의 기본적인 대응은 '자연법칙은 어디에서나 동일하다'는 것이다. 브라반트에서 성취한 일은 베이징에서도 성취될 수 있다는 의미다.

그러나 현재로서는 ASML이 전 세계가 필요로 하는 유럽의 '킬러 앱'이다. 이는 유럽연합이 자국의 챔피언을 불공정 무역 관행과 지적 재산권 도난으로부터 보호하고, 미래 성장을 위해 필요한 인재의 부족 문제를 해결해야 할 이해관계가 있음을 의미한다. ASML의 지속성을 보장하는 일은 과거와 마찬가지로 공동의 책임이다. 독일, 벨기에, 프랑스의 파트너들, 그리고 유럽연합의 자극 프로젝트가 없었다면, 펠트호번의 이 하이테크 동화는 결코 실현되지 않았을 것이다.

페터르 베닝크의 은퇴가 빠르게 다가오면서 그는 평소보다 덜 외교적인 행보를 보인다. 네덜란드 정치인들에 대한 실망감을 공개적으로 표명했으며, 그들이 '비전과 리더십이 부족하다'며 ASML이 네덜란드에서 성장할 수 있는 가능성을 제한한다고 비판했다. 이는 나토^{NATO}에서 지도자 자리를 노리고 있는 마르크 뤼터 총리를 겨냥한 발언이었다. 2023년 12월, 뤼터가 네덜란드 대표단과 함께 애리조나의 반도체 산업을 방문했을 때, 베닝크는 자리에 없었다. 대신, 그는 워싱턴으로 가서 국가안전보장회의^{NSC}와 미국 상무부 관계자들을 만나 그들의 조치를 완화해달라고 설득하는 데 집중했다. 그에게 이 회담은 헛된 노력이 아니었다. 2024년 2월을 돌아보며 그는 "상황이 훨씬 더 나빠질 수도 있었다"라고 말했다.

ASML에서 물러난 후, 페터르 베닝크는 새로운 장을 기대하고 있다. 그는 네덜란드 맥주 회사 하이네켄의 감사회에 합류할 예정이며, 프랑스의 한 포도밭에 투자해 와인에 대한 열정을 즐기고 있다. 작별 선물들이 그의 책상에 쌓이기 시작했다. 한 투자자는 감사의 표시로 밝은 주황색 포르쉐 911 레고 키트를 보내왔다. "나한테는 진짜 차가 있어요"라고 CEO는 웃으며 말했다.

마르틴 반 덴 브링크는 덜 반기는 분위기다. 그가 ASML의 최고 경영진 앞에서 회사의 미래에 대해 마지막으로 프레젠테이션을 할 때, 감정에 북받친 모습이 역력했다. 크리스토프 푸케에게 발언권을 넘기기 전에, 그는 한동안 침묵을 지켰고, 마침내 "이제 이 로드맵은 여러분의 것입니다"라고 선언했다. 동료들은 반 덴 브링크 주변에 모여들었다. 그들의 눈은 슬픔에 잠겨 있었다.

ASML의 이야기는 한 바퀴 돌아 전환점에 이르렀다. 반 덴 브링크는 1968년 아서 델 프라도가 설립한 ASM의 감사회에 합류할 예정이다. 이 회사는 필립스와 함께 40년 전 ASML을 공동 창립한 회사다. 그러나 반 덴 브링크는 자신이 사무실에서 공언한 바대로 펠트호번의 파트타임 고문으로 남을 것이다.

그럼에도 불구하고, 이별은 고통스럽다.

"이건 정말 힘든 일이에요." 마르틴은 눈물을 훔치며 말했다. 그는 사무실 뒤에 숨겨진 커피 머신으로 걸어갔다. 그리고 늘 그렇듯 카푸치노 한 잔과 함께 깊은 숨을 내쉬었다. "나에게 이 일은 결코 직업이 아니었어요. 일이라 느낀 적도 없었지요."

| 감사의 글 |

ASML이라는 세계를 어떻게 그릴 수 있을까? 네덜란드 브라반트 지역의 시골 마을 펠트호번에 위치한 회사, 동시에 지구상에서 가장 복잡한 기계를 만드는 이 회사를 말이다.

이 프로젝트는 엄청난 양의 연구에서부터 출발했다. 10년이 넘는 기간 동안 300회 이상의 인터뷰와 취재를 거쳐 이 책을 쓸 수 있었다. 마지막 3년 동안은 ASML의 내부를 직접 따라다니며 취재했다. 그 과정에서 아시아와 미국을 여행하며 마르틴 반 덴 브링크, 페터르 베닝크를 비롯한 ASML의 여러 임원들과 많은 대화를 나누었다.

또한 ASML의 초창기 개척자들을 만나고, 공급업체와 고객들의 네트워크를 방문했으며, 워싱턴, 브뤼셀, 헤이그에서 이해관계자들을 만나 이 회사를 둘러싼 지정학적 권력 싸움을 내부자의 관점에서 재구성하는 데 도움을 받았다. 나를 믿고 민감한 자료들을 공유해주신 분들에게 깊이 감사드린다.

사실 확인과 모든 요소들을 통합적으로 검토하기 위해, ASML의 내부 또는 그와 밀접하게 연관된 다양한 수준의 사람들과 배경 대화를 나누기도 했다. 사건을 재구성할 때는 여러 독립적인 출처의 도움을 받아 검증 과정을 거쳤다. 책의 일부 내용은 네덜란드 신문 NRC에 앞서 게재되었다.

이 책은 네덜란드 심층저널리즘기금FBJP의 지원을 받아 제작된 것이다. ASML로부터 어떠한 재정적 지원도 받지 않았으며, 다만 이 책의 윤곽을 독립적으로 그려나갈 수 있는 협력을 얻었다. 어쨌든 ASML은 자신의 성공을 자랑스러워하며 어떠한 종류의 대립도 두려워하지 않는 회사가 아닌가. 나는 회사의 내부 운영 방식과 그들이 활동하는 독특한 세계를 솔직하게 그려내는 과정에서 이 회사로부터 많은 영감을 받았다.

ASML의 구성원들은 수차례의 회사 방문과 인터뷰를 준비하는 과정에서 많은 도움을 주었지만, 대화 내용이나 텍스트에는 간섭하지 않았다. 비록 ASML이 사후에 사실 확인을 도왔지만, 오류가 있다면 그 책임은 전적으로 나에게 있다. ASML에 관한 기록을 살펴봐주고 복잡한 기술을 쉽게 설명해준 모니크 몰스, 라이언 영, ASML의 전 이사 프리츠 반 하우트에게 특별한 감사를 전한다.

출간 전 원고를 읽고 비판적인 시각을 제공해준 독자 여러분, 인포그래픽을 그려준 로엘 벤더보슈, 그리고 발란스 출판사의 헹크 반 렌센, 이고르 다멘, 카린 크루크, 그리고 이 주제에 깊이 몰두할 수 있는 길을 열어준 NRC의 편집자들에게도 감사드린다. 여러 동료들 덕분에 생각을 더 날카롭게 다듬을 수 있었다. 하리 반 핀크스테런, 클라라 반 데 비엘, 마르텐 쉰켈, 미셸 케레스, 스테인 브론스웨르에게 특별히 감사하다.

영어 번역을 맡아준 마크 휘틀과 '핑크 펜더' 도리엔 뮈이저에게도 감사를 전한다. 특히 나의 영원한 동료이자 동반자인 로테의 변함없는 지원이 없었다면 나는 이 프로젝트를 완수할 수 없었을 것이다.

2024년 3월, 위트레흐트

번역감수 **김장열**

현대전자(현 SK하이닉스)에 9년간 몸 담으며 반도체 마케팅 분야에 발을 들이게 되었고, 이후로 ING-베어링스증권 리서치 수석연구원, 현대증권(현 KB증권) 리서치 IT 팀장, 미래에셋증권 리서치 이사, 상상인증권 리서치 센터장과 IT 전략 상무를 거쳐 현재는 유니스토리자산운용 투자전략본부장으로 재직 중이다.

반도체 초격차

초판 1쇄 인쇄 ㅣ 2025년 1월 17일
초판 1쇄 발행 ㅣ 2025년 1월 24일

지은이 ㅣ 마르크 헤잉크
번역감수 ㅣ 김장열

발행인 ㅣ 정병철
발행처 ㅣ ㈜이든하우스출판
등　록 ㅣ 2021년 5월 7일 제2021-000134호
자　문 ㅣ 노정국, 한종호(ASML 네덜란드)
투　자 ㅣ 김준수
홍　보 ㅣ 장하일
편　집 ㅣ 신원제
디자인 ㅣ 스튜디오41

주　소 ㅣ 서울시 마포구 양화로 133 서교타워 1201호
전　화 ㅣ 02-323-1410
팩　스 ㅣ 02-6499-1411
이메일 ㅣ eden@knomad.co.kr
ISBN ㅣ 979-11-94353-11-9 (03320)

* 값은 뒤표지에 표시되어 있습니다.
* 잘못된 책은 구입하신 서점에서 바꾸어 드립니다.